Friedrich Thießen

Opportunismus und Finanzmärkte

Friedrich Thießen

Opportunismus und Finanzmärkte

Ursachen und Konsequenzen

GABLER

Bibliografische Information der Deutschen Nationalbibliothek
Die Deutsche Nationalbibliothek verzeichnet diese Publikation in der
Deutschen Nationalbibliografie; detaillierte bibliografische Daten sind im Internet über
<http://dnb.d-nb.de> abrufbar.

1. Auflage 2011

Alle Rechte vorbehalten
© Gabler Verlag | Springer Fachmedien Wiesbaden GmbH 2011

Lektorat: Margit Schlomski | Guido Notthoff

Gabler Verlag ist eine Marke von Springer Fachmedien.
Springer Fachmedien ist Teil der Fachverlagsgruppe Springer Science+Business Media.
www.gabler.de

Das Werk einschließlich aller seiner Teile ist urheberrechtlich geschützt. Jede Verwertung außerhalb der engen Grenzen des Urheberrechtsgesetzes ist ohne Zustimmung des Verlags unzulässig und strafbar. Das gilt insbesondere für Vervielfältigungen, Übersetzungen, Mikroverfilmungen und die Einspeicherung und Verarbeitung in elektronischen Systemen.

Die Wiedergabe von Gebrauchsnamen, Handelsnamen, Warenbezeichnungen usw. in diesem Werk berechtigt auch ohne besondere Kennzeichnung nicht zu der Annahme, dass solche Namen im Sinne der Warenzeichen- und Markenschutz-Gesetzgebung als frei zu betrachten wären und daher von jedermann benutzt werden dürften.

Umschlaggestaltung: KünkelLopka Medienentwicklung, Heidelberg
Gedruckt auf säurefreiem und chlorfrei gebleichtem Papier
Printed in Germany

ISBN 978-3-8349-2482-7

Vorwort

Opportunismus und Finanzmärkte - Gang der Untersuchung

Die Methapher vom „Fressen und Gefressenwerden" beschreibt offenbar ein ewiges Prinzip des Lebens. Jede Gattung sucht sich ihre Nische so, dass es für sie leicht ist zu fressen und schwer gefressen zu werden. Ökonomische Theorien greifen in den seltensten Fällen dieses Prinzip auf oder sind mit seinen Implikationen kompatibel. Das vorliegende Buch untersucht die Institutionen der Finanzmärkte aus dem Blickwinkel des *Opportunismus*. Damit ist keine moralische Wertung verbunden. Opportunistisches, d.h. egoistisch zielbezogenes Handeln, ist weder per se gut noch böse. Es geht um keine Wertung menschlichen Verhaltens. Es geht darum, bestimmte Ausprägungen menschlichen Verhaltens aus dem Entscheidungsvermögen der Wirtschaftssubjekte abzuleiten und Konsequenzen für die Finanzmärkte aufzuzeigen.

Ziel des vorliegenden Buches ist es zu prüfen, welche Erklärungen für wichtige Phänomene der Finanzmärkte aus biologisch begründeten Argumenten zum Entscheidungsverhalten von Menschen gewonnen werden können.

Es lässt sich feststellen, dass die kognitiven[1] Grenzen des menschlichen Entscheidungsvermögens eine Vielzahl von ökonomischen Umständen beeinflussen, welche mit Oppportunismus zu tun haben. Die kognitiven Grenzen tragen wesentlich zur Arbeitsteilung bei. Sie führen zur Herausbildung von Menschen, die auf wenigen Gebieten Spezialisten sind und sich dort ihre Nische schaffen, während sie auf vielen Gebieten wenig oder gar kein Wissen besitzen und den anderen Menschen unterlegen sind, mit denen sie gleichwohl zwangsläufig in Austauschbeziehungen treten müssen. Es entsteht eine kognitiv bedingte, systematische und nicht behebbare *Ungleichheit* der Menschen. Diese ist Quelle eines Typs opportunistischer Handlungen, die gegen die Interessen anderer Personen gerichtet sind bzw. sein können. Sie werden als „hässliche Maßnahmen" bezeichnet. An den Finanzmärkten stößt man an jeder Ecke auf sie. Ungleichheit macht die Welt gefährlich. Im Lichte der oben genannten Metapher heißt das: Die Marktteilnehmer fressen und schützen sich vor dem Gefressenwerden. Daraus wird das Finanzmarktgeschehen mit seinen Institutionen und Abläufen abgeleitet.

Ungleichheit, „Fressen" und „Gefressenwerden", das sind Konzepte, deren Grundlagen in der Biologie liegen und deren Nähe zur ökologischen Nische unübersehbar ist. Nischen zu finden, gilt unter den Evolutionsbiologen als eines der wichtigsten Prinzipien des Lebens. Eine Nische wird formal als ein n-dimensionaler Hyperraum definiert, innerhalb dessen

---

[1] In der vorliegenden Arbeit wird der Begriff der Kognition weit abgegrenzt. Er bezeichnet alle Funktionen des Menschen, die mit Wahrnehmen, Erkennen, Erinnern, Lernen, Schlussfolgern etc. zusammenhängen, also im weiteren Sinne die menschliche Erkenntnisgewinnung und Informationsverarbeitung.

sich eine prinzipiell lebensfähige Population erhalten kann.[2] Damit eine Nische entsteht, müssen zwei Bedingungen erfüllt sein. Die Ressourcen des verfügbaren Gesamtraumes müssen die Möglichkeit bieten, einen Teil davon abzuzweigen. Dies ist in arbeitsteiligen Marktwirtschaften in hohem Maße gegeben. Darüber hinaus müssen die Lebewesen die Fähigkeit haben, eine Nische zu entdecken, zu besetzen und zu verteidigen. Dies ist dem Menschen durch seine physischen und kognitiven Fähigkeiten für ganz bestimmte Nischentypen möglich.[3] Auf diese stößt man an den Finanzmärkten überall. Sie determinieren die zu findenden Ausprägungen des Opportunismus.

Nischen können eher harmlos oder eher gefährlich für andere sein. Wenn das Rotkehlchen sein Nest in einem versteckten Efeu baut oder der Pilz sein Myzel unter der Erde ausbreitet, dann ist kaum jemand betroffen. Der Kuckuck beutet die Erkenntnisprobleme anderer Vogelarten bereits auf eine hässlichere Weise aus. Und das Krokodil, das aus der Ruhelage heraus in Bruchteilen von Sekunden auf 200 Stundenkilometer beschleunigen kann, führt arglose Lebewesen, welche von ihren kognitiven Systemen gesagt bekommen, Ruhe sei Sicherheit, tödlich hinter das Licht. Seine Nische ist an Hässlichkeit kaum zu übertreffen.

In Adam Smiths System der ordnenden Hand stellen Nischen kein Problem dar. Arbeitsteilung ist in jeder Hinsicht positiv. Die Menschen arbeiten bei Smith an einem gemeinsamen Ziel. Die dazu passende Moral, Fairness und vertrauensvolle Zusammenarbeit entwickeln sich von selbst. Aber bestimmte Folgen der Arbeitsteilung hat Smith nicht untersucht. Jean-Jacques Rousseau dagegen hat 20 Jahre vor Smith das Hässliche am Kampf der Menschen um ihre Nischen in arbeitsteiligen Ökonomien betont: *„Er [der Mensch] muss daher unablässig danach trachten, sie [die anderen Menschen] für sein Schicksal zu interessieren und sie ihren Profit tatsächlich oder scheinbar darin finden zu lassen, dass sie für den seinen arbeiten. Das macht ihn betrügerisch und hinterlistig …"*[4] Und: *„Man musste sich um seines Vorteils willen anders zeigen, als man tatsächlich war. Sein und Scheinen wurden zwei völlig verschiedene*

---

[2] Die *n* Dimensionen stellen die Umweltfaktoren dar, die den Lebensraum der Nische determinieren. Siehe Henke, Rothe 1999, S. 50.

[3] Die Größe der Nische wird noch zusätzlich durch den Faktor der Konkurrenz determiniert. Man trennt die „fundamentale" Nische, die den hypothetisch verfügbaren Gesamtraum umfasst, von der tatsächlich realisierten Nische, welche bedingt durch Konkurrenten für ein einzelnes Lebewesen, aber auch für die Art als Ganzes kleiner ist als der Gesamtraum.

[4] Jean-Jacques Rousseau, 1755, 1990, S. 208. Adam Smith beschreibt einen vergleichbaren Sachverhalt folgendermaßen: *„Hat sich die Arbeitsteilung einmal weitgehend durchgesetzt, kann der einzelne nur noch einen Bruchteil seines Bedarfs durch Produkte der eigenen Arbeit decken. Er lebt weitgehend von Gütern, die andere erzeugen und die er im Tausch gegen die überschüssigen Produkte seiner Arbeit erhält. So lebt eigentlich jeder vom Tausch, oder er wird in gewissem Sinne ein Kaufmann, und das Gemeinwesen entwickelt sich letztlich zu einer kommerziellen Gesellschaft."* Smith 1775, 1978, S. 20. Und in Bezug auf den kritischen Aspekt der Preisfindung schreibt Smith: *„It is not easy to find [the fair price] … [It is found], however, not by any accurate measure, but by the haggling and bargaining of the market according to that sort of rough equality which, though not exact, is sufficient for carrying on the business of common life."* Smith 1775, 1993, S. 37.

Dinge." ⁵ Rousseau prangert hässliches Verhalten an. Auch er will am liebsten eine Welt, in der Menschen vertrauensvoll zusammenarbeiten. Er zeigt Wege auf, wie das Streben nach hässlichen Vorteilen in Bahnen gehalten werden kann.

Die zentralen Elemente des Finanzmarktgeschehens können als Ergebnis der Suche nach mehr oder weniger hässlichen Nischen und der Suche nach einem Schutz vor solchen Nischen aufgefasst werden.

Dabei kann auch Fairness und Vertrauen ein Platz zugewiesen werden. Gesellschaftlicher Druck, moralische Prinzipien einzuhalten, zu Fairness und Vertrauen sind selbstverständlich Elemente, auf die man stößt.⁶ Aber man stößt an den Finanzmärkten auch auf weniger faire Verhaltensweisen, gegen die sich Wirtschaftssubjekte schützen müssen. Und man stößt überall auf Institutionen, die diesem Schutz dienen.

Im Ergebnis zeigt sich, dass hässliches Verhalten und seine Auswirkungen an fast *jeder* Stelle des Wirtschaftsgeschehens anzutreffen sind. Die „unsichtbare Hand" so wie Smith sie beschrieben hat, gibt es. Aber sie kann das Wirtschaftsgeschehen nicht ins Gleichgewicht bringen, ohne dass jedes Wirtschaftssubjekt vorher Vorkehrungen gegen das Gefressenwerden getroffen hat. Die unsichtbare Hand kann nur deshalb ihre ordnende Wirkung entfalten, *weil* sich jedes Wirtschaftssubjekt mit mannigfaltigen Vorkehrungen schützt. Letztlich sind es diese Vorkehrungen, die das Gleichgewicht herbeiführen.

Viele Maßnahmen und unzählige Institutionen an den Finanzmärkten können als Mechanismen begriffen werden, sich gegen hässliches Verhalten zu schützen oder hässliches Verhalten unauffällig auszuüben. Hässliches Verhalten und seine Folgen sind ubiquitär.

Für die Finanzmärkte kann gezeigt werden, dass zentrale Elemente wie die Transformationsleistungen im Kundengeschäft (Losgrößen-, Fristen-, Risikotransformation), die Makler, Börsen, viele Marktusancen, benutzte Formeln etc., die mit verschiedensten Argumenten begründet werden können, eines gemeinsam haben: sie lassen sich – *auch* – als Instrumente begreifen, sich vor dem Gefressenwerden zu schützen.

Mir ist bewusst, dass hier nicht mehr als ein Versuch geliefert werden kann, die skizzierten Mechanismen darzustellen. Die behandelten Mechanismen und Phänomene der Finanzmärkte sind grundsätzlich bekannt. Hier wird gezeigt, wie die Brücke zwischen diesen Phänomenen und den biologischen Grundlagen, insbesondere also den biologisch fundierten Entscheidungsprozessen, aussehen kann. Dabei wird geprüft, welchen Erklärungsbeitrag für typische Phänomene an Finanzmärkten diese Brücke liefert. Es wird ein Beitrag

---

⁵ Rousseau 1755, 1990, S. 207.

⁶ Moral wird nach John Rawls in „A theory of justice" (Rawls 1971) als ein vorabgetätigtes Eingehen einer Verpflichtung zu bestimmten Verhaltensweisen angesehen, die man auch dann nicht fallen lässt, wenn sie zu eigenen Nachteilen führen. Siehe auch Fehr 2008, 2005; Fehr, Fischbacher, Kosfeld 2005; Fehr, Schmidt 1999.

geleistet, biologische Erkenntnisse in bestehende Kapitalmarkt- und Finanzintermediationstheorien einzufügen und diese Theorien damit zu erweitern und/oder aus neuem Blickwinkel heraus zu bestätigen.

Es lassen sich Hypothesen ableiten, die empirisch überprüft werden können. Es werden inhaltliche Bezüge zwischen verschiedenen Theorieansätzen deutlich, sodass die Vision einer Vereinheitlichung bisher eher unabhängig voneinander gesehener Finanzmarkttheorien entwickelt werden kann.

Für Fehler und Irrtümer bitte ich herzlich um Verzeihung. Dank gebührt vielen Wissenschaftlern. Es gibt unzählige, deren Wissen hier verwendet wurde. Ich entschuldige mich bei allen, die ich in diesem Buch nicht ausdrücklich genannt habe, deren Ideen aber eingeflossen sind. Noch mehr entschuldige ich mich bei denjenigen, deren Gedanken ich aus Nachlässigkeit nicht gefunden und hier berücksichtigt habe. Das ist ein unverzeihlicher Fehler. Grundlage dieses Buches ist „Bounded Rationality", also die begrenzten Fähigkeiten des menschlichen Gehirns. Man kann nicht laut genug bekennen, dass dies zuallererst auf einen selbst zutrifft.

Inhaltsverzeichnis

Vorwort 5

1 Die Entdeckung der Ungleichheit: Das Hässliche an den
  Finanzmärkten 11
  1.1 Das Prinzipal-Agenten-Prinzip 11
  1.2 Die Ausprägungen des Hässlichen an den Finanzmärkten 14
  1.3 Ursachen und Folgen opportunistischen, hässlichen Verhaltens 36
  1.4 Zusammenfassung und Ausblick 40

2 Einige biologische Grundlagen des Finanzmarktgeschehens 47
  2.1 Die vier biologischen Entscheidungssysteme 47
  2.2 Hirnsysteme und ihre Aufgaben 54
  2.3 Der Mangel an Ressourcen 66
  2.4 Zusammenfassung und Fazit 73

3 Das Prinzip der Arbeitsteilung als Folge des Entscheidungsverhaltens 75
  3.1 Zu den Ursachen der Arbeitsteilung 76
  3.2 Zu den Folgen der Arbeitsteilung 81
  3.3 Zusammenfassung 86

4 Typische Entscheidungssituationen 89
  4.1 Die Akteure: Spezialisten und Nichtspezialisten 89
  4.2 Charakteristika von Entscheidungssituationen 98
  4.3 Wenn die Zeit vergeht: Spezialisten und Nichtspezialisten im Zeitablauf 107

5 Das heuristische Entscheidungsverhalten der Nichtspezialisten 119
  5.1 Vereinfachte Entscheidungsregeln nach Gerd Gigerenzer 120
  5.2 Heuristisches Entscheiden nach Daniel Kahneman 127
  5.3 Tatsächliches Entscheiden: Beispiele 133
  5.4 Die Waffen der Nichtspezialisten: vom Umgang der Menschen mit ihren
      Schwächen 136
  5.5 Zusammenfassung 142

6 Das standardisierte Entscheidungsverhalten der Spezialisten 145
  6.1 Grundlagen 145
  6.2 Beispiele aus dem Bereich der Bewertung 149
      6.2.1 Discounted-Cash-Flow-Methode 149
      6.2.2 Multiplikatormethoden 151
      6.2.3 Beteiligungsfinanzierung 155
  6.3 Warum vereinfachen Spezialisten? 158
  6.4 Zusammenfassung 162

7 Spezialisten und Nichtspezialisten im Marktzusammenhang
   – Die Folgen der kognitiven Beschränkungen 165
   7.1 Finanzmärkte 165
   7.2 Interbankenhandel 170
        7.2.1 Aufeinandertreffen von Spezialisten 173
        7.2.2 Ausgestaltungsformen innerer Märkte 176
        7.2.3 Alternativen zu Interbankenmärkten 185
        7.2.4 Zusammenfassung und Zwischenergebnis 190
   7.3 Transformationsleistungen und Opportunismus 191
        7.3.1 Grundlagen 191
        7.3.2 Risikotransformation 194
        7.3.3 Losgrößentransformation 198
        7.3.4 Fristentransformation 204
        7.3.5 Zusammenfassung 209

8 Finanzmarktmodelle im Lichte der Biologie 211
   8.1 Die Theorie der Neoklassiker 212
   8.2 Portfoliotheorie von Harry Markowitz 218
   8.3 Die Principal-Agenten-Theorie 221
   8.4 Behavioral-Finance-Theorie 224
   8.5 Bounded Rationality 235
   8.6 Marketing und Finanzmarktanalyse 249

9 Ausblick 255

Abbildungsverzeichnis 257
Tabellenverzeichnis 259
Literaturverzeichnis 261
Stichwortverzeichnis 271
Der Autor 277

1 Die Entdeckung der Ungleichheit: Das Hässliche an den Finanzmärkten

1.1 Das Prinzipal-Agenten-Prinzip

Etwa zu dem Zeitpunkt, als das CAPM auf gutem Wege war, zu einer der ganz großen Theorien der Finanzwirtschaft zu werden, entwickelte sich ein anderer Ansatz, der später nicht minder bedeutend werden sollte: die Prinzipal-Agenten-Theorie. Mit dieser Theorie führte Stephen Ross 1973[7] systematische Ungleichheit in die moderne Ökonomik ein.

Kern dieser Theorie sind exogen gegebene Informationsprobleme und opportunistische Menschen, die an sich denken und versuchen, Vorteile zu gewinnen, wenn dies möglich ist, auch wenn sie dabei Interessen anderer verletzen. Ihr moralischer Anspruch ist niedrig, aber sie sind nicht bewusst „böse" oder „gut". Die Opportunisten verkaufen Produkte durchaus zum fairen Preis. Aber wenn es ihnen gelingt, einem Produkt oder einer Leistung in der momentanen Wahrnehmung des Kontraktpartners eine höhere Wertigkeit zu verleihen, als sie ihm bzw. ihr bei Kenntnis sämtlicher relevanter Faktoren zukäme, dann nehmen sie ihren Vorteil gerne wahr. Derartige Maßnahmen bezeichnen wir in diesem Buch als „hässlich". Eine Transaktion wird als „hässlich" bezeichnet, wenn eine Leistung oder ein Produkt, auf die/das sich die Transaktion bezieht, in der Wahrnehmung der Adressaten vorteilhafter erscheint, als es bei Kenntnis sämtlicher relevanter Faktoren der Fall wäre.[8]

Stephen Ross behandelte das Problem eines Wirtschaftssubjekts (Prinzipal genannt), das nicht alle zu einem Vorgang gehörende Entscheidungen selbst trifft. Vielmehr werden Teile davon von anderen Personen erledigt (Agent).[9] Ist der Prinzipal nicht über alle Dinge informiert, die die Arbeit des Agenten betreffen, und handelt der Agent eigeninteressiert,

---

[7] Siehe Ross 1973, S. 134ff.

[8] Hässliche Transaktionen können ein moralisches Problem darstellen, müssen es aber nicht. Wenn ein Anbieter Produkte und Leistungen bewusst „geschönt" darstellt, kann man ein moralisches Problem vermuten. Wenn er aber mangels Erkenntnisfähigkeit die Hässlichkeit seines Verhaltens nicht wahrnimmt – er müsste sich dazu ja in den Adressaten und dessen Wahrnehmungsfähigkeiten hineinversetzen – ist die moralische Situation eine andere. Hässliches Verhalten ist oft „böse", aber nicht per se.

[9] In der Prinzipal-Agenten-Theorie ist der Agent ein Delegierter des Prinzipals. Der Agent wird vom Prinzipal bewusst beauftragt. Man kann die Theorie verallgemeinern, indem man dieses bewusste Beauftragen ersetzt durch ein bloßes Tätigwerden für den Prinzipal. Im Rahmen arbeitsteiliger Gesellschaften werden permanent Wirtschaftssubjekte für andere tätig. Im Zusammenhang mit kognitiven Beschränkungen ergeben sich dabei die gleichen Probleme wie im Delegierungsfall. Vgl. Ross 1973, S. 134; Pratt, Zeckhauser 1985, S. 1ff.

dann stellen sich Probleme ein, die ökonomisch höchst bedeutsam sind und die bis dahin weniger ausführlich untersucht worden waren.

Ross hatte die Ökonomie des Hässlichen erfunden,[10] eine Ökonomie, in der es um unvollkommene Informationen, vage Entscheidungen und Selbstsucht geht. Vor allem aber geht es um die Ausbeutung der Entscheidungsschwächen anderer. Dies ist der zentrale Punkt.

Das von Ross aufgeworfene Problem erwies sich als ausgesprochen fruchtbar, denn es stellte sich schnell heraus, dass der Problemtypus nicht nur bei der von Ross behandelten Agency – einem speziellen angelsächsischen Rechtsinstitut mit Nähe zur Treuhandbeziehung – sondern generell im Finanzbereich anzutreffen ist: Man stellte fest, dass nahezu überall dort, wo Geld einem Dritten anvertraut wird, unvollkommene Informationen, Wissensdifferenzen und selbstsüchtiges Ausnutzen der Entscheidungsschwächen der Gegenseite vorkommen.

Letztlich ist das Problem aber nicht nur im Finanzbereich anzutreffen, sondern offenbar ein universelles Problem moderner Marktwirtschaften. Dies wurde den Autoren und vielen nachfolgenden schnell klar. Wie umfassend das Problem später gesehen wurde, belegt die extrem breite Definition von Pratt und Zeckhauser: *„Whenever one individual depends on the action of another, an agency relationship arises."*[11] In arbeitsteiligen Volkswirtschaften ist dies quasi permanent der Fall. Auch Ross hat die Breite seines Problems erkannt; er schreibt: *„Examples of agency are universal."*[12] Ross bezieht Fälle aus so unterschiedlichen Gebieten wie dem Arbeitsleben oder dem Verhältnis des Staates zu seinen Bürgern ein. Ja, er erweitert: *„Essentially all contractual arrangements ... contain important elements of agency."*[13]

Einerseits ist die Theorie also umfassend. Andererseits wurde später eine Vernachlässigung der Behandlung vieler relevanter Wissens- und Entscheidungsprobleme beobachtet und kritisiert. Es wurde bemängelt, dass zu sehr mit stark verallgemeinerten, stilisierten Typen von Agencyproblemen gearbeitet werde.[14] Meinhövel sprach von einer *„wenig anwendungsbezogen formulierten Theorie"*.[15]

---

[10] Bzw. „wiedererfunden", wenn man an Rousseaus Beschreibung der Abläufe in der bürgerlichen Gesellschaft denkt, siehe Rousseau, 1755, 1990.

[11] Pratt, Zeckhauser 1985, S. 2.

[12] Ross 1973, S. 134.

[13] Ross 1973, S. 134.

[14] Gotthard Pietsch erinnert kritisch daran, dass die „A-priori-Annahme des Opportunismus" unvollständig ist, weil sie „das Spektrum menschlicher Verhaltenspotenziale" unberücksichtigt lässt (Pietsch 2008, S. 20).

[15] *„Die Inkorporation realitätsnäherer Elemente wie der Einbezug verborgener Handlungen in den friktionslosen neoklassischen Formelapparat hat die Umsetzungsprobleme dieser wenig anwendungsbezogen formulierten Theorie deutlich zu Tage treten lassen"*, Meinhövel 1999, S. 213.

An überschaubare Finanzmärkte kann man sich anpassen

Einerseits ist Kritik an der verengten Sichtweise berechtigt. Andererseits kann man vielleicht zur Rettung sagen, dass die Finanzmärkte der 60er und beginnenden 70er Jahre, als Ross sein Problem formulierte, noch nicht so „hässlich" waren wie die Finanzmärkte heute. Die Welle der „Innovationen" hatte sich Anfang der 70er Jahre noch nicht über die Welt ergossen.[16] Wichtige Marktsegmente waren streng reguliert. Die Finanzmärkte waren noch gekennzeichnet durch eine relativ eng begrenzte Produktpalette, die relativ zu dem, was heute an Produkten existiert, als überschaubar gelten kann. Die unglaubliche Entwicklung der Produktvarianten, der computerisierten Risikosteuerungssysteme, der Handelssysteme und Intermediärstypen u.v.m. waren 1973 noch nicht einmal in Ansätzen erkennbar. Der Zusammenbruch des Bretton-Woods-Systems, der viele spätere Entwicklungen auslöste oder beeinflusste, war zu der Zeit, als Ross seinen Beitrag erarbeitete, gerade erst im Entstehen begriffen. Man lebte noch in der alten Welt langjähriger Kontinuität wichtiger Rahmenbedingungen.

Wenn aber Menschen Zeit haben, sich an etwas Gegebenes anzupassen, dann verschwinden Probleme, die in der Zeit einer Neuerung oder der Anpassung an diese offensichtlich sind. Menschen erkennen ihre Fehler im Zeitablauf. Sie lernen im Zeitablauf, anfänglich gemachte Fehlentscheidungen zu vermeiden. Sie passen *sich* an. Sie passen ihre *Institutionen* an. Die Entscheidungen werden immer besser. Die Institutionen passen immer besser zum Entscheidungsvermögen. Der Wettbewerb auf der Anbieterseite tut ein Übriges. Mit zunehmendem Erfolg nimmt die Notwendigkeit, Neues zu probieren ab. Die Institutionen bewähren sich. Das Umfeld wird stabiler. Die getroffenen Entscheidungen erweisen sich als immer richtiger. Das bedeutet: viele der Probleme, die aus Agency-Beziehungen resultieren können, waren 1973 an den Finanzmärkten nicht sichtbar.

Vielleicht erklärt das den eingeschränkten Fokus, den Ross und seine Nachfolger der Agentenproblematik gaben. *„We will not treat the bargaining problem explicitly"*[17] entschied Ross zudem und wandte sich Marktgleichgewichtsproblemen zu, was starke Vereinfachungen und Stilisierungen notwendig machte und daher von manchen Problemen wegführte.

---

[16] Siehe BIZ 1986, S. 10ff.
[17] Ross 1973, S. 134.

1.2 Die Ausprägungen des Hässlichen an den Finanzmärkten

Welche Probleme treten auf? Wie sehen sie aus? Bevor Erklärungen diskutiert werden, sollen im Folgenden Ausprägungen der Probleme an Finanzmärkten anhand von Beispielen beleuchtet werden.[18] Als „hässlich" werden, wie oben bereits gesagt, Transaktionen bezeichnet, die eine Leistung oder ein Produkt in der Wahrnehmung der Adressaten als vorteilhafter erscheinen als es bei Kenntnis sämtlicher relevanter Faktoren der Fall wäre. Solche Transaktionen entstehen nicht zwingend in „böser" Absicht. Viele Anbieter mögen überzeugt von ihren Produkten sein und es als legitim empfinden, sie im bestmöglichen Licht erscheinen zu lassen. Der Begriff des Hässlichen ist in diesem Sinne also wertfrei. Es gibt aber sicherlich auch viele Fälle, in denen hässliche Transaktionen in wenig lauterer Absicht herbeigeführt werden.

Was wird gezeigt?

- Es wird gezeigt, dass die Gefahr, einer hässlichen Transaktion ausgeliefert zu sein, ubiquitär lauert.

- Beispiele zeigen, wie Intermediäre an den Finanzmärkten die Unkenntnis ihrer *Nichtbankkunden* ausbeuten. Genauso findet man aber auch Beispiele, in denen Intermediäre die Unkenntnis und Sorglosigkeit anderer *Intermediäre* ausnutzen.

- Es wird gezeigt, dass ähnliche Verhaltensweisen auch in *anderen Branchen* als dem Finanzsektor auftreten – hässliches Verhalten ist ubiquitär.

- Es wird an Beispielen gezeigt, wie *Informationsmedien* Nischen hässlich ausbeuten, sodass bei ihnen nicht zwingend „Schutz" gefunden werden kann. Beispiele zeigen, dass *Berater* und *Consultants*, ebenfalls keine zuverlässigen Quellen für wahrhaftige Informationen sein müssen. Auch sie suchen Nischen und implementieren hässliche Strategien.

- Es wird an Beispielen gezeigt, dass es nicht viel braucht, um hässliche Nischen zu finden. Sie ergeben sich *aus der Erfahrung* heraus von selbst. Umfassendes Wissen ist nicht erforderlich.

---

[18] Das Kapitel enthält Beispiele von Verhaltensweisen von Finanzintermediären und anderen Unternehmen, die aus ethischer Sicht problematisch sein könnten. Diese Beispiele sind der Literatur entnommen. Überwiegende Quellen sind Tageszeitungen. Die Beispiele werden so dargestellt, wie sie in den Quellen diskutiert wurden. Eine eigene Wertung wird nicht vorgenommen. Es ist auch nicht Aufgabe dieses Buches, die Sachverhalte zu recherchieren und zu verifizieren. Es kann deshalb in keinem Fall sicher gesagt werden, dass sich die Abläufe tatsächlich so vollzogen haben, wie in der Presse dargestellt.

- Schließlich wird an Beispielen gezeigt, dass hässliche Strategien oft in *unübersichtlichen* Nischen implementiert werden. Sie müssen aber nicht immer komplex sein. Es gibt Strategien, die extrem *simpel* sind. Gerade diese werden überaus häufig angewandt, und sind, obwohl man sie grundsätzlich kennt, doch erfolgreich.

Es kann – als Hypothese – verallgemeinert werden, dass Versuche, hässliche Transaktionen herbeizuführen, überall anzutreffen sind. Damit sind sie ein untersuchenswertes Phänomen.

Wo entstehen hässliche Nischen?

Damit soll mit der Beschreibung von hässlichen Nischen der Spezialisten an den Finanzmärkten begonnen werden. Zunächst werden Beispiele vorgestellt. Im folgenden Abschnitt 1.3 werden im Vorgriff auf die späteren Kapitel des Buches systematische Betrachtungen angestellt.

Mit Beispielen kann selbstverständlich nichts über den Gesamtumfang und das Gesamtausmaß hässlichen Verhaltens an den Finanzmärkten ausgesagt werden. Es kann anhand von Beispielen aber gezeigt werden, in welchen Bereichen und in welchen Ausprägungen hässliches Verhalten an den Finanzmärkten vorkommt.

Dass eigennütziges Verhalten keine Ausnahme ist, darüber besteht Einigkeit. Ernst Fehr hat in einem Interview zum Ausmaß unethischen Verhaltens an Finanzmärkten berichtet. In Experimenten mit Studierenden zeigten sich rund 50% eigennützig *und* sozial, die anderen 50% nur eigennützig.[19]

Einzelfälle oder dauerhafte Nischen?

Heute ist die Eigennützigkeit der Finanzmärkte ein überall diskutiertes Thema. Das Renommee der Finanzindustrie ist gesunken. Die derzeit lebende Generation von Bankkunden hat mindestens zwei große Finanzmarktkrisen erlebt und unauslöschlich im Gedächtnis verankert. Beide Krisen wurden durch merkwürdige Verhaltensweisen der Finanzintermediäre begleitet, welche die Krisen verschlimmerten, vielleicht sogar erst die Bedingungen für ihr Entstehen hervorriefen. Studenten berichten, wie ihre Eltern durch die Krise der Kapitalmärkte ab dem Jahr 2000 nachhaltig in ihrem Vertrauen in die Finanzmärkte beschädigt wurden. Analystenberichte und Bankberater hatten sie Ende der 90er Jahre zu Engagements in Aktien verleitet. Im Nachhinein entpuppten sich die Berichte als systematisch positiv verzerrt. Während Aktien nach außen empfohlen worden waren, rieten die Analysten in internen Mails von ihnen ab. Eine Bank veröffentlichte nach außen „Market Perform" und schrieb in internen Mails: „Diese Kerle sind auf Dauer erledigt".

---

[19] Vgl. Ernst Fehr, Finanzkrise, in: Spiegel-online vom 20.10.2008, Quelle: http://www.spiegel.de/spiegel/print/d-61366570.html (Zugriff 10.12.2009); siehe auch Fehr 2008.

Die auf die Subprimekrise folgende Diskussion über das Finanzgewerbe erweckte den Eindruck, als ob opportunistisches Verhalten von Banken etwas Seltenes, etwas auf spektakuläre Einzelfälle Beschränktes sei. Das ist aber nicht richtig. Hässliches Verhalten zeigt sich in institutionalisierten Nischen, die jahrelang Bestand haben und fester Bestandteil von Geschäftsstrategien sind. Im Folgenden werden solche Nischen betrachtet, die über Jahre ausgebeutet wurden.

Der Gießener Professor Bessler konnte nachweisen, dass bei Erstemissionen von Aktien die Analystenempfehlungen umso verzerrtere Urteile enthielten, je näher der Analyst der emittierenden Bank stand.[20] Ratingagenturen packten Subprimekredite unterschiedlicher Jahrgänge in die Assetklasse „Subprime", obwohl sich zeigte, dass jeder neue Jahrgang schlechtere Bonität aufwies als der vorangegangene.

Ähnliche Verhaltensweisen macht der amerikanische Ökonomieprofessor Brown den Hedgefonds vor der Subprimekrise zum Vorwurf.[21] Die Hedgefonds hatten große Volumina an Subprime-ABS gekauft. Sie fuhren damit Strategien, die an liquiden Märkten durchaus vernünftig gewesen wären. Subprime-ABS waren aber nicht liquide. Sie wurden emittiert und verschwanden in den Portfolios der Investoren. Faire Marktpreise gab es nicht. „Mark-to-Market" war nicht möglich. Beruhigt wurden die Investoren mit der neuen Technik „Mark-to-Model": man berechnete, wie die Marktpreise sein würden, wenn es welche gäbe. Selbst diffizile Arbitragestrategien konnten damit auch für illiquide Märkte „gerechnet" werden. Letztlich gaben die illiquiden Märkte den Hedgefonds aber die Möglichkeit, die errechneten Preise zu beeinflussen, ihre Ergebnisse zu schönen, und insgesamt das Leben ihrer Aktivitäten zu verlängern, selbst als längst Anzeichen für Probleme der Subprimeinstrumente aufgetaucht waren.

Spektakulär war die Aufdeckung der Kursmanipulationen der Specialists an der New York Stock Exchange. Das merkwürdige Festhalten der wichtigsten Börse der Welt an dem anachronistischen Parketthandel war vielen Marktteilnehmern schon länger aufgefallen. Warum nur hielten die am Parkett fest? Aber bei einer so außergewöhnlichen Börse konnte man den „einzigartigen" Parketthandel als Teil der Ursachen ihres Erfolges sehen. Allein die auf den Maklerrotunden aufgetürmten Computer, unter denen das Gewusel des Handels stattfand, machten einen außerordentlichen Eindruck. Sie zeigten: hier funktionieren beide Welten, die Elektronik und der menschlicher Handel. Das wichtigste ist der Mensch – die Elektronik oben drüber hilft nur. Die Zuflucht anderer Börsen zu rein elektronischen Handelssystemen erschien eher als Zeichen von deren Minderwertigkeit als dass sie Misstrauen am Parketthandel der NYSE aufkommen ließen. Zudem hatte die Börse ja auch ein elektronisches Handelssystem installiert. Dass dieses nicht in der Lage war, den Parketthandel zu verdrängen, zeigte, wie gut der Parketthandel war – so die Wahrnehmung.

---

[20] Siehe Bessler, Kurth 2007, S. 29ff., Bessler, Stanzel 2007, S. 89ff.

[21] Zum „bewussten" und nachhaltigen Schönen von Marktentwicklungen siehe Brown 2008, S. 120ff.

Später erst stellte es sich heraus, dass derartige Überlegungen grundfalsch waren. Das Festhalten am Parketthandel war Teil einer Strategie, um das langjährig betriebene Manipulieren von Kursen durch Specialists fortsetzen zu können. In das elektronische Handelssystem waren verzögernde Mechanismen eingebaut worden, deretwegen der Parketthandel für viele Marktteilnehmer vorteilhafter blieb. Durch eine künstliche Zeitverzögerung von 30 Sekunden wurden die Orders auf das Parkett gelenkt, welches nur 16 Sekunden benötigte, einen Auftrag abzuwickeln. Letztlich trieb dies die Aufträge den Specialists zu, deren Zahl sich über die Jahre, unbemerkt von vielen, reduziert hatte, sodass zum Schluss ein enges Oligopol von fünf großen Specialists 90% des Umsatzes auf sich vereinigte. Es kam zu Kursmanipulationen. Specialists trieben die Kosten für die Kunden in die Höhe, indem sie Aufträge splitteten und nacheinander ausführten, selbst wenn die Gegenorders, die anfangs vorlagen, ausgereicht hätten.[22] Frontrunning u.a. wurde betrieben. Die Aufsichtsbehörden schauten lange Zeit weg. Erst als Gerüchte über „hässliche" Machenschaften der Specialists immer offener diskutiert wurden, untersuchten die Aufsichtsbehörden 2,2 Mrd. Aktienkäufe und fanden, dass allein durch Frontrunning 150 Mio. USD Gewinne erzielt worden waren.[23] Aber warum hatte die Börse selbst das Treiben nicht früher erkannt und gestoppt? Die Börse hatte doch den Status einer sich selbst regulierenden Institution? Warum regulierte sich nichts? Es wurde hinterher vermutet, dass sich die auf diese Weise begünstigten Specialists im Verwaltungsrat der Börse dafür mit den später als „exorbitant" bezeichneten Gehaltszusagen an den Verwaltungschef der Börse Grasso bedankten. Die großen Specialists waren über ihre Muttergesellschaften im Verwaltungsrat der Börse vertreten. Damit beaufsichtigten sich die Handelnden quasi selber.

Es kann gefragt werden, warum erreichten überhaupt so viele Orders die New Yorker Stock Exchange? Warum hatte die Börse so viel Spielraum? Dies lag an der *Trade Through Rule*, deren Auslegung durch die übergeordnete Aufsichtsbehörde dazu führte, dass es für den Orderaufgebenden ein Risiko darstellte, wenn er die Order nicht an die NYSE, sondern an alternative Handelsplätze leitete. Die Regel führte zu einem ständigen Zufluss von Orders an die Börse, der nur in einem relativ weiten Rahmen von der Leistung der Börse abhing. Allerdings hätte die Aufsichtsbehörde die Begünstigung der Börse durch ihre Regel sehen müssen und mehr Wettbewerbsgleichheit schaffen sollen. Aber sie verfolgte noch andere Ziele. Im Nachhinein kam der Verdacht auf, dass die Aufsichtsbehörde mit ihrer merkwürdigen Auslegung der Regel u.a. auch eine Politik verfolgte, den Finanzplatz New York – den wichtigsten Finanzplatz der Welt – zu schützen – eine Politik, die ihr von ihren Statuten her nicht zustand. Im Ergebnis kam es zu dem Freiraum der Börse.

Versucht man zu verallgemeinern ergibt sich:

Das Streben nach Sondervorteilen im unübersichtlichen Finanzmarkt ist überall anzutreffen. Und es sind nicht immer nur Einzelne, die Nischen und Lücken entdecken und aus-

---

[22] Siehe Die Welt, 13.2.04.
[23] Siehe Financial Times Deutschland, 4.11.03, S. 22.

beuten.[24] Es sind vielmehr ganze Gruppen, die komplexe Geschäftsmodelle errichten, welche zum Nachteil Dritter ausgestaltet sind.

Ungleichheit durch Wissensdifferenzen

In der Wissenschaft wird das systematische Auseinanderklaffen von Kenntnissen der Vertragspartner wenig spektakulär als *Wissensdifferenz* bezeichnet. Wissensdifferenzen treten sowohl zwischen professionellen Marktteilnehmern auf, also solchen, die häufig auf einem Markt agieren, wie auch zwischen Profis und ihren laienhaften Kunden, die nur selten an einem Markt agieren und über wenig Erfahrung verfügen.

Im Folgenden werden die ersteren *Spezialisten* und die letzteren *Nichtspezialisten* genannt.

Wissensdifferenzen gibt es naturgemäß am häufigsten zwischen Spezialisten und Nichtspezialisten, hier also zwischen Finanzintermediären und ihren branchenfremden Kunden. Wissensdifferenzen gibt es aber auch zwischen den Spezialisten, denn nicht jeder professionelle Marktteilnehmer hat in jeder Nische die gleiche Erfahrung. In arbeitsteiligen Marktwirtschaften weiß letztlich jeder etwas anderes. Nicht einmal alle Banker wussten, dass von den Hunderten von Börsenteilnehmern an der NYSE nur fünf große wichtig waren, dass die SEC Finanzplatzpolitik betrieben hatte und wie die Interessenkonflikte zwischen den Händlern, der Börsenleitung und den großen Banken konkret beschaffen waren.

Spezialisten beuten Spezialisten aus

In modernen Marktwirtschaften, in denen eine ungeheuer weit getriebene Arbeitsteilung vorherrscht, kennt sich kaum jemand auf dem Spezialgebiet eines anderen im Detail aus. Dies kann selbst für zwei Personen gelten, die auf ähnlichen Gebieten arbeiten. Nicht zuletzt die Subprimekrise und das offenbar gewordene Misstrauen der Banken untereinander beleuchten dies. Und man stößt gelegentlich sogar auf Fälle, in denen ein Spezialist einen anderen Spezialisten genau desselben Spezialgebietes angreift und dessen Ahnungslosigkeit bzw. Sorglosigkeit ausbeutet.

Im August 2004 bereiteten Mitarbeiter der Citibank einen Angriff auf das Handelssystem MTS vor. Die Mitarbeiter hatten die Aktion selbst „Dr. Evil" getauft. Citibank war Market Maker in diesem System. Der Angriff war nicht auf die *Kunden* der Bank gerichtet. Vielmehr sollte auf Kosten der Kollegen, d.h. der *anderen Market Maker*, ein Gewinn erzielt werden. Die Grundidee lautete etwa wie folgt: Market Maker mussten entsprechend den Statuten des MTS-Systems eingehende Orders bis zu einer Höchstmenge zu den in das System eingegebenen Quotes unmittelbar bedienen. Danach durften die Quotes geändert werden. Ein solches System führt unter bestimmten Umständen zu berechenbaren Preisbewegungen. Genau das nutzten die Citibanker aus und entwickelten einen Weg, mit dem

---

[24] Außergewöhnlich war das Handeln des Derivatehändlers Gérôme Kerviel, der seiner Bank einen Verlust von 4,9 Mrd. Euro verursachte.

die notwendigen Umstände herbeigeführt werden konnten.[25] Wichtiges Element der Aktion war die kurze Zeitdauer von 2 Minuten, die es anderen Banken nicht erlaubte, ihr standardisiertes Verhalten zu korrigieren. Die Citibanker verdienten damit 15 Mio. USD auf Kosten anderer Banken. Sie hatten die besonderen Schwächen des Systems erkannt und für sich ausgenutzt. Gegen Vorschriften war nicht verstoßen worden. Ob die anderen Banken die Schwächen nicht gesehen hatten oder nur davon ausgingen, dass ein Mitbewerber die Fehler des Systems nicht ausnutzen würde, wurde nie geklärt. Die Betreiber des MTS-Systems reagierten auf den Fall mit dem Erlass neuer Verhaltensregeln. Letztlich war das MTS-System oberflächlich entwickelt und programmiert worden. Das hat sicherlich die Herstellkosten niedrig gehalten.

Zusammengefasst, macht der Vorfall deutlich, dass die Finanzindustrie als Ganzes gesehen Kosten sparen kann, wenn sich die Marktteilnehmer moralisch fair verhalten.[26] Kann dies nicht sichergestellt werden, ist es wichtig, Systeme zu haben, die gegen „hässliche" Maßnahmen geschützt sind.

Spezialisten beuten Nichtspezialisten aus

In diesem Fall hatte also ein Spezialist die Sorg- oder Ahnungslosigkeit anderer Spezialisten ausgebeutet. Häufiger stößt man allerdings auf Fälle, in denen Spezialisten die Sorg- und Ahnungslosigkeit von Nichtspezialisten ausbeuten. Wie in der Aktion „Dr. Evil" werden dazu oft versteckt liegende Elemente benutzt, die üblicherweise wenig Beachtung finden.

Die Bank ABN Amro N.V. berichtete vor einiger Zeit, mit welchen Maßnahmen sie im Geschäft mit Zertifikaten auf die gewünschte Rendite komme, ohne dass der Kunde etwas

---

[25] Solange sich der Market Maker am Terminmarkt bei unveränderten Kursen hedgen kann, braucht er im MTS-System seine Quotes nicht zu ändern. Die Mengen, zu denen sich ein Market Maker verpflichtete, Kurse zu stellen, waren so klein, dass eine Beeinflussung des Terminmarktes normalerweise ausgeschlossen schien. Der Market Maker konnte also sicher sein, die aus dem MTS-System erhaltenen Positionen zu den aus dem Orderbuch des Terminmarkts hervorgehenden Kursen glattstellen zu können. Das System war also letztlich eine Farce, indem die Teilnehmer sich zwar Market Maker nannten, aber letztlich keine Liquidität bereitstellten. Dabei war das System aber so oberflächlich zusammengebaut worden, dass nicht in allen Fällen die Verbindung zum Terminmarkt (zu alten Kursen) sichergestellt werden konnte. Citibank hatte die Lücke erkannt und „beschoss" in der Aktion „Dr. Evil" alle Market Maker auf einer Vielzahl von Teilmärkten mit Orders, sodass die Summe die Liquidität des Terminmarktes überstieg und die Kurse dort einbrachen. Mit den einbrechenden Terminmärkten senkten die Market Maker die Quotes im MTS-System, und Citibank kaufte die vorher verkauften Titel auf dem gleichen Weg billig wieder zurück. All das passierte computergesteuert, und als die Menschen in den Banken das Schema erkannten und eingriffen, war alles schon gelaufen.

[26] Hier sei daran erinnert, dass F.A. von Hayek 1981 der Ansicht war, dass die Entwicklung der Moral, d.h. moralisch anständiges Verhalten, Ergebnis der Evolution, d.h. von Erfahrungen, ist. Es entwickelt sich die Moral, die mit den größeren ökonomischen Erfolgen verbunden ist. Citibank wurde nach dem Vorfall vom Handel mit Staatsanleihen ausgeschlossen.

von der tatsächlichen Ertragskraft der Produkte für die Bank merke: Man würde Dividenden nicht vollständig weiterschütten. Man würde Gewinnpartizipation versprechen, aber keine laufende Verzinsung des Kapitals vornehmen. Man würde die Geld-Brief-Spanne im Handel breit stellen.[27] Das alles wird ordnungsgemäß in den Verträgen und Prospekten dokumentiert.[28] Aber es fällt nicht auf. Es ist versteckt. Es erscheint harmlos. Die unangenehmen Konsequenzen sind nicht klar. Es wird im Marketing nicht angesprochen. Es entgeht der Aufmerksamkeit der Käufer.

Völlig gleichgerichtet berichtete die Deutsche Bank im August 2008, wie sie die Ertragskraft des Investmentgeschäftes weiter steigern wolle. Klassische Fonds sollten durch strukturierte Produkte ersetzt werden, welche mit für den Kunden schwierig berechenbaren teuren „Wrappers" wie Versicherungsleistungen und Garantien angereichert würden.

Ähnlich versteckt und schwer erkennbar wollten auch Fonds vorgehen, die in guten Zeiten Produkte mit High-Watermark-Klauseln verkauft hatten. Nach Ausbruch der Subprimekrise und den folgenden drastischen Kursverlusten vieler Wertpapiere konnten sie sich die Ertragsverschlechterung der nächsten Jahre ausrechnen, weil nun auf längere Zeit – bis der Markt die Höchstwerte wieder erreicht haben würde – die Performance Fees ausblieben. Eine bekannte Maßnahme in solchen Fällen ist die Fondsschließung. Einige Marktteilnehmer überlegten aber auch, stattdessen soweit vertraglich zulässig, zusätzliche Gutachter oder Treuhänder einzuschalten, durch die sich noch weitere Gebühreneinnahmen ohne die Maßnahme der Fondsschließung erzielen ließen. Derartige Maßnahmen sind rechtlich möglich, aber für die meisten Kunden, wenn sie eingeführt werden, doch sicherlich überraschend.

Einen Fonds mit High-Watermark-Klausel zu verkaufen, dann aber in Zeiten niedrigeren Kursniveaus zu schließen oder sich zusätzliche Gebühreneinnahmen zu verschaffen, ist so, als ob es die Klausel gar nicht gegeben hätte. Der Kunde hat sie aber mitbezahlt. Sie hat im Moment des Kaufes vertrauensbildend gewirkt. Man kann davon ausgehen, dass viele Kunden im Moment des Zeichnens eines Fonds nicht daran denken, dass die Klausel nicht viel Wert hat, weil sie einer Option für die Bank gleicht, sich gerade dann, wenn die Klausel für den Kunden ihren Nutzen entfaltet, ihrer Lasten zu entledigen.

Versucht man zu verallgemeinern ergibt sich: Spezialisten suchen offenbar systematisch nach Nischen, die der Wahrnehmung der Kontraktpartner entgehen. Sie versuchen, diese Nischen so zu gestalten, dass ein Mehrertrag für sie selbst verbleibt.

---

[27] Siehe hierzu auch die sehr interessante Preisanalyse von ABN-Zertifikaten in: Wilkens, Scholz, Baule 2005, S. 87ff.

[28] In einer Publikation heißt es: „Dividendenzahlungen aus dem Basiswert dienen zur Finanzierung der Knock-Out-Verkaufsoption." Oder: „Einbehaltung periodischer Zahlungen." S. o.V., Märkte & Zertifikate, Oktober 2009, S. 66f.

Nischen entstehen nicht zufällig

Konstruktionen, mit deren Hilfe sich schwer erkennbare Maßnahmen durchführen lassen, entstehen nicht zufällig. Einige Finanzintermediäre betreiben die Strategie, ständig neue Produkte anzubieten, deren Beurteilung den Kunden naturgemäß schwer fällt. Es werden Produkte verkauft, für die es keine Vorbilder gibt, an denen man sich orientieren könnte. Es werden Vertriebsmitarbeiter eingesetzt, welche die Produkte im Detail nicht verstehen und daher den Kunden auf tiefer gehende Fragen keine Auskunft geben können. D.h. es gibt bewusst gewählte Maßnahmen, die es der Marktgegenseite erschweren, sich zurechtzufinden. Wie jemand eine Nische *entdeckt*, ist die eine Frage. Wie jemand sie so *ausbaut*, dass sie sich auf Dauer nutzen lässt, ist eine andere.

Teilweise hilft der Gesetzgeber beim Ausbau mit. Dem Investmentgesetz zufolge muss die Gesamtkostenquote nur für den Fonds ausgewiesen werden, in den der Anleger unmittelbar investiert. Dieser darf in andere Fonds investieren, deren Kosten nur aus deren Publikationen erkennbar sind: ein hoher Aufwand für die Investoren. In einer frühen Fassung des Gesetzes hatte die Regelung noch anders gelautet. Sie war dann „plötzlich" gestrichen worden.

Bausparkassen rechneten jahrelang Kredittilgungen und Einzahlungen auf Bausparguthaben erst ab einem bestimmten Quartalszeitpunkt an, obwohl die Kunden aus ihrem laufenden Gehalt monatlich zahlten. Vor der Effektivzinsgesetzgebung wurden Zinsen oft nicht von der Restschuld, sondern von der Ursprungsschuld berechnet. Die negative Auswirkung von Disagios auf die Höhe der Zinskosten wurde nicht erklärt.

Vergleichbare Verhaltensweisen in vielen Branchen

Es braucht vielleicht nicht besonders betont zu werden, dass man hässliche Verhaltensweisen in vielen Branchen findet.

Ein Anstreicher aus Apulien berichtete mir einmal, dass es bei ihm zu Hause üblich sei, Vereinbarungen so abzufassen, dass es einem immer möglich sei, weniger zu leisten als von der Gegenseite bei Vertragsabschluss gedacht. Genau das probierte er bei mir auch aus. Es kostete mich eine Menge Lehrgeld, bis ich das System begriffen und die richtige Gegenmaßnahme gefunden hatte. Das Verstecken von Kosten oder anderen Nachteilen an übersichtlichen Stellen ist offenbar ein universelles Problem.

Freenet warb im Frühjahr 2008 aggressiv um Kunden der Telekom. Am Telefon wurden die Vorteile der Konditionen erläutert. Die Fülle der Vorteile war erschlagend. Erst aus den nachgereichten schriftlichen Unterlagen ging hervor, dass das Freenet-Angebot Nachteile enthielt, die es bei üblicher Nutzung gegenüber Angeboten der Telekom überhaupt nicht konkurrenzfähig machten.

Im Sommer 2008 flog ein verrückter Schwindel mit Mehrwegflaschen auf. Discounter und Großbrauereien sollen Einwegflaschen im Mehrweglook kreiert haben, um Verbraucher in die Irre zu führen. Die Verbraucher bekamen bei Rückgabe der Flaschen das Mehrwegpfand von 7 Cent ausgezahlt, hatten aber beim Kauf das Einwegpfand von 25 Cent gezahlt.

Dies wurde auf folgende Art und Weise erreicht: Die Kassiererin rechnete (zu Recht) das höhere Einwegpfand beim Bezahlen ab. Dies fiel den meisten Kunden nicht auf, da sie den Kassenzettel nicht überprüften. Wenn doch, war niemandem etwas vorzuwerfen, da die Flasche tatsächlich eine Einwegflasche war. Der (automatisch arbeitende) Rückgabeautomat erkannte in der Flasche aber eine Mehrwegflasche und gab Pfand heraus, aber natürlich das niedrigere Pfand für Mehrwegflaschen. Beteiligt waren Lidl, Veltins, Wernesgrüner und Franziskaner.[29]

Das System funktionierte, weil man die Nutzer mit einer Einwegflasche, die wie eine Mehrwegflasche aussah, überrumpelte. Die beschuldigten Firmen behaupteten, die Kunden nicht irregeführt zu haben: die Flaschen seien deutlich unterschiedlich zu den traditionellen Mehrwegflaschen ausgestaltet gewesen.

Im Herbst 2008 entdeckte der Allgemeine Deutsche Fahrradclub, dass das Hochsicherheitsbügelschloss „Profex 65862" mit dem Urteil „Gut" der Stiftung Warentest für nur 14,99 Euro angeboten wurde. Der Club testete das Schloss und fand, dass es minderwertig war. Die Stiftung Warentest wurde informiert und stellte ihrerseits fest, dass der Hersteller die Qualität des Schlosses nach dem Test herabgesetzt hatte. Dieser behauptete, er trage keine Schuld, die Zulieferteile kämen aus China und hätten sich wohl in ihrer Qualität verschlechtert. Dieser Fall ist deshalb hier interessant, weil das Problem mit einer relativ simplen Heuristik aufgedeckt werden konnte: Ein Preis, der nicht zu einer angegebenen Qualitätsstufe passte. Dies ist ein Beispiel für Maßnahmen, die Nichtspezialisten zugänglich sind, sich gegen Spezialisten zur Wehr zu setzen.

In Italien wurde eine „hässliche" Verabredung von Kommunalverwaltungen mit den Herstellern von Ampelanlagen bekannt. Bei immer wieder wechselnden Ampelanlagen waren die Gelbphasen – für die Autofahrer überraschend – auf ein zeitliches Minimum reduziert worden oder ganz entfallen: auf Grün folgte unmittelbar Rot. Gleichzeitig wurden Blitzgeräte aufgestellt, sodass viele Autofahrer wegen Fahrens bei „Rot" hohe Geldstrafen bezahlen mussten.

Im Frühjahr 2009 berichteten deutsche Eichämter, dass Füllmengen systematisch unterschritten würden. Lebensmittelfertigpackungen, Biere und Weine würden systematisch mit zu geringen Füllmengen angeboten und das, obwohl die Abfüllmaschinen einen beispiellosen Stand der Technik erreicht hätten. Auf Märkten würden Güter netto angeboten, aber brutto verkauft: die Verpackung würde mitgewogen. Die Experten des Landesbetriebes Mess- und Eichwesen in Nordrhein-Westfalen wurden zitiert mit dem Satz: „Die Tendenz durch Unterfüllung den Verbraucher zu schädigen, ist trotz des enormen technischen Fortschritts der Abfülleinrichtungen leider immer noch ungebrochen."[30]

---

[29] Siehe Die Welt, 25.8.08.
[30] Siehe Kai Althoetmar, Füllmengen-Nepp, in: FAZ vom 4.5.2009, in: http://www.welt.de/finanzen/nutzwert/article3652268/Wenn-Firmen-bei-den-Packungsgroessen-schummeln.html (Zugriff 5.5.2009).

In Supermärkten werden die Lebensmittel mit dem Packungspreis angeboten. Der 100-Gramm-Preis findet sich versteckt im Kleingedruckten. Umgekehrt in Baumärkten: hier werden Bretter mit Preisen angeboten, die sich als Preis pro Meter herausstellen. Im Kleingedruckten ist der Preis für das ganze drei Meter lange Brett zu finden. Handytarife werden inklusive „1 Jahr kostenloses Musik-Downloaden" angeboten. Im Kleingedruckten findet sich der Hinweis, dass nur alte Lieder inbegriffen sind.

In England wurde Anfang 2009 der „Spesenskandal" thematisiert. Abgeordnete des Unterhauses hatten sich jahrelang mit eher bescheidenen Gehältern begnügt – ein feiner Zug. Ein durchschnittlicher Abgeordneter erhielt 73.000 Euro Jahresgehalt. Was die Öffentlichkeit nicht so genau wusste, aber durchaus hätte erfahren können, war, dass die Abgeordneten darüber hinaus bestimmte Spesen abrechnen durften. Was die Öffentlichkeit dagegen gar nicht erfahren konnte, war, dass dieses Recht ausgenutzt und die Spesenrechnungen von der Parlamentsverwaltung, die einem der Abgeordneten unterstand, nicht kontrolliert wurden. Auf diese Weise konnte ein durchschnittlicher Abgeordneter 2008 Spesen über 160.000 Euro abrechnen, wobei Katzenfutter, fiktiv gemietete Wohnungen, Urlaube mit Kindern und Kosten für Ferienhäuser eingeschlossen waren.[31]

Versucht man zu verallgemeinern ergibt sich:

Spezialisten bemühen sich offenbar systematisch, an schwer wahrnehmbaren Stellen die Produkteigenschaften so zu verändern, dass die Produkte in der Wahrnehmung der Adressaten einen höheren Wert bekommen. Dies scheint ein universelles, alle Branchen und alle Zeiten überdauerndes Phänomen zu sein. Das Phänomen hat alle Merkmale einer ökologischen Nische, die sich jemand schafft, um sich „seinen" Anteil an den verfügbaren Ressourcen zu sichern. Das Phänomen ist so universell und der Art nach jedermann auch bekannt, dass die These, Menschen vertrauten einander bei ihren ökonomischen Transaktionen bedingungslos, nicht stimmig sein kann. Es gibt andere Mechanismen, mit denen sich die Menschen behelfen. Es kann vermutet werden, dass diese Mechanismen ebenso universell und ubiquitär sind wie das hässliche Verhalten und deshalb (vielleicht) in der Vergangenheit als „ganz normale Mechanismen" nicht richtig auf ihren Wesenskern hin interpretiert worden sind. In Kapitel 7 werden wichtige Elemente des Finanzmarktgeschehens auf diesen Aspekt hin untersucht.

Schlau muss man nicht sein, um auf hässliche Maßnahmen zu kommen

Es wird nun gefragt, ob ein besonderes Vorwissen und eine besondere Intelligenz, d.h. besondere kognitive Fähigkeiten, erforderlich sind, um auf hässliche Maßnahmen zu kommen, mit denen man sein Gegenüber ausbeuten kann?

---

[31] Siehe http://www.spiegel.de/politik/ausland/0,1518,625207,00.html (Zugriff 19.5.2009).

Die Antwort lautet, dass weder umfassendes Vorwissen noch besondere kognitive Fähigkeiten notwendig sind. Ein schmales Band an spezifischen Erfahrungen reicht aus.[32]

Ein Beispiel: Daten einer Datenbank nachträglich zu ändern, um die schlimmsten Fehlprognosen der eigenen Analysten zu entfernen, ist sicherlich keine Maßnahme, die viel Hintergrundwissen und Intelligenz erfordert.

Lange Jahre blieb es unentdeckt, dass in einer viel benutzten Internetdatenbank mit historischen Aktienempfehlungen, aus der viel beachtete und weitreichende Schlüsse gezogen wurden, nachträglich Daten geändert wurden. Die Universität Melbourne pries das System auf Ihren Internetseiten sogar ihren Studierenden zur Nutzung an: *„I/B/E/S History ... presents a unique opportunity for back testing investment theories in a variety of global market conditions."*[33] Ljungqvist, Malloy und Marston entdeckten dann die nachträglichen Manipulationen. Es handelt sich um die Prognosedatenbank I/B/E/S (Institutional Brokers' Estimate System), die Prognosen von über 2000 Analysten enthält, die laufend von 850 Firmen in das System eingegeben werden. Die Firmen konnten, was jahrelang keiner wusste, die Daten auch nachträglich wieder ändern. Die Wissenschaftler zogen zwischen den Jahren 2000 und 2007 Downloads des gesamten Bestandes und stellten fest, dass von Mal zu Mal zwischen 1,6% und 21,7% früherer Prognosen nachträgliche Änderungen erfuhren. Geändert wurden Aktienempfehlungen, Zahlen wurden hinzugefügt oder gelöscht, und es wurden Namen von Analysten entfernt. Die Änderungen waren mit einer Reihe von Parametern signifikant verknüpft, z.B. damit, die *„persistence in individual analyst stock-picking ability"* zu erhöhen.[34] Die Datenbank wird weltweit von Wissenschaftlern benutzt, die Artikel über die Güte von Prognosen und erzielbare Überrenditen an Aktienmärkten schreiben. Die Datenbank wurde 1976 von der Brokerfirma Lynch, Jones & Ryan gestartet, später an Citigroup verkauft und gehört heute zu Thomson Reuters.

Die Spezialisten, welche den Nichtspezialisten gegenübersitzen, haben nicht zwingend *umfassendes* Wissen. Sie wissen nur das Entscheidende. Sie haben aus einer immer und immer wieder vorgenommenen Wiederholung gleichartiger Situationen Zusammenhänge erkannt, die der Wahrnehmung anderer verborgen bleiben. Es bedarf dazu gar nicht einmal großer und außerordentlicher gedanklicher Leistung, denn das menschliche Gehirn speichert akribisch die erlebten Situationen ab und wertet sie ganz automatisch aus. Das ist eine seiner Stärken – nicht nur das logische Denken im Bewusstsein.

---

[32] Ein nettes Beispiel zu den nicht vorhandenen umfassenden Fähigkeiten von Spezialisten, findet sich in der Literatur: Als der später weltberühmte Kapitän James Cook bei einem Auftrag am St. Lorenzstrom in Nordamerika mit einem Vermesser namens Sullivan zusammenarbeitete, wollte er so viel wie möglich von ihm lernen. Der Vermesser war aber abweisend. Nach einiger Zeit begriff Cook, dass der Vermesser keine Ahnung von den Hintergründen seines Tuns hatte. Er kannte die Handgriffe und wusste die Eintragungen in eine Kladde zu machen – mehr nicht. Siehe Lütgen 2003, S. 62.
[33] Siehe http://www.ecom.unimelb.edu.au/research/databases/IBES/IBES.html (Zugriff 11.11.2009).
[34] Siehe Ljungqvist, Malloy und Marston 2009, S. 1935ff.

Die Rolle von Erfahrungen

Es besteht Einigkeit, dass *Erfahrungen* in hohem Maße bestimmen, ob und wie etwas *Neues* erfunden wird. Es ist offenbar weniger die Intelligenz als die Erfahrung, die zur Entdeckung von Neuem beiträgt. Es fragt sich: wie kommen die Spezialisten auf hässliche Maßnahmen? Könnte es sein, dass sie mehr oder weniger zufällig entdeckt werden?

Die Erfindung des Fernrohrs wird Optikern zugeschrieben, die zufällig mehrere Linsen hintereinander hielten. Auch die Erfindung des Mikroskops soll mehr oder weniger zufällig dadurch zustande gekommen sein, dass jemand ein Fernrohr umgekehrt hielt und hineinschaute. Für die meisten Menschen ist das nicht interessant, weil alles verkleinert erscheint. Aber wenn das Okular einen ganz bestimmten kurzen Abstand zum Betrachtungsobjekt besitzt, nimmt man eine riesige Vergrößerung wahr. Jemand, der oft mit Fernrohren hantiert, wird früher oder später das Fernrohr einmal in genau diesem Abstand zu einem Objekt halten und genau in dem Moment hineinschauen. Er kann dieses Phänomen „zufällig" entdecken. Im Pazifik erlaubt der Wechsel zwischen Dünung und Brandung das Navigieren auch ohne die im Westen bekannten Instrumente Kompass und Sextant: die Eingeborenen hatten dies aus der Erfahrung heraus gelernt.

In einem berühmten Beispiel von Adam Smith macht eine völlig ahnungslose Person aus der Erfahrung heraus eine für die Weiterentwicklung der Dampfmaschine außerordentliche Entdeckung. Die Person arbeitete an einem Ventil an einem Teil der Maschine und stellte fest, dass sich ein Kolben am anderen Ende der Maschine im Takt des Ventils bewegte und durch eine Verbindung von Kolben und Ventil das manuelle Öffnen des Ventils entbehrlich wurde. Damit machte die Person eine der wichtigsten Entdeckungen zur Verbesserung der Maschine, wie Smith schreibt. Das Besondere: die Person war kein genialer Ingenieur, sondern ein kleiner Junge, dessen Aufgabe es nur war, stupide das Ventil zu öffnen und zu schließen. Dabei machte der Junge die Erfahrungen, die dann zu der Innovation führten.[35]

Adam Smith hielt es für ein Prinzip, dass Innovationen aus Erfahrungen heraus gewonnen werden. Bisher wenig unterschieden wurde zwischen „guten" und „bösen" Innovationen. Aber man kann Smith verallgemeinern dahingehend, dass auch die bösen bzw. in unserer Terminologie „hässlichen" Maßnahmen so gefunden werden. „Hässliche" Maßnahmen auszutüfteln, ist daher nichts Besonderes, nichts nach dem man speziell suchen müsste, sondern die natürliche Folge von Erfahrungen, letztlich von immer wieder wiederholten Tätigkeiten. Oder anders formuliert: ein Spezialist, der sich in sein Spezialgebiet hinein

---

[35] Ein besonders schönes Beispiel für das Sammeln von Wissen aus Erfahrung heraus, las ich neulich in der Zeitung. Ein junger Mann beschloss, etwas Besonderes zu leisten und paddelte die Donau herunter bis zum Schwarzen Meer. Er schrieb: „Nach ein paar Tagen wird man sensibel für die Stimmungen des Flusses: Anders als anfangs angenommen, ist das Wasser nie gleich. Mal fließt es wild, mal langsamer, es gibt immer wieder Neues zu entdecken. Manchmal bin ich sogar ganz früh aufgestanden, nur um den Fluss in den frühen Morgenstunden zu erleben. Schon bald wurde ich eins mit dem Fluss." Siehe Thomas Bauer 2008, Ostwärts – Zweitausend Kilometer Donau, Wiesenburg Verlag.

vertieft, muss schon ganz „dumm" sein, wenn er die hässlichen Maßnahmen übersähe, und er müsste ganz schön „ehrlich" sein, wenn er die hässlichen Maßnahmen, die sich ihm aufdrängen, nicht weiter verfolgte.

Einigen hässlichen Maßnahmen an den Finanzmärkten kann man es fast „ansehen", wie sie aus Erfahrungen heraus entwickelt worden sein könnten.

Als 1975 in den USA das Börsenkommissionsgeschäft reformiert wurde, bestand dies zunächst nur darin, die fixierten Börsenkommissionen für Specialists freizugeben. Diese erste Veränderung zog automatisch die Frage nach sich, wie hoch denn die Kommissionen jetzt sein sollten. Die Makler wollten zunächst, dass die Kommissionen möglichst wenig fielen. Das legte eine Abkehr vom Bruchsystem mit seinen Achteln und eine Hinwendung zum Dezimalsystem mit Zehnteln nahe. Dann aber beobachtete man, wie gewaltig der Einbruch der Kommissionen war. Und dabei erkannte man schnell, dass sich mit dem Bruchsystem letztlich doch höhere Kommissionen erzielen ließen als mit dem Dezimalsystem, weil die unteilbaren Brüche einer zu weitgehenden Reduzierung der Kommissionen entgegenwirkten: sie wirkten wie eine ununterschreitbare untere Barriere. So behielt man das alte System bei – weder zufällig, noch bewusst ausgedacht, sondern erfahrungsgeleitet.

Als überhöht empfundene Vorstandsgehälter werden heute laut kritisiert. Politiker, die wenig in der Vergangenheit recherchiert haben, fordern, dass die Vorstandsgehälter nur bis zu einer bestimmten Höhe steuerlich abzugsfähig sein sollen. Derartige Vorstellungen hatte es in den USA vor 30 Jahren bereits gegeben mit überraschendem Ausgang: Wegen hoher Abfindungszahlungen an ausscheidende Vorstände hatte es in den 80er Jahren in den USA Proteste gegeben, und der Gesetzgeber hatte mit einer Sonder-Einkommensteuer reagiert. Diese Sondersteuer wurde daraufhin von den Unternehmen übernommen (inkl. der Steuer auf die Steuer, die ja ein zusätzliches Einkommen war). Da diese Steuerübernahme nicht zu den üblichen Leistungen an Vorstände gehörte, wies man sie in der externen Berichterstattung auch gesondert aus. Dazu bot sich die Fußnote „andere jährliche Vergütungen" an. Nachdem dieses Verfahren einmal etabliert war, erkannte man, dass sich auf diese Weise Gehaltsbestandteile von den viel beachteten oberen Zeilen in die weniger beachteten Fußnoten verlagern ließen. Es wurde nun üblich, das Gehalt mehr und mehr in Form von Sonderleistungen anfallen zu lassen, die man „unten" verbuchen konnte. 2005 machten 77% aller börsennotierten Gesellschaften in den USA von dieser Möglichkeit Gebrauch.

Fidelity gehört zu den großen Fondsanbietern der Welt und kam auf folgende Idee: Im Gefolge des Aktiencrash häuften sich die Verkaufswünsche von Kunden, und Fondszertifikate wurden zurückgegeben. Fidelity merkte, dass sich im Fonds*neu*geschäft kein Parameter verschlechterte, wenn man die Erlöse aus Fondsverkäufen erst später gutschrieb. Der Zeitpunkt der Gutschrift war ein in der Wahrnehmung der Kunden beim Neugeschäft nicht beachteter Faktor. So wurde die Bezahlung der Fonds auf 5 Werktage nach Verkauf festgelegt, was dazu führte, dass Fidelity über zinsfreie Liquidität für meistens eine ganze Woche verfügte.[36]

---

[36] Siehe Wirtschaftswoche, 13.11.2003, S. 130.

Morgan Stanley hatte erkannt, dass der Verkauf der von Morgan Stanley produzierten Fonds an unabhängige Finanzberater nicht gut lief. Dass man diese Unabhängigen daraufhin ansprach, ist nicht verwunderlich. Sicherlich war es auch keine große Innovation, denjenigen unabhängigen Verkäufer, der die eigenen Produkte in den Vordergrund stellte, besonders zu belohnen. Dass die Boni erheblich ausfielen, ist auch noch nicht verwunderlich. Das „Hässliche" ergab sich dann fast zwangsläufig: Die Finanzberater behielten gegenüber ihren Kunden die Werbung „unabhängig" bei und Morgan Stanley behandelte die Bonifikationen vertraulich. Irgendwann wurde das Verfahren doch publik, und die Bank akzeptierte 2003 im Rahmen eines Vergleichs mit der SEC eine Strafe von 50 Mio. USD.

Ganz ähnlich „automatisch" mag sich die Strategie entwickelt haben, Kick-Backs an Kapitalanlagegesellschaften zu bezahlen, statt sie korrekterweise in die Kundenfonds fließen zu lassen. Diese Zahlungen an die KAGs können eine einfache Ursache gehabt haben: Als Kapitalmärkte in den USA liberalisiert worden waren, stieg der Wettbewerb und Anbieter mussten Preise senken. Wegen der Fixkosten ist es betriebswirtschaftlich korrekt, umsatzstärkeren Kunden niedrigere Preise zu bieten als umsatzschwächeren. Um aber nur umsatzstarke Kunden in den Genuss kommen zu lassen, kamen manche auf die Idee, dies über Rabatte zu machen, die am Jahresende je nach erzieltem Jahresumsatz berechnet wurden. Das waren übliche Maßnahmen, die in anderen Branchen so oder ähnlich auch gehandhabt werden. Nun war nur noch die Frage offen, auf welches Konto der Rabatt überwiesen werden sollte. Viele denken in solchen Situationen automatisch zunächst an die eigene Kontonummer. So entstand leicht das „Hässliche". Die Rabatte hätten in das Vermögen der Fondskunden gebucht wurden müssen, woraus ja zunächst die „vorläufigen" Gebühren genommen worden waren.[37]

Eine Weiterentwicklung des Systems ist bei American Express zu finden: American Express versprach Investoren Rabatte und „vergaß" diese dann am Jahresende auszuzahlen.

Die englischen Abgeordneten haben ihr oben erwähntes System der Einkommensverschiebung in die Spesenabrechnungen sicherlich nicht bewusst erfunden, sondern im Lauf der Jahre entwickelt und peu a peu ausgebaut.

Zusammengefasst ergibt sich: Auf hässliche Maßnahmen zu kommen, ist nicht unbedingt eine Frage der Intelligenz. Vermutlich ist Erfahrung viel wichtiger. Es gibt viele Nischen, auf die man durch reines Überlegen schwerlich kommen würde, an denen man dagegen mit Erfahrung genauso schwerlich vorbei kommt.

Informationsbranche beteiligt sich: Wahrhaftigkeit ist kein Ziel

Nimmt man es einmal als gegeben an, dass Spezialisten (und das sind meist die *Anbieter* von Leistungen) „hässliche" Maßnahmen ersinnen, dann ist zu fragen, wie sich die Adressaten dieser Maßnahmen dagegen schützen?

---

[37] Siehe Börsenzeitung, 24.10.03, S. 8.

Eine Lösung wäre es, sich besser zu informieren. Informationen einzuholen, erscheint auch bei begrenzten kognitiven Fähigkeiten „machbar" und zumutbar. Man könnte daher den Menschen, die aus hässlichen Maßnahmen anderer Nachteile erleiden, den Vorwurf machen, sich nicht genügend informiert zu haben. Wer sich aufmerksam und andauernd informiert, die Augen und Ohren offen hält, wird Dinge erfahren, die ihn vor nachteiligen Handlungen schützen – so könnte man vermuten. Wer nicht genug weiß, ist selbst schuld, zu dumm oder zu nachlässig.

Es ist zu fragen, wie nützlich es ist, sich bei Dritten zu informieren?

Die Informationsmedien sind selbst Teil der Maschinerie, die hässliche Maßnahmen produziert. Informationsdifferenzen gibt es nicht nur zwischen Banken und ihren Kunden. Auch zwischen Informationsmedien und deren Kunden gibt es Informationsdifferenzen, weil es die Aufgabe der ersteren ist, die letzteren zu informieren.

Es wäre sicherlich verfehlt, den Informationsmedien vorzuwerfen, generell gegen ihre Kunden zu arbeiten. Aber der Typus des Prinzipal-Agenten-Konflikts existiert, und die Handelnden suchen ihren Vorteil. Das führt dazu, dass sich der Nutzer von Informationsmedien nicht auf die erhaltenen Informationen verlassen kann. Dies kann leicht an vielerlei Beispielen gezeigt werden.

Journalisten gehen „freundlich" mit Offiziellen um, um ihre Chancen auf Interviews zu vergrößern. Sie katzbuckeln nach oben, und treten nach unten, um die Berichte spektakulärer erscheinen zu lassen als sie sind. Entsprechend verzerrt sind die Informationen, welche die Leser zur Kenntnis nehmen.

Einige Journalisten sind aus ganz persönlichen monetären Interessen an der Verbreitung zweifelhafter Informationen beteiligt. Einige betreiben das sogenannte Scalping, das darin besteht, Titel von Emittenten, die man vorteilhaft darstellt, vorher selbst zu erwerben.[38]

Andere Journalisten verändern die Informationen so, dass spektakuläre Beiträge entstehen, welche die Absatzzahlen ihrer Medien erhöhen. Im März 2004 beschäftigte sich die deutsche Finanzaufsicht mit der Qualität journalistischer Arbeit.[39] Journalisten nähmen es mit ihren Sorgfaltspflichten nicht genau. Es ergab sich, dass Journalisten systematisch Informationen verfälschen, um spektakuläre Nachrichten, sogenannte Scoops, zu generieren. Entgegen den Tatsachen wurde eine große Bank z.B. als nahe am Bankrott dargestellt, und einem Kandidaten für eine Erstemission wurde kurz vor dem Börsengang Bilanzfälschung vorgeworfen.

---

[38] Siehe Financial Times Deutschland, 29.3.04: Finanzaufsicht fordert, dass Journalisten mehr Selbstkontrolle ausüben und verbessern. Interessenkonflikte, z.B. bei Aktientipps, müssen beachtet werden. Es sei eine freiwillige Selbstverpflichtung für ethisch angemessenes Verhalten anzustreben. Das deutsche Bundesaufsichtsamt überlegte, den Journalisten vorzuschreiben, dass sie Aussagen, die sie aus Analystenberichten übernähmen, als solche kennzeichnen sollten.

[39] Siehe Börsenzeitung v. 27.3.04.

Ein drittes Problem existiert. Meldungen können inhaltlich systematisch falsch sein, selbst wenn die Journalisten keine eigenen Interessen in ihre Meldungen haben einfließen lassen. Die Journalisten sind in diesen Fällen nicht diejenigen, die manipulieren, sondern die „getreuen" Übermittler manipulierter Nachrichten. So zeigte eine Analyse von Aktienrückkäufen, dass angekündigte Aktienrückkäufe von den wenigsten Unternehmen vollumfänglich umgesetzt wurden. In den USA werden nur 55% der angekündigten Rückkäufe umgesetzt. Es gibt sogar Unternehmen, die Rückkäufe ankündigen, später dann aber genau das Gegenteil tun, nämlich stattdessen neue Aktien ausgeben. Es wurde vermutet, dass hier ein regelrechtes umfassendes Geschäftsmodell vorliegt, bei dem das typische Verhalten der Journalisten einen wichtigen Baustein darstellt.

Kaum eine Informationsquelle hat nicht ihre Tücken

Es muss gefragt werden, auf welche Informationsquellen sich ein Nichtspezialist uneingeschränkt verlassen kann?

In der Versicherungsbranche waren die Kunden früher auf das Wort der Vertreter angewiesen, wenn sie sich nicht durch die vielen Klauseln der Verträge arbeiten wollten. Seit einiger Zeit gibt es Computerprogramme, welche die Qualität der Beratung verbessern, weil sie es dem Vertreter erschweren, unsachgemäße Aussagen zu machen. Jeder Vertreter kommt heute mit einem Laptop zum Kunden, gibt dessen Wünsche ein und erhält das saubere und unbestechliche Ergebnis. Dass dies nicht so ist, stellte der TÜV bei einer Untersuchung 2007 fest. 2008 wurden von einer Verbraucherschutzorganisation 16 Riester-Förderrechner überprüft: für einen Standardfall rechneten sie 16 verschiedene Ergebnisse aus. Ein Jahr später wurde die Rechnung mit 50 Programmen wiederholt. Gerade zwei Programme wiesen das richtige Ergebnis für den Standardfall aus.[40]

Interessant sind die vom TÜV aufgedeckten Fehler der Programme: Die Programme enthalten – offenbar absichtlich – nicht die Möglichkeit, bestimmte individuelle Eingaben zu machen. Es sind Werte voreingestellt, die so gewählt wurden, dass die Ergebnisse günstig erscheinen. Es gibt falsche Berechnungsalgorithmen. Es müssen unnötige Eingaben gemacht werden, und es müssen Eingaben gemacht werden, die anderen Zwecken dienen als vordergründig zu vermuten.

Bei einem Programm konnten keine individuellen Angaben über den Partner gemacht werden. Das Programm erfragte aber die Steuerklasse des Antragstellers, um darüber auf einen Partner zu schließen, schätzte das Partnereinkommen und wies Steuervorteile bezogen auf das (geschätzte) Gesamteinkommen von Antragsteller und Partner aus. Die Auswertung erweckte gleichwohl den Eindruck, nur auf den einen antragstellenden Partner bezogen zu sein; eine andere Möglichkeit entging der Aufmerksamkeit, da ja keine Angaben zu einem Partner eingegeben werden mussten.

---

[40] O.V., Beratungsfehler des Monats: Riester-Förderrechner – raten statt beraten?, in: Versicherungsmagazin, Heft 6, 2009, S. 50-53.

In einem anderen Programm wurden Lohnsteuern statt Einkommensteuern berechnet. In einigen Programmen konnte die Variante „Steuervorteilsmaximierung" angeklickt werden. Es wurde dann von den Programmen der maximale Sparbeitrag empfohlen und zwar auch für Kunden mit Einkommen unter 20.000 Euro Bruttojahreseinkommen, die gar keine Einkommensteuer zahlen. Der maximale Steuervorteil beträgt in diesem Fall 0. Er ist unabhängig davon, wie viel gespart wird. Das Programm schlug gleichwohl die maximale Sparleistung vor und suggerierte mit dem Vorschlag, dass Steuervorteile existierten, was immer ein Verkaufsargument ist.

Zur Altersvorsorge berechnen Computerprogramme zunächst die „Rentenlücke", um dann entsprechend dimensionierte Sparpläne vorzuschlagen. Die Höhe der Rentenlücke unterscheidet sich aber, je nachdem ob Mann und Frau gemeinsam oder nacheinander das Rentenalter erreichen. Sie unterscheidet sich auch danach von Jahr zu Jahr. Darauf weisen Programme nicht hin. Es fehlen Felder zur Eingabe der notwendigen Daten. Die Programme arbeiten, als ob sie ein repräsentatives Jahr berechneten, was nicht der Fall ist. Die Versorgungssituation „vor Empfehlung" lässt sich in den wenigsten Programmen vollständig erfassen.[41]

Kann man sich auf Berater verlassen?

Es gibt die Gruppe der Berater, Consultants, Makler etc., die versprechen, ihre Kunden durch das Geflecht an Interessen der Finanzmärkte hindurchzuführen. Wie verlässlich sind derartige Dienstleister?

Durch Berater wird die Komplexität des Geschehens nicht geringer, sondern eher größer. Die Nichtspezialisten haben letztlich nicht einmal die Chance, das Agieren ihrer Helfer zu durchleuchten inklusive deren Versuche, ihre wahren Interessen zu verschleiern. Dies ist auch das Problem der Berliner Quirin-Bank, die nur auf Beratungsbasis (statt auf Produktvermittlungsbasis) arbeitet: Auch diese Bank kann ihre Vertrauenswürdigkeit nicht ernsthaft beweisen.

Probleme der Beratungsqualität sind bekannt. Am Beispiel von Consultants kann die Versteckheit hässlicher Maßnahmen gezeigt werden. Consultants sind Finanzberater, die den Kunden helfen sollen, zu besseren Entscheidungen zu gelangen. Derartige Consultants leben davon, dass sie unabhängig sind, denn es ist ja gerade ihre Aufgabe, die versteckten „Fallen", die der Kunde nicht kennt, aufzudecken, wozu ihm das Interesse fehlte, wenn er nicht unabhängig wäre. Consultants werden deshalb von den Kunden meist nach Aufwand bezahlt oder erhalten ein Fixum. Auf keinen Fall dürfen sie Vertriebsprovisionen von anderen Intermediären bekommen. Gerade wegen ihres Attributs „Unabhängigkeit" sind Consultants aber auch besonderes Ziel des Marketings anderer Intermediäre. Die Frage lautet: Wie kann man Consultants „still" bezahlen? Es wurde bekannt, dass Consultants zu teuren Konferenzen einladen, bei denen die eingeladenen Intermediäre hohe

---

[41] Siehe Drols, Fiala 2009, S. 51.

fünfstellige Summen pro Person bezahlen. Damit erzielt der Consultant Einnahmen für erbrachte Leistungen, die nicht im Zusammenhang mit dem Vertrieb stehen und nicht gemeldet werden müssen. Daneben gibt es Consultants, die in Konzerne eingebunden sind, zu denen auch Broker gehören. Es ist „selbstverständlich", dass der Consultant zusieht, dass das Brokerhaus des Konzerns Beschäftigung findet.

Derart weiträumige Verbindungen sind für Nichtspezialisten kaum durchschaubar. Auf solche Ideen, wie die, überteuerte Konferenzen anzubieten, muss man überhaupt erst einmal kommen. Auch die weiträumige Verknüpfung mit Brokerageleistungen von Konzernunternehmen ist für viele sicher überraschend. Aber auch dann, wenn der Kunde eines Consultants von der Existenz derartiger Maßnahmen erfahren haben sollte, ist es mit einem vernünftigen Aufwand an Zeit und Energie kaum möglich, sich ein Bild über mögliche Verstrickungen des Consultants zu verschaffen.

Abschließend sei betont, dass sicherlich nicht alle Berater zu derartigen Maßnahmen greifen. Es ist nur für die Adressaten der Beratungsleistungen nicht herausfindbar, ob dies der Fall ist.

Standardisierung hilft nicht immer

Wie aber kann man sich schützen?

Viele Menschen greifen zu standardisierten Produkten, weil sie das Gefühl haben, dadurch weniger Opfer unfreundlicher Maßnahmen werden zu können. Die Idee ist, dass dann, wenn man sich auf niemanden verlassen kann, man sich auf das Bewährte verlassen muss, d.h. dasjenige, das man kennt und mit dem man bereits Erfahrungen gesammelt hat. Ein standardisiertes Gut hat man bereits geprüft. Beim nächsten Mal kann die Prüfung entfallen. Standardisierung ist ein überall verbreitetes Phänomen.

Der in St. Gallen lehrende Jurist Erich Schanze schrieb 2005 über Standardisierungstendenzen im Recht. Durch standardisierte Klauseln schützen sich vertragsentwerfende Juristen davor, Verträge zu gestalten, deren Folgen sie übersehen haben könnten.[42]

Ein standardisiertes Gut hat man also bereits geprüft. Aber genau hier lauern Gefahren, weil die Anbieter solcher Güter in der Nicht-mehr-Prüfung durch den Kunden eine Einladung zur „hässlichen" Veränderung des Produktes sehen können.

Hierzu ein Beispiel: Zahlungen mittels Kreditkarten von Visa und Mastercard gehören zu den absoluten Standard-Ereignissen und sollten eigentlich keine versteckten Nachteile enthalten können. Thailand gehört zu den Ländern, in denen Europäer und Amerikaner Güter zu niedrigen Preisen erwerben können. Viele nehmen vor dem Rückflug „schnell" etwas mit. In Thailand kamen findige Geschäftsleute 2007 auf folgende Idee: Sie fügten in den üblichen Visa-Beleg, den der Kunde unterschreibt, in den rückseitig angebrachten

---

[42] Schanze 2005, S. 98ff.

Geschäftsbedingungen sinngemäß den Satz ein: „Bitte belasten Sie mein Konto mit dem Gesamtbetrag in Euro. Ich erkenne an, dass ich die Option, in Thailändischen Bath zu bezahlen, nicht gewählt habe." Mit der Unterschrift des Kunden rechneten die Verkäufer den Bath-Betrag dann mittels eines eigenen, sehr schlechten Wechselkurses in Euro um und zogen diesen Betrag über das Visasystem ein.

Gelbphasen haben üblicherweise eine standardisierte Länge. In Italien hatten sich die Autofahrer auf diese standardisierte Länge verlassen und fielen auf die Nase, als die Stadtverwaltungen in bewusster Ausnutzung dieser Angewohnheit die Gelbphasen willkürlich verkürzten.

Zusammengefasst ergibt sich: Standardisierung kann helfen, sich vor versteckten Mängeln zu schützen. Der unbedingte Verlass auf Standards ist aber gefährlich. Man muss davon ausgehen, dass das Sich-Verlassen auf Standards von den Spezialisten beobachtet und ausgenutzt wird.

Ohne Feilschen und Verhandeln keine fairen Preise

Viele hässliche Maßnahmen setzen an versteckten Stellen an, und wenn man zum ersten Mal von ihnen hört, ist man überrascht, was sich die Spezialisten alles haben einfallen lassen.

Daneben gibt es aber auch ganz simple Maßnahmen, die der Art nach so bekannt sind, dass man hier nicht darüber sprechen bräuchte. Es muss aber doch daran erinnert werden, dass es sie gibt und dass Menschen, die nicht entsprechende Gegenmaßnahmen ergreifen, mit unnötigen Kosten konfrontiert sind.

Zu den eher simplen Maßnahmen gehört das ganz „normale" Anbieten überteuerter Produkte. Das Produkt an sich besitzt keine unfairen Eigenschaften und wird korrekt erklärt. Aber der Preis ist vergleichsweise hoch. Es ist festzustellen, dass Bankmitarbeiter überhaupt nicht mehr „rot" werden, wenn sie Kunden zuerst überteuerte Produkte anbieten und erst im Verlauf von Verhandlungen zu preiswerteren übergehen. Die schleppende Marktdurchdringung von Exchange Traded Funds findet hier ihre Erklärung. Kunden müssen erst mit Vergleichsangeboten kommen, bevor eine Bank „marktgerechte" Preise bietet. Als sich im Winter 2008 die Anzeichen sinkender Zinsen mehrten, reduzierten Banken die Einlagesätze, während sie im Kreditgeschäft den Kunden rieten, sich zu hohen Zinsen langfristig zu verschulden.

Oftmals wird versucht, Preise so darzustellen, dass sie fair erscheinen. Dazu wird bei klassischen Zinsprodukten im Gespräch der Nominalzins genannt, statt des (bei Krediten) viel höheren (bzw. bei Einlagen niedrigeren) Effektivzinses. Dies war früher üblich und ist heute wieder in Mode gekommen. Teilweise wird gar nicht über Zinsen gesprochen, sondern nur über die Monatsrate, in den USA „installments". Eine tragbare Monatsrate macht den Kredit „fair". Anbieter von Islamic-Banking-Produkten nutzen diese Technik: die Nichtnennung eines Zinses gilt hier sogar als Ausdruck religiös besonders wertvollen Verhaltens.

Eine andere Form der Fairnessdarstellung konnte bei komplexen Zertifikaten beobachtet werden: Viele Nachfrager, darunter auch Institutionelle, haben aus früheren Zeiten in ihren Gedächtnissen verankert, dass eine fair gepreiste Anleihe um die „100" kostet. Diese Zahl ergab sich früher, weil mit Agios oder Disagios bestimmte Nachteile verbunden waren, sodass sich Emittenten bemühten, die Kupons auf Marktniveau zu stellen, was bei neu emittierten Anleihen zu einem Kurs von 100% vom Nennwert führte. In Zeiten strukturierter Produkte ist der Nennwert nicht mehr wichtig. Eine Kursangabe als Prozent vom Nennwert ist letztlich aussagelos. Es gibt auch keinen Grund, warum ein Zertifikat genau 100 (Euro) kosten sollte. Gleichwohl wirkt ein Kurs von 100 solide – vielleicht trägt dazu auch die Magie der runden Zahl bei – sodass viele Banken ihre Zertifikate zu Preisen von um die 100 Euro verkaufen. Manche wählen genau 101, was suggeriert, dass auf die 100 noch 1% Verkaufsprovision aufgeschlagen wurde, was die Kunden als fair empfinden. Viele gehen davon aus, dass die Bank damit – sichtbar – ihre Forderungen benannt und abgegolten hat. Dass die versteckten Kosten weit höher liegen, wird auf diese Weise verdeckt.[43]

Es heißt, in modernen Marktwirtschaften werde nicht gefeilscht. Das sei ein Relikt vergangener Jahrhunderte oder zurückgebliebener Länder. Tatsächlich ist dies aber nicht so. Bei Krediten lohnt Feilschen immer. Bei strukturierten Produkten wird es immer wichtiger. Das frühere Feilschen kommt heute oft nur in anderem Gewand daher. Die Resultate sind dieselben: ein Kunde, der sich nicht selbst informiert und entsprechende Maßnahmen ergreift, zahlt für die gleiche Leistung mehr als andere.

---

[43] Wie wenig Verlass auf die Magie der 100 ist, mussten im Jahr 2007 griechische Altersvorsorgefonds lernen. Sie hatten von einem griechischen Finanzintermediär komplex strukturierte Anleihen im Gesamtwert von 280 Mio. Euro erworben, die sich wenig später als deutlich überpreist herausstellten. Die Produkte waren den Altersvorsorgefonds zu Kursen um 100 verkauft worden. Sie waren von JP Morgan produziert und dann über eine eigens vorausgeplante Kette von Intermediären mehrfach weiterverkauft worden, bis sie beim griechischen Finanzhaus ankamen, das die Anleihen mit einem kleinen Aufschlag den Endkunden weiter verkaufte. JP Morgan hatte die Anleihen dem ersten Käufer, einem Londoner Finanzhaus mit guten griechischen Kontakten, North Asset Management, zu 92,95 Euro pro Stück abgegeben. Warum hatten sich die Altersvorsorgefonds kein Gutachten über den Wert der Produkte erstellen lassen? Vermutlich, weil das bis zu dem Zeitpunkt nicht üblich war. Man verließ sich auf die Preiswürdigkeit von Angeboten. Finanzprodukte werden üblicherweise nach dem Chance-Risiko-Profil verkauft. Anleger haben Angst, dass ihnen Banken zu hohe Risiken verkaufen. Verhandlungen drehen sich oft um diesen Punkt. Dass das gesamte Preisniveau verzerrt ist, entgeht der Aufmerksamkeit der Käufer. Das ist ein Fehler, den die Spezialisten beobachteten und ausnutzten. Unabhängig von diesem Fall wurde bekannt, dass die kleine griechische Proton Bank strukturierte Anleihen über 130 Mio. Euro an die Athens Journalists Union verkauft hatte. Die Proton Bank hatte sich die Anleihen von Calyon, der Investmentbank von Crédit Agricole, kreieren lassen. Calyon wirbt damit, Produkte nach Maß zu strukturieren. Auch hier stellte sich die Überpreisung heraus, und Proton musste sich auf Druck der Union bereit erklären, die Anleihen zurückzunehmen.

Beziehungsgeflechte erschweren die Fehleranalyse

Im Assetmanagement wird die Ergreifung hässlicher Maßnahmen seit einiger Zeit dadurch erleichtert, dass Letztverwender von Kapital immer mehr Leistungen an Intermediäre abgeben. Heute benutzen Investoren nicht mehr die originären Assets der Aktien oder Renten, sondern kaufen sekundäre Produkte. Sie lassen sich Produkte strukturieren, lassen ihr Vermögen verwalten. Das gibt den Intermediären Einfluss auf die Märkte der originären Assets. Es sind Finanzintermediäre, die Assets (im Management der Kundenfonds) kaufen und verkaufen und sich dabei Märkten bedienen, an denen andere Finanzdienstleister Market Maker sind.

Das heißt, in *alle* Teilleistungen des Vermögensmanagements sind Intermediäre eingeschaltet, und nicht selten sind es Töchter ein und desselben Konzerns, die von der Produktkreierung bis zum Sekundärmarkt alle Leistungsarten übernehmen.

In dieser Welt ist es schwer, Fehler zu erkennen und sie sauber auf die Ursache zurückzuführen. Dies erschwert das Lernen aus Erfahrung. Vor allem aber ist der Weg länger geworden, den die Finanzbranche beherrscht. Die Möglichkeiten, „hässliche" Maßnahmen an solchen Stellen einzubauen, die der Aufmerksamkeit der Letztverwender von Kapital am ehesten entgehen, sind gewaltig. Das Geflecht an verwobenen Interessen ist kaum entwirrbar.

Verkäufer von Produkten sind zwar im Sinne der Prinzipal-Agenten-Theorie keine Agenten, weil sie nicht vom Prinzipal beauftragt wurden, eine Leistung für ihn zu erbringen. Sie sind eben Verkäufer und keine Agents, keine Auftragnehmer. Der Unterschied ist aber minimal. Das Problem der versteckten, hässlichen Nachteile ist universell.

Um die Komplexität der hässlichen Strukturen zu beleuchten, sei der spektakuläre Fall von Debenhams plc genannt. Debenhams ist ein alt eingesessenes Bekleidungshaus in England, das mit der modernen Mode nicht mehr ganz Schritt gehalten hatte. 2003 wurde das Unternehmen von drei Private-Equity-Firmen für rund 600 Mio. GBP von der Börse gekauft und „delisted". Zwischen 2003 und 2006 wurden dem Unternehmen 1,3 Mrd. GBP entzogen, u.a. indem Grundstücke verkauft und zurückgeleast wurden. Der resultierende Kostenanstieg wurde durch Einsparungen bei Personal und Sachkosten ausgeglichen. Der Umsatz wurde durch Rabatte kurzzeitig angehoben. Durch Eröffnung weniger neuer Geschäfte wurden Wachstumspläne angedeutet. 2006 wurden die Aktien mithilfe einer attraktiv erscheinenden Wachstumsstory (gestiegener Umsatz, gesunkene Kosten, neue Geschäfte) für 700 Mio. GBP Erlös für die Private-Equity-Firmen im Rahmen eines IPO an den Markt gebracht. Der Aktienkurs des nunmehr völlig ausgehöhlten Unternehmens, dessen Preise durch die Rabattaktionen beschädigt waren, und das über kaum noch eigene Assets verfügte, konnte sich gerade noch bis zum 31.12.2006 (ein merkwürdiges Datum) halten. Danach stürzten die Kurse ab und standen Mitte 2008 (d.h. vor dem Subprimecrash) bei 20% vom Emissionskurs. Töchter des Merrill-Lynch-Konzerns gehörten zu den Private-Equity-Investoren. Töchter des Merrill-Lynch-Konzerns waren auch an der späteren Emission der Aktien beteiligt. Beteiligt am späteren IPO waren auch Töchter der Konzerne von Citibank, Credit Suisse und Morgan Stanley, Banken also, die häufig mit

Merrill zusammenarbeiten. Es wurde vermutet, dass sich diese Gruppe gegenseitig „hilft". Die entwerteten Aktien von Debenhams wurden vorwiegend von Indexfonds gekauft, denen nachgesagt wurde, gar kein Interesse daran zu haben, mit viel Aufwand den fairen Wert von Debenhams zu berechnen, weil die Aktie in Zukunft ohnehin Teil des Indexes sein würde und damit die Benchmark darstellte, wie hoch auch immer der Kurs bei Emission war. Wer also wurde geschädigt? Für die Zeichner der Indexfonds kann es nicht egal sein, ob neue Gesellschaften zu überhöhten Preisen in den Index eingebracht werden. Es muss bezweifelt werden, dass sie diese Möglichkeit in Betracht zogen, als sie die Indexfonds erwarben. Implizit steckt hinter dem Erwerb eines Indexfonds durch einen Investor die Idee, dass die im Index enthaltenen Produkte von der ersten Sekunde ihres Eintritts in den Index an fair bewertet sind. Ein Index, der sich aus überteuerten Produkten zusammensetzt, ist nichts wert. Gleichwohl machen sich die meisten Investoren nicht die Mühe zu überprüfen, ob die in einen Index neu aufgenommenen Titel fair bewertet sind. Das gibt den Emissionsbanken und Fondsbetreibern einen Spielraum.

Generell gilt, dass wenn die Indexfonds von Kapitalanlagegesellschaften gemanagt werden, die zu Konzernen gehören, die auch Private-Equity-Töchter und Emissionsabteilungen besitzen, sich regelrechte In-Sich-Geschäfte ergeben können.

Ein anderer Fall, bei dem das Beziehungsgeflecht wichtiger Intermediäre deutlich wurde, ist Refco. Refco war eines der weltgrößten Handelshäuser für Waren- und Finanzterminkontrakte und allein an der Chicago Mercantile Exchange für 10% des Handelsvolumens verantwortlich. Damit war Refco ein wichtiger Geschäftspartner für die großen Banken. 2005 machten Gerüchte über Schieflagen die Runde. Trotzdem (oder vielleicht deswegen?) wurden im August die Aktien von Refco im Rahmen eines IPO an die Börse gebracht. Schon drei Monate später, im Oktober, wurde offiziell bekannt, dass es Unregelmäßigkeiten im Rechnungswesen gab. Wenige Wochen später war das Unternehmen insolvent. Es begann eine heftige Debatte über die Rolle des Emissionskonsortiums. Konnte es sein, dass die Emissionsbanken von den Problemen nichts gewusst hatten? Zum Konsortium gehörten CSFB, Goldman Sachs, Bank of America und andere namhafte Banken. Der Wirtschaftsprüfer Grand Thornton hatte sich nach eigenen Angaben mit „weichen" Angaben über den Bestand von Forderungen zufrieden gegeben.[44] Es wurde nach einem unabhängigen Finanzberater gerufen, der Licht in die Verhältnisse bringen sollte. Als ausgerechnet Goldman Sachs dazu verpflichtet wurde, wurde der Verdacht, dass die Finanzbranche zusammengearbeitet hatte, um das Unternehmen vor der Insolvenz noch an den Markt zu bringen, laut diskutiert.[45]

Zusammengefasst ergibt sich: hässliche Maßnahmen können in teilweise äußerst komplexe Strukturen mit einer Vielzahl von Beteiligten einbezogen sein. Genauso können sie in ganz simplen und offensichtlichen Formen auftreten.

---

[44] Siehe http://www.businessweek.com/magazine/content/05_45/b3958095.htm, Zugriff 2.9.08.

[45] Die beschuldigten Banken wehrten sich und wiesen darauf hin, dass gegen Betrug niemand gefeit sei.

1.3 Ursachen und Folgen opportunistischen, hässlichen Verhaltens

Betrachtet wird das Phänomen des opportunistischen, hässlichen Verhaltens jetzt aus einer übergeordneten Sicht. Man könnte, wie das einige tun, das Phänomen als „Selbstverständlichkeit" übergehen. „Das macht doch jeder". Dem wird hier nicht gefolgt. Alles hat eine begründete Ausprägung, Ursache und Folge.[46]

Die Systematik, in welcher hässliche Transaktionen einen kleinen Baustein in der Mitte darstellen, wird im Folgenden kurz erläutert und dann in den nächsten Kapiteln dieses Buches ausgeführt.

Man kann zunächst zusammenfassend schlussfolgern: Opportunismus (im Sinne hässlichen Verhaltens) ist im Finanzmarkt überall anzutreffen. Letztlich kann man niemandem vollständig trauen. Man muss über ein gewisses Wissen selbst verfügen. Biologisch betrachtet: jedes Lebewesen kämpft auf der Welt um die Fitness der eigenen Gene. Ein Farn wird von den Nachbarfarnen nicht gehegt, sondern verdrängt, wenn er nicht schnell genug Richtung Sonne wächst. In der unübersichtlichen Welt ist die hässliche Transaktion, wo immer sich dazu die Gelegenheit auftut, eine Ausprägung dieses Phänomens.[47]

Was sind die Ursachen? Um dies zu erkennen, muss man die kognitiven Fähigkeiten der Entscheider an den Anfang stellen.

Zum einen spielen sie ganz *unmittelbar* eine Rolle. Etwas zu entscheiden ist ein Prozess, der zeit- und energieaufwändig ist. Bewusstes Entscheiden kann sich über Minuten und Stunden hinziehen. Dies ist viel zu langsam, um *alle* anstehenden Entscheidungsvorgänge auf diese Weise zu lösen. Genauso wie der Mensch gerne den Einsatz von Muskelkraft spart und körperlich „faul" ist, selbst wenn er noch ungenutzte Muskelkraft besitzt, hat das Gehirn eine Präferenz für zeit- und energiesparende kognitive Prozesse (Kapitel 2). Der Mensch verfügt über mehrere Entscheidungsverfahren, von denen einige schnell (weniger als 1/10 Sekunde) und energetisch kostengünstig sind. Sie basieren wesentlich auf einer Nutzung des Unterbewusstseins und von Erfahrungen. Ohne Erfahrung sind die Entscheidungen grob und ungenau. Da der Mensch zu wenig Ressourcen besitzt, alle Entscheidungen bewusst zu durchdenken, und da das Sammeln adäquater Erfahrung zur Unterstützung unterbewusster Entscheidungen ein zeitaufwändiger Prozess ist, haben Nichtspezialisten kurzfristig nur die Wahl, das Gros ihrer Transaktionen mit groben Heuristiken zu entscheiden oder die Transaktionen zu unterlassen. Da diese Heuristiken Systematiken aufweisen, sind ihre Strukturen von Beobachtern, die aufmerksam Erfahrungen sammeln, ausbeutbar. Das ist eine Quelle hässlicher Maßnahmen und damit Ursache des Opportunismus.

---

[46] Vgl. Carlo Schmid, 1976, S. 242.

[47] *„Leben bedeutet Auseinandersetzung und Kampf der Egoismen"* schrieb Carlo Schmid zur Philosophie Descartes; siehe Schmid, 1976, S. 244.

Zum anderen spielen die kognitiven Fähigkeiten der Entscheider *mittelbar* eine Rolle. Sie tragen zum Phänomen der Arbeitsteilung bei. Gerade weil es die genannten kognitiven Beschränkungen gibt und Entscheidungsqualitäten durch Erfahrung enorm verbessert werden, lohnt die zeitintensive Beschäftigung mit einer Sache. Es kommt zur Spezialisierung auf ein oder einige wenige ökonomische Probleme (Kapitel 3). Wenn sich die Menschen aber spezialisieren, führt dies dazu, dass sich die Wissens- und Erfahrungswelt der Spezialisten von denen der Nichtspezialisten abkoppeln. Das Wissen der Hersteller von Gütern übersteigt das der Nutzer der Güter heutzutage um ein Vielfaches. Verkäufer können in kurzer Zeit Hunderte von Käufern in ihrem Verhalten beobachten und Strukturen erkennen. Währenddessen erwerben die Käufer das fragliche Gut vielleicht nur in Abständen von Monaten oder Jahren und machen entsprechend selten Erfahrungen. Diese Erfahrungsdivergenz ist die zentrale Ursache der hässlichen Transaktionen.

Als Adam Smith zeigen wollte, wie unproblematisch Tauschvorgänge seien, und wie geordnet alles zum Gleichgewicht strebe, wählte er ein Beispiel aus der prähistorischen Jäger- und Sammlergesellschaft und ließ zwei Jäger Tierfleisch tauschen (s.u. Kapitel 3). Als Rousseau das Hässliche am menschlichen Verhalten zeigen wollte, wählte er Beispiele aus seiner deutlich komplexeren Gegenwart. Nur der „*bon sauvage*" ist bei ihm tugendhaft.[48]

Arbeitsteilung bei Adam Smith

Adam Smith hat die Arbeitsteilung als das Kernstück moderner Marktwirtschaften herausgearbeitet. In arbeitsteiligen Wirtschaften beschäftigen sich die Menschen, was die Herstellung von Gütern anbetrifft, nicht mehr mit der Erstellung all der Güter, die sie zum Leben brauchen, sondern mit der Erstellung einiger weniger oder vielleicht sogar nur eines einzigen Gutes.

Ein junger Controller befasst sich vielleicht den langen Arbeitstag nur damit, Daten aus einer Datenbank zu ziehen und in Excel-Sheets einzutragen. Nach Dienstschluss kauft er sich dann eine robuste Jacke von Jack Wolfskin, die dank eines neuartigen Vliesstoffes angeblich wetterfest ist. Mit Vliesstoffen kennt er sich allerdings nicht aus. D.h., das, was er beruflich macht, hat mit den Gütern, die er dann nach Dienstschluss für sich selbst oder seine Familie kauft, überhaupt nichts zu tun. Die Güter, die in einer modernen arbeitsteiligen Welt von den meisten erzeugt werden, haben mit den Gütern, die sie dann letztlich konsumieren, wenig gemein. Der eine rechnet beruflich Risiken aus. Der andere dreht Schraubverschlüsse zu. Ein Dritter pflegt Kranke. Ein Vierter konstruiert einen Zahnbohrer. Ein weiterer mischt Beton. Wieder ein anderer entgratet Matratzenrohlinge. Ein weiterer zeichnet Kotflügel für Luxuslimousinen, ein vorletzter berechnet die Größe von Seniortranchen bei ABS und der letzte rechnet, ob Hängebrücken mit dünneren Seilen noch halten.

---

[48] Vgl. Schmid, 1976, S. 246.

Die meisten der genannten Menschen können aus ihren beruflichen Tätigkeiten heraus vielleicht ein bisschen, meist aber nicht viel lernen für die Beschaffung von Farbe für ihren Gartenzaun, für die Beschaffung eines Mittels gegen ihre Halsschmerzen, für die Beschaffung von Brot, Butter und Wurst o.ä. Journalisten schreiben beruflich Artikel über das Geschehen in irgendeiner Region und haben Probleme, nach Dienst den Nutzen von fünf verschiedenen Antidepressiva zu ermitteln, die ihnen angeboten werden und für welche sie sich interessieren.

Wein zu beurteilen, gelingt aus kaum einer beruflichen Tätigkeit heraus. Für die Beurteilung von Wein braucht man ein Wissen, das mit denjenigen Erfahrungen, die beruflich anfallen, kaum etwas gemein hat. Viele beurteilen Wein deshalb einfach nach dem Geschmack, was einer Einladung an die Winzer gleichkam, Zucker hineinzufüllen.

Ähnliches gilt für die Beurteilung von Geigen. Diese Instrumente werden oft einfach nach dem Klang gekauft. Dies hat dazu geführt, dass Geigen vorher zerlegt und das Holz auf der Innenseite abgehobelt wird. Die Geige schwingt dann stärker, und der Klang ist voller. Allerdings ermüdet das dünne Holz schneller, und man hat nach kurzer Zeit ein „ausgebranntes" Instrument. Bei sehr teuren Geigen kommt hinzu, dass jeder der am Verkaufsprozess Beteiligten, d.h. der ursprüngliche Besitzer, der Gutachter und der Händler, befangen ist und man sich auf den Rat von niemandem verlassen kann: man muss in der Lage sein, die Geigen wenigstens ansatzweise selbst prüfen zu können.

Arbeitsteilung führt dazu, dass sich die Wissens- und Erfahrungswelt der Herstellung von Gütern von derjenigen der Beschaffung von Gütern abkoppelt. Das liegt daran, dass jedermann in unserer Gesellschaft auf der Herstellungsseite so wahnsinnig spezialisiert ist und nur noch Bruchteile zu einem Produkt beiträgt, während er oder sie auf der Beschaffungsseite die vollständigen Produkte und darüber hinaus eine breite Produktpalette benötigt. Dadurch wäre auf der Beschaffungsseite ein wesentlich umfangreicheres Wissen erforderlich, das man aber gerade nicht hat, weil man seine knappe Zeit auf ein Spezialproblem auf der Herstellungsseite konzentriert.

Es wird in Kapitel 2 gezeigt, wie die kognitiven Fähigkeiten des Menschen zur Arbeitsteilung beitragen. Es wird in den Kapiteln 2 und 3 erläutert, wie die kognitiven Fähigkeiten den zur Arbeitsteilung gehörenden Tausch der Güter, d.h. den Handel, behindern, weil die begrenzten kognitiven Fähigkeiten die Wahrnehmbarkeit der relevanten Sachverhalte einschränken. Dies gilt in systematisch unterschiedlichem Maße für Spezialisten und Nichtspezialisten. D.h. dieselben kognitiven Fähigkeiten tragen einerseits zur Arbeitsteilung bei – und bewirken damit eine Potenzierung der verfügbaren ökonomischen Ressourcen – führen andererseits zu Wissensdifferenzen und Problemen in der Tauschphase der arbeitsteilig hergestellten Güter, wodurch einem Teil der Menschen ein Stück der gewonnenen Ressourcen wieder abgenommen wird.

Es wird gezeigt, dass das Verhalten der ökonomischen Akteure im Alltagshandeln maßgeblich durch ihre Position als arbeitsteiliger Spezialist oder als Nichtspezialist bestimmt wird. Der Spezialist und der Nichtspezialist werden in diesem Buch als die Archetypen ökonomischer Akteure behandelt – so ähnlich wie die Prinzipal-Agenten-Theorie den

Prinzipal und den Agenten oder die Neoklassik die homogen informierten Produzenten und konsumierenden Haushalte als Archetypen benutzt. Die Archetypen Spezialist und Nichtspezialist basieren auf einer Annahme über den Aufbau der kognitiven Fähigkeiten des Menschen. Bedingt durch den Fortschritt der Kenntnisse über menschliche kognitive Fähigkeiten liegt diese Annahme den naturwissenschaftlichen Gegebenheiten näher als frühere Annahmen über das Verhalten von Menschen. Die Archteypen Spezialist/Nichtspezialist sind deshalb viel mehr „naturwissenschaftlich" begründete Wesen als andere. Einen prinzipiellen Widerspruch zwischen den dreien (Spezialist/Nichtspezialist, Prinzipal/Agent, Produzent/Haushalt) gibt es aber nicht, denn: Spezialist und Nichtspezialist können – wie unten gezeigt werden wird – in einer Prinzipal-Agent-Beziehung (als Spezialfall) vorkommen, und es sind auch neoklassische Situationen mit homogen informierten Wirtschaftssubjekten (als weiterer Spezialfall) möglich.[49]

In Kapitel 4 werden zunächst Spezialist und Nichtspezialist und dann die Eigenschaften von Tauschsituationen beschrieben, in denen Spezialist auf Spezialist, Spezialist auf Nichtspezialist und Nichtspezialist auf Nichtspezialist trifft.

Wie man sich schützt - die Rolle von Heuristiken

Was erklärt den Alltag des modernen Menschen, seine Gewohnheiten, die von ihm aufgebauten Institutionen?

Eine entscheidende Funktion haben die begrenzten kognitiven Fähigkeiten des Gehirns, die zur Anwendung von Heuristiken, d.h. Entscheidungsregeln, die wenig Informations- und Denkaufwand erfordern (Kapitel 5 und 6) zwingen und damit Ressourcen sparen. Heuristiken zu benutzen, ist biologisch angelegt. Der Mensch kann nichts daran (d.h. am heuristischen Denken) ändern; er hat nur die Möglichkeit, sein Tun so zu gestalten, dass es dem heuristischen Denken bestmöglich angepasst ist. Es wäre ganz falsch, sich vorzustellen, dass der kognitive Apparat alles tut, um die Probleme des Tuns zu lösen. Vielmehr ist es (teilweise) umgekehrt: das Tun wird so gelenkt, dass es bestmöglich zu den Fähigkeiten des kognitiven Apparates passt.

Die Qualität heuristischen Entscheidens hängt ab von der Menge an verfügbarer Erfahrung. In gelernten Situationen entfalten Heuristiken eine große Genauigkeit. Sie sind umso gröber, je geringer der (spezifische) Erfahrungsschatz des Entscheiders ist. Diese Heuristiken bestimmen darüber, ob jemand etwas kauft oder ob er es liegen lässt, ob er einen Vertrag eingeht oder nicht. Menschen, die mittels spezifischer Erfahrung leistungsstarke Heuristiken ausgebildet haben, können bei ihren wirtschaftlichen Aktivitäten weiter gehen als andere, die über weniger spezifische, gröbere Heuristiken verfügen. Letztere müssen vorsichtiger sein. Wenn aber diese die Käufer von Produkten oder Leistungen sind, und zu einer Unterschrift nicht gezwungen werden können, sondern sie freiwillig erteilen müssen, dann erhellt, dass das Wirtschaftsgeschehen wesentlich von den Nichtspezialisten, d.h.

---

[49] Vilfredo Pareto in: Bruni, Sugden 2007, S. 154. Näheres siehe Kapitel 4.3 und 8.1.

von den Heuristiken der Unerfahrenen und Unsicheren bestimmt wird und von den Maßnahmen, das Vertragsumfeld so auszugestalten, dass deren Heuristiken die Handlung freigeben.

Heuristiken können durch Institutionen unterstützt werden. Eine Gesellschaft, die „Treu und Glauben" verwirklicht, ermöglicht es den Nichtspezialisten, weitreichende, komplexe Beziehungen zu akzeptieren, trotz geringen eigenen Prüfaufwandes. Das durch Spezialisten erworbene Wissen kann in solchen Gesellschaften weitgehend vollständig genutzt werden. Es sind aber viele weitere Institutionen geschaffen worden, die den Nichtspezialisten helfen, nicht Opfer hässlicher Maßnahmen zu werden. Das Aussehen moderner Marktwirtschaften (Aufbauorganisation, Abläufe) hängt wesentlich damit zusammen. Für das Geschäft der Banken mit ihren Nichtbankkunden werden die zentralen Transformationsfunktionen der Losgrößen-, Fristen- und Risikotransformation diskutiert genauso wie die für das Interbankengeschäft wichtigen Einrichtungen wie Börsen, Makler, deren Skontren u.a. Diese Institutionen werden in Kapitel 7 behandelt.

1.4 Zusammenfassung und Ausblick

Was wurde auf den letzten Seiten gezeigt? Im ersten Teil dieser Einleitung (Kapitel 1.1) wurde die Prinzipal-Agenten-Theorie vorgestellt, die eine theoretische Grundlage für die Behandlung opportunistischen Verhaltens darstellt. Im zweiten Teil (Kapitel 1.2) wurde anhand von Beispielen das Ausmaß hässlicher Verhaltensweisen im Finanzsektor und in einigen anderen Branchen geschildert. Es wurde gezeigt, dass hässliche Verhaltensweisen nahezu überall und in allen Varianten vorkommen. J.-J. Rousseau hat in seiner Beschreibung moderner Gesellschaften auf dieses Phänomen aufmerksam gemacht. Seitdem sind hässliche Verhaltensweisen immer wieder beschrieben worden. Man stößt auch in der Gegenwart überall darauf.

Auf hässliche Maßnahmen stößt man in jedem Geschäftszweig. Es gibt einfachste Maßnahmen und ausgeklügelte Strategien. Man stößt auf hässliche Maßnahmen im Verhältnis von Intermediären zu ihren (unerfahrenen) Kunden wie auch zwischen Intermediären. Man kann die hässlichen Verhaltensweisen weder irgendeiner Branche noch irgendeinem speziellen Marktsegment zuordnen. Hässliches Verhalten ist kein Sonderfall, sondern die permanente Realität moderner Märkte.

Hässliches Verhalten ist ein ökonomisches Phänomen, das einer Einordnung in die Ökonomik bedarf. Es sind Ausmaß, Ursachen und Folgen zu klären.

Was sind die Ursachen?

Biologen haben die einerseits enormen, in vielerlei Hinsicht aber auch begrenzten kognitiven Fähigkeiten des Menschen beschrieben (Näheres hierzu Kapitel 2).

Es lässt sich zeigen, dass diese begrenzten kognitiven Fähigkeiten zur Arbeitsteilung beitragen (s. hierzu Kapitel 3), weil fundiertes Entscheiden Erfahrung voraussetzt, was durch Spezialisierung begünstigt wird. Dadurch wird aber zugleich auch die Entstehung von Wissensdifferenzen zwischen Spezialisten und Nichtspezialisten gefördert. Das Voranschreiten der Arbeitsteilung mit immer neuen Gebieten, in denen sich nur ganz wenige auskennen, führt zu immer neuen Räumen der Unkenntnis der anderen, in denen es zu schwer entdeckbaren hässlichen Transaktionen kommen kann.

Warum tragen die kognitiven Beschränkungen des menschlichen Gehirns zur *Arbeitsteilung* bei? Sie erlauben mangels verfügbarer Energie und Zeit nicht das bewusste Durchdringen aller relevanten Sachverhalte. In einem begrenzten Zeitraum kann man nur einigen Dingen tiefer auf den Grund gehen. Die Nützlichkeit davon führt zur Spezialisierung.

Spezialisieren sich die Menschen aber, überblicken sie einen immer kleineren Teil des Ganzen. Dies führt in der *Gütertauschphase* zu einer Potenzierung des Problems, denn jedes Wirtschaftssubjekt in arbeitsteiligen Wirtschaftsformen ist nur auf einem oder wenigen Gebieten Spezialist und auf vielen Gebieten des täglichen Lebens Nichtspezialist. Gerade bei den Gütern, die man sucht, die man haben möchte, ist man zumeist Nichtspezialist, weil man sich in der Produktion spezialiert hat. Nichtspezialisten sind den ihnen gegenübersitzenden Spezialisten in der Kenntnis der entscheidungsrelevanten Aspekte unterlegen. Die Tauschpartner haben systematisch unterschiedliche Fähigkeiten zu entscheiden. Das öffnet den Raum für hässliche Maßnahmen.

Was sind die Folgen?

Natürlich gibt es Mittel, sich zu schützen. Diese können aber angesichts der beschränkten kognitiven Fähigkeiten der Menschen nicht darin liegen, zu versuchen, auf gleiches Wissensniveau wie der Spezialist zu gelangen. Sie liegen in ganz anderen Maßnahmen. Wie weiter unten noch ausführlich gezeigt wird (Kapitel 5), passen die Nichtspezialisten ihr ganzes Leben an die permanente Bedrohung durch die Spezialisten an.

Sie kaufen häufig und in kleinen Portionen. Sie setzen nicht alles auf eine Karte. Sie achten auf Liquidität, um Entscheidungen revidieren zu können. Sie schauen, was andere machen. Sie fragen, wer hat das schon gekauft? Sie sprechen mit anderen über das tägliche Leben. Sie kaufen sich billige Ratgeber, die vorne mit Unterhaltung und hinten mit kurzen und prägnanten Lebenstipps gefüllt sind. Sie lesen, wie es anderen ergangen ist. Sie schaffen ethische Normen. Und sie versuchen alles an Erkenntnissen in einfache Regeln zu packen, die beim nächsten Entscheiden nur aufgerufen werden müssen.

Wichtige Elemente des Finanzwesens, wie *Diversifikation, Liquidität, Losgrößen-, Fristen-, und Risikotransformation* können ebenso als solche Schutzmaßnahmen betrachtet werden (Kapitel 7). Indirekt sind die Institutionen, die notwendig sind, um Liquidität und Transformationen zu ermöglichen, ebenfalls Konsequenzen der Entscheidungsfähigkeit der Nichtspezialisten.

Indem man die Institutionen der Finanzmärkte als Ergebnis der typischen Entscheidungsfähigkeit der Marktteilnehmer begreift, erhält man ein Konstrukt, das von der Biologie des Gehirns bis zu den Marktergebnissen reicht. Tabelle 1.1 versucht, dieses in ganz stilisierter Form darzustellen. Abbildung 1.1 skizziert mögliche quantitative Zusammenhänge.

Tabelle 1.1: Einordnung hässlicher Transaktionen

(1) Physische Welt

Großes Maß an Stabilität. Diverse Gesetzmäßigkeiten; darunter bestimmte Regelmäßigkeiten (hell-dunkel, Jahreszeiten, Monsun). Enger Bezug der Regelmäßigkeiten zur Verfügbarkeit von Nahrungsquellen.

(2) Flora und Fauna

Eigener Antrieb, Ichbezug (Fitness), begrenzter Altruismus, Ressourcenprobleme, Wettbewerb um Lebensräume (Suche von Nischen), Entwicklung von adäquaten physischen und kognitiven Fähigkeiten.

(3) Gemeinsames Handeln

Entwicklung der Fähigkeit zu gemeinsamem Handeln (z.B. Rudel, Schwarm).

(4) Homo

Mehrere kognitive Systeme; kognitive Fähigkeiten stark auf Ausbeutung von Regelmäßigkeiten (Erfahrungen) ausgerichtet; Unterbewusstsein schnell, ressourcensparend und extrem erfahrungsorientiert. Auch Bewusstsein noch stark erfahrungsorientiert.

Heuristiken

Das Gehirn der Hominiden hat eine Präferenz für ressourcensparendes Arbeiten ausgeprägt, das in der Literatur oft als "heuristisches" Entscheiden bezeichnet wird. Damit ist ein "grobes", auf wenigen Daten und Verknüpfungen basierendes Entscheiden gemeint. Mit zunehmender Erfahrung ersetzt das Gehirn situations*un*spezifische Daten und Verknüpfungen durch situationsspezifischere. Dadurch verbessert sich die Qualität der Entscheidungen, ohne dass die Komplexität der Heuristiken zunehmen muss.

(5) Arbeitsteilung

Erlernung der Fähigkeit zu abgestimmtem *getrennten* Handeln. Durch Spezialisierung bessere Nutzung der kognitiven Fähigkeit, aus wiederkehrenden Ereignissen zu lernen. Entstehung ungleich erfahrener Menschen: Spezialisten und Nichtspezialisten.

(6) Tausch

Austausch der arbeitsteilig erstellten Güter. Problem: Umgang mit ungleichen Erfahrungen. Keine Garantie für altruistisch-faire Tauschhandlungen, da Ichbezogenheit der Tauschpartner.

(7) Hässliches Verhalten

Ausnutzen von Erfahrungsvorsprüngen durch Spezialisten zur Verbesserung der Tauschbedingungen. Gefahr von sehr ungünstigen Tauschbedingungen für Nichtspezialisten. Mit zunehmender Arbeitsteilung wird Handel komplexer und die Wissensdifferenzen sowie die kognitiven Probleme, sie zu beherrschen, größer.

(8) Gewohnheiten

Einrichtung von Gewohnheiten (d.h. Regelmäßigkeiten) beim Tausch, um besseres Lernen zu ermöglichen. Wiederholtes Handeln, kleine Kontrakte, kurze Fristen, Gespräche im Freundeskreis, konservatives Verhalten etc. Meidung von Produkten und Strategien, die kognitiven Fähigkeiten nicht angepasst sind.

(9) Tugenden

Schaffung von Belohnungen für das freiwillige Angebot vorteilhafter Tauschbedingungen. Einrichtung der notwendigen Institutionen.

(10) Sanktionen

Schaffung von Bestrafungen für das Angebot schlechter Tauschbedingungen. Einrichtung der notwendigen Institutionen.

Abbildung 1.1: Die Ökonomie des Hässlichen

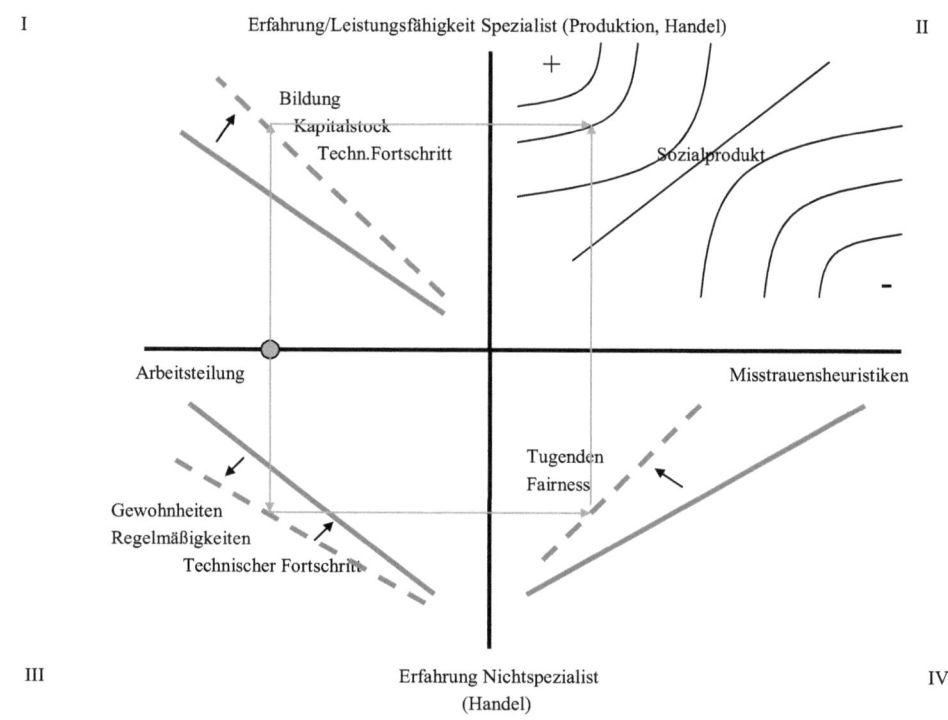

Die Abbildung skizziert anhand eines Vier-Quadranten-Schemas einen möglichen Zusammenhang der in dieser Arbeit angesprochenen Faktoren. Betrachten wir zunächst die oberen beiden Quadranten: Ein bestimmtes Maß an Arbeitsteilung führt bei gegebenem Kapitalstock zu einer bestimmten Leistungsfähigkeit der Spezialisten (d.h. der Arbeitenden/der Leistungsersteller), was – für sich genommen – ein bestimmtes Sozialprodukt ermöglichen könnte (Quadranten 1 und 2). Die Höhe des Sozialprodukts in Quadrant 2 ist nicht direkt ablesbar, sondern ergibt sich aus einer Kombination der Werte der beiden Achsen des Quadranten. Die Linien in Quadrant 2 sind wie Höhenlinien zu interpretieren. Die Höhe sinkt von links oben nach rechts unten ab.

Das tatsächlich realisierte Sozialprodukt hängt nicht allein von der Leistungsfähigkeit der Spezialisten ab, sondern auch davon, welche Leistungen die Nichtspezialisten (als Käufer) akzeptieren und abnehmen. Dies ist eine Funktion mehrerer Faktoren (Quadranten 3 und 4). Ceteris paribus ist ein bestimmtes Maß an Arbeitsteilung mit einem bestimmten Informationsvorsprung der Spezialisten und Informationsnachteil der Nichtspezialisten verbunden, was letztere zu vorsichtigem Verhalten und zur Anwendung bestimmter Misstrauensheuristiken zwingt (Quadrant 4). Dadurch wird es nicht zur Annahme jedes Angebotes der Spezialisten kommen (Quadrant 2), und das Sozialprodukt wird niedriger sein als wenn weniger Misstrauen notwendig wäre.

Es gibt verschiedene Variablen, die das Maß an Misstrauen senken. Durch das Sammeln von Erfahrungen, wozu ein von Gewohnheiten und Wiederholungen geprägtes Verhalten beitragen kann, versuchen die Nichtspezialisten, ihr Wissen über Zusammenhänge zu vergrößern (Quadrant 3) und damit ihren Informationsnachteil zu verkleinern. Dazu ist eine gewisse ökonomische und gesellschaftliche Stabilität vonnöten.[50] Auch durch ein gesellschaftliches System von Tugenden und Sanktionen kann der Bedarf nach vorsichtigem Verhalten gesenkt werden (Quadrant 4). Quadrant 3 repräsentiert die Maßnahmen, die ein Individuum selbst durchführen kann. Quadrant 4 repräsentiert Maßnahmen auf gesellschaftlicher Ebene.

In Abhängigkeit vom Verlauf der Kurven kann es ein optimales System aus Tugenden, Sanktionen, Gewohnheiten, Tagesabläufen, Bildungsmaßnahmen etc. geben. Ein längerfristig konstantes Optimum existiert insofern nicht, als jede Transaktion das Erfahrungswissen der Beteiligten verändert und damit zu einer Verschiebung der Kurven führt. Die Evolution des Systems ist pfadabhängig, da die Erfahrungen zu einem Zeitpunkt das Handeln beim nächsten Zeitpunkt und damit die folgenden Erfahrungen determinieren. Das Wissen einer Gesellschaft ist in zwei sehr unterschiedliche Teile getrennt: Es besteht zum einen im Wissen der Spezialisten, was Produktion, technischen Fortschritts wie auch die hässlichen Maßnahmen der Spezialisten beeinflusst. Es besteht zum anderen im Wissen der Nichtspezialisten, was insbesondere deren vorsichtiges Verhalten den Spezialisten gegenüber beeinflusst mit den entsprechenden Folgen für Produktion etc.

Im nächsten Kapitel 2 werden die biologischen Grundlagen des Denkens und Entscheidens näher betrachtet. Darauf wird in Kapitel 3 die Rolle der Arbeitsteilung beleuchtet. Die Arbeitsteilung wird mit den kognitiven Fähigkeiten der Menschen in Verbindung gebracht. Anschließend wird der Gütertausch betrachtet, der logische Konsequenz der Arbeitsteilung ist. Auch der Gütertausch wird mit den kognitiven Fähigkeiten der Menschen in Verbindung gebracht. Es werden die resultierenden Probleme diskutiert. Es werden Lösungen für die Probleme skizziert. Schließlich erfolgt in Kapitel 7 eine Übertragung auf die Finanzmärkte mit dem Ziel, Erklärungen für wichtige Abläufe und Institutionen zu erhalten.

---

[50] Die Abbildung zeigt nur das Sozialprodukt insgesamt, nicht dessen Aufteilung. Durch den Einsatz geeigneter Misstrauensheuristiken können die Nichtspezialisten die Ausbeutung ihrer selbst verringern. Sie senken durch ihr vorsichtiges Verhalten u.U. das Sozialprodukt insgesamt, erhöhen aber ihren eigenen Anteil. Es ist mir nicht gelungen, diesen Effekt in der Grafik unterzubringen.

2 Einige biologische Grundlagen des Finanzmarktgeschehens

Wie das Gehirn entscheidet

Wenn ein Leser erwartet, ein Kapitel vorzufinden, das mit dem Begriff *„die"* biologischen Grundlagen überschrieben wurde, dann muss er enttäuscht werden. Der Anspruch, *die*, d.h. mehr oder weniger *alle* relevanten biologischen Aspekte darzustellen, lässt sich in keiner Weise erfüllen. Der Leser darf deshalb im Folgenden nicht mehr als eine Beschreibung derjenigen biologischen Aspekte erwarten, die aus Sicht dieses Buches besonders wichtig erscheinen. Die Darstellungen stützen sich ganz wesentlich auf Gerhard Roth, mit dem ich zusammenarbeiten durfte. Grundlage des folgenden Abschnitts sind die früheren Publikationen Roths[51] sowie Publikationen, die zusammen mit Roth auf Basis seiner Schriften entstanden sind.[52] Diese werden in diesem Kapitel nicht immer wieder erwähnt. Für Ökonomen ist das Studium der Schriften Gerhard Roths insbesondere wegen seiner beeindruckend „ökonomischen" Sicht auf das Gehirn besonders fruchtbar und wertvoll. Aber selbstverständlich sind die Erkenntnisse anderer Biologen nicht minder bedeutend.[53] Selbstverständlich ist auch, dass Fehler und Missverständnisse vollkommen zu meinen Lasten gehen.[54]

2.1 Die vier biologischen Entscheidungssysteme

Dem Gehirn stehen mehrere unterscheidbare Entscheidungsmechanismen zur Verfügung, die Gerhard Roth zu vier Entscheidungssystemen zusammenfasst (vgl. **Abbildung 2.1**).[55] Die vier Systeme lassen sich zwei Gruppen zuordnen:

---

[51] Roth 1996, Roth 2003, Roth 2003a, Roth 2005, Roth, Dicke 2005. Maasen, Prinz, Roth 2003.

[52] Thießen, Roth 2007. Lehmann-Waffenschmidt, Roth, Thießen 2008.

[53] Siehe z.B. Singer 2002. Hingewiesen werden soll auch auf die Forschung von Hartmut Esser (Esser 1991, Esser 1993, Esser 1996) und seines Schülers Kroneberg (2005).

[54] Zum Stand der Neuroökonomik in der Betriebswirtschaftslehre siehe Schilke, Reimann 2007, S. 137ff.

[55] Einige Wissenschaftler blenden das affektive und das aufgeschobene Entscheiden aus und sprechen von zwei Systemen. Der Psychologe und Nobelpreisträger Kahneman (2003, S. 1454) sprach in seinem Vortrag vor dem Nobelkomitee von „System I" und „System II". „The compound cognitive system ... has two ways of adjusting to changes: a short-term process that is flexible and effortful, and a long-term process of skill acquisition that eventually produces highly effective responses at low cost." Diese Systeme entsprechen hier dem „routinisierten Enscheiden" und dem „logisch rationalen Entscheiden".

1. Systeme für spezifische Entscheidungssituationen
   - Affektiv-impulsives Entscheiden
   - Routinisiertes Entscheiden
   - Logisch-rationales Entscheiden
2. Systeme außerhalb spezifischer Entscheidungssituationen
   - Unbewusstes aufgeschobenes Entscheiden

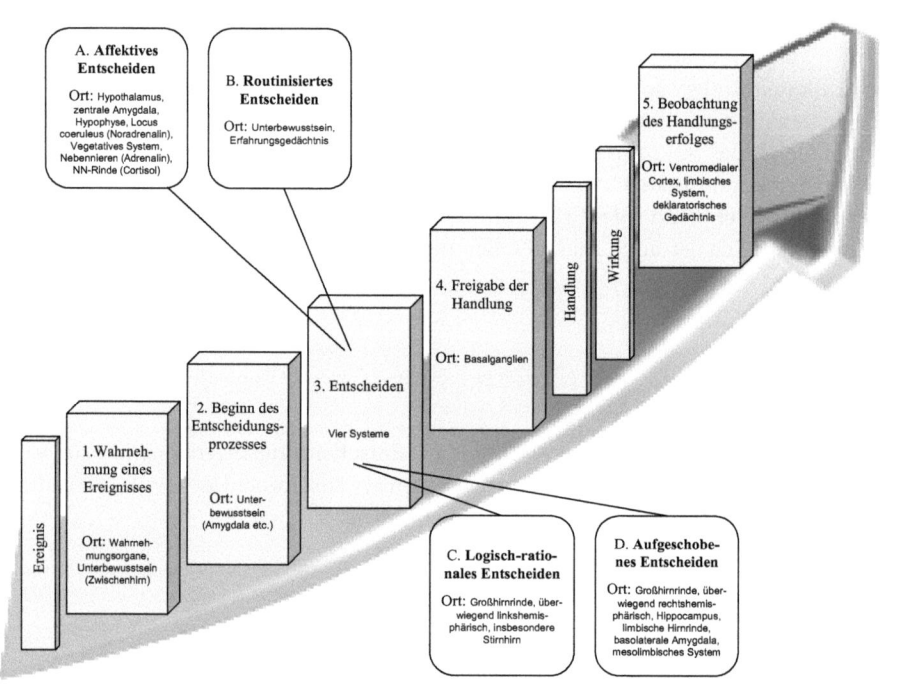

Abbildung 2.1: Vier Entscheidungsverfahren und Ablauf einer Entscheidung (Quelle: Eigene Darstellung)

Affektiv-impulsives Entscheiden

Der Mechanismus des *affektiv-impulsiven Entscheidens* ermöglicht besonders schnelle Entscheidungen. Die Entscheidungen stellen genetisch bedingte oder erfahrungsgeleitete unmittelbare Reaktionen auf bestimmte Reize dar (Angriff, Verteidigung, Flucht, Erstarren). Beteiligte Strukturen sind: Hypothalamus, zentrale Amygdala, Hypophyse, Locus coeruleus (Noradrenalin), Vegetatives System, Nebennierenmark (Adrenalin), NN-Rinde (Cortisol). Die Entscheidungen sind unflexibel und stark kurzfristig ausgerichtet. Ein planender Charakter ist nicht erkennbar. Der Entscheider befindet sich in starker emotionaler

Erregung (Stress), was einerseits seine Aufmerksamkeit steigert und seine Reaktionsbereitschaft erhöht, andererseits aber auch seinen Entscheidungs- und Handlungsraum einengt, was bis zur völligen Erstarrung und Lähmung führen kann. Die Einengung des Denkens führt dazu, dass die Entscheidungen nicht unbedingt eine hohe Qualität haben. Sie sind nur so gut, wie die genetisch bedingten oder erlernten[56] Reaktionen Angriff, Flucht, Verteidigung oder Erstarrung gut sind in Bezug auf die jeweilige Situation, was in modernen Gesellschaften eher seltener der Fall sein dürfte.

Routinisiertes Entscheiden

Routinisiertes Entscheiden ist ein Mechanismus, der in (gelernten) Standardsituationen zum Tragen kommt. Beteiligte Strukturen sind vor allem die Basalganglien. Voraussetzung des routinisierten Entscheidens ist lange Erfahrung. Erfahrung führt zur Herausbildung von vorgefertigten Entscheidungswegen, die vom Gehirn automatisch (d.h. laufend und ohne Einschaltung des Bewusstseins) abgespeichert werden und die bei Bedarf, d.h. bei Eintritt von Situationen, die zu den vorgefertigten Entscheidungen passen, ebenfalls automatisch wieder abgerufen werden. Diese Automatik macht den Entscheidungsprozess schnell und verringert den Energiebedarf des Entscheidens. Die Entscheidungsqualität ist hoch, wenn gelerntes Verhalten und Situation wirklich zueinander passen. Ein Zimmermann schlägt Nägel von Dimensionen und wichtigen statischen Funktionen ohne nachzudenken in Balken, die Laien nur nach vielerlei Überlegungen einschlagen können. Wie unten gezeigt wird, würden die 24 Stunden eines Tages und die verfügbaren Energiemengen im Gehirn überhaupt nicht ausreichen, alle Entscheidungen bewusst logisch rational zu durchdenken, weshalb das routinisierte Entscheiden auf Basis von Erfahrungen eine absolut lebenserhaltende Einrichtung des menschlichen Gehirns ist.

Logisch rationales Entscheiden

Der dritte Entscheidungsmechanismus, über den das menschliche Gehirn verfügt, ist das *logisch-rationale Entscheiden*. Das Gehirn verfügt über die Fähigkeit, situationsspezifisch systematische Abwägungen vorzunehmen. Beteiligte Strukturen sind die Großhirnrinde, überwiegend linkshemisphärisch, insbesondere das Stirnhirn. Ein Teil dieses Entscheidungsmechanismus ist uns als Bewusstsein bekannt. Teile des logisch-rationalen Entscheidens laufen aber auch unbewusst ab. Das Bewusstsein gilt seit jeher als „Krönung" der menschlichen Fähigkeiten. Dabei ist die Leistungsfähigkeit des logisch-rationalen Entscheidens ziemlich begrenzt. Nicht nur, dass die Denkvorgänge äußerst langsam ablaufen und viel Energie kosten, das bewusste Abwägen ist darüber hinaus stressanfällig und verliert sich oft in sinnlosem Räsonieren. Es gibt keinen sicheren Weg zu erkennen, wann sich das logisch-rationale Nachdenken derart verfangen hat. Logisch-rationales Abwägen kann – in kurzer Zeit – nur Situationen relativ geringer Komplexität bewältigen. Mehr Informationen sind häufig ungünstiger als weniger.

---

[56] Affektives Handeln kann auch erlernt werden. So wurde beobachtet, dass Menschen, die den Tsunami von 2004 in Ostasien erlebten, danach beim Rauschen von Blättern affektive Reaktionen zeigten.

Unbewusst aufgeschobenes Entscheiden

Der vierte Entscheidungsmechanismus wird *unbewusst aufgeschobenes Entscheiden* genannt. Es handelt sich um einen unbewusst ablaufenden Entscheidungsmechanismus, der wie das logisch-rationale Entscheiden Probleme durch systematisches Abwägen von Argumenten (unter Nutzung vorliegender Erfahrungen) lösen kann. Beteiligte Strukturen sind die Großhirnrinde, überwiegend rechtshemisphärisch, der Hippocampus, die limbische Hirnrinde, basolaterale Amygdala und das mesolimbische System. Der Mechanismus ist stressanfällig. Die Lösungsfindung kann sich über Tage hinziehen. Man muss sich diesen Mechanismus als ein System vorstellen, das „im Hintergrund" abläuft und automatisch-unbewusst Probleme bearbeitet, die von hoher Wichtigkeit, aber nicht unbedingt Dringlichkeit sind. Angetrieben wird dieser vierte Entscheidungsmechanismus vom mesolimbischen System durch das „Versprechen von Belohnungen", bzw. eine Belohnungserwartung, d.h. Dopamin.

Zentrum des Entscheidens

Den Kern des Entscheidungsapparates stellt der Schatz an bewerteten Erfahrungen dar. Hippocampus, Amygdala und mesolimbisches System bilden zusammen das unbewusste *individuelle Erfahrungsgedächtnis*. Es beginnt bereits im Mutterleib zu arbeiten. Es bewertet alles, was das Gehirn erfährt oder tut, nach den Kriterien *angenehm* und damit *zu wiederholen* oder als *unangenehm* und damit *zu vermeiden*. In dieser Weise entwickeln sich unsere persönlichen Handlungspräferenzen und damit der Rahmen all unserer weiteren Handlungen. Vor jeder neuen Handlung werden die Inhalte dieses Gedächtnisses aufgerufen. Sie beeinflussen entscheidend die neue Handlung. Das System ist in der Lage, komplexe Entscheidungen zu treffen, ohne dass fokussiertes bewusstes Nachdenken dafür nötig ist. Grundlage ist das individuelle Erfahrungsgedächtnis, das sozusagen die „gesamte Lebenserfahrung in konzentrierter Form" enthält.

Die Abläufe beim Entscheiden

Wie vollziehen sich nun die Abläufe beim Entscheiden im Einzelnen? **Abbildung 2.2** stellt den Ablauf des Entscheidens zunächst in stilisierter Form dar. **Abbildung 2.3** fasst den Ablauf in einer detailreicheren Form, in der auch einzelne beteiligte Hirnsysteme erkennbar sind, zusammen. Betrachtet wird im Folgenden zuerst die stilisierte Darstellung.

Zunächst erfolgt die *Identifizierung* der Reize: Was wurde gesehen, gefühlt, gehört, geschmeckt, gerochen? Wie muss man sich diese Identifizierung vorstellen? Den Reizen, die von den Sinnesorganen als elektrische Impulse im Gehirn ankommen, werden komplexere Objekte bzw. Vorgänge zugeordnet (ein Auto, heiße Kartoffeln, eine Besprechung, eine Bahnfahrt). Dies geschieht wesentlich im Zwischenhirn (dorsaler Thalamus) und im primären und sekundären visuellen Cortex.

Auf der nächsten Ebene erfolgt die *Bewertung* der erkannten Vorgänge und Objekte anhand der im emotionalen Erfahrungsgedächtnis abgespeicherten Vergleichssituationen (limbisches System). Diese beinhalten bewertete Handlungsalternativen. Bei ausreichender

Eindeutigkeit der (Vergleichs-) Situation(en) wird sofort unbewusst entschieden, d.h. eine der Handlungsalternativen ausgewählt. Unter bestimmten Umständen wird auf dieser Ebene auch affektives Handeln ausgelöst.

Aufgabe der dritten Ebene („Bewusstsein") ist es, weitere Handlungsalternativen zu ermitteln, d.h. *Neues* zu erdenken, und deren Konsequenzen zu eruieren. Diese dritte Ebene wird eingeschaltet, wenn die Vergleichssituationen (2. Ebene) kein eindeutiges Bild ergeben. Die vorliegenden Informationen werden zusammen mit den Informationen über den Anstoßeffekt dem Bewusstsein zugeleitet. Dort werden im sogenannten Arbeitsgedächtnis, unterstützt von weiteren Systemen und zusätzlichen Informationen aus dem deklarativen Gedächtnis, weitere Handlungsvorschläge erarbeitet.

Zwischen der zweiten und dritten Ebene gibt es intensive „bilaterale Kontakte", denn das, was auf der dritten Ebene neu ausgedacht worden ist, muss zurück zur zweiten Ebene, um dort *bewertet* zu werden. Erst dann, wenn die Bewertung zufriedenstellende Ergebnisse erbracht hat, erfolgt die Freigabe zur Ausführung (Abbildung 2.2).

Die vierte Ebene dient der *Ausführungsdetailplanung* und *-kontrolle*.

Welche Hirnsysteme im Einzelnen beteiligt sind, wird weiter unten behandelt. Generell lässt sich sagen, dass die erste, zweite und vierte Ebene Systeme enthalten, die allgemein dem Unterbewusstsein zugeordnet werden, während die dritte Ebene Systeme enthält, die als Bewusstsein bezeichnet werden (vgl. Abbildung 2.2 und Abbildung 2.3).

Abbildung 2.2: Schematischer Ablaufplan einer Entscheidung (Quelle: Eigene Darstellung)

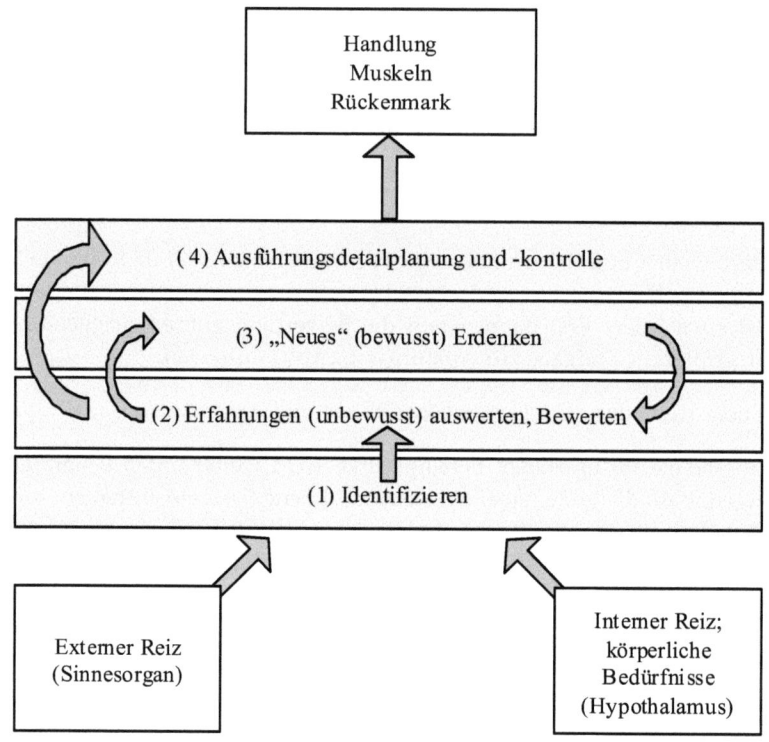

Systemlogik aus ökonomischer Perspektive

Bevor die Abläufe näher betrachtet werden, wird die Logik dieses vierstufigen Aufbaus diskutiert.

Biologisch-psychologisch gesehen ist das wichtigste Ziel des Denkens die *Handlungsplanung*. Entwicklungsgeschichtlich hat sich das Gehirn zusammen mit der Herausbildung der Hand als universales Arbeitsinstrument entwickelt.[57] Hand und Hirn haben sich offenbar wesentlich gegenseitig beeinflusst. Die Hauptfrage, die das Gehirn zu lösen hat, lautet deshalb immer: Wie geht es weiter? Was tue ich als nächstes?

Ein wichtiges Instrument dieser Handlungsplanung ist der dorsolaterale präfrontale Cortex, vor allem als Sitz des Arbeitsgedächtnisses. Dieses ist das Zentrum dessen, was uns als

---

[57] Siehe Henke, Rothe 1998, S. 33, S. 37ff.

„Bewusstsein" bekannt ist. Das Arbeitsgedächtnis ist in der Lage, verschiedenste Aspekte logisch konsistent miteinander zu verknüpfen. Unserem Erleben nach findet all das, was wir an Denkarbeit leisten, in diesem System statt. Dazu ist das Arbeitsgedächtnis aber überhaupt nicht in der Lage. Es arbeitet nämlich „nur" sequenziell. Ein Aspekt kann nur nacheinander mit einem anderen in Beziehung gebracht werden. Dies fällt auf, wenn man mehrere Dinge gleichzeitig tun müsste oder möchte, dies aber nicht kann: Wir Menschen können nur einen Gedanken zu einer Zeit haben. Dieser (bewusste) Gedanke kostet im Durchschnitt 1 Sekunde (genauer 0,3-3 Sekunden) Zeit und ist stoffwechselphysiologisch sehr „teuer".

Eine Sekunde ist offenbar viel zu langsam, um einem Säugetier das Überleben zu ermöglichen. Als Lösung dieses Problems könnte man an eine Parallelschaltung mehrerer Arbeitsgedächtnisse denken. Dies hat in dem energetischen Bedarf mehrerer Arbeitsgedächtnisse eine natürliche Grenze. Aber man findet tatsächlich Systeme, welche das Arbeitsgedächtnis *entlasten*. Ein Teil dieser Systeme ermöglicht es dem Arbeitsgedächtnis, von entbehrlichen Details zu abstrahieren (was die Zahl der notwendigen Verknüpfungen im Arbeitsgedächtnis bereits stark reduziert). Durch andere Mechanismen werden Entscheidungen auf die unbewusste Ebene verlagert, was (bedingt durch die Arbeitsweise dieser Systeme) die Energiekosten des Denkens stark verringert.

Das zentrale Prinzip des Gehirns ist es offenbar, in einer gegebenen Situation möglichst schnell zunächst einmal die verfügbaren gespeicherten Erfahrungen auszuwerten. Dies erscheint ausgesprochen „vernünftig", denn auf diese Weise werden mehrere Probleme auf einen Schlag gelöst:

Erfahrungen entlasten die Wahrnehmungsorgane. Aus Erfahrungen kann bereits ein großer Teil des Kontextes einer Situation abgeleitet werden, selbst wenn dieser nicht durch die Sinnesorgane direkt gemeldet wurde (Beispiel: Was liegt vor, wenn das Klingeln des Weihnachtsglöckleins ertönt?). Die Gehirnteile, die mit der Auswertung der Daten von Sinnesorganen befasst sind, können dadurch kleiner ausfallen. Die Sinnesorgane selber brauchen weniger leistungsstark sein.

Aus den Erfahrungen können Situationen bewertet werden. Die abgespeicherten Erfahrungen bestehen aus den Umständen einer Situation und den Folgen für das Subjekt. Sie beinhalten insoweit eine *Bewertung*. Auf diese Weise steht unmittelbar eine Einschätzung des „Wertes" einer Situation zur Verfügung: Ist etwas brenzlig-kritisch, angenehm? Besteht Zeitdruck oder Gefahr? Eine solche Einschätzung könnte in vielen Fällen auch durch logisches Überlegen erarbeitet werden, dies aber nur mit einem wesentlich größeren Aufwand.

Erfahrungen zeigen Ziele und Handlungsmöglichkeiten auf. Indem die abgespeicherten Erfahrungen auch eigene Aktivitäten und Folgen beinhalten, stehen mit dem Auswerten der Erfahrungen auch mögliche Ziele und Aktionen zur Verfügung, und zwar realistische Ziele sowie tatsächlich realisierbare Handlungsmöglichkeiten. Denn das, was in einer früheren ähnlichen Situation einmal erreicht wurde, kann – bei genügend stabiler Umwelt – (sicherlich) wieder erreicht werden. Das bedeutet, dass Ziele und Handlungsalternativen nicht (immer) mühsam logisch-rational im Arbeitsgedächtnis erarbeitet werden müssen, sondern unmittelbar – zeit- und energiesparend – zur Verfügung stehen. Mir erscheint es vor diesem Hintergrund kein Wunder, wenn das tatsächlich Gemachte eher dem Satisfizieren als dem Maximieren nahe kommt.

Alles in allem erscheint es vor dem Hintergrund des langsamen und teuren Arbeitsgedächtnisses nicht unvernünftig, vor das logisch-rationale Durchdenken von Problemen die Auswertung des Erfahrungsgedächtnisses zu setzen und Ziele und Handlungen, wo sinnvoll, daraus abzuleiten. Dass die Inhalte des Erfahrungsgedächtnisses dafür „bewertet" sein müssen, ist verständlich. Damit kann es dann aber auch zugleich der Bewertung der im Arbeitsgedächtnis ausgedachten Handlungsalternativen dienen, was die Kreisprozesse (s. Abbildung 2.2) zwischen der bewussten Ebene drei und der unbewussten Ebene zwei erklärt.

Zur Evolution erfahrungsbasierten Entscheidens

Warum evolvierte das erfahrungsbasierte Entscheiden? Die Nahrungsmittel der Lebewesen der Gattung Homo – wie selbstverständlich auch die seiner Vorfahren – sind tierischen und pflanzlichen Ursprungs. Diese haben eine gemeinsame Eigenschaft: sie sind nicht lange genießbar und haben einen geringen Nährwert. So muss der Mensch die Nahrungssuche immer und immer wieder neu beginnen. Angesichts des hohen Ressourcenverbrauchs kognitiver Aktivität wäre es fatal, jeden Tag jeden Handgriff immer wieder neu analytisch (d.h. mit dem energetisch teuren Bewusstsein) herleiten zu wollen. Für ein Lebewesen, das in sehr ähnlichen Umfeldern wiederholt agieren muss, bietet sich Lernen aus Erfahrungen geradezu zwingend an. Angesichts der Regelmäßigkeiten, welche die physische Welt bereit hält (Tag/Nacht, hell/dunkel, Winter/Sommer, Monsun/Trockenzeit), ist ein Entscheidungssystem, das Erfahrungen auswertet, und angesichts vieler um Nahrung konkurrierender Lebewesen, ein System, das selbst so wenig Energie wie möglich verbraucht, nur vernünftig.

2.2 Hirnsysteme und ihre Aufgaben

Im Folgenden werden ausgewählte Aspekte der vier Entscheidungsebenen behandelt, die einen besonderen Bezug zum Verhalten der Menschen in Tauschsituationen haben. Die Ausführungen basieren ganz wesentlich auf den oben genannten Schriften von Gerhard Roth. Für Fehler in der Darstellung bin selbstverständlich ich selbst verantwortlich.

Identifizieren, Objekterkennung

Der Entscheidungsprozess beginnt mit der Objekterkennung. Die Daten, die aus der Umwelt über die Sinnesorgane in das Gehirn gelangen, werden im Zwischenhirn und im primären und sekundären sensorischen Cortex Objekten zugeordnet. Nur noch diese und nicht mehr die einzelnen Daten der Wahrnehmung werden weiter verarbeitet. Dies hat einen großen Vorteil: Es wird im Folgenden noch gezeigt, dass das Gehirn an vielen Stellen zu energie- und zeitsparenden Lösungen greift. Es ist offenbar wichtig, die Ressourcen an Zeit und Energie sparsam einzusetzen. Dies geschieht auch bei der Objekterkennung.

Wahrnehmungsorgane arbeiten nicht perfekt, sondern nur so gut wie erfahrungsgemäß notwendig. Scharf sehen ist oft entbehrlich. Anstatt alle Sehreize zu verarbeiten, reicht es, Konturen zu erkennen. Das Gehirn wertet Kontraste, Größenverhältnisse, Bewegungen, Helligkeitswerte u.a. vor anderen Dingen aus, um schnell zum Ziel zu gelangen, Dinge zu erkennen. Das visuelle System wendet Faustregeln an, um das wahrgenommene Bild schnell und einfach zu ordnen.

Die Logik dieser Vorgehensweise kann man begreifen, wenn man das juristische Konzept der Vertretbarkeit bzw. der Gattung betrachtet. In vielen Fällen sind Wirkungen ausreichend genau abschätzbar, wenn man weiß, zu welcher Gattung ein Objekt gehört. Bei Aktien oder Geldscheinen ist dies augenfällig. Man muss nicht das individuelle Stück identifizieren. In der Natur ist es in vielen Fällen nicht anders: Die Gefährlichkeit einer Schlange oder die Essbarkeit eines Blattes hängt mehr mit der Gattung (z.B. Salat oder Löwenzahn) als dem individuellen Stück zusammen. Um die Gattung zu erkennen, benötigt man aber keine Informationen über jedes Detail eines Objektes. Wer also auf das ressourcensparende Erkennen von Gattungen aus ist, wird sich so organisieren, dass er zunächst mit möglichst wenigen Informationen auf die Gattung schließen kann. Dann wird er die Einzelinformationen beiseite legen und mit dem Gattungsobjekt weiter fortfahren.

Bewertung

Nachdem die Objekte identifiziert sind, werden sie weiterverarbeitet – und zwar im limbischen System (s. Abbildung 2.3 Ebene 2). Im Zentrum der nächsten Schritte stehen die Amygdala und das mesolimbische System. Beide erhalten auf sensorischen Bahnen Mitteilungen von den Sinnesorganen bzw. den ihnen nachgeschalteten Verarbeitungszentren im Mittel- und Zwischenhirn (s Abbildung 2.3 Ebene 1 und 2). Vom Zwischenhirn (genauer vom dorsalen Thalamus) aus trennen sich die sensorischen Bahnen, von denen einige „auf kurzem Wege" zur Amygdala und zum mesolimbischen System gehen (und zu anderen limbischen Zentren) und die anderen zu den sensorischen und anschließend zu den assoziativen Arealen der Großhirnrinde (auf der dritten Ebene in Abbildung 2.3). Die ersteren Bahnen sind schneller, aber die dabei mitgeteilte Information ist gröber in der Auflösung. Als Folge davon nehmen Amygdala und mesolimbisches System die Ereignisse früher, aber schemenhafter wahr, während die Großhirnrinde langsamer, aber mit feinerer Auflösung arbeitet.

Abbildung 2.3: Hirnsysteme und Abläufe beim Entscheiden

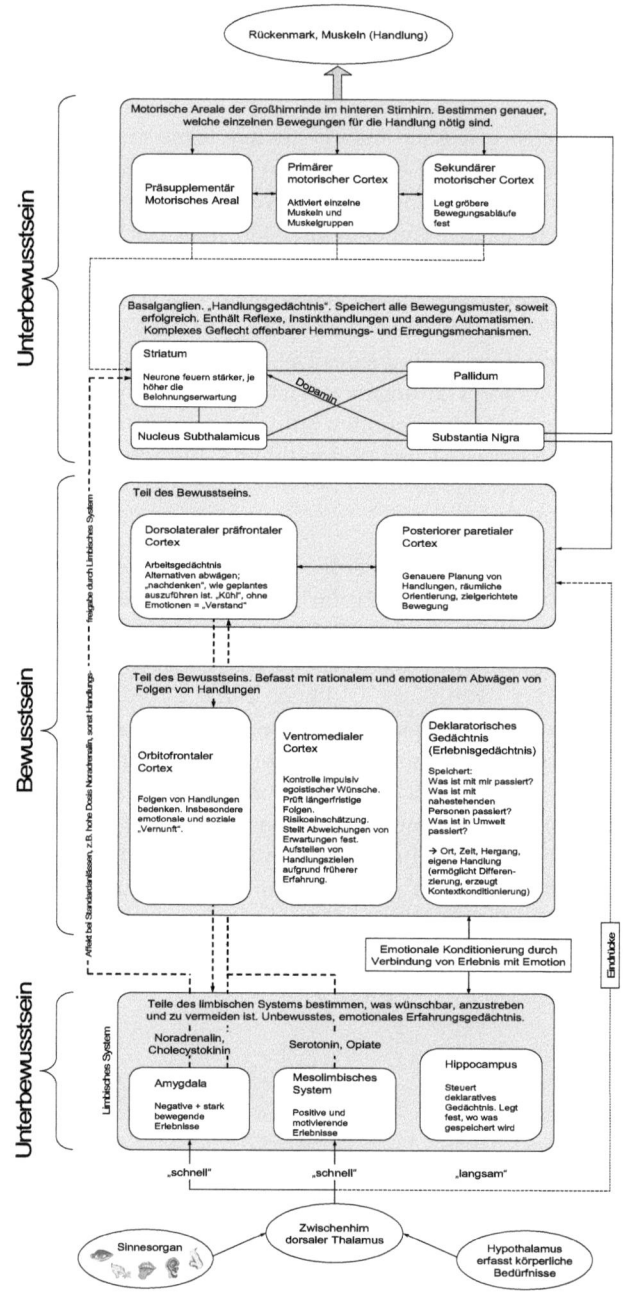

Erläuterungen zu **Abbildung 2.3**: Die Abbildung zeigt Hirnsysteme und skizziert Abläufe beim Entscheiden. Die Abbildung kann keinen Anspruch auf Vollständigkeit erheben. Quelle ist die Literatur (s. oben Einleitung zu Kapitel 2) und die dort erwähnten Beziehungen zwischen verschiedenen Hirnsystemen. Es wurde versucht, diese in ein ganzheitliches Bild zu übertragen. Die Abbildung gibt einen Eindruck, auf welche Weise Hirnsysteme zusammenarbeiten, wenn Entscheidungen zu fällen sind.

Erfahrungen sammeln

Was ist nun die Aufgabe von Amygdala und dem mesolimbischen System? Ihre wichtigste Aufgabe ist, die ankommenden Mitteilungen auf vorliegende Erfahrungen hin zu überprüfen und zu bewerten. Sie durchforsten – überwiegend unbewusst – das emotionale Erfahrungsgedächtnis und suchen nach Vergleichssituationen.

Wir tun oder erleben etwas, und dies hat für uns entweder positive, negative oder neutrale Konsequenzen. Diese unterschiedlichen Konsequenzen werden von unserem Gehirn bewusst oder unbewusst registriert und fest verbunden mit den Ereignissen oder Handlungen in unserem Erfahrungsgedächtnis abgespeichert. Dieser Prozess beginnt schon vor der Geburt und setzt sich das ganze Leben hindurch fort. Es ist bekannt, dass Kinder bereits im Mutterleib anfangen, Erfahrungen zu sammeln, diese zu bewerten und beides im emotionalen Erfahrungsgedächtnis abzuspeichern. Es ist sicher kein Zufall, dass das emotionale Erfahrungsgedächtnis im Kinde viel früher heranreift als das deklarative Gedächtnis, welches bewusste Denkvorgänge unterstützt.

Es ist nützlich, zwischen verschiedenen *Arten von Erfahrungen* zu unterscheiden. Es gibt Erfahrungen,

- die auf eigenem Handeln und Erleben beruhen (*Erfahrungs-* bzw. *Erlebniswissen*),
- die nicht selbst gemacht wurden, sondern von anderen berichtet wurden (Familie, Freunde, Kollegen, Lehrer etc.) (*Narratives Wissen*),
- die schulisch gelernt wurden (*Abstraktes Wissen*).[58]

Erfahrungen zugänglich machen

Um den sich dabei anhäufenden ungeheuren Vorrat an Erfahrung schnell zugänglich zu machen, versieht das Gehirn die unterschiedlichen Konsequenzen und Erfahrungen mit emotionalen „Etiketten" oder „Markern". Wann immer wir in eine Situation kommen, die das Gehirn durch Vergleich mit abgespeicherten Situationen als „bekannt" oder zumindest als „ähnlich" einstuft, werden die diesen Situationen zugeordneten Gefühle aufgerufen, die uns als eine Art von Kurzbotschaften des emotionalen Erfahrungsgedächtnisses raten, was wir zu tun und zu lassen bzw. wovor wir uns in Acht zu nehmen haben. Die emotio-

---

[58] F.A. von Hayek betrachtete schulisch gelerntes Wissen als eine Form der Erfahrung. Hayek (1956, S. 14) führt aus, bei diesem Wissen habe man es zu tun mit „sehr vereinfachte[n] Gedankenmodelle[n] (in dem Sinne wie wir von Gedankenexperimenten sprechen), aus denen wir ablesen können, welcher Art von Verhalten gewisse Typen von Strukturen fähig sind, und welcher nicht."

nalen Konditionierungen bilden sich meist nicht aufgrund eines einmaligen Erlebnisses aus, sondern bestimmte negative oder positive Erfahrungen müssen wiederholt gemacht werden, um sich fest in unserem emotionalen Erfahrungsgedächtnis zu verankern. Allerdings geht diese Verankerung umso schneller vor sich, je stärker die emotionalen Begleitzustände oder Folgen von Ereignissen waren. Passiert etwas, das große Freude, große Lust, starken Schmerz oder große Furcht in uns auslöst, dann kann sich diese Kopplung schon beim ersten Mal unauslöschlich in uns einprägen. Da sich im Laufe der Zeit ein ungeheurer Schatz an Erfahrungen ansammelt, können wir viele Dinge des täglichen Lebens völlig „automatisch" erledigen. Anders formuliert: viele Dinge des täglichen Lebens *werden* für uns völlig automatisch erledigt, ohne dass es nötig wäre, das teure und zeitaufwändige Bewusstsein einzuschalten.

Während in unserer frühesten Kindheit unser deklaratives, zu bewusster Erinnerung fähiges Gedächtnis (Cortex und Hippocampus), noch gar nicht ausgebildet ist, lernt unser limbisches, emotionales Gedächtnis aufgrund der Aktivität der Amygdala und des mesolimbischen Systems bereits, was in unserer Umgebung und an eigenen Handlungen gut oder schlecht, lustvoll oder schmerzhaft, angenehm oder unangenehm ist. Indem bestimmte Geschehnisse einschließlich unserer eigenen Handlungen im limbischen Gedächtnis mit positiven oder negativen Gefühlen fest verbunden werden, erhalten sie eine *Bewertung*. Dies erleben wir, sobald wir etwas älter geworden sind, als *Gefühle*, die uns raten, etwas zu tun oder zu lassen.

Die Suche nach Vergleichssituationen

Wie Amygdala und mesolimbisches System die abgespeicherten Erfahrungen sichten und Vergleichssituationen (d.h. ähnliche Situationen) heraussuchen, ist heute noch nicht genau bekannt. Man weiß, dass die Hirnareale, in welchen das emotionale Erfahrungsgedächtnis angesiedelt ist, im Gegensatz zur Hirnrinde (Cortex) nur über eine geringe Dicke verfügen. Das „Screenen" des Gedächtnisses vollzieht sich offenbar derart, dass sich die auslösenden Impulse zunächst über die Fläche verteilen und dann in kurzer Zeit „durch" das gesamte Gedächtnis laufen. D.h., im Gegensatz zum Arbeitsgedächtnis, das streng sequentiell arbeitet, gibt es hier eine Art „massiv parallele" Arbeitsweise. Ebenfalls nicht genau bekannt ist, mit welchen Algorithmen die „Ähnlichkeit" von Situationen festgestellt wird.

Das Fällen einer Entscheidung

Wenn die gefundenen Situationen eine ausreichende Übereinstimmung insbesondere auch der mit ihnen verbundenen emotionalen Marker aufweisen, wird die Entscheidung unmittelbar, d.h. ohne Einschaltung des Bewusstseins, getroffen. Dabei werden die Handlungsalternativen ebenfalls dem emotionalen Erfahrungsgedächtnis entnommen, denn dieses enthält ja nicht nur die Umstände ähnlicher Situationen, sondern auch das eigene Tun oder das beobachtete Tun von Dritten samt der damit erzielten Erfolge.

Affekte

In einigen Fällen werden die Lösungen für ein Handlungsproblem nicht den Erfahrungen entnommen, sondern durch vorgegebene Reaktionen bestimmt: den sogenannten Affekten. Affekte werden ausgelöst, wenn beim Screenen des emotionalen Erfahrungsgedächtnisses nach Vergleichssituationen ganz bestimmte, oft stammesgeschichtlich vorgegebene Standardsituationen (z.B. dunkler Schatten, unheimliches Rauschen, schnell sich näherndes Etwas) gefunden werden. Diese lösen – hierbei spielt auch die Ausschüttung bestimmter Botenstoffe insbes. Noradrenalin eine Rolle – unmittelbare Reaktionen („affektives Handeln") aus (z.B. Angriff, Flucht, Verteidigung, Hilfe). Die Handlungsmuster dazu sind in anderen Gehirnsystemen abgelegt (s.u.) und haben z.T. genetische Ursachen.

Das heißt zusammenfassend: Zuerst wird das aktuell Wahrgenommene (ein Gegenstand, eine Person, eine Entscheidungssituation) unbewusst (und später dann gegebenenfalls bewusst; s.u.) identifiziert. Es wird das emotionale Gedächtnis nach vergleichbaren Situationen und dazugehörenden emotionalen Bewertungen durchgesucht. Aus diesen werden „machbare", d.h. letztlich „realistische" Ziele sowie Handlungen (mit denen früher die Ziele erreicht wurden) abgeleitet. Ist die emotionale Bewertung der gefundenen Vergleichssituationen eindeutig, so wird sofort entschieden – d.h. ein Handlungsplan (vom limbischen System) freigegeben (s. **Abbildung 2.2** Bewegung von Ebene 2 auf Ebene 4).

Neues Erdenken

Was passiert nun, wenn die emotionale Bewertung der Vergleichssituationen *nicht* eindeutig ist, z.B. weil mehrere Situationen gefunden wurden, die mit nicht übereinstimmenden emotionalen Markern gekoppelt sind? Z.B. kann das Verlangen eines Kaffees um 11.00 Uhr auf Widersprüchlichkeiten stoßen, wenn man einerseits durch einen wahrgenommenen Duft das Verlangen nach Kaffee verspürt, andererseits aber bereits Kaffee getrunken hat und die negativen Folgen von zu viel Kaffee kennt. Derartige widersprüchliche Vergleichssituationen steigen auf mit der Folge, dass es nicht zu einer unmittelbar aus dem emotionalen Gedächtnis gesteuerten Entscheidung kommt. Die Daten werden nun in die assoziative Großhirnrinde weitergeleitet, deren Aktivität teilweise von Bewusstsein begleitet ist (s. **Abbildung 2.2** Ebene 3). Wir erleben dies manchmal, indem wir den „Widerstreit der Gefühle" wahrnehmen.

Das zentrale System dieses Bereiches ist der dorsolaterale präfrontale Cortex einschließlich des Arbeitsgedächtnisses und des direkt benachbarten Broca-Sprachareals. Aufgabe dieses Systems ist es, logische Verknüpfungen zwischen Sachverhalten herzustellen. Dies dient dazu, Alternativen abzuwägen, um neue Handlungsweisen zur Lösung solcher komplexer Probleme zu finden, Widersprüche aufzuklären etc. Hauptproblem dieses Systems ist sein Zeit- und Energiebedarf. Hier kann pro Zeiteinheit, d.h. pro 0,3 bis 3 Sekunden nur ein Gedanke bzw. eine Vorstellung verarbeitet werden, wobei allerdings ein Gedanke als eine abgeschlossene logische Verknüpfung von mehreren Sachverhalten verstanden werden kann.

Vermutlich aufgrund dieser Langsamkeit des Systems haben sich mehrere ergänzende Systeme um das Arbeitsgedächtnis herum gruppiert, in welche Teilaufgaben ausgelagert wurden:

An den *posterioren parietalen Cortex* ist die genauere Planung von Handlungen ausgelagert, insbesondere die räumliche Orientierung und die zielgerichtete Bewegung im Raum.

Der *orbitofrontale Cortex* prüft die Folgen und Risiken von möglichen Handlungen, welche das Arbeitsgedächtnis erwogen hat.

Der *anteriore cinguläre Cortex* ist ebenfalls für die Risikoeinschätzung, für Fehlererkennung und Fehlerkorrekturen zuständig.

Auch der *ventromediale frontale Cortex* ist mit der Prüfung längerfristiger Folgen von Handlungen befasst. Er kontrolliert insbesondere impulsiv-egoistische Wünsche.

Das Arbeitsgedächtnis selbst fügt Dinge zusammen ohne Rücksicht auf Folgen oder Bewertungen. Man spricht deshalb auch vom Arbeitsgedächtnis als dem Sitz des „Verstandes" und vom orbitofrontalen Cortex als dem Sitz der „Vernunft".

Das Gedächtnis

Die genannten Systeme stützen sich wesentlich auf das deklarative (Erlebnis-) Gedächtnis, unterstützt von Meldungen aus dem unbewussten limbischen System (z.B. der Amygdala und dem mesolimbischen System). In diesem Gedächtnisteil werden der Ort, die Zeit und der Hergang eines Ereignisses, dazu die eigene Handlung und der spätere Erfolg abgespeichert – auf eine Weise, dass alles in einer sprachlichen Darstellung wiedergegeben werden kann. Was ist mit mir passiert? Was ist mit mir nahestehenden Personen passiert? Was ist in der weiteren Umwelt passiert? Abgespeichert werden nicht nur grobe Abläufe und zentrale Aspekte, sondern viele Details. Ohne die Aufnahme von Details in das Gedächtnis wäre es beim späteren Abruf von Vergleichssituationen nicht möglich, eine *Differenzierung* vorzunehmen. Letztlich erfolgt dadurch aber auch die bekannte *Kontextkonditionierung*, die manchmal für Fehlentscheidungen sorgt, wenn der erkannte Kontext nicht mit dem wirklich relevanten Kontext übereinstimmt (Framing). Eine Rolle spielt auch, dass das Gehirn auf eine noch nicht genau erforschte Weise assoziativ vorgeht und nicht nur zu zentralen Elementen, sondern auch zu „unwichtigeren" Kontextelementen immer weitere Gedächtnisinhalte (Vergleichssituationen) aufruft.

Zurück zum Start

Haben die genannten Systeme nun frühere Handlungen gefunden, Handlungsvorschläge entwickelt und Folgewirkungen ermittelt, dann erfolgt unmittelbar noch gar *nichts*. Entscheidungen werden nämlich – anders als erlebt – nicht auf der Ebene des Bewusstsein gefällt: Jede erdachte Handlung und jede zusätzliche Information über Folgewirkungen wird zurückgeleitet in das limbische System (s. **Abbildung 2.2** Ebene 2), um dort bewertet zu werden. Dabei wird, wie erläutert, das emotionale Erfahrungsgedächtnis durchforstet; die zu einer geplanten Handlung (in Verbindung mit den gegebenen Umwelt-/Umfelddaten) vorhandenen Bewertungen werden ermittelt. Erst dann, wenn diese, wie oben erläutert, auf eine ausreichende Übereinstimmung stoßen, wird die Handlung freigegeben. Wird das notwendige Maß an Übereinstimmung nicht erreicht, dann werden die gefundenen Bewertungen sowie die neu aufgetauchten Wünsche und Handlungsmöglichkeiten dem Bewusstsein zurückgemeldet, und die nächste Runde beginnt. Das deklarative Gedächtnis wird nach weiteren Details durchforstet, neue Handlungsmöglichkeiten werden erarbeitet und auf Folgen hin überprüft und die Ergebnisse dem limbischen System zur Bewertung zurückgemeldet. Wird das notwendige Maß an Übereinstimmung nicht erreicht, gibt es keinen Ausweg aus diesen Kreisprozessen. Endlosschleifen sind möglich und als fruchtloses „Grübeln" gut bekannt.

Handlungsfreischaltung

Dass unser Bewusstsein nichts entscheidet, merken wir nicht. Im Gegenteil, es drängt sich uns meist der Eindruck auf, wir hätten die Handlung selbst bewusst entschieden. Dies liegt u.a. daran, dass von den Systemen der vierten Ebene (s. Abbildung 2.3 Ebene 4) Bahnen ins Bewusstsein führen, auf welchen gemeldet wird, welche Handlung letztlich freigeschaltet wurde. So erfährt das Bewusstsein quasi „als erstes" davon, und wir haben den Eindruck, die Entscheidung sei auch im Bewusstsein gefallen.

Handlungsfeinplanung und Erfolgskontrolle

Im Folgenden werden kurz die Systeme der vierten Ebene (s. Abbildung 2.2) behandelt. Zum einen befinden sich hier Systeme, die darauf achten, dass immer genau nur eine Handlung freigeschaltet wird, sodass das handelnde Subjekt nicht in widersprüchliche Situationen gelangen kann.

Dann findet man hier Teile des Erfolgsmessungs- und Kontrollsystems.

Schließlich sind hier Systeme untergebracht, die der Feinplanung von Handlungen dienen. Es geht darum, ganz konkret festzulegen, welcher Muskel wann den Befehl erhalten soll, sich zusammenzuziehen oder zu entspannen, um die gewünschte Handlung auszuführen.

Es ist offenbar so, dass die Entscheidungen des Arbeitsgedächtnisses und des limbischen System nur auf einer relativ groben Ebene getroffen werden. So wird z.B. der Wunsch, ein Glas Saft zu trinken, vom limbischen System freigegeben, ohne genau geplant zu haben, wie das Glas zu greifen ist. Genauso erfolgt die Freigabe des Plans, in ein Geschäft zu gehen, um dort etwas zu kaufen, ohne die Muskelbewegungen der Beine bis zum Erreichen des Regals exakt festgelegt zu haben. Die Feinsteuerung übernimmt die vierte Ebene. Dabei hilft ein weiterer Gedächtnisteil, das sogenannte Handlungsgedächtnis, das in den Basalganglien lokalisiert ist. Hier sind alle Bewegungsmuster abgespeichert, die sich *bewährt* haben, d.h. alle automatisierten Handlungen. Hier finden sich auch die Bewegungsmuster, die bei affektiven Reaktionen, bei Reflex- und Instinkthandlungen ergriffen werden. Die abgespeicherten Routinen müssen nicht immer völlig starr und identisch ausgeführt werden. Die Systeme sind mit den Sinnesorganen gekoppelt und können auch ohne Inanspruchnahme der Ebenen 2 und 3 leichte Variationen ausführen, wenn es die Situation erfordert. Kommt es aber zu großen Abweichungen, wie z.B. Stolpern, dann werden sofort wieder die unteren Ebenen eingeschaltet, um die „neue" Situation zu meistern.

Grafische Darstellung

In Abbildung 2.4 wird versucht, das Gesamtsystem stark stilisiert unter Heraushebung des zeitlichen Ablaufs grafisch darzustellen. Die Grafik kann wie folgt erläutert werden: Die Waagrechte ist eine Zeitachse und spiegelt den Zeitbedarf des Entscheidens wider. Die Senkrechte zeigt die Ausprägungen des entscheidungsauslösenden Kriteriums „emotionale Eindeutigkeit"[59]. Das Satisfizierungsniveau[60] ist durch eine waagrechte gestrichelte Linie markiert. Die Denkvorgänge (d.h. deren Abschluss) werden durch die senkrechten Säulen repräsentiert. Jede Säule stellt das Ende des Durchforstens (Screening) des emotionalen Erfahrungsgedächtnisses dar. Die Höhe der Säulen bezeichnet das dabei erzielte „Ergebnis", i.e. den Grad an festgestellter emotionaler Eindeutigkeit, den das Screening ergibt.[61]

Angenommen ein Ereignis, z.B. eine Wahrnehmung, habe einen Entscheidungsprozess angestoßen. Das Wahrgenommene wird, wie oben erläutert (s. oben Abbildung 2.2) identifiziert, und das erste Screening führt nach etwa 30 bis 100 Millisekunden entweder zur affektiven Handlung (wenn die Bedingungen für den Ausbruch affektiver Reaktionen aufgefunden wurden) oder zum routinisierten Entscheiden. Erbringt das erste Screening

---

[59] Für das Entscheidungsverfahren des affektiven Handelns ist hier das entsprechende Kriterium anzusetzen. Die Senkrechte enthält insofern zwei Variablen. Vielleicht könnte man Indexwerte verwenden und den Auslöser für affektives Handeln so normieren, dass er mit dem Satisfizierungswert für die emotionale Eindeutigkeit übereinstimmt.

[60] Zur umfangreichen (wirtschaftswissenschaftliche) Literatur zur Frage, ob das Gehirn optimiert oder satisfiziert und wie Anspruchsanpassungsprozesse verlaufen siehe Simon 1955, Simon 1961; Sauermann, Selten 1962; Esser 1993, Esser 1996; Gigerenzer, Todd 1999; Gigerenzer, Selten 2001; Kroneburg 2005.

[61] Wie oben gezeigt, besteht Entscheiden auf biologischer Ebene aus einem fortdauernden Wechsel von Informationsgenerierung und Durchforsten des emotionalen Erfahrungsgedächtnisses im Hinblick auf eine Bewertung der generierten Informationen. Es bietet sich daher an, einen Entscheidungsprozess (als ökonomisches Konstrukt) auf diese biologischen Prozesse Bezug nehmen zu lassen. Ein Entscheidungsprozess kann demnach als eine Einheit begriffen werden, die mit einer Information, i.e. einer generierten oder durch die Wahrnehmungsorgane empfangenen von außen stammenden Nachricht, beginnt und mit dem Ergebnis des jeweils nächsten Screening des emotionalen Erfahrungsgedächtnisses (also etwa nach 30 bis 100 Millisekunden) endet. Eine solche Einheit könnte man als „Basisbaustein" des Entscheidens betrachten. Reale Entscheidungsprozesse – die z.B. (i) in einer affektiven Reaktion, (ii) einer schnell entwickelten heuristischen Idee enden oder auch (iii) aus einer umfangreichen systematischen Problemanalyse, aus der dann umfangreiche Handlungsprogramme entwickelt werden, bestehen – können als Komplexe begriffen werden, die sich aus unterschiedlich vielen dieser Basisbausteine zusammen setzen. Dies ist in Abbildung 2.4 durch die Aneinanderreihung der senkrechten Säulen verdeutlicht. Man könnte solche Komplexe als Entscheidungsprozesse i.w.S. und die Basisbausteine als Entscheidungsprozesse i.e.S. bezeichnen. Damit wäre eine gewisse Kompatibilität der ökonomischen Begriffswelt mit biologischen Konstrukten hergestellt.

dagegen keine ausreichende emotionale Eindeutigkeit, kommt es zur Weiterverarbeitung der Wahrnehmung und der gefundenen Vergleichssituationen im Cortex (s.o. logisch rationales Entscheiden). Jeder neue dort entwickelte Gedanke wird durch Screening des emotionalen Erfahrungsgedächtnisses überprüft und bewertet (in Abbildung 2.4 dargestellt durch die blauen Säulen). Die Denkvorgänge werden abgebrochen, wenn das Anspruchsniveau (an emotionale Eindeutigkeit) erreicht ist.

Abbildung 2.4: Stilisierter Ablauf eines Entscheidungsprozesses (Quelle: Eigene Darstellung)

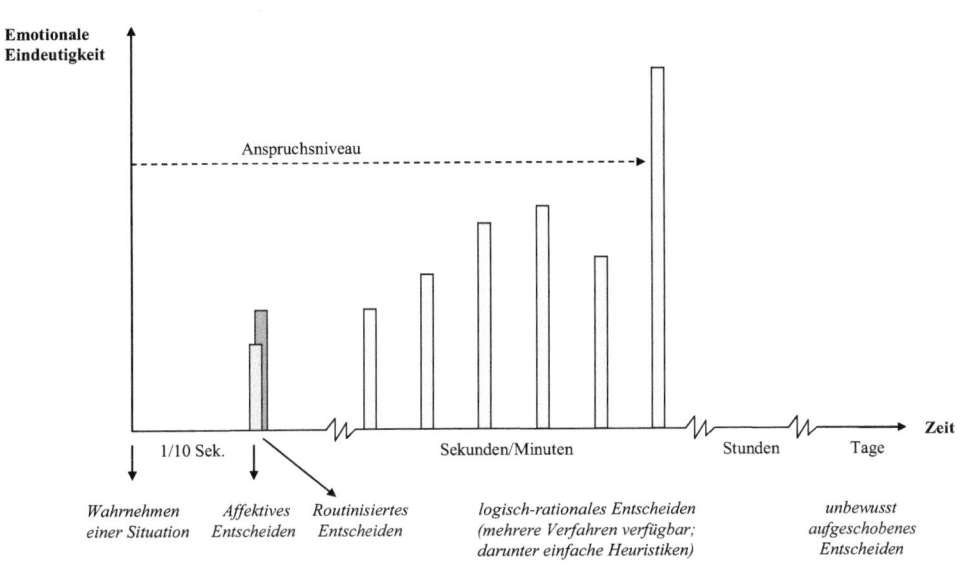

Erläuterung: Die Waagrechte zeigt die Zeitspanne von der Wahrnehmung eines Ereignisses bis zum Vorliegen der Entscheidung. Die Grafik verdeutlicht auf stark vereinfachte Weise die Auswahl eines der vier im Text genannten Entscheidungsverfahren. Wie im Text erläutert, wird nach einem auslösenden Ereignis (z.B. eine Wahrnehmung) das emotionale Gedächtnis (limbisches System) nach Vergleichssituationen durchsucht. Die Säulen stellen die Ergebnisse jeweils eines Screenings des emotionalen Erfahrungsgedächtnisses dar. Beinhalten die gefundenen Vergleichssituationen ein befriedigendes Maß an emotionaler Eindeutigkeit, dann wird die zugeordnete Handlung unbewusst routinisiert freigegeben. In der Grafik ist zu sehen, dass das erste Durchforsten des emotionalen Erfahrungsgedächtnisses Vergleichssituationen ohne ausreichende emotionale Eindeutigkeit zu Tage befördert hat (auch die Bedingungen für affektives Handeln sind nicht aufgefunden worden). Deshalb wird der Entscheidungsprozess im Bewusstsein fortgesetzt. Es werden mithilfe weiterer Details aus dem deklaratorischen Gedächtnis im Cortex neue Gedanken entwickelt, die im limbischen System nach der entsprechenden Zeitspanne, die das Denken benötigt, erneut bewertet werden (folgende Säulen). Es wird dieser Vorgang solange wiederholt, bis eine befriedigende Eindeutigkeit der Situation erreicht ist (höchste Säule rechts). Neue Gedanken und Details aus dem deklaratorischen Gedächtnis können eine Situation entweder klären (emotionale Eindeutigkeit steigt) oder den Grad an Eindeutigkeit senken.

Abbildung 2.5 zeigt beispielhaft eine Situation, in welcher die im Cortex enwickelten neuen Gedanken nicht zur Klärung der Situation beitragen können. Die notwendige emotionale Eindeutigkeit wird nicht erreicht. Der Entscheider verfängt sich im Grübeln, d.h. die Denkvoränge finden kein Ende.[62]

Abbildung 2.5: Ablauf eines Entscheidungsprozesses ohne Abschluss (Grübeln) (Quelle: Eigene Darstellung)

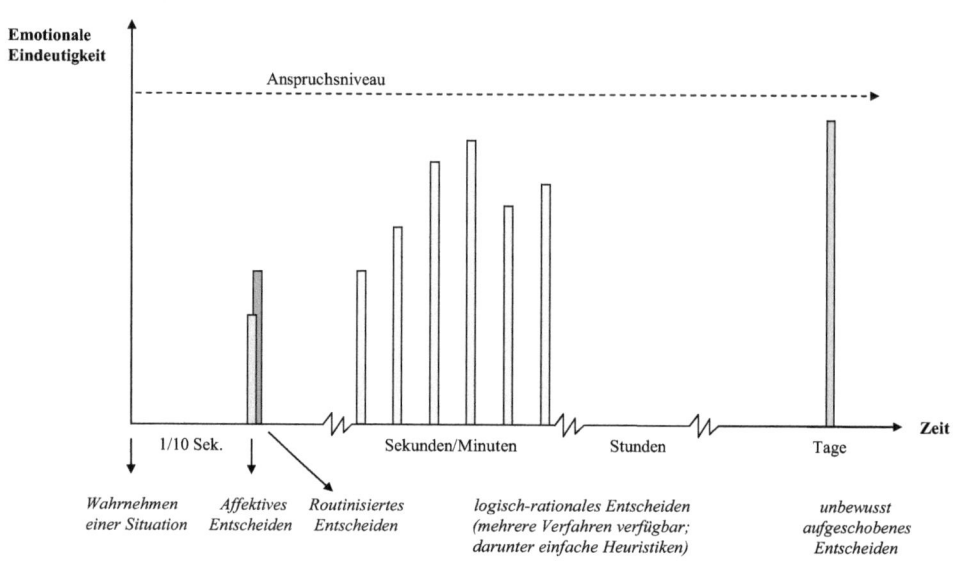

Erläuterung: Die Grafik zeigt, wie trotz intensiver bewusster Denkvorgänge die zum Abschluss notwendige Eindeutigkeit der Situation nicht erreicht wird. Die aus dem deklaratorischen Gedächtnis neu zugeführten Erfahrungen tragen nicht zur Klärung bei. Der Entscheider verfängt sich im Grübeln.

Die nächste Abbildung 2.6 zeigt, wie der eben beschriebene Mechanismus der Entscheidungsfindung in den gesamten Wahrnehmungs- und Entscheidungsvorgang eingebettet ist.

---

[62] Das Ende tritt in solchen Fällen durch externe Ereignisse ein, welche neue Notwendigkeiten begründen und andere Vergleichssituationen aufsteigen lassen.

Hirnsysteme und ihre Aufgaben 65

Abbildung 2.6: Entscheidungsvorgänge i.w.S. (Quelle: Eigene Darstellung)

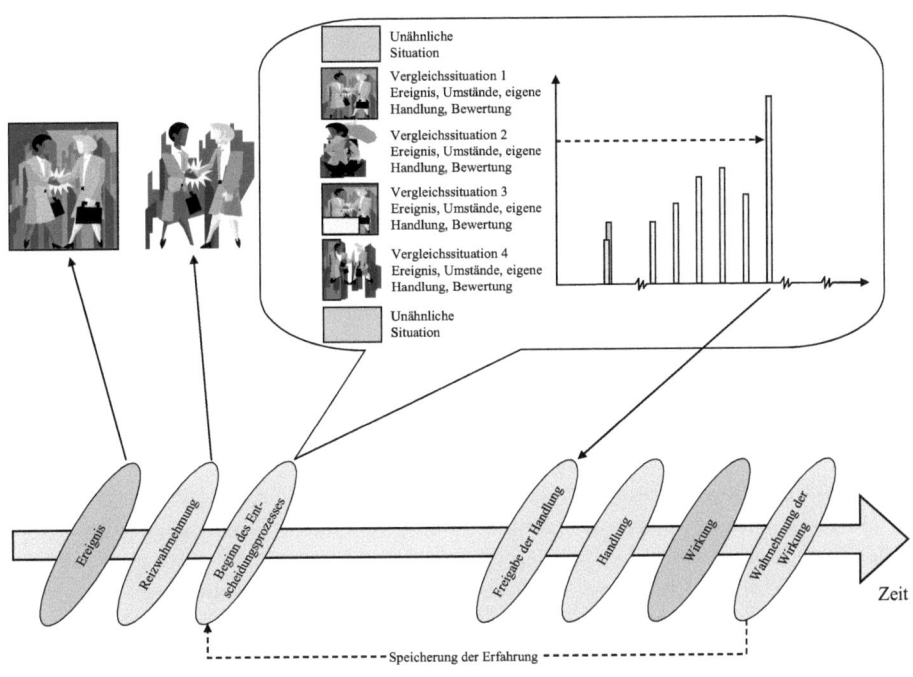

Erläuterung: Die Abbildung zeigt, wie der in **Abbildung 2.4** beschriebene Mechanismus der Entscheidungsfindung in den gesamten Wahrnehmungs- und Entscheidungsvorgang eingebettet ist. Gliederungskriterium ist die Zeit. Ein Ereignis „passiert" [erster runder Punkt von links] und wird (unvollkommen) wahrgenommen [zweiter Punkt von links]. Dann folgen die bewussten und unbewussten Denkvorgänge, die in **Abbildung 2.4** und **Abbildung 2.5** erläutert wurden [dritter Punkt von links]. Die Vorgänge kommen zum Abschluss, wenn ausreichende emotionale Eindeutigkeit erreicht ist [vierter Punkt von links]. Es wird ein erwarteter Erfolg festgehalten [keine Darstellung in der Abbildung]. Die Handlung wird durchgeführt [fünfter Punkt von links]. Die Folgen der Handlung werden (unvollkommen) wahrgenommen [siebter Punkt von links]. Der tatsächliche Erfolg wird mit dem erwarteten verglichen. Die gesamte Situation inkl. der Erfolgsbewertung wird im Erfahrungsgedächtnis festgehalten und steht dort für die nächste Entscheidung zur Verfügung [gestrichelte Verbindung von siebtem und drittem Punkt].

„Ökonomische" oder „biologische" Entscheidungskriterien?

Wie die Abbildung 2.4 bis Abbildung 2.6 zeigen, werden Entscheidungsprozesse nach dem Kriterium der emotionalen Eindeutigkeit, einem „biologischen" Kriterium, abgebrochen und nicht durch „ökonomische" Kriterien wie Gewinnmaximum oder Umsatzmaximum o.ä. Wie aber kommen diese „ökonomischen" Kriterien ins Spiel? Wird menschliches Denken und Entscheiden eher durch „ökonomische" oder „biologische" Entscheidungskriterien bestimmt?

Die Kriterien, nach denen Ökonomen die Qualität von Entscheidungen üblicherweise messen, wie z.B.: „Ist der *billigste* Anbieter gefunden worden? oder: „Hat der Entscheider die *höchstmögliche* Rendite erhalten?" oder: „Hat er das *haltbarste* Produkt gewählt?" spielen für das Gehirn bei der Entscheidungsfindung keine direkte Rolle: das Gehirn orientiert sich an dem biologischen Kriterium der *emotionalen Eindeutigkeit* der aus dem emotionalen Erfahrungsgedächtnis aufsteigenden Vergleichssituationen.

Die ökonomischen Kriterien kommen nur indirekt ins Bild. Dazu muss das Erfahrungsgedächtnis entsprechend konditioniert sein, sodass im Entscheidungsfall nur solche Vergleichssituationen aufsteigen, die einen Bezug zu den relevanten ökonomischen Kriterien und ihren Ausprägungen haben. Wenn ein Entscheider besonders positive Erfahrungen mit Handlungen gemacht hat, die einen Bezug zur „Umsatzmaximierung" haben und negative mit anderen Handlungen, dann werden die aufsteigenden Vergleichssituationen emotional eindeutig sein, und die entsprechende Handlung wird freigegeben.[63]

Zu einer *Maximierung ökonomischer* Parameter (Gewinn, Barwert, Liquidität etc.) kommt es nur dann, wenn in einer Entscheidungssituation nur solche Vergleichssituationen aufgerufen werden, welche diejenige Handlung, die zur Maximierung führt, unterstützen. Dabei helfen indirekt die Lernprozesse. Ist die Entscheidung nämlich getroffen, registriert das Gehirn akribisch Abweichungen der Ist-Belohnung von der Belohnungserwartung, speichert alle damit in Verbindung stehenden Umstände und verwendet diese als neue Erfahrung für die nächste Entscheidung. Auf diese Weise kann unter bestimmten idealen Umständen und genügender Stabilität des Umfeldes im Lauf der Zeit genau die Handlung übrig bleiben, die mit der Idee einer Maximierung ökonomischer Kriterien konsistent ist. Man könnte diesen Vorgang als *Ökonomisierung des Erfahrungsgedächtnisses* bezeichnen.[64]

2.3 Der Mangel an Ressourcen

Aus ökonomischer Sicht kommt den Ressourcenverbräuchen des Denkens und Entscheidens eine besondere Bedeutung zu. Im Folgenden werden diese Ressourcenverbräuche näher betrachtet. Dabei wird mit dem Bewusstsein begonnen. Bewusste Denkvorgänge sind Prozesse, die

- eine gewisse *Zeitspanne* in Anspruch nehmen,
- fehler- und störanfällig sind,
- *Kosten* in Form von Hirnstoffwechsel-Energie verursachen.

---

[63] Selbst die verfolgten Ziele können nicht willkürlich bestimmt werden, sondern folgen gehirninternen Abläufen. Ziele werden wesentlich aus Erfahrungen abgeleitet. Es ist deshalb nicht sicher, welches Ziel ein Entscheider „wirklich" verfolgt, wenn er in seinem Bewusstsein den Gedanken entwickelt hat, die Anlage mit der „höchsten" Rendite zu suchen: das Unterbewusstsein hat das letzte Wort.

[64] Vgl. hierzu Sauermann, Selten 1962, S. 577ff.

Bewusstes Denken gehört genau wie Muskelarbeit zu den knappen Gütern, die nicht in beliebiger Menge zur Verfügung stehen. Knappe Güter sollten gezielt und sparsam eingesetzt werden. Tatsächlich ist dies der Fall – mit interessanten Folgen.

Energie- und Zeitbedarf

Zunächst zum Energieverbrauch des Denkens: Bewusstsein ist ein stoffwechselphysiologisch teurer Zustand. Hierzu muss man wissen, dass das Gehirn einerseits „nur" 2 Prozent des Körpervolumens ausmacht, zugleich aber 20 Prozent des Körperstoffwechsels verbraucht. Dieser Verbrauch steigert sich bei geistiger Anstrengung noch erheblich: Bewusste geistige Aktivität geht mit einer erhöhten neuronalen Aktivität von Nervenzellen in bestimmten Hirnregionen einher. Dies wiederum ist mit einem erhöhten Zucker- und Sauerstoffverbrauch der Neuronen verbunden. Sauerstoff wird gebraucht, um durch den Abbau von Glucosemolekülen Energie zu gewinnen.[65]

Dabei verbraucht das neuronale Gewebe sehr schnell die unmittelbar vorhandenen Reserven und „verlangt" mehr. Die Durchblutung steigt und transportiert neue Ressourcen in die entsprechenden Regionen. Die Energievorräte des Körpers werden verbraucht. Im Laufe der Zeit sind der Körper und speziell das Gehirn immer weniger in der Lage, die Ressourcen heranzuschaffen. Es kommt zu Konzentrationsproblemen. Ermüdung tritt ein. Intensives Nachdenken strengt an.

Bewusstes Denken benötigt aber nicht nur Energie. Es benötigt darüber hinaus auch Zeit.[66] Dabei sind Zeit- und Energieverbräuche eng miteinander verknüpft: Denn der notwendige Energienachschub lässt sich nicht in unendlich kurzer Zeit bewältigen, sondern benötigt mindestens 4 bis 10 Sekunden. Die in einigen ökonomischen Entscheidungsmodellen implizite Vorstellung, der Mensch könne seine Lebensprobleme gleichzeitig – bewusst – bearbeiten und simultan lösen, kann biologisch nicht unterstützt werden. Dafür sind die Ressourcen insgesamt zu gering und der Ressourcentransport ins Gehirn zu langsam. Bewusstes Denken ist ein teures Gut, das nur sparsam eingesetzt werden „darf" und tatsächlich auch sparsam eingesetzt wird.

„Teuer" am Bewusstsein ist nicht die elektrische *Entladung* entlang des Energiegefälles von Nervenzellmembranen, sondern das *Wiederauffüllen* des Energievorrates. Dieses benötigt Zeit und verhindert simultanes Bearbeiten beliebig komplexer Aufgaben. Es gibt mittlerweile Forschungsergebnisse hinsichtlich des Zeitbedarfs einzelner Denkschritte. Aus der psychologischen Forschung ist bekannt, dass das Bewusstsein – so sagen die Psychologen – im Takt von ein bis drei Sekunden voranschreitet; so lange dauert nämlich durchschnitt-

---

[65] Siehe Logothetis, Pauls, Augath, Trinath, Oeltermann 2001; Magistretti 1999; Magistretti, Pellerin, Rothman und Shulman 1999.

[66] Zeit ist ein begrenzt verfügbarer Faktor. Wenn man bedenkt, dass scheinbar einfache Verrichtungen wie das bloße Gehen letztlich aus zigtausenden von einzelnen Entscheidungen bestehen, wird die Präferenz des Gehirns für schnelle Lösungen klar.

lich ein einzelner Gedanke oder eine einzelne Vorstellung. Biologen betrachten die neuromodulatorischen Prozesse, die an den corticalen Synapsen im Zusammenhang mit der Ausschüttung der Transmitter Dopamin, Serotonin, Noradrenalin und Acetylcholin ablaufen. Dort erkennt man, dass diese einen Zeitraum um eine Sekunde benötigen, sodass die Erkenntnisse der Psychologie biologisch bestätigt werden können.[67]

Aufgabe des Bewusstseins ist es, wie oben gezeigt, *neue* Wahrnehmungsinhalte zu schaffen, also innovativ tätig zu werden. Bewusstsein wird der neueren Forschung zufolge insbesondere dort eingesetzt, wo wenige oder widersprüchliche Erfahrungen vorliegen, wo das Gehirn also Neues schaffen muss. Bewusstsein ist gleichbedeutend mit der schöpferischen Leistung, dem Gehirn neue Vorstellungen zuzuführen, aus denen sich dann im weiteren Verlauf des gedanklichen Durchdringens von Problemen die intendierten positiven Konsequenzen, wie z.B. Erkenntnisse über neue Handlungsmöglichkeiten, ergeben. Wenn die Fähigkeit, Neues zu schaffen, in der Umverknüpfung corticaler Netzwerke lokalisiert werden kann, dann heißt das auch, dass die – für Ökonomen wichtigen – *Kosten* und *Zeitbedarfe* schöpferischer Denkakte ermittelbar sind.[68] Sie bestehen im Energie- und Zeitverbrauch der Neuverknüpfungsvorgänge.

Die verfügbaren Energieressourcen und die Zeitbedarfe des bewussten Denkens reichen nicht aus, alle anstehenden Entscheidungsprobleme mit gleicher Intensität zu durchdenken. Dies ist das Grundproblem, aus dem sich die weiteren Konsequenzen und insbesondere auch die Nützlichkeit der Arbeitsteilung ergeben.

Ressourcenmanagement im Gehirn: So genau wie nötig

Es stellt sich die Frage, wie das Gehirn seine begrenzten Ressourcen auf die verschiedenen anstehenden Entscheidungsprobleme, d.h. Denkprozesse, aufteilt? Ein wichtiges Prinzip ist es dabei, Energie und Zeit zu sparen. Dies kann an vielen Beispielen belegt werden. Dass Wahrnehmungsorgane nur so gut arbeiten, wie erfahrungsgemäß notwendig, wurde oben gezeigt. Scharf sehen ist oft entbehrlich. Anstatt alle Sehreize zu verarbeiten, reicht es, Konturen zu erkennen. Das Gehirn wertet Kontraste, Größenverhältnisse, Bewegungen, Helligkeitswerte u.a. vor anderen Dingen aus, um schnell zum Ziel zu gelangen, Dinge zu erkennen. Die Vereinfachung führt im Einzelfall auch in die Irre, wie Versuchstiere, z.B. Frösche, zeigen, die nach Attrappen, z.B. einem Stückchen Pappe, schnappen, weil das Gehirn die wahrgenommenen Bilder nicht vollständig analysiert, sondern nur Bruchstücke davon, z.B. Bewegungen. Die einfache Regel, „Schnapp nach allem, was sich bewegt",

---

[67] Roth 2003a, S. 134.

[68] Einschränkend muss hier Folgendes gesagt werden: Indem auch nach routinisiertem Entscheiden das *Erfahrungsgedächtnis* ergänzt wird, kann sich der Entscheider auch völlig unbewusst neuen Situationen anpassen. Dies ist ein wichtiger Aspekt. Denn das heißt letztlich, dass nicht nur das bewusste *logisch-rationale* Denken „neue" Lösungen produziert. Vielmehr führt auch das *routinisierte* Entscheiden zu einer Erneuerung der Gedächtnisinhalte und ermöglicht damit eine zieladäquate Abänderung des Verhaltens im Zeitablauf.

bewährt sich trotzdem für jemanden, der sein Leben in einem ungestörten Teich verbringt, und spart ihm viel Energie.[69] Das visuelle System wendet Faustregeln an, um das wahrgenommene Bild schnell und einfach zu ordnen und zu gestalten. Diese „Gesetze des Sehens" (z.B. das Prinzip der minimalen Komplexität eines Gestaltmusters) sind willensmäßig nicht oder nur sehr schwer außer Kraft zu setzen – wir müssen damit leben, auch in Situationen, wo sie nicht sinnvoll sind. Die ressourcenbedingte Notwendigkeit zur Vereinfachung ist so gewichtig, dass sie sogar unsere Präferenzen verändert hat: Menschen finden häufig vereinfachte Darstellungen attraktiver als reale Objekte, was mit der „Neigung" unseres Wahrnehmungssystems zusammenhängt, einfache Wahrnehmungszustände herzustellen.

Vollständige Informationen umfassend auszuwerten, ist also nicht das primäre Ziel des Gehirns. Es ist auf vereinfachtes, schnelles Erkennen und Interpretieren von Sachverhalten hin getrimmt. Dies ist die Lösung des Gehirns auf Zeit- und Energieprobleme.

Auch Untersuchungen zum visuellen Kurzzeitgedächtnis zeigen, wie begrenzt die Leistungsfähigkeit des bewussten Denkens ist. Die amerikanischen Wissenschaftler Todd und Marois zeigen,[70] dass Probanden aus komplexen Szenen nur wenige Aspekte aufnehmen können. In ihren Experimenten konnten bis zu vier Objekte gut erkannt werden. Der Stoffwechsel stieg mit jedem hinzukommenden Objekt an. Ex post konnten die Probanden einfache Szenen mit wenigen Objekten gut erklären. Bei komplexer werdenden Darstellungen wurden dagegen mehr und mehr Fehler gemacht. Die Stoffwechselaktivität stieg nur bis zum vierten Objekt an und blieb dann konstant. Daraus schlossen die Wissenschaftler, dass die Merk- und Leistungsfähigkeit des neuronalen Netzwerkes bei dieser Grenze nicht mehr gesteigert werden kann. Das Experiment belegt auch, wie das Gehirn mit Überforderungen umgeht: es steigert seine Leistungen nicht „ins Uferlose", sondern fängt an, fehlerhaft zu arbeiten, was den Probanden durchaus nicht bewusst sein muss. Zwar verfügt das Gehirn über die Möglichkeit, ex post aus Fehlern zu lernen. Aber zunächst einmal passieren Fehler, und, was das Schlimmste ist, sie passieren unbewusst.[71] Dies alles zeigt, wie angespannt die Energiesituation ist. Die Kapazitäten sind aufs Äußerste in Anspruch genommen. Mehrleistung ist nicht möglich.

---

[69] Roth 1996, S. 73.

[70] Todd, Marois 2004, S. 751ff.

[71] Darüber hinaus gibt es körperintern weitere Folgen: Wird das Gehirn in extremen Maßen überfordert, indem der Mensch vor komplizierte Entscheidungsprobleme gestellt wird, die nicht zu lösen sind, dann bleiben die Reaktionen nicht auf die „geistige" Sphäre beschränkt, sondern es können sich körperliche Leiden einstellen, angefangen von Dauerstress über Nervenzusammenbrüche bis zu Herzattacken in gravierenden Fällen. Diese dramatischen Folgen entscheidungstechnischer Überforderung zwingen das Wirtschaftssubjekt, Umwelten zu meiden, in denen Datenänderungen so häufig und dramatisch sind, dass es zu den genannten Störungen kommt.

Aufmerksamkeitssteuerung

Die Anwendung von Faustregeln ist also eine Lösung des Gehirns, sich auf knappe Ressourcen einzustellen. Eine andere besteht darin, gezielt nur wenige Probleme zum Bewusstsein durchzulassen. Es geht hier um das Phänomen der Aufmerksamkeitssteuerung. Wie komplex diese Aufmerksamkeitssteuerung ist, merken wir daran, dass wir nicht beliebig viele verschiedene Dinge mit derselben hohen Aufmerksamkeit verfolgen können. Ebenso bemerken wir an uns, dass die Welt um uns „versinkt", wenn wir uns in eine einzige Sache „vertiefen". Dies liegt zumindest zum Teil in der Tatsache begründet, dass Aufmerksamkeit und Bewusstsein die Stoffwechselaktivität des Gehirns in besonderer Weise beanspruchen und dadurch das Gehirn gewissermaßen in eine physiologische Notlage bringen. (Nur) die mit Aufmerksamkeit bedachten Vorgänge werden im Arbeitsgedächtnis verarbeitet[72] und verbrauchen entsprechend viel Energie.[73]

Wie die Aufmerksamkeitssteuerung im Einzelnen funktioniert, ist heute noch nicht abschließend bekannt. Offenbar findet eine (unbewusste) Vorsortierung von Reizen statt mit dem Ziel, diejenigen Reize auszufiltern, die nicht weiter verarbeitet werden sollen. Wird etwas präattentiv als bekannt oder unwichtig eingestuft, so dringt es überhaupt nicht oder nur sehr wenig in unser Bewusstsein (Hintergrundgeräusche, Druck der Kleidung). Am stärksten ist dasjenige von Bewusstsein und Aufmerksamkeit begleitet, was neu *und* wichtig ist. Als wichtig wird zu aller erst dasjenige eingestuft, was sich in der Vergangenheit als bedeutsam im positiven und insbesondere im negativen Sinn erwiesen hat (s.o. Bewertung). Dadurch wird die Empfindlichkeit unserer Sinnessysteme für bestimme Ereignisse geschärft. So sind wir in der Lage, schwächste Reize, die anderen völlig entgehen, deutlich wahrzunehmen, sofern sie für uns wichtig sind. Noch deutlicher fällt dies aus, wenn wir eine starke Erwartungshaltung haben.[74]

Die Rolle des Unbewussten

Die Ressourcenknappheit des Gehirns wirkt sich auch dahingehend aus, dass das Unbewusste viele Aspekte der Wahrnehmung und Problemlösung „erledigt". Dass das Unbewusste bei Entscheidungen eine große Rolle spielen könnte, wurde von den Ökonomen seit langem vermutet.[75] Aber erst jetzt wird über die Erkenntnisfortschritte in der Biologie die ganze Bedeutung des Unterbewussten deutlich. Ein großer Teil der Körper- und Gehirnfunktionen und unserer Handlungen ist grundsätzlich nicht von Bewusstsein begleitet. Nur dasjenige, was von diesen Prozessen, z.B. Sehreizverarbeitung, eine Repräsentation im assoziativen Cortex besitzt, kann überhaupt bewusst erlebt werden. Neben den Prozessen, die niemals bewusst werden, gibt es Prozesse, die von Bewusstein begleitet sein

---

[72] Zur Ressourcenknappheit und der sogenannten „Bewusstseinsenge" siehe Fuster 1995.
[73] Siehe Roth 1996, S. 201.
[74] Roth 1996, S. 206-210.
[75] Siehe hierzu den frühen und innovativen Aufsatz von Franck 1992, S. 631ff. und die dort angegebene Literatur.

können, ohne dass dies notwendig ist. Vorgänge, die bewusst erlebt werden können – bestimmte Vorgänge können gar nicht ins Bewusstsein dringen – können sich auch wieder aus dem Bewusstsein „herausschleichen", was energetisch vorteilhaft ist. Die Körperhaltung etwa, das Gehen, das Sprechen und Schreiben oder manipulatorische Fähigkeiten z.B. werden bewusst erlernt und werden dann aber routinemäßig unterbewusst abgearbeitet, wenn ihnen keine besondere Aufmerksamkeit gewidmet wird.

Der Vorteil ist evident: unterbewusstes Agieren ist „billig", es verbraucht längst nicht so viel Ressourcen wie Bewusstseinsvorgänge. Routinevorgänge sind aber nicht nur energetisch billig, sondern auch schnell. Dabei muss Schnelligkeit nicht immer ein qualitativer Nachteil sein, denn auch unter Zeitdruck gelingt es, korrekt zu entscheiden, wenn der Vorgang gelernt ist, d.h. routinisiert abläuft.

Ohne Bewusstsein können wir Wahrnehmungsakte und Handlungen leisten, die routinemäßig erfolgen, nachdem wir sie immer und immer wieder ausgeführt haben. Der Grund dafür ist, dass das Gehirn für diese Handlungen „fertige" Nervennetze als *Funktionsmodule* vorliegen hat, die abgearbeitet werden. Dabei muss dies keineswegs reflexartig und starr vor sich gehen; vielmehr sind die notwendigen Anpassungen an kleinere Veränderungen der vorliegenden Situation in den Netzen mitberücksichtigt. Wir geraten „aus dem Takt", wenn Veränderungen zu groß werden. Derartige Netzwerke werden von unserem Gedächtnis durch Übung angelegt. Das Bewusstsein und damit der Cortex sind nur zu Beginn, wenn die Aufgabe neu ist, voll beteiligt und „schleichen" sich in dem Maße weg, in dem die Aufgabe beherrscht wird.

Das limbische System, Erfahrung und Gedächtnis

Als letzten Punkt soll die Rolle der Erfahrungen ansprochen werden. Erfahrungen sind deshalb so wichtig, weil es im Gehirn eine Instanz gibt, die Bewertungen von Handlungsalternativen vornimmt. Diese Instanz ist im limbischen System lokalisiert, das einen räumlich sehr großen Bereich im Gehirn darstellt, der für Emotionen, emotionale Konditionierung und Bewertung zuständig ist.[76] Die große räumliche Ausdehnung zeigt, dass Bewerten nicht „irgendwas" im Gehirn ist, sondern zu den zentralen Funktionen gehört. Bewusst wird uns dieses Bewertungssystem meist nicht; in bestimmten Situationen erfahren wir es indirekt über Gefühle, die uns beschleichen, wenn dieses oder jenes passiert. Indem bestimmte Geschehnisse einschließlich unserer eigenen Handlungen im limbischen System mit positiven oder negativen Gefühlen verbunden werden, erhalten sie eine Bewertung, und diese Bewertung trägt zu der Entscheidung bei, ob irgendetwas noch einmal getan oder gelassen werden soll. Da diese emotionale Bewertung seit dem Mutterleib ständig vorgenommen wird, häuft sich im Laufe des Lebens ein ungeheurer Schatz von Erfahrungen an, dessen Details uns bewusstseinsmäßig gar nicht mehr gegenwärtig sind und von ihrer Fülle her gar nicht mehr sein können. Die meisten Dinge in unserem täglichen Leben tun wir intuitiv, d.h. aufgrund von mehr oder weniger automatisierten Entscheidungen.

---

[76] Siehe Nieuwenhuys u.a. 1991, LeDoux 1998; Roth, Dicke 2005, Damasio 1999, Damasio 2000.

Dabei wird das soeben Wahrgenommene unbewusst identifiziert, es wird das emotionale Gedächtnis nach Erfahrungen, d.h. nach eventuell vorliegenden emotionalen Bewertungen durchsucht. Ist die emotionale Bewertung eindeutig, so wird ohne größeren bewussten weiteren Aufwand entschieden.[77]

Ergeben sich dagegen Widersprüche, dann werden die Informationen im Cortex abgewogen [dies ist das „bewusste Entscheiden"]. Abwiegen heißt dabei, sich nacheinander – also *sequentiell* (d.h. dies ist im Vergleich zum massiv parallelen Durchforsten des emotionalen Erfahrungsgedächtnisses nach ähnlichen Situation ein extrem langsamer Prozess) – vorzustellen, welche Folgen Handlungen haben. Dazu wird zunächst im dorsolateralen präfrontalen Cortex die Vorstellung einer Handlung entwickelt, dann werden im orbitofrontalen und ventromedialen Cortex unter Nutzung des deklaratorischen Gedächtnisses die Folgen geprüft, und schließlich wird im limbischen System nach Vergleichssituationen gesucht, woraus die abgespeicherten *bewerteten* Erfahrungen (zu den entwickelten Handlungen und Folgen) zurückgemeldet werden. Es kommt zu kürzer oder länger anhaltenden Kreisprozessen zwischen Großhirnrinde und limbischem System, in dem jede im Großhirn entwickelte Vorstellung bewertet und bei Vorliegen von Widersprüchen zurückgemeldet wird.

Dabei erfolgen diese Prozesse zunächst auf der Ebene relativ grober Informationen über die Situation. Das Gehirn abstrahiert in der ersten Phase von Details. Dies liegt an der geringen Kapazität des Arbeitsgedächtnisses: es muss sich auf das Wesentliche konzentrieren und darf nicht zu viele unnötige Aspekte abwägen müssen.

Im weiteren Verlauf werden aus dem deklaratorischen Gedächtnis mehr und mehr Erinnerungen (letztlich Abfolgen von Ereignissen) herausgefiltert und darauf bauende Vorstellungen entwickelt. Dabei wird das zuerst verwendet, was am meisten wiederholt worden war (i), am stärksten emotional besetzt ist (ii) und kognitive „Passung" (iii) besitzt. Das limbische System meldet Bewertungen zurück. Wenn diese nicht eindeutig sind, wird weiter abgewogen. Es werden weitere Erinnerungen mit mehr und mehr Details zugeführt, welche die Situation immer klarer erscheinen lassen. Allerdings kann es auch dazu kommen, dass erst durch die weiteren Erinnerungen die ganze Komplexität der Situation,

---

[77] Siehe Roth 2005, S. 4. Beispiel: Beim sonntäglichen Kirchgang ist das Gesangbuch aufgeschlagen worden, und es ist zu entscheiden, mit welcher Lautstärke der erste Ton gesungen werden soll. Aus dem emotionalen Erfahrungsgedächtnis werden Vergleichssituationen gesucht. Da der Kirchgang eine spezielle Situation darstellt, ist die emotionale Bewertung in allen gefundenen Vergleichssituationen „ziemlich" gleich. Zwischen den möglichen Handlungsalternativen (Nichtsingen, leise Singen, sehr laut singen) gibt es stark unterschiedliche Bewertungen: gruppenabweichendes Verhalten wird sanktioniert. In der Folge entsteht im limbischen System der Wunsch mitzusingen und zwar „nicht laut". Ohne bewusstes Nachdenken wird mit der üblichen Lautstärke mitgesungen.

deutlich wird und die Situation noch uneindeutiger erscheint. Es gibt keine Gewähr dafür, dass sich letztendlich eine Lösung einstellt. Dies ist als Problem des Grübelns bekannt.[78]

Wenn emotionale Eindeutigkeit erreicht ist, wird entschieden. Andernfalls kommt man aus dem Grübeln nicht mehr heraus. Dies gilt auch, wenn keine (Gefühls-)Differenz zwischen den aufgetauchten Handlungsalternativen erkennbar ist, d.h. alle Alternativen gleichwertig sind. Es kommt dann zu keiner Entscheidung von innen heraus. Der Mensch versinkt im Grübeln, ohne sich zu einer Entscheidung durchringen zu können. Meist ist es dann ein Anstoß von außen, der die Sachlage verändert, eine Alternative eindeutiger macht, und die Entscheidung bewirkt.

Erfolgsmessung

An die Handlung schließt sich eine Beobachtung des Erfolges an. Der tatsächlich eingetretene Erfolg wird mit der Erwartung verglichen. Wird eine Soll-Ist-Differenz festgestellt, wird der neue Wert als neue Erfahrung im emotionalen Erfahrungsgedächtnis abgespeichert, wo er für die nächste Handlungsplanung zur Verfügung steht. Diese Registrierung hilft, das Entscheidungsverhalten zu verbessern. Sie ist im Übrigen ein geradezu zwingend notwendiges Korrektiv zu den aufgrund von Erfahrungen getroffenen Entscheidungen, um mit einer sich verändernden Umwelt überhaupt zurechtzukommen. Menschen spüren offenbar, dass ihr Entscheidungsverhalten auf tönernen Füßen steht, denn sie bevorzugen Umwelten, die zu ihrem Entscheidungsverhalten passt, d.h. zu ihren angeborenen und in frühester Kindheit unlöschbar einprogrammierten Bewertungen.

2.4 Zusammenfassung und Fazit

Wie gesehen, beruhen Entscheidungen auf einer Vielzahl von sehr unterschiedlichen, stark vereinfachenden Mechanismen. Die Arbeit des menschlichen Gehirns ist wesentlich durch einen ausgeklügelten Umgang mit begrenzten Zeit- und Energieressourcen gekennzeichnet. Das Gehirn versucht, Energie zu sparen, Erkenntnisvorgänge auf ihren Kern zu vereinfachen, Abläufe zu routinisieren und auf ankommende Reize möglichst standardisiert zu reagieren. Der Wunsch bzw. die Notwendigkeit, Ressourcen zu sparen, beeinflusst das menschliche Handeln tiefgreifend. Kahneman formuliert: *"People are not accustomed to thinking hard, and are often content to trust a plausible judgement that quickly comes to mind."*[79]

---

[78] Es fehlt dem Gehirn also offenbar eine Schleife, d.h. ein Prüfschritt, wann die Vorgänge abzubrechen sind. Dies heißt nicht, dass das Gehirn mit nie beendeten Denkvorgängen zunehmend „zugemüllt" wird. In der Praxis lösen sich die Probleme durch Zeitablauf: wenn man nicht weiß, wie man einen heiklen Brief formulieren soll, dann wird es irgendwann „höchste" Zeit und man wählt irgendeine Formulierung, oder es ist zu spät und man muss sich eh neuen Dingen zuwenden.

[79] Kahneman 2003, S. 1450.

Die vier verfügbaren Entscheidungsmechanismen und die Art und Weise ihres Einsatzes zeigen, dass Schnelligkeit des Entscheidens auf Kosten von Entscheidungsgenauigkeit und Entscheidungsumfassendheit bevorzugt wird. Dabei hat schnelles Reagieren nicht immer etwas mit archaischem Fluchtverhalten oder ähnliche Mechanismen zu tun. Es gibt andere Gründe: Betrachtet man die erheblichen Energiebedarfe des langsamen bewussten Denkens, dann fällt auf, dass schnelles Entscheiden auch immer zugleich bedeutet: niedriger Energieverbrauch.

Die Wahl schneller Entscheidungsverfahren belässt dem Körper diejenigen Ressourcen, die für andere Zwecke, d.h. andere anstehende Entscheidungen, körperliche Arbeit und als Reserven für Notfälle benötigt werden. Dies macht die offensichtliche Präferenz für solche Verfahren plausibel. Der Mensch schöpft bei seinem Denken und Handeln nicht aus dem Überfluss, sondern operiert an den Grenzen seiner Ressourcen. Das Gehirn ist nicht mehr als ein Kompromiss – immerhin, so lautet die Schlussfolgerung des amerikanischen Wissenschaftlers Daniel Kahnemans, *„well-adapted to its environment."*[80]

Dies leitet über zur *Arbeitsteilung*.[81] Denn die Arbeitsteilung kann begriffen werden als *Folge* dieses Kompromisses. Sie ist eine Form des Wirtschaftens, die mit der erfahrungsnutzenden Arbeitsweise des Gehirns „perfekt" zusammenpasst. Allerdings sind mit der Arbeitsteilung – weil das Gehirn ein Kompromiss ist – auch Probleme verbunden, welche das Aussehen moderner Ökonomien wesentlich bestimmen.

---

[80] Kahneman 2003, S. 1454.

[81] Bloy, Pechold 1956, Sp. 231ff. haben bereits in den 50er Jahren einen Vorteil darin gesehen, wenn es zu einer „*Entlastung* des Bewusstseins kommt". Sie haben dabei auf die Arbeitsteilung hingewiesen, durch die bestimmte Handlungen routinemäßig ablaufen können („Habitualisierung"), sodass das Bewusstsein entbehrlich wird.

3 Das Prinzip der Arbeitsteilung als Folge des Entscheidungsverhaltens

Wer über das Geschehen an den Finanzmärkten nachdenkt, der kommt am Phänomen der Arbeitsteilung nicht vorbei. Alle Beteiligten des Finanzmarktgeschehens sind in irgendeiner Weise von der Arbeitsteilung betroffen. Die Mitarbeiter in Banken und anderen Finanzdienstleistern sind arbeitsteilig organisiert und verstehen nur von Teilbereichen der Finanzmärkte etwas. Dasselbe gilt für die Mitarbeiter bei den Firmenkunden, mit welchen die Banken zu tun haben. Und dasselbe gilt auch für die Privatkunden, die ihrerseits auf irgendeinem Gebiet spezialisiert sind und vom Geschehen an den Finanzmärkten in vielen Fällen nicht sehr viel wissen. Jeder ist Spezialist und kennt sich nur auf einem oder wenigen Gebieten sehr gut aus. Dies hat Auswirkungen auf die Art und Weise, wie die Menschen zusammenarbeiten, welche Entscheidungen sie treffen, welche Institutionen sie errichten.

Wer das Handeln von Menschen in arbeitsteiligen Gesellschaften verstehen will, kann auf die biologischen Grundlagen des Entscheidens zurückgreifen. Die Arbeitsteilung kann als eine Antwort auf bestimmte Stärken und Schwächen des Gehirns begriffen werden.

Durch die geringe Leistungsfähigkeit des analytischen Denkvermögens und die ungeheure Bedeutung, welche das unbewusste Entscheiden und die Verfügbarkeit von Erfahrungen für die Entscheidungsqualität hat, kann es nützlich sein, den Tätigkeitsfokus einzuengen. Man erlangt dadurch die Fähigkeit, bessere Entscheidungen zu treffen, weil man (auf einem kleinen Gebiet) über mehr und spezifischere Erfahrungen verfügt. Dies kann den ökonomischen Wert des Faktors Arbeit steigern, weil die Qualität seiner Entscheidungen zunimmt. Damit ist nicht gesagt, dass das Phänomen Arbeitsteilung *nur* in bestimmten biologischen Tatbeständen der Entscheidungsfähigkeit des Gehirns seine Ursachen hat. Aber die Entscheidungsfähigkeit spielt bei der Herausbildung der Arbeitsteilung eine wichtige Rolle.[82]

Leider hat die Arbeitsteilung eine Konsequenz, bei der sich die kognitiven Schwächen nachteilig auswirken: Auf die Arbeitsteilung folgt der Handel, d.h. die Notwendigkeit, die spezialisiert hergestellten Güter auszutauschen.

Wenn es einmal zur Arbeitsteilung (in der Produktion) und zur Herausbildung von Spezialisten gekommen ist, dann wirken sich die gleichen Schwächen der Entscheidungsfindung, d.h. die gleichen biologischen Tatbestände, hinderlich aus, weil nun jedes produzierende Wirtschaftssubjekt Spezialist auf einem anderen Gebiet ist, was den Austausch der Leistungen erschwert, weil es die kognitiv beschränkten Menschen nicht schaffen, in der

---

[82] Zur Arbeitsteilung siehe Bloy, Pechold 1956, Kellner 1977, Bog 1988, Brokhoff 1988, Weichselbaumer 1998, Hebeisen 2000, Pawlas 2009.

kurzen Zeit der Tauschphase auf das Wissensniveau ihres Gegenübers zu gelangen. Die Arbeitsteilung, die, wie zu zeigen ist, einige kognitiv Probleme löst, ist deshalb selbst die Ursache vieler weiterer Probleme. Der Umgang mit diesen Problemen bestimmt die Institutionen und Abläufe in modernen Volkswirtschaften.

Im Folgenden soll das Problem der Arbeitsteilung anhand von Adam Smiths Ausführungen in seiner Monographie „An Inquiry into the Nature and Causes of the Wealth of Nations" dargestellt werden. Dabei sollen zunächst die *Ursachen* der Arbeitsteilung behandeln und anschließend die *Folgen* darlegt werden.

3.1 Zu den Ursachen der Arbeitsteilung

Adam Smith hielt Spezialisierung für den wichtigsten Quell des Wohlstandes: „Die Arbeitsteilung dürfte die produktiven Kräfte der Arbeit mehr als alles andere fördern und verbessern."[83] „Sobald die Teilung der Arbeit in einem Gewerbe möglich ist, führt sie zu einer entsprechenden Steigerung ihrer Produktivität."[84] In seinem berühmten Stecknadelbeispiel führt Smith plastisch vor Augen, welch gewaltige Mehrleistung Arbeitsteilung zuwege bringt. Er versetzt den Leser zunächst vor die Aufgabe, eine Stecknadel herstellen zu müssen. Dann zeigt er, dass, Material- und Werkzeugbeschaffung eingeschlossen, manche Menschen kaum eine einzige Stecknadel am Tag zustande bringen würden. Dann schildert er seinen Besuch in einer Manufaktur, die sich auf die Herstellung von Stecknadeln spezialisiert hat. Er stößt dort auf 10 Arbeiter, die sich den Gesamtprozess in 18 Arbeitsgänge aufteilen und diese derart den Arbeitern zuordnen, dass jeder einen immer wiederkehrenden kleinen Bereich abdeckt. Auf diese Weise schaffen sie zusammen an einem Tag 48.000 Nadeln.[85] Jeder Einzelne bewältigt als Spezialist also 4.800, während er als Nichtspezialist vielleicht gerade eine einzige herstellen könnte.

Die Aktivitäten an Finanzmärkten sind ebenfalls durch eine ausgeprägte Arbeitsteilung charakterisiert, und auch oder gerade im Kapitalmarktgeschäft findet Arbeitsteilung mit der Herausbildung extremer Spezialisten statt. Zu nennen sind hier z.B. der Wertpapieranalyst, der Broker, der Betreiber eines Handelssystems, der Market Maker oder Designated Sponsor, die Clearingstelle, die Wertpapierlagerstelle etc. Stärker formalisiert sind dies im Börsenwesen die Spezialisten im Informationsbereich, im Ausführungsbereich und im Verwahr- und Verwaltungsbereich.[86] So haben sich beispielsweise Institutionen darauf spezialisiert, Bonitäts- und Zinsrisiken zu reduzieren (Hypothekenbanken, Bausparkassen, Investmentfonds) oder primär Transaktionskosten oder Komponenten der Transaktionskosten zu senken (Kassenvereine bzw. Kreditauskunfteien und Ratingagentu-

---

[83] Siehe Smith, 1776, 1978, S. 9.
[84] Smith, 1776, 1978, S. 10.
[85] Smith, 1776, 1978, S. 9f., S. 22.
[86] Vgl. Schwartz, Davis, Pagano 2006.

ren). In der Subprimekrise sind Broker wie Equifirst Corp. bekannt geworden, die sich darauf spezialisierten, Immobilienkredite zu akquirieren, zu bündeln und dann weiterzuverkaufen.

In diesem extrem arbeitsteiligen Umfeld findet sich also der Letztnachfrager nach Kapitalmarktpositionen, der „einfache" Sparer und Anleger, der weder über spezielle, noch oft über grundlegende Kenntnisse verfügt, einer Phalanx von Spezialisten gegenüber, die jeweils einen Teil der gesamten Wertschöpfungskette einer Kapitalmarkttransaktion „aus dem Effeff" beherrschen. Sie haben mit Hunderten oder Tausenden „einfacher" Sparer zu tun gehabt und jede ihrer Regungen analysiert und für sich nutzbar gemacht.[87]

Spezialisierung bei Adam Smith

Worin liegen die eigentlichen Quellen der Produktivitätssteigerung durch Spezialisierung? Smith erwähnt vier Gründe, warum Arbeitsteilung die Produktivität steigert:[88]

- Entfallender Zeitverlust bei Tätigkeitswechseln,[89]
- Einsatz arbeitssparender Maschinen,[90]
- Geschicklichkeitszuwachs des einzelnen Arbeiters,[91]
- Verbesserung der Entscheidungsfähigkeit der Arbeitenden.[92]

Von diesen Gründen können die letzten drei mit biologischen Tatbeständen in Verbindung gebracht werden.

---

[87] Hier sei an Shiller 2004, erinnert, der auf die Gefahren der Spezialisierung hingewiesen und Institutionen vorgeschlagen hat, diesen Gefahren zu begegnen. Siehe auch http://www.smartmoney.com/investing/economy/a-conversation-with-robert-shiller-14212 (Zugriff 4.5.2007).

[88] Siehe Smith, 1776, 1978, S. 12ff.

[89] Smith (1776, 1978, S. 12) schreibt von „der Ersparnis an Zeit, die gewöhnlich beim Wechsel von einer Tätigkeit zur anderen verloren geht."

[90] Smith (1776, 1978, S. 12) schreibt von „Maschinen, welche die Arbeit erleichtern, die Arbeitszeit verkürzen und den einzelnen in den Stand setzen, die Arbeit vieler zu leisten."

[91] Dieser Punkt betrifft manuelle Fertigkeitsgewinne durch wiederholtes Ausführen immer gleicher Handlungen. Smith (1776, 1978, S. 12) schreibt von „... der größeren Geschicklichkeit jedes einzelnen Arbeiters", wenn er immer und immer wieder dieselben Tätigkeiten ausführen muss. Dieser Geschicklichkeitsgewinn hängt weniger von den Muskeln an sich ab als vielmehr von der Steuerung der Muskeln durch bewusste und unbewusste Hirnaktivitäten und fällt insoweit in das Feld der Neurobiologie.

[92] Siehe Smith, 1776, 1978, S. 18.

Erfahrungsbasierte Regeln

Die vom Gehirn angewandten Faustregeln gewährleisten, wie das oben behandelte Beispiel der Kröte zeigt, nicht immer die richtige Entscheidung. Es kommt zu Fehlern. Das Gehirn verfügt zwar über ein phantastisches Gedächtnis, das fortlaufend immer wieder mit neuen Erfahrungen gespeist wird und das es ihm erlaubt, durch Wiederholung aus Fehlern zu lernen. Aber viele Vorgänge des Wirtschaftslebens – wie z.B. der Kauf eines Mantels, Jobwechsel, Umzug, Urlaub in einem fremden Land, ganz zu schweigen von Vorgängen wie dem Erwerb einer Photovoltaikanlage auf dem Hausdach, der Entscheidung für einen Ehepartner, dem Bau eines Hauses, oder der Berufswahl – kommen so selten vor, dass Lernen defacto ausgeschlossen ist. „Hinterher ist man schlauer", heißt es. Wer sich spezialisiert, bringt sich in eine Situation, in der er Vorgänge immer wieder wiederholen kann. Er lässt die Phase der (Anfangs-) Fehler schnell hinter sich und ist von dann ab jemandem überlegen, der erst am Anfang seiner Bemühungen steht. So ist der Mensch, der einmal im Jahr einen Pullover kauft, dem Verkäufer, der tagtäglich Dutzende von Kunden bedient und jede ihrer Regungen vielfach erlebt hat, in vielen ökonomisch relevanten Aspekten hoffnungslos unterlegen.

Die Anwendung erfahrungsbasierter Regeln ist also eine Lösung des Gehirns, sich auf knappe Ressourcen einzustellen. Erfahrungsbasierte Regeln kommen – situationsspezifisch – mit sehr geringem Aufwand zu guten Entscheidungen. Von daher ist der Spezialist dem Nichtspezialisten überlegen.[93]

Aufmerksamkeitssteuerung

Auch der Aspekt der Aufmerksamkeitssteuerung ist für die Unterscheidung zwischen Spezialisten und Nichtspezialisten wichtig.[94]

Wie gezeigt findet eine (unbewusste) Vorsortierung von Reizen statt mit dem Ziel, diejenigen auszufiltern, die nicht weiter verarbeitet werden sollen. Wird etwas präattentiv als bekannt oder unwichtig eingestuft, so dringt es überhaupt nicht oder nur sehr wenig in unser Bewusstsein. Dasjenige, was als bekannt und unwichtig eingestuft wird, gelangt überhaupt nicht in unser Bewusstsein.[95] Am stärksten ist dasjenige von Bewusstsein und

---

[93] Dies gilt auch für Smiths Aspekt der manuellen Fertigkeiten Die manuellen Fertigkeiten nehmen zu, wenn Arbeitsvorgänge wiederholt werden. Es gelingt dem Gehirn nicht, gleich beim ersten Mal die Muskeln so genau zu steuern, dass ein optimales Agieren resultiert. Das Gehirn lernt vielmehr im Zeitablauf durch Wiederholung, entwickelt die beste Vorgehensweise und baut dann Routinen auf, mit deren Hilfe die Vorgänge unterbewusst ablaufen können. Der Entscheider kann dann in der Folge mit dem „billigeren" Verfahren der unterbewussten Steuerung hervorragende Leistungen erzielen.
[94] Vgl. Neumann 1985.
[95] Roth 1996, 206f.: „Durch das ARAS-System der medialen Formatio reticuralris wird der Neokortex ‚wach' gehalten, sofern im Innern des Körpers sowie in der Umwelt genügend passiert; ist alles ruhig in und um uns, so haben wir oft Mühe, die Augen offen zu halten. Geschieht aber etwas, dann wird dies im ersten, völlig unbewusst ablaufenden, präattentiven Abschnitt der Wahrnehmung von den Sinnesorganen erfasst und vom Raphe-System und vom Locus-Coeruleus-System nach zwei Kriterienpaaren vorsortiert, nämlich ‚bekannt-unbekannt' und ‚wichtig-unwichtig'."

Aufmerksamkeit begleitet, was *neu* und *wichtig* ist. Als wichtig wird dasjenige eingestuft, was sich in der Vergangenheit als bedeutsam im positiven und insbesondere im negativen Sinn erwiesen hat.

Es zeigt sich also, dass ein Reiz, z.B. eine eingehende Nachricht, die aus Sicht der vorliegenden Erfahrungen nicht wirklich wichtig erscheint, vom Gehirn nicht weiter verfolgt wird, während diejenigen Reize, denen eine größere Bedeutung zukommt, weitergehenden Denkprozessen zugeführt werden. Arbeitsteilung verändert nun die Wertigkeit einzelner Reize. Der Filter der Aufmerksamkeitslenkung öffnet anderen Reizen die Türen. Damit werden bei Spezialisten andere Denkprozesse angestoßen als bei Nichtspezialisten. Die Menge an Zeit und Energie, die auf eine bestimmte, enge Sache aufgewandt werden kann, nimmt zu. Dies kann weitreichende Konsequenzen haben. Der Spezialist, der einer Sache mehr Zeit widmet, erkennt mehr Aspekte. Er wird auf Dinge „aufmerksam", die anderen entgehen. Auf diese Weise wird er eher als andere Lernfortschritte machen.

Aufmerksamkeitssteuerung und Erfahrung bei Adam Smith

Genau diesem Aspekt der Aufmerksamkeitssteuerung hat Adam Smith einige Überlegungen gewidmet und ein schönes Beispiel gefunden, wie die Nachteile der Aufmerksamkeitslenkung durch unser Gehirn durch Spezialisierung, d.h. durch zeitintensive Konzentration auf eine Sache, produktivitätssteigernd umgangen werden können. Smith schlussfolgert nämlich, dass sich Arbeitsteilung – hier also die zeitintensive Hinwendung auf eine spezifische Tätigkeit – positiv auf die Fähigkeit auswirkt, fundiert Entscheidungen treffen zu können, weil man auf diese Weise ganz automatisch und ohne bewusstes Zutun Dingen, die andere für unwesentlich erachten, mehr Aufmerksamkeit widmet. Smith nutzt sogar das Wort „attention" (s.u.).

In Smiths Beispiel geht es um nichts weniger als *„one of the greatest improvements that has been made upon this machine* [d.h. der Dampfmaschine], *since it was first invented"*.[96] Ein kleiner Junge hatte die Aufgabe, bei einer der ersten Dampfmaschinen Ventile mit dem Auf- und Niedersteigen der Kolben zu öffnen und zu schließen. Sicherlich war ihm diese stupide Aufgabe lästig. Auf jeden Fall entdeckte er schließlich, dass sich über eine Drahtverbindung von dem Ventil zu einem anderen Teil der Maschine das Ventil automatisch öffnen und schließen ließ. Dies stellte sich als eine geniale Weiterentwicklung dar, die sich vielfältig nutzen ließ und die Produktivität von Dampfmaschinen mehr als vieles andere steigerte. Dies wirft die Frage auf, wie kann ein kleiner Junge eine so wichtige Entdeckung machen? Und warum hatte diese einfache Verbindung der Ingenieur nicht gesehen, der die

---

[96] Smith, 1776, 1993, S. 17. Im Folgenden wird aus einer englischen Ausgabe vom Wohlstand der Nationen zitiert, weil Smith (im Englischen) Wörter verwendet hat, welche die biologisch-kognitive Natur der Ursachen der behandelten Probleme deutlicher machen, als die in der deutschen Übersetzung verwendeten Wörter.

Maschine konstruierte? Smith untersucht dies[97] und kommt zu dem Schluss, dass es die Aufmerksamkeitssteuerung ist, die eine wichtige Rolle spielt. *„The invention of all those machines seems to have been originally owing to the division of labour. ... Men are much more likely to discover* ... [something new] *when the whole attention of their minds is directed towards a single object, than when it is dissipated among a great variety of things. ... In consequence of the division of labour, the whole of every man's attention comes naturally to be directed towards some very simple object.*[98]

Smith stellt hier die üblicherweise angenommene Kausalität auf den Kopf: erst die Arbeitsteilung ermöglicht die Erfindungen und nicht umgekehrt. Smith konnte die biologischen Ursachen dieses Phänomens nicht genau benennen. Wir wissen heute aus der neurowissenschaftlichen Forschung, dass fundiertes Entscheiden tatsächlich etwas mit Zeitaufwand (Lernen, Erfahrung, unbewusstes „aufgeschobenes" Entscheiden[99]) und der Wichtigkeit von Vorgängen aus Sicht des Gehirns (Aufmerksamkeitssteuerung) zu tun hat.

Ähnliche Beispiele findet man selbstverständlich auch in neuerer Zeit. Hier kann sogar eine ähnlich gewichtige Erfindung, die wesentlich zur Subprimekrise beitrug, genannt werden. Es geht um die von David X. Li erfundene Technik zur Berechnung der Korrelationen in einem gemischten Wertpapierportfolio. Li's Ansatz verbreitete sich so schnell und wirkte sich so desaströs aus, dass eine große Tageszeitung über sie schrieb: *„The formula that killed Wall Street"*.[100] Wie konnte Li ein Problem lösen, über das bis dahin viele umsonst gebrütet hatten? Li wurde im ländlichen China geboren und wenig deutete da-

---

[97] Smith befasst sich u.a. auch mit der Frage, ob es die besondere Intelligenz Einzelner ist, die so herausragende Entscheidungen ermöglicht. Aber er verneint dies. Er behauptet, dass es überwiegend die Spezialisierung im Rahmen der Arbeitsteilung sei (Smith, 1776, 1978, S. 18). *„Die Unterschiede in den Begabungen der einzelnen Menschen sind in Wirklichkeit weit geringer, als uns bewusst ist, und die verschiedenen Talente, welche erwachsene Menschen unterschiedlicher Berufe auszuzeichnen scheinen, sind meist mehr Folge als Ursache der Arbeitsteilung."* Von Geburt her seien die Menschen recht gleich. Erst wenn man sie sich mit irgendetwas intensiv beschäftigen lässt (Smith, 1776, 1978, S. 18) *„kommen die unterschiedlichen Talente zum Vorschein, prägen sich nach und nach aus, bis schließlich der Philosoph in seiner Überheblichkeit kaum noch eine Ähnlichkeit mit dem Lastenträger zugeben wird."* Die Ursache der Talentbildung ist bei Smith eine durch zeitintensive Konzentration auf eine Sache gesteigerte Aufmerksamkeit auf Dinge, die andere als unwesentlich erachten, was die eine oder andere Entdeckung ermöglicht, die anderen verborgen bleibt.

[98] Smith, 1776, 1993, S. 16f. Es soll hier nicht behauptet werden, dass nicht auch sogenannte „Generalisten" gerade aus der Kenntnis mehrerer Gebiete heraus bedeutende Leistungen erbringen können. Vielleicht stellt sich aber auch heraus, dass es „echte" Generalisten (der Ressourcenprobleme wegen) gar nicht gegeben kann und der Generalist genannte Mensch doch auch nur eine Art Spezialist ist, der sich durch eine ungewöhnliche Kombination bestimmter Spezialkenntnisse auszeichnet. Landes (1998, S. 256f.) zeigt, wie sich die Spezialisierung in der industriellen Revolution Englands ganz langsam auszuwirken begann.

[99] Siehe Dijksterhuis u.a. 2006.

[100] Gibt man die Phrase in Google ein, erhält man etwa 200.000 Ergebnisse (Zugriff 9.5.2009).

rauf hin, dass er einmal eine besondere Rolle spielen würde. Er erwarb einen Master in Actuarial Science und einen Doktortitel in Statistik. Bevor Li zu Investmentbanken ging, arbeitete er im Versicherungswesen. Hier lernte er die Lösungen kennen, die er später auf die Bewertung von CDOs übertragen würde. „Mr. Li's solution drew inspiration from a concept in actuarial science known as the 'broken heart': People tend to die faster after the death of a beloved spouse. Some of his colleagues from academia were working on a way to predict this death correlation. 'Suddenly I thought that the problem I was trying to solve was exactly like the problem these guys were trying to solve,' says Mr. Li. 'Default is like the death of a company, so we should model this the same way we model human life."[101] Li übertrug das Konzept Gaussscher Copulas, das er in seiner Zeit im Versicherungswesen kennen gelernt hatte, auf die Finanzmärkte und konnte damit Korrelationen in Wertpapierportfolios „exakt" berechnen. Dass diese Übertragung eines für „Human life"-Probleme bewährten Konzeptes auf einen neuen Bereich in extremem Maße zu systematischen Fehlern führte, ahnte damals niemand.

3.2 Zu den Folgen der Arbeitsteilung

Einem bekannten Sprichwort zufolge hat jedes Ding zwei Seiten mit der Folge, dass man das eine nicht ohne das andere haben kann. So ist es auch mit den Folgen der Spezialisierung. So nützlich die Spezialisierung beim Herstellen von Gütern ist, so problematisch wirkt sie beim anschließenden Tausch der Güter.

Das ökonomische Prinzip erfordert es, sich so zu spezialisieren, dass der Nutzen für das Individuum sein Maximum erreicht bzw. (wenn man das Maximierungskriterium nicht verwenden will) die Lebensziele erfüllt sind. Angesichts der Vielzahl an Gütern, die Menschen gerne konsumieren, ist Spezialisierung auf eine bestimmte Tätigkeit nicht unproblematisch. Man kennt sich in einer Sache gut aus, hat ein selbst produziertes Gut im Überfluss, während man genau die anderen Dinge zum Leben braucht, die man nicht hat und bei denen man sich nicht auskennt. Smiths Arbeiter verfügen jeden Abend nach einem harten Arbeitstag von über 10 Stunden über 48.000 Nadeln und wollen letztlich doch nichts anderes als alle anderen Menschen, nämlich Brot, Butter, Unterkunft, Vergnügungen etc, d.h. Güter, die nicht sie selbst, sondern andere besitzen.

Smith hat gesehen, dass Arbeitsteilung zwangsläufig zu einer Abhängigkeit der Menschen voneinander führt. Er stellt fest, der Mensch in arbeitsteiligen Gesellschaften sei *„fast immer auf Hilfe angewiesen", „wobei er jedoch kaum erwarten kann, dass er sie allein durch das Wohlwollen der Mitmenschen erhalten wird. Er wird sein Ziel wahrscheinlich viel eher erreichen, wenn er*

---

[101] Siehe Wall Street Journal, 12. Sept. 2005; verfügbar unter:
http://math.bu.edu/people/murad/MarkWhitehouseSlicesofRisk.txt (Zugriff 1.3.2009).

deren Eigenliebe zu seinen Gunsten zu nutzen versteht, indem er ihnen zeigt, dass es in ihrem eigenen Interesse liegt, das für ihn zu tun, was er von ihnen wünscht."[102]

In einer arbeitsteiligen Welt muss der Spezialist versuchen, das Interesse der anderen Menschen zu aktivieren, derart dass sie ihn mit den Dingen versorgen, die er selbst braucht. Als Lösung dieses Problems kommt Smith auf den Tausch von Gütern: *„Nehmen wir an, jemand habe von einer Ware mehr als er selbst braucht, ein anderer dagegen zu wenig davon. Dann würde der erste froh sein, wenn er vom Überschüssigen etwas abgeben, der zweite etwas davon kaufen könnte."*[103] Und dann: *„Jeder, der einem anderen irgendeinen Tausch anbietet, schlägt vor: Gib mir, was ich wünsche, und du bekommst, was du benötigst. Dies ist stets der Sinn eines solchen Angebotes, und auf diese Weise erhalten wir nahezu alle guten Dienste, auf die wir angewiesen sind."*[104] Und weiter: *„Hat sich die Arbeitsteilung einmal weitgehend durchgesetzt, kann der einzelne nur noch einen Bruchteil seines Bedarfs durch Produkte der eigenen Arbeit decken. Er lebt weitgehend von Gütern, die andere erzeugen und die er im Tausch gegen die überschüssigen Produkte seiner Arbeit erhält. So lebt eigentlich jeder vom Tausch, oder er wird in gewissem Sinne ein Kaufmann, und das Gemeinwesen entwickelt sich letztlich zu einer kommerziellen Gesellschaft."*[105]

Smith behandelt hier das Problem der richtigen Gegenleistung der Art nach. Es geht ihm um das passende Produkt, das man als Tauschgegenstand benötigt. Eine andere und nicht unwichtige Frage ist es aber auch, zu welchem Preis die Güter in einer Welt der Spezialisierung getauscht werden. Der Preis ist ein Problem, denn Smith hatte ja, wie oben gezeigt wurde, nicht nur erkannt, dass der Spezialist mehr *kann* (manuelle Fertigkeit), sondern auch mehr *weiß* von einer Sache als der Nichtspezialist. Der Tausch findet also zwischen systematisch unterschiedlich informierten Menschen statt. Heute ist die Theorie der Asymmetrischen Information bekannt. In die wirtschaftswissenschaftliche Analyse wurden unfaire und egoistische Menschen einbezogen. Derzufolge kann es gefährlich sein, weniger zu wissen als andere: Nichtwissen kann schamlos ausgenutzt werden.

Rousseau hatte die Smith'sche kommerzielle Gesellschaft bereits in diesem Sinne nicht so positiv gesehen, was bis heute regelrecht in Vergessenheit geraten ist. Rousseau schrieb davon, dass die Arbeitsteilung die Menschen *„betrügerisch und hinterlistig"*[106] mache.

---

[102] Smith, 1776, 1978, S. 17.
[103] Smith, 1776, 1978, S. 23.
[104] Smith, 1776, 1978, S. 17.
[105] Smith, 1776, 1978, S. 20.
[106] Jean-Jacques Rousseau, 1755, 1990, S. 208.

Abbildung 3.1: Zeiteinteilung (Quelle: Eigene Darstellung)

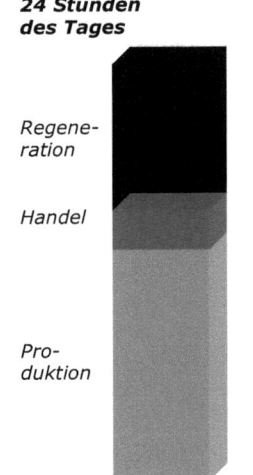

Spezialisierung induziert Handel

- Smith (1776, 1993, S.31):

  *When the division of labour has been established, it is only a very small part of a man's wants which he produces himself. He tries to sell the surplus part of his own labour, for wanted parts of other men's labour. „**Every man** thus lives by exchanging, or becomes in some measure a **merchant**, and the society itself grows to be what is properly a commercial society."*

Erläuterung: Die Säule verdeutlicht, wie in arbeitsteiligen Gesellschaften typischerweise Individuen ihre Zeit einteilen. Sie verwenden den größten Teil davon für die arbeitsteilig organisierte Produktion und die Erholung. Die Grafik verdeutlicht, dass das, was nach Adam Smith die modernen arbeitsteiligen Marktwirtschaften neben der Arbeitsteilung hauptsächlich ausmacht, der Handel, soweit die Endnachfrage betroffen ist, sich in einer vergleichsweise kurzen Zeitspanne abspielt. Diese Zeit ist zu kurz, um tiefgehende Erfahrungen zu sammeln. Erfahrungen werden eher im unteren Teil der Säule gemacht, dort wo viel Zeit in das jeweilige Spezialisierungsfeld gesteckt wird. D.h. aber letztlich, dass sich der Handel (soweit Endnachfrager betroffen sind) typischerweise zwischen erfahrenen Spezialisten (für welche der Verkauf von Gütern das Spezialgebiet ist) und unerfahrenen Nichtspezialisten (deren berufliche Spezialisierung ganz andere Gebiete betrifft) abspielt.

Das Problem von Spezialisierung (in der Produktion) und anschließendem Handel der Güter mag Abbildung 3.1 verdeutlichen. Die Säule stellt die 24 Stunden eines Tages dar. Für Regeneration und (spezialisierte) Produktion verwenden die Menschen den größten Teil ihrer Zeit. Der Austausch der Güter (d.h. die gedankliche Vorbereitung, Entscheidungsfindung und eigentlicher Tauschakt) findet dann in einer erstaunlich kurzen Zeitspanne statt. Dabei stehen sich im Regelfall Spezialist (auf der Verkäuferseite) und Nichtspezialist (auf der Käuferseite) gegenüber.

Konsequenzen für die Preisbildung

Wie aber wickelt sich ein Tausch ab, wenn der eine Tauschpartner Spezialist und der andere Nichtspezialist ist? Zu welchen Preisen werden Austauschvorgänge zwischen ungleich informierten Partnern stattfinden?

Smith leitet die Tauschrelationen gemäß der Arbeitswertlehre aus dem relativen Arbeitsaufwand der Beteiligten ab (Smith, 1776, 1993, S.36): *„The real price of every thing, what every thing really costs to the man who wants to acquire it, is the toil and trouble of acquiring it. ... What is bought ... indeed save us this toil"* und schließlich: die gekauften Güter *„contain the value of a certain quantity of labour which we exchange for what is supposed at the time to contain the value of an equal quantity."*

Hier nun stellt sich die Frage, wie gelangen die Tauschwilligen zu dem Wissen, wie viel Arbeit[107] im Produkt des Tauschpartners steckt (*„equal quantity"*). Das Verb *„is supposed"* zeigt, dass sich Smith im Klaren darüber war, dass die Arbeitsmenge im Produkt der Gegenseite und damit das Tauschverhältnis, d.h. der Preis der Güter, nur geschätzt werden konnte.[108] In unserer komplizierten Welt könnte kaum noch einer angeben, wie viel Arbeit

---

[107] Die Arbeitswertlehre gilt heute als überholt. Wir verfolgen Smiths Gedankengang, um festzustellen, wie er das Problem der Wissensdifferenzen gelöst hat. Die Ergebnisse lassen sich dann leicht auf modernere Theorien der Preisbildung übertragen.

[108] Möglicherweise hat aber Adam Smith die durch Arbeitsteilung bedingten Probleme der Preisbildung unterschätzt. Arbeitsteilung führt zu Wissensdifferenzen. Dieses Problem hat Smith, wie gezeigt, erkannt. Smith war Anhänger der Arbeitswertlehre und versuchte zu beweisen, dass in einer arbeitsteiligen Welt die Güter im Verhältnis ihrer Arbeitswerte getauscht würden. In einer arbeitsteiligen Wirtschaft gibt es nun aber Schwierigkeiten. Es können Hunderte von Menschen an der Erstellung eines einzigen Gutes beteiligt sein. Nachprüfbar ist das nicht. Addierbar sind die Stunden auch nicht – schon allein aus den unterschiedlichen Qualitäten der Arbeit ergeben sich Probleme. Bietet es sich für den Verkäufer nicht geradezu an, bei den Verhandlungen über einen Preis, zu behaupten, die Menge und die Qualität der in einem Produkt steckenden Arbeit, sei ein klein wenig höher als tatsächlich der Fall? Wer würde das kontrollieren können? An so etwas muss Smith auch gedacht haben, denn er erwähnt das „haggling and bargaining", das die Preisverhandlungen begleitet. Aber dann vertieft Smith diese Probleme nicht und behauptet, dass der Preis sich trotzdem im Sinne der Arbeitswertlehre einpendeln werde. Er wählt dazu ein Beispiel, das er so beginnt: „If among a nation of hunters ...." Man merkt, wie Smith das Problem verengt: Die Arbeitsteilung ist in seinem Beispiel nicht weit fortgeschritten: es gibt nur zwei Jäger, die an dem betrachteten Tag mehr zufällig als bewusst unterschiedliche Tiere jagen. Nicht einmal den Ackerbau haben die Menschen entdeckt. Wir wissen heute, dass die Menschen dieser Zeit in Gruppen von um die 50 Personen zusammenlebten und das Erjagte und Gesammelte gemeinsam verzehrten. Jeder brachte so viel ein, wie es in seinem Kräften und Fähigkeiten stand. Es wurde gar nicht getauscht, sondern geteilt. Privateigentum war unbekannt. Fassen wir zusammen: Smith, der die Arbeitsteilung zum Herzstück moderner Wirtschaftssysteme gemacht hat, hat die Störungen, welche die Arbeitsteilung auf die Preisfindung ausübt, möglicherweise gesehen, aber dann durch Wahl eines „entschärften" Beispiels nicht weiter verfolgt. Gerade das Beispiel eignet sich aber nicht, weil in der betrachteten Gesellschaftsform nicht getauscht wurde. Das Problem blieb dadurch unbeachtet.

in einem angebotenen Produkt wirklich steckt. Generell gilt: mit der Spezialisierung auf eine oder einige wenige Tätigkeiten geht die Fähigkeit zur Beurteilung aller anderen Tätigkeiten zurück.

An den arbeitsteiligen Finanzmärkten ist es fast unmöglich, als Nichtspezialist die Fairness von Preisen festzustellen. Die empirische Evidenz dafür ist Legion. Rating-Agenturen, Analysten, Underwriter, Kapitalanlagegesellschaften oder Specialists u.v.m. bieten Leistungen und erheben Gebühren. Aber ob beides fair zueinander passt, ist kaum exakt ermittelbar. Die Kritik an Rating-Agenturen und deren Fehlleistungen sind bekannt. Dasselbe gilt für interessegeleitet arbeitende Analysten. Underwriter bekommen ihre „fees", ohne dass die Risiken, die sie eingehen, exakt beurteilt werden könnten. Rating-Agenturen haben während des Subprimebooms 200.000 USD Einnahmen für Risikoanalysen erzielt, die einen Tag Arbeit erforderten. Erst die Zukunft zeigte, dass die Beträge nicht für die Risikoanalysen als solche, sondern für die Bereitschaft, an dem Betrugssystem „mitzumachen", den renommierten Namen herzugeben, bezahlt wurden. Den Käufern der analysierten Anleihen entging das. Die Specialists an der New Yorker Börse konnten Jahre lang unbemerkt Sondervorteile vereinnahmen.

Um auch nur annähernd auf den Wissensstand zu kommen, den ein Spezialist über ein Produkt und dessen Herstellungsweise hat, müsste der Nichtspezialist zeitintensive Aktivitäten entfalten, die in einer arbeitsteiligen Welt aber gerade ausgeschlossen sind, da die meiste Zeit auf das Feld verwendet wird, das die jeweilige eigene Spezialisierung ausmacht. Beim Tausch fehlen den Nichtspezialisten viele Daten, die sie für eine fundierte Entscheidung bräuchten, sowie das Methodenwissen, die Daten auszuwerten. Es bleibt den nichtspezialisierten Tauschpartnern nichts anderes übrig, als die einzutauschenden Produkte mit zeitsparenden, relativ *simplen Entscheidungsheuristiken*[109] zu beurteilen. Nur das, was im Lichte dieser Heuristiken vorteilhaft erscheint, wird eingetauscht.

Nichts anderes kann auch Adam Smith im Sinn gehabt haben, als er von „*is supposed*" schrieb, weil schon in den 1770er Jahren nichts anderes realistischerweise vorstellbar war. Und an anderer Stelle wird dies noch deutlicher: „*It is not easy to find [the fair price] ... [It is found], however, not by any accurate measure, but by the haggling and bargaining of the market according to that sort of rough equality which, though not exact, is sufficient for carrying on the business of common life.*"[110]

Smith muss erkannt haben, dass die Tauschpartner nur eine begrenzte Zeit und Energie in die Preisverhandlungen steckten und sich deshalb schon mit „*ungefähr*" richtigen[111] Preisen

---

[109] Als Heuristik werden vereinfachte Entscheidungsverfahren bezeichnet, die mit wenigen Daten und Verknüpfungen zu Entscheidungen gelangen.
[110] Adam Smith, 1776, 1993, S. 37.
[111] Als „richtig" nahm Smith einen Preis im Sinne der Arbeitswertlehre an; vgl. Smith, 1776, 1978, S. 18ff.

– Smith verwendet das Wort „*sufficient*" – zufrieden gaben.[112] Mit Verwendung des Attributs „sufficient" ist Smith dem später durch Herbert Simon berühmt gewordenen Begriff des „Satisficing" nahe gekommen.

Preisbildung und kognitive Fähigkeiten

Die Preisbildung von Produkten in arbeitsteiligen Wirtschaften hängt also nicht nur von den Produkten und den in ihnen verkörperten Arbeitsmengen ab, sondern davon, wie sich diese Produkte im Lichte der verwendeten Heuristiken für den nachfragenden Nichtspezialisten darstellen.

Für die Finanzmärkte heißt das konkret: die Vorstellung, es gäbe Nachfrage nach Finanzprodukten, die sich an einem Preis im Sinne der CAPM-Wertpapiergleichung orientiert, ist vermutlich zu stark vereinfacht: es gibt vielmehr eine Zahlungsbereitschaft der Nichtspezialisten, die von den *Heuristiken* beeinflusst wird, die sie selbst zur Beurteilung der Angebote verwenden. Nur insoweit als sich das CAPM evtl. als Heuristik eignet, könnte es Handlungen beeinflussen.[113]

Kennen die Spezialisten die Heuristiken der Nichtspezialisten, dann können sie die Produkte so gestalten, dass sie im Lichte dieser Heuristiken vorteilhaft erscheinen.

Frontrunning oder Market Timing, die den Wert von Börsenorders oder Fondsanteilen beeinflussen, können so interpretiert werden. Genauso die Machenschaften der Specialists an der New Yorker Stock Exchange (z.B. Nichtausführung von Kauforders, obwohl ausreichend Verkaufsangebot vorlag; bewusstes Herbeiführen illiquider Marktphasen). Die Orientierung der Nichtspezialisten an vereinfachten Heuristiken eröffnet Spielräume, die Anbieter von Produkten (als Spezialisten auf diesen Gebieten) erkennen und ausnutzen.

3.3 Zusammenfassung

In diesem Kapitel wurde das Problem der begrenzten Ressourcen des Gehirns mit der Arbeitsteilung verknüpft. Es soll in keiner Weise behauptet werden, dass Arbeitsteilung *nur* in den hier behandelten Aspekten begründet ist und *nur* auf die hier behandelte Weise mit den Ressourcen des Gehirns verknüpft ist. Dafür ist das Phänomen Arbeitsteilung zu vielschichtig. Die Diskussion wurde anhand von Adam Smiths Auseinandersetzung mit Marktwirtschaften behandelt. Smith war der erste, der systematisch auf die ungeheure

---

[112] Vgl. Smith, 1776, 1993, S. 35ff. Das Wort „sufficient" steht am Beginn der Lehre von der Bounded Rationality, die von Herbert Simon begründet wurde. Vgl. Simon 1955, Simon 1956, Simon 1961, Simon 1997. Siehe auch Selten 2000, Gigerenzer, Selten 2002, Güth 2000, Lindstädt 2004, Rubinstein 1998.

[113] Während die Wissenschaft das Modell mit strikten Annahmen von vielen Einflussfaktoren befreit, setzen es die Nutzer in der Realität ein, wo diese Annahmen nicht per se gelten.

Zusammenfassung

Bedeutung der Arbeitsteilung für moderne Volkswirtschaften hinwies. Seine Ideen haben bis heute im Kern Bestand. Die kognitiven Aspekte der Arbeitsteilung sind von Smith behandelt worden.

Die wichtigsten Ergebnisse und Schlussfolgerungen des Kapitels lauten:

Die biologische Forschung zeigt, wie das Gehirn unter Ressourcenmangel leidet und welche Mechanismen existieren, damit umzugehen. Das Gehirn vereinfacht, es versucht, Vorgänge zu routinisieren, es stützt sich auf Erfahrungen. Das Gehirn ist so beschaffen, dass derjenige, der einer Sache mehr Zeit widmet, häufiger Wiederholungen vornimmt, immer wieder in ähnlichen Situationen tätig ist, in die Lage gelangt, bessere Entscheidungen zu treffen. Dies führt ceteris paribus zwingend zur Spezialisierung. Spezialisierung ermöglicht insbesondere

- die Entstehung eines größeren Stamms an Erfahrungswissen, das bei Entscheidungsproblemen genutzt werden kann und insbesondere zur
- Herausbildung situationsspezifischerer, leistungsstärkerer Heuristiken beiträgt,
- eine Aufmerksamkeitslenkung auf Detailprobleme, die ohne Spezialisierung der Aufmerksamkeit entgehen würden,

Ökonomisch gesehen ist Spezialisierung (in der Produktion) nicht per se ein Vorteil, weil derselbe Mensch, der sich als Produzent spezialisiert, als Konsument ein breites Produktportfolio nachfragt. Er möchte nicht nur das eine oder die zwei Güter konsumieren, auf deren Produktion er sich spezialisiert. Mithilfe des Gütertauschs kann die gewünschte breite Palette an Konsumgütern realisiert werden. Gütertausch ist das zwingende Korrelat zur Spezialisierung und damit eine indirekte Konsequenz des kognitiven Systems.

Aber wie viele Güter erhält man für *sein* Produkt? Die Preisbildung beim Gütertausch ist bei den beschriebenen kognitiven Grenzen ein kritischer Punkt, denn die begrenzten Hirnressourcen verhindern eine vollumfängliche Beurteilungsfähigkeit der Tauschsituationen.

An diesen Zusammenhängen ist nichts zu ändern. Denn die Arbeitsweise des Gehirns ist ein unumstößliches Datum. Die Geschichte hat gezeigt, dass die Produktivitätsgewinne aus der Spezialisierung groß genug sind, damit verbundene Nachteile in der Tauschphase zu kompensieren.

Dies leitet über zur Frage, wie Tauschsituationen, in denen Spezialisten mit Nichtspezialisten interagieren, konkret aussehen? Welche Charakteristika gibt es? Welche Besonderheiten lassen sich finden? Hat Smith Recht, der ein einfaches „haggling" und „bargaining" ohne bedeutende Konsequenzen unterstellt, oder hat Rousseau Recht, der von „Betrug" und „Hinterlist" spricht? Und welche Folgen ergeben sich daraus? Wie schützen sich die Schwächeren?

Dies ist Thema des nächsten Kapitels.

Nachbemerkung I. Adam Smith ist nicht der einzige, der die Gesetzmäßigkeiten des "haggling und bargaining" der Tauschphase nicht tiefer untersuchte. Ross erklärte: *"We will not treat the bargaining problem explicitly"*.[114] Markowitz stellte fest: *"I will not pursue this subject here, for this is 'another story'"*.[115] Dasselbe gilt für Edgeworth, über den Marshall schrieb: *"He argues ... the terms depend to a great extent upon the advantageous position with regard to bargaining, and the skill in bargaining"*[116], um dann aber diese Probleme nicht in seine Gleichungssysteme zu integrieren.[117]

Nachbemerkung II: Ist eigennütziges, opportunistisches Verhalten der Spezialisten im moralisch wertenden Sinne verwerflich? Ist Ausnutzen von Verhaltensspielräumen, die man als Spezialist erkennt, "böse", im Rousseauschen Sinne also Betrug und Hinterlist? Wer aufgrund der Spezialisierung die besseren Erfahrungen hat, erkennt einfach mehr als sein Gegenüber. Das Gehirn "verlangt" danach, die als überlegen erkannte Handlungsalternative zu ergreifen. Es gibt wenig, was das Gehirn dabei stoppen könnte. Tief verankerte (moralische) Normen und Tugenden, die als Heuristik automatisch aufgerufen werden (Gewissenhaftigkeit, Treue, Anständigkeit, Pflichtbewusstsein etc.[118]), können einen Beitrag leisten, bestimmte Handlungen nicht zu ergreifen (Stopp-Regeln). Wenn man solche Stopp-Regeln als moralisch "gut" bezeichnet, ist es konsequent, das Unterlassen ihrer Nutzung als moralisch verwerflich, als "böse", zu betrachten.

---

[114] Ross 1973, S. 134.

[115] Markowitz 1952, S. 91.

[116] Marshall 1881, S. 457.

[117] Marshall 1881, S. 457.

[118] Vgl. Pawlas 2009, S. 674.

4 Typische Entscheidungssituationen

4.1 Die Akteure: Spezialisten und Nichtspezialisten

Einführung

Menschen, die bestimmte Entscheidungssituationen häufig erleben, erwerben Erfahrungen. Es ist herausragendes Kennzeichen des Gehirns, Situationen, Handlungen und ihre Folgen akribisch zu „notieren" und sie mit den Erwartungen zu vergleichen. Auf diese Weise werden sie bewertet. Wer Handlungen häufiger wiederholt, macht mehr Erfahrungen. Von mal zu mal, d.h. nach jedem Entscheidungs- und Lernvorgang, ist der Entscheidungsträger immer genauer in der Lage, den Nutzen bestimmter Handlungen in bestimmten Situationen zu erkennen und damit beim nächsten Mal zielgerichteter agieren zu können.

Wenn Menschen in Bezug auf eine spezifische Entscheidungssituation über viel Erfahrung verfügen, dann spricht man von einem „Spezialisten". Ein „Nichtspezialist" ist demgegenüber jemand, der in Bezug auf eine spezifische Entscheidungssituation über wenig Erfahrung verfügt.

Wenn zwei Personen Güter tauschen und die Entscheidungen zu treffen haben, was und wie viel und zu welchem Preis sie tauschen wollen, dann treffen sie diese Entscheidungen entweder als Spezialist oder als Nichtspezialist. Alle ökonomischen Austauschvorgänge können danach klassifiziert werden, ob Spezialisten mit anderen Spezialisten, ob Spezialisten mit Nichtspezialisten oder ob Nichtspezialisten mit anderen Nichtspezialisten interagieren. Je nachdem welcher Fall vorliegt, kann die Situation durch mehr oder weniger Ungleichheit an Erfahrung, durch hässliche Maßnahmen und durch mehr oder weniger geschickte Versuche, sich davor zu schützen, gekennzeichnet sein.

Es kann gezeigt werden, dass wesentliche Phänomene an den Finanzmärkten durch die Spezifika des Interagierens von Spezialisten und Nichtspezialisten erklärbar sind.

Was aber zeichnet das Agieren und Interagieren von Spezialisten und Nichtspezialisten aus? Dies wird im Folgenden gezeigt. Dabei werden zwei Perspektiven eingenommen:

- Perspektive der Einzelpersonen (Spezialist und Nichtspezialist)
- Perspektive des Interaktionskontextes (Spezialist bzw. Nichtspezialist mit anderen Spezialisten bzw. Nichtspezialisten)

Charakteristik eines Nichtspezialisten

Was zeichnet speziell den Nichtspezialisten aus?

Es gibt Wirtschaftssubjekte, die Entscheidungen zu bestimmten Sachverhalten nur selten treffen. An den Finanzmärkten kann das z.B. eine Friseuse sein, deren verstorbener Ehemann die Finanzen geregelt hatte. Jetzt ist sie „ins kalte Wasser" geworfen. Sie hat selbst noch nie einen Kredit aufgenommen. Nun will sie erstmalig eine Urlaubsreise mit Kredit finanzieren. Sie hat von der Möglichkeit der Kreditfinanzierung gehört. Sie hat aber die Entscheidungssituation bisher nicht erlebt und ist auch weder durch Gespräche mit Freunden oder abstrakte Lernvorgänge mit der Materie vertraut. Solche Wirtschaftssubjekte werden als Nichtspezialisten bezeichnet. Ein Nichtspezialist ist also jemand, der in einer spezifischen Entscheidungssituation über wenig Erfahrung verfügt.

Dass er oder sie über wenig Erfahrung in der jeweiligen Entscheidungssituation verfügt, kann dem Nichtspezialisten durchaus bewusst sein und bei der weiteren Entscheidung berücksichtigt werden. Aber das ist nicht zwingend: das eigene Nichtwissen muss durchaus nicht bewusst sein; aufgrund der fehlenden Erfahrung können Nichtspezialisten die Umstände möglicherweise überhaupt nicht genau genug einschätzen. Der Aufmerksamkeitsfilter mag Aspekte übersehen, welche die Umstände von früheren unterscheiden. Ein neuer Frosch in einem Teich schnappt zuerst auch nach Pappe, die ihm ein frecher Junge vielleicht vorhält. Erst nach einiger Erfahrung wird er den Unterschied zu Fliegen erkennen.

Der *Einfluss sekundärer Erfahrungen*, d.h. das Lernen von anderen, das Sprechen mit anderen hat für den Nichtspezialisten große Bedeutung bei der Entscheidungsvorbereitung. Für die oben genannte Friseuse kann es schon schwierig sein herauszufinden, wo man überhaupt Kredit für Urlaubsreisen bekommt. Sie wird Freunde und Verwandte fragen, wie es geht und worauf man zu achten hat.

Der *Erwerb abstrakten Wissens*, d.h. Lernen aus Büchern, ist für den Nichtspezialisten eine weitere Möglichkeit, fehlende Erfahrung zu ersetzen.[119] Allerdings ist diese Möglichkeit von begrenztem Nutzen, weil dieser Wissenserwerb zeitaufwändig ist, und sich für jemanden, der auf einem spezifischen Gebiet Nichtspezialist bleiben *will* (weil er diesem Gebiet nicht die notwendige Zeit widmen möchte), nicht lohnt. Für die Friseuse lohnt es nicht, sich ein Lehrbuch des Kreditgeschäftes zu kaufen und durchzuarbeiten. Vielleicht findet sie einen einfachen plakativen „Leitfaden". Der renommierte Finanzwirtschaftler Martin Weber aus Mannheim schrieb 2007 ein Buch über das Geldanlegen mit dem Titel „genial einfach", das wertvolle Ratschläge enthielt und stark nachgefragt wurde.[120] Aber gerade die Allerunerfahrensten werden vermutlich das Buch nicht gekauft haben. Die oben genannte Friseuse wird sich sicherlich kein Buch zulegen, sondern sich eher auf das verlassen, was Freunde sagen, oder sie wird Lebensratgeber in 50-Cent-Zeitschriften bemühen.

---

[119] Vgl. Schreyögg, Geiger 2005, S. 446ff.
[120] Siehe Weber 2007.

Die Akteure: Spezialisten und Nichtspezialisten

Jede Entscheidung hat für einen Nichtspezialisten eine vergleichsweise hohe Bedeutung. Denn aufgrund der geringen Erfahrung ist die Gefahr, die von einer möglichen Fehlentscheidung ausgeht, groß. Der als sinnvoll erachtete Aufwand für jede einzelne Entscheidung ist deshalb grundsätzlich hoch. Wer erstmals sein Geld vom Sparbuch in Aktien umschichtet, keine Erfahrung besitzt, der wird dem Vorgang mehr Bedeutung widmen als jemand, der laufend hin- und herwechselt.

Andererseits haben Nichtspezialisten aber *Zeitprobleme*. Es gibt nur wenige Nichtspezialisten, die ein großes Zeitbudget haben, um jede Entscheidung gründlich anzugehen. Nehmen wir einen Lehrling am ersten Tag seiner Lehre. Er ist Nichtspezialist bei fast allem, auf was er stößt. Er hat viel Zeit, sich intensiv einzuarbeiten, denn er möchte ja auf den jeweiligen Gebieten seine berufliche Zukunft finden. Die meisten Menschen aber möchten genau den Gebieten, auf denen sie Nichtspezialist sind, gerade keine Zeit widmen. Sie haben sich auf irgendetwas anderes spezialisiert und möchten ihre knappe Zeit gerade nicht damit verbringen, sich auf allen anderen Gebieten zum Spezialisten zu machen. Ja, sie *können* sich *nicht* einmal auf allen anderen Gebieten zum Spezialisten machen. Dazu reicht die Zeit nicht aus. Wenn man einem Entscheidungsproblem mehr Zeit widmet, Bücher wälzt, Freunde fragt, Kurse besucht, dann fehlt diese Zeit anderswo und die Entscheidungen dort müssen um so oberflächlicher ausfallen. F.A. von Hayek sprach von dem „Ozean von Unwissen",[121] in dem wir uns zwangsläufig befinden.

Ein Nichtspezialist ist also zumeist jemand, der bewusst die Entscheidung getroffen hat, den betreffenden Problemen nur ein *geringes Zeitbudget zuzuweisen*. Dies verhindert, dass er *abstraktes Wissen* (also systematisch-schulisch gelernte Zusammenhänge) erwerben oder sich sonstwie umfänglich auf eine Entscheidung vorbereiten kann. Er kann nicht (ad hoc) zum Spezialisten werden, weil er sein Zeit- und Handlungsbudget schwerpunktmäßig auf andere Aktivitäten konzentriert. Dort – also etwa in seinem Beruf – ist er Spezialist. Wer z.B. einen Brief seiner Bank bekommt, sein Vermögen besser zu strukturieren und eine Beratung in Anspruch zu nehmen, der ist hin und hergerissen: einmal wären auf seinen Wissensstand hin fokussierte Informationen nützlich. Andererseits fehlt die Zeit, sich so weit einzuarbeiten, dass man das Gehörte kritisch verarbeiten kann. Kann man dem Beratenden trauen? Dazu fehlt die Erfahrung. Ähnlich ergeht es dem, der im Internetportal Onvista Wertpapiere nachschlägt: er bekommt eine erstaunliche Fülle an Informationen. Außer Kursen und Umsätzen finden sich Prospekte, Zwischenberichte oder Chartanalysen. Alles könnte man auswerten und fundiertere Entscheidungen treffen. Ein Laie wird diese Informationen aber kaum auswerten können. Der Nichtspezialist sieht in Onvista die Informationen und weiß, dass er sie nicht auswerten kann.

Was aber *kann* der Nichtspezialist machen?

---

[121] F.A. von Hayek 1956, S. 5.

Seine Ausgangssituation ist Folgende: Er steht vor einem Entscheidungsproblem, das selten vorkommt, über das er keine Erfahrung besitzt, das aber auch so geringwertig erscheint, dass er nicht mehr als ein Minimum seines knappen Zeitbudgets darauf konzentrieren will. Friedrich August von Hayek formulierte das Problem 1956 plastisch so: *„… dass es wie ein Wunder erscheint, dass wir uns in der Welt überhaupt mit einigem Erfolg zurechtfinden."*[122] Er fügte folgende Erklärung hinzu: *„Die Tatsache, dass wir im konkreten Fall nie mehr als einen Bruchteil der relevanten Umstände kennen und daher auch nie eine vollständige Erklärung liefern oder spezifische Voraussagen machen können, bedeutet jedoch nicht, dass wir über derartige Erscheinungen gar nichts wissen."*[123] Dazu trägt die Arbeitsweise des Gehirns bei: das Gehirn ruft Vergleichssituationen auf und leitet aus diesen Handlungsempfehlungen ab. Es dürfte keine einzige Situation geben, in der nicht irgendwelche Umstände vorkommen, die das Gehirn „wiedererkennt". Insofern gibt es auch für sehr selten vorkommende Ereignisse Vergleichssituationen, aus denen das Gehirn denkbare Ziele ableitet und Lösungen für Entscheidungen entwickelt. Wir wissen, dass das erste Screening des emotionalen Erfahrungsgedächtnisses etwa 1/10 Sekunde dauert. Nach diesem Zeitraum liegen bewertete Vergleichssituationen vor, und es könnte, wenn der Zeitdruck entsprechend groß ist, daraus eine Handlungslösung abgeleitet werden.

In den meisten Fällen reicht, wie oben gezeigt, das erste Screening des emotionalen Erfahrungsgedächtnisses nach Vergleichsituationen nicht aus, eine Entscheidung herbeizuführen, weil das Gehirn auf widersprüchliche Informationen stößt und das notwendige Maß an emotionaler Eindeutigkeit nicht erreicht ist. Soll man dem Bankmitarbeiter trauen, soll man ihm nicht trauen? Es lassen sich oft Anhaltspunkte für beides finden. Es gibt deshalb nach dem ersten Screening meist weitere Analyseschritte im Cortex – allerdings offenbar auch nicht allzu viele, denn viele Nichtspezialisten sind erstaunlich schnell fertig mit ihren Entscheidungen.

Wie kann das sein? Und: ist das vernünftig?

Wenn jemand mit einer *geringen Zahl von Analyseschritten* Lösungen für ein (schwieriges) Entscheidungsproblem erarbeitet, dann sagt man, er setzt *Heuristiken* ein. Wie z.B. soll jemand, der sich mit Krediten nicht auskennt, das beratende Gespräch mit einem Verkäufer einschätzen? Wie soll er erlernen, worauf er zu achten hat? Möglich ist das. Aber schnell geht es nicht, wenn es gründlich sein soll. Aus der allgemeinen Lebenserfahrung heraus hat jeder ein paar Entscheidungsroutinen verfügbar, die ihm andeuten, wie ein Gespräch einzuschätzen sein könnte. Wenn der Berater dauernd grinst, wird das als negativ empfunden. Ein realer Fall wickelte sich so ab: Eine völlig unbedarfte Familie, die sich von einem Berater der Dresdner Bank Anlagevorschläge machen ließ, wurde von der Komplexität der Vorschläge abgeschreckt. Sie störte sich daran, dass ihr nichts „Einfaches, Verständliches" angeboten worden war. Letztendlich kaufte diese Familie mit ihrem Geld eine Solaranlage auf das Dach ihres Hauses, weil ihr das Prinzip verständlich vorkam.

---

[122] F.A. von Hayek 1956, S. 5.
[123] F.A. von Hayek 1956, S. 13.

Aber wie gut auch immer solche einfachen Regeln (hier also ‚Wähle das Dir Verständliche') „im Allgemeinen" sein mögen: in der betreffenden Situation sind sie nicht mehr als grobe Versuche, eine vernünftige Entscheidung zu treffen, denn wie genau diese Heuristiken wirklich zu dieser Situation passen, ist unbekannt. Vielleicht war ja die Solaranlage völlig überteuert, während die Bankangebote solide waren – die Familie konnte mit ihren Heuristiken weder das eine noch das andere herausfinden.

Warum Menschen Heuristiken einsetzen, wird weiter unten (Kapitel 5) ausführlich behandelt. Jetzt fragen wir, wodurch zeichnen sich Heuristiken aus, die von Nichtspezialisten eingesetzt werden?

Aufgrund der geringen Zahl passender Vergleichssituationen, die ein Nichtspezialist kennt, sind alle in Frage kommenden Heuristiken mehr oder weniger grob. Ihre Anwendbarkeit ist ja gerade nicht für den Typus des spezifischen Falls erprobt worden. Die Gefahr, unpassende Heuristiken einzusetzen, ist daher hoch. Es fragt sich: gibt es Heuristiken, die „generell" nützlich sind, die sich also in verschiedensten Situationen bewähren? Man könnte solche Heuristiken „*Universalheuristiken*" nennen. Nichtspezialisten brauchen Heuristiken, die in einer großen Klasse von Situationen brauchbare Ergebnisse erbringen. Sie nutzen also, bildhaft gesprochen, den größtmöglichen Tennisschläger, um den Ball überhaupt zu erwischen. In meinem Werkzeugkasten habe ich ein Sammelsurium an Schraubenschlüsseln verschiedener Größe. Meist fehlt der richtige. Irgendwann kaufte ich mir zwei Universalschlüssel, die von der Größe 10 bis 15 und von 16 bis 20 alle Schrauben mehr oder weniger beherrschen. Freundlich auftreten, lächeln, hilfsbereit sein, können als Universalheuristiken begriffen werden, die im Regelfall, d.h. auch wenn die konkreten Umstände einer Entscheidungssituation nicht genau bekannt sind, eher positive als negative Folgen provozieren. Weitere Universalheuristiken könnten lauten: „Probieren geht über Studieren" oder: „Beim geringsten negativen Indiz ablehnen".

Regeln vom letzteren Typus könnte man auch als „*Misstrauensheuristiken*" bezeichnen. Das sind Heuristiken, die sich am schlechtest denkbaren Fall orientieren. Solche Heuristiken eignen sich besonders, um hässliche Maßnahmen der Gegenseite abzuwehren. Affekte, wie den Fluchteffekt, kann man als extreme Misstrauensheuristiken deuten, die mit größtmöglicher Wahrscheinlichkeit den schlechtesten Fall ausschließen.[124] Eine andere Misstrauensheuristik kann es sein, ein angebotenes Geschäft auszuschlagen, eine pauschale Preisreduktion zu verlangen, etc.

Kann es eine gute Heuristik sein, sich Rat bei Dritten zu holen und diesen zu beachten? Kann sich der Nichtspezialist auf andere verlassen, das fehlende Wissen dort erlangen? Die Antwort lautet: nur sehr bedingt. Der Nichtspezialist steht mit seinem Entscheidungs-

---

[124] F.A. von Hayek verwendet in seinem Aufsatz vom „Sinn" sozialer Institutionen (1956, S. 6) das Bild vom Entscheider, der zufrieden ist, wenn ihm seine Heuristik sagt, dass er auf einem in Frage kommenden Weg „kein Wasser" finden werde. Dies „kann wichtiger sein als viele positive Voraussagen" (ebenda).

problem grundsätzlich allein da. Da er die Situation nicht genau erfasst, kann er prinzipiell Niemandem trauen, weil er nicht einschätzen kann, welches Interesse die anderen Personen in der spezifischen Situation haben, ihm richtige oder falsche Angaben zu machen. Er kann nicht einschätzen, wie wichtig die Situation für die anderen ist. Er ist allein auf seinen eigenen Informationsstand, auf seine Erfahrungen und auf seine eigene Gedächtnisleistung angewiesen. Erinnern wir uns an das Beispiel teurer Geigen: Aufgrund der enormen Interessenskonflikte kann der Interessent keinem Mittler trauen. Er muss selbst entscheiden.

Zusammengefasst ergibt sich:

Ein „Nichtspezialist" ist ein Entscheider, der in Bezug auf eine spezifische Entscheidungssituation über wenig Erfahrung verfügt. Einige Nichtspezialisten haben das Bestreben, zu Spezialisten auf bestimmten Gebieten zu werden (wie z.B. Lehrlinge, Berufsanfänger etc.). Bedingt durch die Arbeitsteilung, die Knappheit an Zeit und anderen Ressourcen ist aber keiner in der Lage, in *allen* Entscheidungssituationen zum Spezialisten zu werden. Menschen können sich im Lauf der Zeit durch Wiederholung ein gewisses Maß an Erfahrung auf *mehreren* Gebieten aneignen. Aber *alles* können sie nicht beherrschen. Sie müssen sich mit Entscheidungsroutinen behelfen, die ihrem geringen Erfahrungsschatz angepaßt sind. Nützlich dabei werden in gefährlichen Situationen „Misstrauensheuristiken" sein, mit welcher man Gefahren ausweicht.

Nichtspezialisten können nicht sicher sein, eine Entscheidungssituation überhaupt mit allen erfolgs- (und misserfolgs-)relevanten Aspekten erkennen zu können. Nichtspezialisten werden daher häufig „Universalheuristiken" benutzen, die über eine größere Klasse von Entscheidungssituationen akzeptable Ergebnisse bringen. Ein Nichtspezialist kann sich grundsätzlich auch nicht auf den Rat Dritter verlassen, da er aufgrund seiner mangelnden Erfahrung die Güte dieses Rates nicht einschätzen kann. Das bedeutet, dass gerade derjenige, der am meisten Hilfe bedarf, am wenigsten Hilfe in Anspruch nehmen kann.

Charakteristik eines Spezialisten

Was ist demgegenüber ein Spezialist? Für den Spezialisten können grundsätzlich dieselben Überlegungen angestellt werden wie für den Nichtspezialisten – häufig, aber nicht immer, mit umgekehrten Vorzeichen.

Als Spezialist wird ein Mensch bezeichnet, der in einer spezifischen Entscheidungssituation über „viel" Erfahrung verfügt. Was „viel" bedeutet, wird unten diskutiert.

Erfahrungsgewinnung. Erfahrung können Spezialisten auf folgende Art und Weise gewonnen haben:

- *Eigene Erfahrung*: Sie haben Situationen, die der im Moment vorliegenden Situation sehr ähnlich sind, häufig erlebt und die Erfolge und Misserfolge beobachtet, die mit leichten Variationen der Umstände und eigenen Handlungen verbunden waren.

- *Sekundäre Erfahrung*: Sie haben mit Bekannten und Berufskollegen über Entscheidungssituationen gesprochen und von deren Entscheidungen, Erfolgen und Misserfolgen gehört.
- *Abstraktes Wissen*: Sie haben Kenntnisse durch Lernen in Schulen, Universitäten, Seminaren etc. erworben.

Situationstypen. Realistischerweise muss man feststellen, dass sich jeder Entscheidungsfall unterscheidet und insofern bezogen auf eine konkrete, ganz spezifische Situation strenggenommen gar keine Erfahrung vorliegen kann. Der „jetzt" zu entscheidende Fall an diesem Donnerstag um 10.45 Uhr ist noch nie vorgekommen. Hayek spricht von den konkreten Umständen von „Ort und Zeit",[125] die immer wieder neu sind. Wenn man aber die Entscheidungssituation mehr als Typus auffasst, dann kann man Spezialisten definieren als Entscheider, die in Bezug auf einen Typus über besondere Erfahrungen verfügen. Man denke hier an eine Eisverkäuferin, die einen Kunden nach dem anderen bedient. Jeder Kunde ist anders, aber ihr Verhalten weist doch erfahrbare Regelmäßigkeiten auf. Realistisch dürfte es auch sein anzunehmen, dass viele Spezialisten nicht nur einen einzigen Typus von Entscheidungen (z.B. das Beraten von Kunden beim Eisauswählen), sondern eine Gruppe ähnlicher Typen oft erlebt haben (Beraten am Schalter für Straßenverkauf, Bedienen im Eiskaffee, Verhandeln mit Eislieferanten). Vermutlich kennen sich die meisten Menschen auf mehreren Gebieten „gut" aus. Allerdings führt der Zeitbedarf des Sammelns von Erfahrung und Wissen dazu, dass Menschen nicht auf allen Gebieten gleich viel Erfahrung und Wissen sammeln können. Die Menge an Typen von Entscheidungsfällen, bei denen sich die Menschen „gut" auskennen, bei denen sie „viel" Erfahrung gesammelt haben, dürfte eher gering sein.

Relative Vorsprünge. Man sprach früher von „Universalgenies", die alle der menschlichen Erkenntnis zugänglichen Gebiete bis in die Tiefe beherrschten. Solche Universalgenies wären die perfekten Spezialisten auf allen Entscheidungsfeldern. Bezieht man die rein theoretische Idee eines Universalgenies ein, der auf allen Gebieten das leistet, was ein Mensch überhaupt nur leisten kann, der über sämtliche Erfahrungen auf allen Gebieten verfügt, die überhaupt machbar sind, dann muss man die realen Menschen, denen gemeinhin das Attribut „Spezialist" zugeordnet wird, weit „darunter" anordnen und dieses Attribut „relativ" begreifen: ein Spezialist hat relativ zu anderen Menschen in einer spezifischen Entscheidungssituation mehr Erfahrung und Wissen.

Objektive versus subjektive Erfahrungen. Ist das Spezialistsein eine Eigenschaft, die sich objektiv beschreiben lässt oder ist es eher ein subjektives Gefühl? Die Antwort lautet: beides. Es kann sein, dass ein Entscheider in einer spezifischen Entscheidungssituation der Meinung ist, er verfüge über Erfahrung, obwohl er diese aus Sicht seines Gegenübers nicht hat. Dies ist dann der Fall, wenn beide die Situation, in der sie sich befinden, unterschiedlich wahrnehmen bzw. einschätzen. Sie befinden sich sozusagen in zwei Welten. Jeder glaubt, er kenne die Entscheidungssituation. Wer zehnmal Aktien mit Erfolg gekauft hat, mag seine

---

[125] F.A. von Hayek 1956, S. 6.

Erfahrung überschätzen – er hat vielleicht immer in einem ähnlichen Situationstyp gekauft und insofern nur ein schmales Band an Erfahrung gesammelt. Er mag seine „wahre" Erfahrung überschätzen. Insofern ist Erfahrung etwas Subjektives. Es erscheint aber prinzipiell möglich, irgendwann in Zukunft Erfahrung und Wissen und deren Abrufbarkeit in spezifischen Situationen objektiv messen zu können.

Kompetenz muss nicht ‚umfassend' sein. Es ist nicht zwingend gesagt, dass ein Spezialist viel umfassendes Hintergrundwissen besitzt. Spezialisten verfügen über Erfahrung – mehr nicht. Und dies heißt nicht zwingend, über umfassendes Wissen zu verfügen. Die meisten Spezialisten dürften nur über wenige Aspekte des Entscheidungsraums Bescheid wissen. Es ist ein Irrtum, Spezialisten für „umfassend" informiert oder kompetent zu halten. F.A. von Hayek formulierte es 1956 so: „Wenn man anfängt, sich darüber Rechenschaft zu geben, einen wie viel größeren Teil der unser Leben beeinflussenden Faktoren wir *nicht* [kursiv bei Hayek, d.V.] kennen, so wird man sich bewusst, dass unsere Unwissenheit, unsere Unkenntnis der meisten konkreten Dinge, die den Gang der Welt um uns bestimmen, eigentlich als die wichtigste aller sozialen Tatsachen in jeder Diskussion sozialer Erscheinungen eine zentrale Rolle spielen sollte."[126] Ein schönes Beispiel für die geringe umfassende Kompetenz von Spezialisten findet sich in der Literatur. Es geht um den Forscher James Cook, der am St. Lorenz Strom Vermessungsarbeiten durchführen (lassen) sollte: „Cook fühlte, wie viele Kenntnisse ihm noch fehlten. Dann versuchte er, den Geometer auszufragen. Dabei erfuhr er dann freilich bald, dass auch dessen Wissen eng begrenzt war: Es reichte nicht über die Handhabung des Theodoliten und einiger Formeln hinaus, die zur Vermessung gebraucht wurden. Anfangs glaubte Cook, der Geometer wollte ihm mit Absicht nicht mehr Einblick geben, um seine Stellung zu wahren, dann aber sah er ein, dass für diesen Mann die Kunst der Vermessung ein Handwerk war, dessen Handgriffe er sich nutzbar zu machen verstand, dessen Wesen er jedoch weder begriff noch auch zu begreifen wünschte."[127]

Zeitbedarf. Spezialisten benötigen für Entscheidungen nicht unbedingt viel Zeit. Aufgrund der häufigen Beobachtung von Entscheidung und Erfolg hat sich die bestmögliche Handlung herauskristallisiert. Das Erfahrungsgedächtnis ist mit eindeutigen Informationen gespeist. Die ergriffenen Maßnahmen sind vom Belohnungssystem positiv bewertet worden. Dies braucht nur aufgerufen zu werden. Wir haben von den Biologen gelernt, dass bei eindeutigen Situationen („emotionale Eindeutigkeit") die Handlungen unmittelbar aus dem Unterbewusstsein (limbisches System, emotionales Erfahrungsgedächtnis) „geholt" werden. Bei komplexeren Fragen stehen weitere Heuristiken bereit, die nicht nur fertige Lösungen, sondern auch Prozeduren umfassen, mit denen sich Lösungen finden lassen. Spezialisten verfügen auf jeden Fall über Heuristiken, die zielgenauer sind als die von Nichtspezialisten.

---

[126] F.A. von Hayek 1956, S. 4.
[127] Lütgen 2003, S. 62.

Nützlichkeit des Spezialistseins. Es stellt sich jetzt die Frage, wie *nützlich* es ist, auf irgendeinem Gebiet Spezialist zu sein? Wie nützlich ist der Einsatz von Spezialisten in der Wirtschaft? Einerseits können Spezialisten mit ihrem größeren Erfahrungswissen spezifischere Entscheidungen treffen als Nichtspezialisten. Man sagt: Sie sind der Situation „gewachsen". Sie erkennen die Lage und können aus ihrem Erfahrungswissen heraus eine situationsangemessene Entscheidung fällen. Andererseits hat der Einsatz von Spezialisten nicht immer ökonomischen Wert. Zwischen der Kaffeesorte A oder B kann der Spezialist sicher fundierter wählen als der Nichtspezialist. Aber letzterer kann allein durch mehrmaliges Ausprobieren für wenig Geld ein für seine Zwecke befriedigendes Entscheidungsniveau erlangen. Zudem kostet das Sammeln von Erfahrung Zeit. Der Spezialist muss sich zum Erfahrungssammeln häufig in ähnliche Entscheidungssituationen begeben haben. Dabei sind Opportunitätskosten entstanden. Nicht immer werden diese später abgegolten, z.B. weil auch ein Nichtspezialist mit seinen Heuristiken ausreichend gute Entscheidungen treffen kann. Bezahlt werden Spezialisten in der Wirtschaft gelegentlich extrem gut. In anderen Fällen wird Spezialistenwissen aber nicht honoriert. Denken wir an manche Sachbearbeiter, die sich im Laufe der Jahre durch Erfahrung enormes Wissen angeeignet haben, das aber kaum ökonomisch verwertbar ist und auch nicht bezahlt wird.

Organisationen. Spezialisten arbeiten meist nicht als „Einzelkämpfer", sondern in Organisationen. Organisationen ermöglichen es, komplexe Vorgänge in immer kleinere Einheiten aufzuspalten. Die damit befassten Mitarbeiter haben es dadurch leichter, zum Spezialisten zu werden. Allerdings sind sie dann nur auf bestimmten kleinen Arbeitsfeldern Spezialisten und können ihr Spezialwissen nur im Rahmen der ihnen aufgetragenen Tätigkeiten anwenden. Ob der Organisation dadurch insgesamt ein Nutzen entsteht, kann der einzelne Spezialist u.U. überhaupt nicht beurteilen, weil ihm dazu das Wissen fehlt. Andererseits: wenn er etwas für die Organisation Nützliches erkennt, dann kann er dies nur in dem Maße einbringen, wie es die Spielregeln der Organisationen gestatten. Im Umgang mit der eigenen Organisation sind die meisten (Fachgebiets-) Spezialisten gerade keine Spezialisten.[128] Söllner hat das schöne Bild von den „schmutzigen Händen" gebraucht, wenn jemand in einer Organisation eine Verbesserungsmöglichkeit entdeckt, sie aber nur gegen die Statuten der Organisation durchsetzen kann. Die Nützlichkeit von Spezialisten in Organisationen wird im Folgenden nicht weiter behandelt.[129]

Zusammengefasst ergibt sich:

Ein Spezialist ist ein Entscheider, der in Bezug auf einen bestimmten Typus von Entscheidungssituationen über relativ viel Erfahrung verfügt. Er ist deshalb in der Lage, zielgenauere Entscheidungen zu treffen. Spezialisten benötigen für Entscheidungen nicht unbedingt viele Überlegungen und viel Zeit, weil die zu einer Situation gut passende, erfolgreiche Handlung im emotionalen Erfahrungsgedächtnis leicht erreichbar abgelegt ist. Spezialisten treffen gute Entscheidungen aus Erfahrung heraus, nicht aus einem umfassenden Hinter-

---

[128] Siehe Williamson 1990; Söllner 2000; Simon 1947, Simon 1955, Simon 1961, Simon 1997.
[129] Zum Wissen in Organisationen siehe auch Schreyögg, Geiger 2005, S. 438ff.

grundwissen heraus. Es kann reichen, ein paar Indizien über den vorliegenden Situationstyp zu sammeln, um dann eine hervorragende Entscheidung in Minuten oder auch Sekunden zu treffen (s. hierzu auführlich Kapitel 6).

Das Erfahrungswissen der Spezialisten muss nicht zwingend ökonomischen Wert besitzen. Dies wird weiter unten noch ausführlich zu diskutieren sein. Keinen Wert hat Erfahrungswissen z.B. dann, wenn andere Spezialisten ähnliche Erfahrungen gesammelt haben und in einer routinemäßigen Entscheidungssituation ein Spezialist einem anderen Spezialisten gegenübersteht. In einer solchen Situation kann man versucht sein, die Spezialisten durch unerfahrenere Kräfte oder automatische Systeme zu ersetzen. Aber es droht die Gefahr, dass dies ausgenutzt wird. *Das* erlärt das Aussehen der Institutionen.

Andererseits kann aber schon ein geringes Mehr an Erfahrung – z.B. gegenüber einem Nichtspezialisten – erheblichen ökonomischen Wert besitzen, weil dieses Mehr an Wissen die Besetzung einer lukrativen Nische ermöglicht.

Der ökonomische Wert von Entscheidungssituationen, bei denen Spezialisten und Nichtspezialisten aufeinandertreffen, wird im nächsten Kapitel näher beleuchtet.

4.2   Charakteristika von Entscheidungssituationen

Was zeichnet Entscheidungssituationen aus, in denen zwei Entscheidungsträger aufeinander treffen. Es können Spezialisten und Nichtspezialisten aufeinander treffen. Es können auch Spezialisten auf andere Spezialisten treffen. Schließlich könnte es Situationen geben, in denen Nichtspezialisten auf andere Nichtspezialisten treffen. Das Geschehen in modernen Ökonomien wird durch den ersten und zweiten Fall bestimmt.

Charakteristik einer Entscheidungssituation Spezialist-Nichtspezialist

In arbeitsteiligen Marktwirtschaften treffen Menschen bei vielerlei Gelegenheiten aufeinander. Die Arbeitsteilung in der Produktion führt zwangsläufig vielfältige Austausch- und Interaktionsvorgänge nach sich. Wenn es um den Austausch von Gütern geht, ist normalerweise der eine davon Spezialist und der andere Nichtspezialist.

An den Finanzmärkten tritt die Beziehung Spezialist-Nichtspezialist typischerweise dort auf, wo Finanzintermediäre Leistungen für ihre Nichtbankkunden erbringen. Die Mitarbeiter der Intermediäre sind für ihre jeweiligen Tätigkeiten Spezialisten. Währenddessen beschäftigen sich die Nichtbankkunden nur gelegentlich mit Finanzgeschäften. Sie agieren selten und erwerben nur sporadisch Erfahrungen. Damit sind sie typische Nichtspezialisten. Welche besonderen Aspekte charakterisieren eine solche Entscheidungssituation?

Brachten wir zunächst das Verhalten der Nichtspezialisten. Das Besondere der Verhaltensweisen der Nichtspezialisten ist, wie oben gezeigt, dass sie auf Heuristiken beruhen, die aufgrund ihrer mangelnden Erfahrung mit Entscheidungssituationen der gerade vorliegenden Art gerade nicht spezifisch sein können, sondern auf einen größeren Kreis von

Entscheidungssituationen passen. Diese Heuristiken ändern sich auch nicht zwingend, wenn sich die Entscheidungssituation ändert – z.B. weil der Spezialist einen wenig auffälligen Parameter geändert hat –, weil der Nichtspezialist das Spezifische einer Situation gar nicht erkennt. Seine Heuristik ist auf den Typus abgestellt. Und der erkannte Typus ändert sich (zunächst) nicht, wenn der Spezialist an versteckten Stellen etwas ändert. Dies ist der Grundstock für hässliche Maßnahmen, die der Spezialist ergreifen kann bzw. könnte.

Standardisiertes und gleichartiges Verhalten von Nichtspezialisten

Für die Interaktion Spezialist-Nichtspezialist ist es wichtig, ob verschiedene Nichtspezialisten sich gleich verhalten. Wenn sich jeder Nichtspezialist bei jeder Entscheidung anders verhielte, dann wäre die Entscheidungssituation für den Spezialisten jedes Mal neu; er wäre letztlich kein Spezialist.

Ein völliges Abweichen der Handlungen von Nichtspezialisten voneinander wird es aber nicht geben. Entscheidungsträger mit gleichem (geringen) Erfahrungshorizont werden in einer bestimmten Situation zu ähnlichen Verhaltensweisen neigen. Dies liegt einfach daran, dass es nur eine begrenzte Zahl vernünftiger Handlungsalternativen gibt. In unserer Welt gibt es nicht unbegrenzt viele Handlungsalternativen, die vom Gehirn das Siegel „vernünftig", „angenehm", „zu wiederholen" bekommen. Alle Menschen von den USA bis China benutzen die gleichen Einbauküchen, tragen die gleichen Schuhe und schauen die gleichen Kinofilme an. Es ist eine erstaunlich begrenzte Menge an Lösungen, die verfügbar ist. Migrantenforscher berichten, wie sich mit jeder jüngeren Generation der migrierten Familien das Verhalten dem der angestammten Bevölkerung angleicht: was sollen die Menschen auch anderes tun? Bei den gegebenen Verhältnissen (und den gegebenen Grundbedürfnissen der Lebewesen der Gattung Homo) sind kaum andere Verhaltensweisen (Konsum, Freizeitgestaltung) vernünftig als diejenigen, welche die angestammte Bevölkerung entwickelt hat. Es war für viele in dieser Hinsicht ein Erlebnis, die Bilder amerikanischer Soldaten nach dem Einmarsch im Irak von den Toiletten Saddam Husseins zu sehen: sie sahen aus, wie überall auf der Welt – nicht einmal die vergoldeten Armaturen waren einzigartig.

Aus diesem Grund tritt der Nichtspezialist dem Spezialisten entgegen in einer Situation, die für ersteren mehr oder weniger neu ist, während sie für den Spezialisten, obwohl er den spezifischen Menschen vielleicht zum ersten Mal sieht, doch bekannte Umstände enthält.

Alles das, was während der Interaktion passiert, kann der Nichtspezialist nur aus der Brille seiner *unspezifischen* Erfahrungen bewerten. Er ist Gefangener seiner *allgemeinen* Verhaltensregeln. Genau dies ist der Boden, auf dem der Spezialist agiert, denn er kennt diese allgemeinen Verhaltensregeln aufgrund seiner Erfahrung. Er kann die kritischen Wörter vermeiden, die zum Abbruch von Gesprächen führen. Er kann die Bedeutung der zeitlichen Länge von Gesprächen einschätzen, er weiß, in welcher Gestaltung Prospekte wirken, wann der Computer aufgeklappt und die Beratungssoftware eingeschaltet werden sollte etc.

Misstrauensheuristiken

Es ist nicht gesagt, dass der Spezialist immer einen (ökonomischen) Vorteil erzielt, wenn er die Situation spezifischer beurteilt als der Nichtspezialist. Dies liegt an den Heuristiken, auf welche sich der Nichtspezialist stützt. Wenn der Nichtspezialist zu der Heuristik greift, grundsätzlich niemandem zu trauen, kann der Spezialist nichts gewinnen. Es gibt Heuristiken, die sind so abgesichert gegen Einflüsse von außen, dass keine Veränderung der Umstände einer Entscheidungssituation durch den Spezialisten an der Entscheidung des Nichtspezialisten etwas ändert. Eine Friseuse, die Werbebriefe grundsätzlich wegschmeißt, kann nicht durch geänderte Texte gewonnen werden.[130]

Charakteristik einer Entscheidungssituation Spezialist-Spezialist

Was charakterisiert eine Entscheidungssituation, bei der ein Spezialist auf einen anderen Spezialisten trifft?

Vorteilssuche

Viele Menschen achten in Verhandlungssituationen darauf, den eigenen Vorteil zu wahren. Nicht, dass alle Menschen jederzeit darauf aus wären, andere Menschen zu *über*vorteilen. Es ist auch nicht so, dass alle Menschen irgendetwas *maximieren* wollten und ständig versuchten, *so viel wie möglich* zu erreichen. Ein Kenner des deutschen Volksbankenwesens erklärte mir einmal, dass es nicht Ziel der Volksbanken(vorstände) sei, den Gewinn ihrer Institute oder den Nutzen der Mitglieder zu maximieren, sondern das Institut „am Laufen" zu halten. Auch damit kann man einen Acht- oder Zehn-Stunden-Arbeitstag befriedigend ausfüllen.

Aber selbst wenn viele Menschen nicht maximieren, so sind sie doch auch von der Wertigkeit der eigenen Leistungen (oder der eigenen Person) überzeugt und bemühen sich, das aus einem Handel zu Erlösende „angemessen" hoch zu halten. Der Vorstandsvorsitzende eines großen schweizerischen Chemieunternehmens sagte einmal in einem Interview, dass er nie in seiner Karriere so an sein Gehalt gedacht habe wie jetzt, wo er viel mehr verdiene, als er brauche. Er empfände es als persönlich kränkend, wenn er als CEO des siebtgrößten Chemieunternehmens nicht auch das siebthöchste Einkommen aller CEOs der Branche erzielte. Es gibt sicher viele andere, die es in keiner Weise für wichtig halten, dass dieser durchaus verdiente CEO ein solches Einkommen erhält. Sie werden aus ihren Erfahrungen heraus andere Vergleichsmaßstäbe wählen und ihm vielleicht ein geringeres Gehalt anbieten, auch um ihre eigene Position zu stärken und nicht selbst gekränkt zu sein. Man erkennt: obwohl niemand Maximierungsmotive hat, bestehen doch Spannungen, und es muss um die Höhe von Leistung und Gegenleistung gekämpft werden.

---

[130] Der Vollständigkeit halber sei darauf hingewiesen, dass nicht alle Kunden der Banken das Kriterium des Nichtspezialisten in hohem Maße erfüllen. Insbesondere die größeren Firmenkunden setzen Mitarbeiter ein, welche ausschließlich für Finanztransaktionen zuständig sind. Sie bringen eine fachspezifische Vorbildung mit oder kommen sogar von Banken. Dies kann dazu führen, dass Interaktionen der Entscheidungssituation Spezialist-Spezialist entsprechen.

Wenn zwei Personen um Leistung und Gegenleistung verhandeln, dann versuchen sie, die Situationsparameter (Umgebung, Produkte, Sprache, Abläufe, also den „Verhandlungs-*frame*") so einzustellen, dass das Verhandlungsergebnis für sie günstig beeinflusst wird. Der Spezialist kennt aufgrund seiner größeren spezifischen Erfahrung mehr Instrumente dieser Art und mehr von ihren Wirkungen. Er kann derartige Instrumente zielgerichteter einsetzen als der Nichtspezialist.

Wir betrachten im Folgenden die Fälle, bei denen es das Ziel des Einsatzes von Spezialisten ist, die veränderbaren Parameter einer Entscheidungssituation so zu beeinflussen, dass die Entscheidung vorteilhaft verändert wird. Dies muss nicht, kann aber zum Nachteil des Interaktionspartners sein.

Was passiert, wenn beide Interaktionspartner Spezialisten sind?

Es wird zu einer Blockade der Absichten kommen. Dies sei am Beispiel zweier Händler im Interbankenhandel, die gleich erfahrene „alte Hasen" sind, gezeigt. Sie kennen genau alle Wirkungen aller denkbaren Handlungsalternativen. Sie wissen, wie man sich vorbereitet, wenn man ein Handelsgespräch führen will. Beide können die Situation einschätzen, und beide kennen die Maßnahmen, die man anwenden muss, um sie zu den eigenen Gunsten zu beeinflussen. Man könnte von einem „Level-playing-field" sprechen. Keiner der alten Hasen kann aus seinem Erfahrungswissen einen Vorteil erzielen.

Der Einsatz der Spezialisten läuft, was die Absicht, einen Sondervorteil zu erzielen, betrifft, ins Leere.

Der Nutzen von Spezialisten

Es lässt sich verallgemeinern: Wenn ein „Level-playing-field" eingerichtet ist, dann ist der Nutzen des Einsatzes von Spezialisten begrenzt: einen Extravorteil auf Kosten des Interaktionspartners kann man dann nicht mehr erzielen.

Beispiele dafür gibt es zu Hauf. Nehmen wir das Beteiligungscontrolling in internationalen Konzernen: Die Zentrale hat ein Interesse an einem wahrhaftigen Einblick in die Lage der Tochterunternehmen. Die Tochterunternehmen wollen ihre Lage „schönen". Mitarbeiter der Zentrale analysieren die Meldungen der Tochtergesellschaften. Sie kennen die Formblätter, sie kennen jede Maßnahme der Mitarbeiter der Tochtergesellschaften, die Formblätter „vorteilhaft" auszufüllen. Sie können die Zahlen in jeder Hinsicht verstehen und interpretieren. Auf der anderen Seite bei den Lieferanten der Zahlen aus den Tochtergesellschaften sitzen ebenfalls Spezialisten, welche genauso wie die Spezialisten der Zentrale die Formblätter kennen und wissen, welche Möglichkeiten es gibt, die tatsächlich erreichten Leistungen vorteilhafter aussehen zu lassen. Sie wissen aber auch, dass in der Zentrale Mitarbeiter sitzen, die selbst in früheren Tätigkeiten die Formblätter ausgefüllt haben und alle Tricks kennen, die Lage besser aussehen zu lassen als sie ist. Keiner kann eine hässliche Maßnahme durchsetzen.

Es stellt sich dann die Frage, welchen Nutzen die Spezialisten in der Zentrale und bei den Tochtergesellschaften überhaupt stiften? Sollte man die Formblätter nicht von Lehrlingen ausfüllen und auswerten lassen?[131]

Oder allgemeiner gefragt: Wenn auf allen Seiten Spezialisten sitzen und jeder Versuch der Gegenseite, die Situation zu den eigenen Gunsten zu beeinflussen, zunichte gemacht wird, muss man dann überhaupt Spezialisten einsetzen oder sollte man vereinbaren, darauf zu verzichten?

Es lässt sich vermuten, dass man, wenn man in einem statischen Umfeld die Lösung mit dem nicht mehr steigerbaren Ergebnis herausgefunden hat, keine Spezialisten mehr benötigt. Sie könnten mit ihrer Erfahrung keinen Mehrwert mehr erreichen, da sie keine Handlung durchsetzen können, welche zu einem höheren Ertrag führt.

Die Kosten des Interbankenhandels

Betrachten wir nun den Interbankenhandel. Hier werden täglich Zigtausende von Geschäften getätigt, die dem Ausgleich von Salden aus dem Kundengeschäft dienen. Müssen die Mitarbeiter, welche diese Tätigkeiten ausführen, Spezialisten sein, d.h. jede nur mögliche Nuance ihres Geschäftes kennen? Oder reicht es, Berufsanfänger, Neulinge, schnell Eingearbeitete auf die Stellen zu setzen? Der Finanzsektor insgesamt gesehen würde sicherlich erhebliche Kosten einsparen, wenn er die Interbankengeschäftsfelder mit Nichtspezialisten besetzen könnte.

Zwar werden die Neulinge im Lauf der Zeit durch die Wiederholung der Tätigkeiten, bei denen sicherlich immer wieder leichte Variationen passieren, sodass Lernen möglich wird, zwangsläufig zu Spezialisten. Aber wenn einmal ein perfektes, wasserdichtes, gegen hässliche Angriffe geschütztes System installiert wurde, ist es nicht notwendig, Aufgaben von Spezialisten durchführen zu lassen. Man braucht den im Lauf der Zeit zu Spezialisten werdenden Mitarbeitern keine hohen Gehälter zu bezahlen, weil man keine Spezialisten benötigt. Man kann sie, wenn sie anfangen, Forderungen zu stellen, wenn sie „zu teuer" werden, ersetzen. Man kann sie auch nach kurzer Anlernzeit versetzen, um sie mehrere Tätigkeiten kennen lernen zu lassen. Auf diese Weise werden spätere Führungskräfte mit umfassendem Erfahrungsschatz herangebildet.

Aus Sicht des Finanzsektors insgesamt, werden Kosten dann minimiert, wenn die typischen brancheninternen Entscheidungen von den billigsten verfügbaren Mitarbeitern bewältigt werden. Das sind Neulinge, Menschen mit geringem Bildungsniveau, generell

---

[131] Die Antwort lautet selbstverständlich nein, denn selbst wenn Mutter und Tochter vereinbaren, Lehrlinge mit den Arbeiten zu betrauen, besteht die Gefahr, dass bei der Tochter der gewiefteste „alte Hase" Systeme installiert, wie die Lehrlinge zu den „richtigen" Zahlen kommen. Das ist aus der Zentrale heraus unkontrollierbar, sodass dort nur die erfahrensten Experten zum Einsatz kommen dürfen. Das aber erfordert es bei der Tochtergesellschaft, möglichst jeden zufälligen Fehler zu vermeiden, was den Einsatz von Lehrlingen verhindert.

jüngere Kräfte, mithin Menschen, die in sehr vielen Entscheidungssituationen Nichtspezialisten sind.

Aber ist dies auch vernünftig? Solange alle Banken mit den billigen Kräften arbeiten, gibt es zumindest Waffengleichheit. Allerdings könnte die Gegenseite auf die Idee kommen, die mangelnde Souveränität der angelernten Kräfte der anderen Bank auszunutzen. Der Einsatz preiswerter Nichtspezialisten birgt aufgrund ihrer geringen Erfahrung Risiken in nicht-statischen Umfeldern. Betrachten wir dazu ein Beispiel: Es könnte sein, dass der (Spezialisten einsetzende) Verhandlungspartner die Schwächen der (unerfahrenen) Mitarbeiter der Gegenseite herausfindet und dann gezielt darauf abgestellte Strategien entwickelt. Vielleicht findet er heraus, dass die Nichtspezialisten der anderen Bank sich zwar – in den meisten Fällen – an vorgeschriebene „wasserdichte" Regeln halten, aber in Stresszeiten oder kurz vor dem Dienstende zu anderen Verhaltensweisen neigen. Er wäre dumm, wenn er das nicht ausnutzte. Gegen solche Gefahren muss man sich schützen, wenn man Nichtspezialisten beschäftigt.

Das Risiko, keine Spezialisten einzusetzen

Gleichwohl ist das Interesse des Finanzsektors als Ganzes, den Interbankenhandel so billig wie möglich durchführen zu können, riesig. Es macht einfach keinen Sinn, jede Stelle im Interbankenhandel mit erfahrenen Experten zu besetzen, nur um hässliche Angriffe der Gegenseite abwehren zu können. Die Spezialisten auf allen Stellen neutralisieren sich selbst, niemand kann einen Extravorteil erreichen, und der Finanzsektor als Ganzes trägt die Kosten der Spezialisten.

Eine Lösung des Problems wäre eine Art „Nichtangriffspakt". Die Partein vereinbaren, fair miteinander umzugehen. Macht ein unerfahrener Neuling einen Fehler, wird das fair geregelt. Niemand besteht auf seinem Rechtsanspruch. Das oben behandelte Beispiel der Citibankaktion „Dr. Evil", wo Citibank in 3 Minuten auf Kosten anderer Banken, die mit Fairnes rechneten, 15 Mio. USD verdiente, zeigt, dass solche Ansätze probiert werden, aber letztlich Wunschdenken sind.

Eine andere Lösung ist es, den Interbankenhandel so zu organisieren, dass gleich gute Ergebnisse resultieren unabhängig davon, ob sie mit Spezialisten oder mit Nichtspezialisten betrieben werden. Da niemand der Gegenseite vorschreiben kann, keine Spezialisten einzusetzen, müssen diese Systeme so beschaffen sein, dass Erfahrenere keine hässlichen Maßnahmen durchsetzen können. Welche Eigenschaften müssen solche Systeme haben?

- *Einfachheit*. Eine Eigenschaft ist die Einfachheit. Je einfacher und klarer die Systeme sind, desto weniger Stellhebel gibt es für Manipulationen, desto eher fallen Manipulationen und Abweichungen vom festgesetzten Standard auf, mit der Folge, dass unerfahreneres, preiswertes Personal mit deren Bedienung bzw. Umgang betraut werden kann.

- *Geregeltheit*. Ein weiterer Aspekt sind Regelungen. Je stärker geregelt ein System ist, desto weniger Handlungsspielraum existiert, desto weniger Variationen sind möglich.

Den Spezialisten sind die Hände gebunden: hässliche Maßnahmen sind verboten. Einen hässlichen Mehrertrag kann man dann nur noch durch Regelverletzung erzielen. Wenn die Regelungen komplex sind, wird es den Angelernten, den Neulingen, d.h. den Nichtspezialisten zwar u.U. gar nicht auffallen, dass Regeln verletzt wurden. Aber irgendwann wird es irgendwem auffallen, und dann kann sanktioniert werden.

- *Standardisierung.* Nützlich sind Standardisierungen. Standardisierung kann als Maßnahmebündel zwischen Einfachheit, Geregeltheit und Konstanz aufgefasst werden. Standardisierung schränkt die Handlungsautonomie ein. Der Standard kann als ein geprüftes Maßnahmebündel interpretiert werden. Soweit Spezialisten einen Standard übernehmen (müssen), können sie keine opportunistischen Variationen unterbringen. Nichtspezialisten brauchen nur die Einhaltung der Kriterien des Standards zu prüfen. Tieferes Verständnis muss nicht vorhanden sein.

- *Konstanz.* Dazu gehören weitere Mechanismen, die dafür sorgen, dass im Zeitablauf wesentliche Komponenten *konstant* bleiben, sich also nicht laufend ändern. Um in Märkten bestehen zu können, die sich laufend ändern, bedarf es erheblicher Erfahrungen. Bleiben Dinge konstant, dann können auch Neulinge schnell auf ein befriedigendes Leistungsniveau kommen. Änderungen an Produkten und Abläufen fallen auf. Das kann das Ergreifen hässlicher Maßnahmen erschweren.

Zusammenfassung: Warum überhaupt Spezialisten einsetzen?

Dort, wo Spezialist auf Spezialist trifft, entstehen ambivalente Situationen. Wenn ein Schachgroßmeister auf einen Novizen trifft, wird ersterer immer gewinnen. Es lohnt sich, einen Großmeister zu engagieren. Aber wenn zwei Schachgroßmeister aufeinandertreffen, ist das Ergebnis offen. Wenn Banken im Interbankengeschäft – um im Bild zu bleiben – Schachgroßmeister für Routinefälle einsetzen müssten, um nicht ständig zu verlieren, wäre dies ungünstig.

Der besondere Vorteil von Spezialisten liegt darin, Nischen zu erkennen und diese – unter Umständen hässlich opportunistisch – auszubeuten. Wenn die Gegenseite aber auch Spezialisten einsetzt, um genau das zu verhindern, läuft der Versuch, über hässliche Maßnahmen Mehrerträge erzielen zu wollen, ins Leere. Das bedeutet, dass Unternehmen, die über anhaltende Zeit Geschäfte miteinander tätigen, durch den Einsatz von Spezialisten zumindest nicht zu opportunistischen Mehrerträgen gelangen, wenn sich die Gegenseite auch mit Spezialisten bewaffnet und „aufpasst".

Der Nutzen der eigenen Spezialisten kann in diesem Fall nur darin liegen, sich gegen opportunistische Maßnahmen der Gegenseite zu schützen, d.h. hässliche Angriffe abzuwehren.

Allerdings braucht man dazu nicht unbedingt Spezialisten. Vor hässlichen Maßnahmen schützen auch andere Mechanismen, die unter Umständen wesentlich billiger sind. Oben wurden mit der (i) Einfachheit, (ii) Geregeltheit, (iii) Standardisierung und (iv) Konstanz vier Mechanismen genannt, die nützlich sind.

Kurz: es gibt Institutionen, die eine Antwort auf die speziellen Probleme der Entscheidungssituation Spezialist-Spezialist und damit letztlich auf die kognitiven Eigenschaften der Wirtschaftssubjekte darstellen. Diese bestimmen das Aussehen der Finanzmärkte wesentlich mit. Im Kapitel 7 werden diese ausführlicher behandelt.

Charakteristik einer Entscheidungssituation Nichtspezialist-Nichtspezialist

Was passiert, wenn ein Nichtspezialist im Rahmen einer Transaktion auf einen anderen Nichtspezialisten trifft? Man könnte vermuten, dass solche Transaktionen eher selten seien. In modernen Marktwirtschaften werden nahezu alle Transaktionen durch spezialisierte Intermediäre vermittelt. Finanztransaktionen ohne Intermediäre kommen kaum vor. Mehr als Verwandtendarlehen und die Auszahlung von Taschengeld an Kinder fällt kaum an. Insofern könnte man vermuten, der Fall Nichtspezialist-Nichtspezialist tritt im Finanzsektor nicht auf.

Es stellt sich aber die Frage, ob ein Spezialist *immer* als Spezialist agiert, oder ob es auch Phasen geben kann, in welchen er wie ein Nichtspezialist handelt?

Letzteres ist tatsächlich der Fall. Erfahrungen sind nur solange etwas Wert, wie die äußeren Umstände genügend stabil sind. Nach Datenänderungen kann die Erfahrung wertlos geworden sein. Die Profis, die Experten sinken dann auf den Stand von Nichtspezialisten zurück und müssen sich den Spezialistenstatus erst wieder erarbeiten.

Im Verlauf der Subprimekrise konnte man gut beobachten, was nach gravierenden Datenänderungen passiert. Erfahrungen wurden wertlos. Die langfristige Planungsfähigkeit nahm ab. Man konnte einen Übergang zu Ad-hoc-Entscheidungen beobachten. Es wurde auf die jeweils eingetretene Situation meist übervorsichtig reagiert. Übervorsichtiges Verhalten ist aber ein typisches Zeichen einer Misstrauensheuristik, die ein Nichtspezialist anwendet.

Wenn es durch eine gravierende Datenänderung dazu kommt, dass der Spezialist die Situation nicht mehr einschätzen kann, weil sie sich nach der Datenänderung von den Vergleichssituationen (in seinem Gedächtnis) unterscheidet, dann wird der (frühere) Spezialist zu den gleichen Verhaltensweisen greifen (müssen), wie Nichtspezialisten: es kommt zur Anwendung grober, nicht mehr situationsspezifischer, allgemeiner Heuristiken. Diese können in ihrer Wirkung zu völlig geänderten Verhaltensweisen beitragen. Dadurch können Märkte ihren Charakter völlig verändern. In der Subprimekrise ist so etwas deutlich geworden. Vor Ausbruch der Krise war die Vermarktung von Subprimekrediten über die diversen Stufen der Prozesskette von der Kreditgewährung über die Verbriefung bis zur Platzierung bei Investoren von einem großen Vertrauen der Beteiligten gekennzeichnet.[132] Nach Ausbruch der Krise war dieses Vertrauen vollständig verschwunden und machte einem ungeheuren, nie erlebten Misstrauen Platz. Ein ähnlich dramatischer Verhaltensumschwung passierte mit der Bewertung von Technologieunter-

---

[132] Siehe hierzu z.B. die Geschäftsberichte der Sachsen LB der Jahre 2006 und 2007.

nehmen um das Jahr 2000. In der Interneteuphorie Ende der 90er Jahre waren Unternehmen der Branche mit dem Umsatzmultiple bewertet worden. Als der Glaube an die langfristige Ertragskraft der Branche verschwand und die Anhaltspunkte, wie es mit der Branche weitergehen würde, immer vager wurden, griff man auf alte Gesetzmäßigkeiten zurück und bewertete die Unternehmen mit Ertragsmultiples, was zu einer erdrutschartigen Bewertungsniveauänderung führte. Das Gleiche passierte nach der Subprimekrise im Immobiliengeschäft. Im Boom der Immobilienmärkte waren Kredite nach der neuen Kennziffer „Loan to (Market) Value" bewertet worden. Nach Ausbruch der Krise griff man wieder zu traditionellen Erfolgsmaßen und stellte die nachhaltige Vermietbarkeit in den Vordergrund, was zu einem erdrutschartigen Einbruch der Neukreditvergabe führte.[133] Das heißt: der Wechsel von den typischen Heuristiken der Spezialisten zu den Heuristiken, die Wirtschaftssubjekte verwenden, die sich nicht auskennen, kann mit enormen Verhaltensänderungen verbunden sein.

Aber welcher Heuristiken bedient sich ein Spezialist, wenn durch exogene Datenänderungen seine (spezifische) Erfahrung wertlos geworden ist? Hierzu kann man Folgendes sagen: Kennzeichen des Nichtspezialisten ist es gerade, dass er nicht alle „Schliche" der Spezialisten kennt und sich deshalb der Gefahr ausgesetzt sieht, Opfer hässlicher Maßnahmen zu werden. Heuristiken der Nichtspezialisten sind deshalb zum großen Teil „Misstrauensheuristiken" und „Universalheuristiken", die in einer großen Klasse von Entscheidungssituationen passen. Jeder Spezialist ist in einer arbeitsteiligen Welt selbst Nichtspezialist auf vielen Gebieten des täglichen Lebens. Er verfügt deshalb über die Kenntnis einer großen Zahl entsprechender Heuristiken. Wenn nun dem Spezialisten auf seinem Spezialgebiet durch eine exogene Datenänderung die Anwendbarkeit seiner spezifischen Erfahrungen verloren geht, dann stehen ihm sofort die vielen Heuristiken zur Verfügung, die er außerhalb seines Spezialgebietes verwendet. Während er sich vorher (als Spezialist) vielleicht am Erwartungswert orientierte, weil die Erfahrung ihm sagte, dass sich über die Zeit und wiederholtes Handeln der Erwartungswert tatsächlich materialisiert, wird er nach einer Datenänderung, die seine Erfahrung entwertet, vielleicht enorme Risikoabschläge machen oder Risiko überhaupt nicht mehr eingehen, nicht weil das Ergebnis einer wohlüberlegten Risikoabschätzung wäre, sondern weil er seine Heuristik geändert hat und zu den typischen Misstrauens- und Universalheuristiken der Nichtspezialisten übergegangen ist.

Fundamentale Verhaltensänderungen von Menschen, die in scheinbar keinem Verhältnis zur Ursache oder zum Anlass der Verhaltensänderungen stehen, könnten ihre Ursachen in derartigen Übergängen von einem Heuristik-Typ zu anderen Heuristik-Typen haben. Insbesondere der Übergang zu Misstrauensheuristiken durch Spezialisten, die in „neuen" Situationen keine Anwendungsmöglichkeiten ihres spezifischen Erfahrungswissens mehr besitzen, kann zu fundamentalen Änderungen der Zustände an Märkten führen.

---

[133] Hecker, Preithner 2009, S. 35.

4.3 Wenn die Zeit vergeht: Spezialisten und Nichtspezialisten im Zeitablauf

Was wird aus den Spezialisten und Nichtspezialisten, wenn die Zeit vergeht? Im letzten Abschnitt wurden die Beziehungen der Spezialisten und Nichtspezialisten erörtert, so wie sie sich zu einem *Zeitpunkt* darstellen. Nun sollen Wirkungen des *Zeitablaufs* betrachtet werden.

Wenn die Zeit voranschreitet, verändern sich Dinge. In der Natur wachsen die Pflanzen und vergehen wieder. Selbst härtestes Gestein erodiert und wird im Lauf der Zeit zu Staub. Menschen gehen ihren arbeitsteiligen Tätigkeiten nach. Der Verkäufer verkauft immer aufs Neue seinen Kunden Pullover. Eine der Folgen wiederholten Agierens ist, dass die Menschen ein Mehr an ähnlichen Situationen erleben und das emotionale und deklaratorische Erfahrungsgedächtnis mit spezifischen Inhalten füllen. Die Menschen lernen und finden sich immer besser zurecht. Ihre Unsicherheit, was wird passieren, wenn sie so oder so handeln, nimmt immer mehr ab, und durch kleine Variationen des Kontextes und der eigenen Handlungen erkennen sie nach und nach *bessere* Handlungsvarianten.

Aber was heißt „besser"?

Um dies zu zeigen, ist es notwendig, sich zunächst mit den *Zielen* des Handelns zu befassen, weil angenommen werden kann, dass die im Zeitablauf erreichten Lernfortschritte wenigstens tendenziell dazu beitragen, diese Ziele besser zu erreichen.

Oberziele des Handelns

Was sind die Ziele des Handelns? Evolutionsbiologen sagen, dass letzte Ziele der Lebewesen darin lägen, ihre Fitness, d.h. ihren Fortpflanzungserfolg zu erhalten bzw. zu verbessern.[134] Aus dieser Überlegung heraus wird als biologisch angepasst eine Verhaltensweise bezeichnet, *„wenn sie unter den gegebenen Bedingungen und im Vergleich zu allen realisierbaren Alternativen mit der höchst möglichen Fitness für den Akteur verbunden ist."*[135]

Dies bedeutet, dass man Lernfortschritte letztlich an Indikatoren der Fitness messen müsste. In der Ökonomik bevorzugt man aber „konkretere" Indikatoren.

---

[134] Siehe Voland 2000, S. 15ff.

[135] Voland 2000, S. 18. Ob wirklich die „höchstmögliche" Fitness gesucht wird, wäre vor dem Hintergrund von Simons Satisficing Prinzip zu hinterfragen. Aber dass Lebewesen im Lauf der Zeit zu geschickteren Handlungsweisen, zu ergiebigeren Nahrungsquellen etc. gelangen, ist offensichtlich. Ob dafür jedoch *maximierende* Verhaltensmaximen nötig sind, kann bezweifelt werden. Zu anderen biologischen Zwecken als die Fitness-Maximierung, vgl. Tinbergen 1979, S. 3ff.

Welche bieten sich an? Da Verhalten als die „*Kontrolle und Ausübung von Bewegungen*",[136] verstanden wird, folgt unmittelbar, dass neuronale Zustände als Indikatoren in Frage kommen, weil, wie oben gezeigt, neuronale Zustände Bewegungen freigeben oder hemmen. Daraus abgeleitet können Gefühle wie Freude, Angst, Zufriedenheit, Ekel oder auch ökonomische Kenngrößen wie Gewinn und Verlust als (psychologische und ökonomische) „Korrelate" derjenigen neuronalen Zustände begriffen werden, die dazu beitragen, dass Verhaltensweisen ergriffen werden, die mit der angestrebten Fitness verbunden sind.

In Vrooms bekanntem Valenzmodell werden Oberziele mit sehr konkreten Handlungskomponenten verbunden.[137] Vroom unterscheidet zwischen der Handlung, dem Handlungsergebnis und dem Strom der Folgen, die ein erzieltes Handlungsergebnis auslöst. Der (biologisch) bewertete Strom der Folgen, den ein Handlungsergebnis auslöst, ist die höchste von Vroom betrachtete Ebene. Ob eine Handlung (z.B. Schlag mit dem Hammer) zum gewünschten Handlungsergebnis führt (z.B. Hammer trifft Nagel), ist nicht sicher und muss abgeschätzt werden. Genauso ist nicht sicher, ob ein Handlungsergebnis (z.B. Dachstuhl sauber genagelt) die gewünschten Folgen (z.B. Gehaltserhöhung, Folgeauftrag) hat (z.B. erfährt man statt einer Belobigung Kritik). Auch hier kommen Schätzgrößen zum Einsatz. Einige weitere Größen spielen in dem Modell eine Rolle.

Alle Größen würden sich dafür eignen, die Konsequenzen von Lernfortschritten zu verdeutlichen.

Es wäre falsch anzunehmen, Ökonomen bildeten die Ergebnisse von Entscheidungen nur in Kenngrößen wie Gewinn und Verlust ab. Sie bilden Entscheidungen seit einiger Zeit auch auf der Ebene ihres Beitrags zur Fitness eines Lebewesens ab[138] genauso wie sie in jüngster Zeit versuchen, Entscheidungen auf der Ebene neuronaler Zustände darzustellen.[139] Traditionell werden aber andere Ebenen und recht praxisnahe Indikatoren bevorzugt.

Insgesamt zeigt sich, dass man den Erfolg des Lernens auf verschiedenen Ebenen und an sehr verschiedenen Indikatoren abbilden kann, ohne dass es eine eindeutige Überlegenheit einer davon gäbe: auf der Ebene der Fitness, der neuronalen Ebene, in der Welt der Gefühle, durch die erreichten Handlungsfolgen, die Handlungsergebnisse und die Handlungen selbst, durch die Fähigkeiten eines Entscheiders oder diverser Wahrscheinlichkeitsurteile. Da es für die folgenden Erwägungen nicht notwendig ist, sich auf eine Ebene festzulegen, wird eine Größe verwendet, die als Platzhalter fungiert. Dieser Platzhalter wird „Entscheidungsqualität" genannt.

---

[136] Die vollständige Definition lautet: „die Kontrolle und Ausübung von Bewegungen oder Signalen, mit denen ein Organismus mit Artgenossen oder anderen Komponenten seiner belebten und unbelebten Umwelt interagiert"; Kappeler 2006, S. 35.

[137] Siehe Vroom 1964, S. 15ff. Siehe auch Spieß 2004, Heckhausen 1989, S. 1.

[138] Siehe Silk 2007, S. 1347ff.

[139] Siehe Fehr, Singer 2005, S. 340ff.

Ausprägungen des Lernfortschritts

Lernprozesse lassen sich demzufolge dadurch darstellen, dass man die Konsequenzen wiederholten Handelns in den gewünschten Größen, hier also des Platzhalters „Entscheidungsqualität", abbildet (s. Abbildung 4.1). Das Gehirn trifft die einzelne Entscheidung zwar immer nach dem Kriterium „emotionale Eindeutigkeit". Aber die notwendige Ausprägung dieses Kriteriums wird mit dem Lernfortschritt bei immer wieder anderen Handlungen erreicht.[140] An diesen (bzw. den damit in Verbindung stehenden, oben genannten Größen) kann man daher Lernfortschritte grafisch darstellen.

Die Zeitachse in Abbildung 4.1 deckt einen „großen" Zeitraum ab, der – je nachdem, welche Entscheidungssituationen betrachtet werden – mehr oder weniger lang ist. Geht es um das Lernen beim Einkauf von Lebensmitteln, bei der Auswahl von Möbeln oder einem Hauskauf kann der Zeitraum, in dem es zu Lernfortschritten kommt, Stunden, Tage, Wochen oder auch Jahre umfassen.[141] Die Entscheidungssituation aus Abbildung 2.2 schrumpft bei solchen Betrachtungszeiträumen entsprechend zusammen.

---

[140] „Das Leben der Menschen ist ein nicht abreißender Strom von Aktivitäten" formuliert Heckhausen 1989, S. 1. Lernen kann auch durch den Wechsel von Handlungen beschrieben werden. Die Verbindung von Lernen und dem gehirninternen entscheidungsauslösenden Kriterium „emotionale Eindeutigkeit" wird folgendermaßen beschrieben: Nach jeder Handlung wird das Soll (z.B. Lob erhalten) und das Ist (Lob fiel spärlich aus) gemessen und die jeweilige Situation zusammen mit dem erzielten Erfolg abgespeichert. Auf diese Weise werden die Inhalte im Gedächtnis umgespeichert, sodass bei der nächsten Entscheidung das gehirninterne Kriterium „emotionale Eindeutigkeit" den handlungsauslösenden Wert für eine andere Handlung erreicht. Das Wirtschaftssubjekt „schafft" sich auf diese Weise – bei genügend stabilen Umfeldern – immer höher in der Qualität der Entscheidung hinauf.

[141] Manche Entscheidungen, wie der Kauf eines Hauses, werden erst im Abstand von Jahren wiederholt (wenn überhaupt); andere wiederholen sich täglich (Einkaufen). Für einen Spezialisten (Verkäufer) wiederholen sich gleichartige Entscheidungen unter Umständen minütlich.

Abbildung 4.1: Stilisierte Darstellung der Wirkung von Lernprozessen (Quelle: Eigene Darstellung)

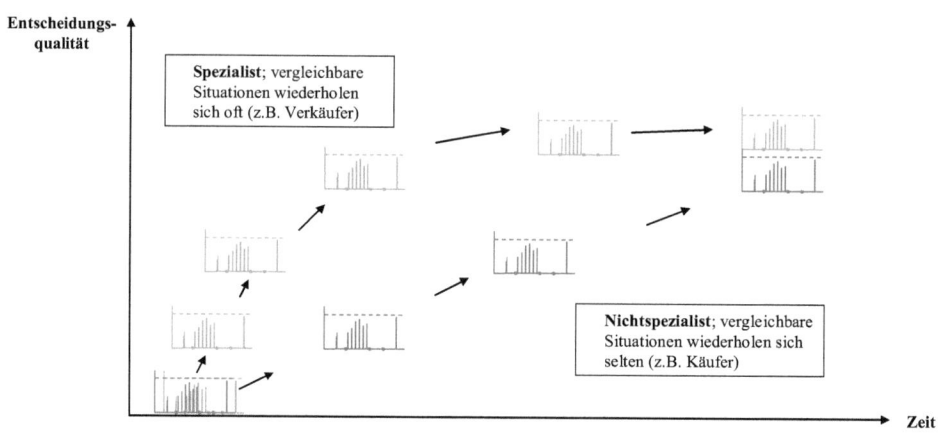

Erläuterung: Die Grafik zeigt auf stilisierte Weise, wie sich die Entscheidungsqualität (d.h. der Grad der Erreichung eines selbst gewählten Ziels) durch Sammlung von Erfahrungen (Lernen) steigert. Nach jeder Handlungswiederholung wird der Erfolg beobachtet und gespeichert. Die Veränderungen führen schließlich bei hinreichend stabiler Umgebung zu einer Steigerung der Entscheidungsqualität hinsichtlich des gewählten Zielkriteriums. Der Spezialist, der häufiger wiederholt, kann in gleicher absoluter Zeitspanne schneller lernen als der Nichtspezialist. Mit der Zeit werden die Lernfortschritte geringer.

Degressiver Lernfortschritt

Grafik 4.1 stellt die Entwicklung der Entscheidungsqualität für zwei Wirtschaftssubjekte dar. Wirtschaftssubjekt (i) handelt in dem betrachteten Zeitraum selten. Wirtschaftssubjekt (ii) wiederholt eine Handlung oft. Wirtschaftssubjekt (ii) ist z.B. die Person, die sich auf den Verkauf eines bestimmten Produktes spezialisiert hat. Sie fängt bei dem gleichen (Un-)Wissen wie andere Personen an, wiederholt aber häufiger und hat in einem bestimmten Zeitabschnitt daher mehr gelernt. Währenddessen ist (i) der Nichtspezialist, der dieses Gut nur in größeren zeitlichen Abständen benötigt.

Lernfortschritte hängen nicht von der Zeit per se, sondern u.a. von der Zahl der Lernakte, d.h. von Wiederholungen der Entscheidungssituation ab. Vereinfacht kann man sagen, dass dann, wenn es in einem Zeitraum mehr Wiederholungen gibt, auch schneller gelernt wird.

Es ist sicherlich nicht übertrieben anzunehmen, dass sich mit immer weiter steigender Zahl von Wiederholungen nicht immer die gleichen Verbesserungen des Zielkriteriums ergeben.[142] Das kann z.B. damit erklärt werden, dass durch feste äußere Umstände die möglichen Variationen der Entscheidungssituation begrenzt sind und dadurch keine neuartigen Erfahrungen mehr gemacht werden können.

Mit welch unterschiedlichen Leistungen Menschen zufrieden sind, kann man gut im Theater beobachten. Ich kenne Menschen, die teure Theaterkarten kaufen und feststellen, dass die Sicht schlecht ist und die trotzdem sehr zufrieden sind, weil sie keine Erwartung in Bezug auf Sicht haben und auch gar nicht wissen, dass die Sitze aufgrund der Rundung der Reihen nicht alle hintereinander stehen, sondern dass es in jeder Reihe und Preislage auch Sitze mit besserer Sicht gibt. Ich kenne ältere Damen, die immer gute Sicht haben und nie enttäuscht sind, wenn sie eine Karte kaufen, weil sie quasi jeden Platz im Theater schon einmal erlebt haben und genau wissen, in welcher Reihe welche Plätze gute Sicht genießen und nur diese nachfragen. Vereinfacht lässt sich sagen, dass irgendwann jeder, der das Theater mehrmals besucht, das Prinzip der Rundung der Reihen und seine Folgen zu verstehen beginnt. Jede einzelne Entscheidung wird durch emotionale Eindeutigkeit freigegeben. Je mehr man wiederholt, desto erfahrener wird man und verbessert die Entscheidungsqualität. Die Möglichkeiten der Variation sind aber endlich, sodass sich nach einer gewissen Zeit keine Lernfortschritte mehr einstellen.

Zieldivergenzen

Wenn zwei Individuen interagieren, müssen nicht für jedes Individuum die gleichen Ziele gelten. Was der eine oder der andere anstrebt, welche Ziele er verfolgt und in welche Richtung er daher mit seinem Lernfortschritt sein Verhalten ändert, kann bei jeder Person unterschiedlich sein.[143] Es spielt im Umgang miteinander und für die Findung eines Gleichgewichtes keine Rolle, ob die Interaktionspartner das gleiche Ziel verfolgen oder verschiedene Ziele haben. Jeder versucht, seine eigenen Ziele zu erreichen. Aber eine gewisse Korrespondenz der Ziele ist natürlich notwendig, damit die Partner überhaupt in Interaktion treten. Was alle eint, ist das völlig automatische Lernen ihres Gehirns, welches die gemachten Erfahrungen speichert, bewertet und beim nächsten Mal die zugeordnete Handlung

---

[142] Eine Diskussion verschiedener Annahmen zum Verlauf des Lernfortschritts siehe Lindstädt 2001.

[143] Die angestrebten Erfolge – auf der Ebene der Handlungsergebnisse – lauten vielleicht bei der einen Person „Platz im Theater mit guter Sicht erwischen", bei der anderen Person „Ticket verkaufen möglichst ohne Stress". Bei der einen Person heißt das gewünschte Handlungsergebnis vielleicht „keine matschige Banane erwischen" und bei der anderen Person „keine Preiszugeständnisse machen", oder bei der einen Person „Lob von der Mutter erhalten" und bei der anderen Person „gute Tischmanieren anerziehen". Der eine mag geldliche Handlungsergebnisse für wichtig halten und niedrige Preise anstreben, der andere mag qualitative Ergebnisse höher gewichten und Wert auf einen möglichst angenehmen Einkauf und freundliche Gespräche legen, der dritte sucht unabhängig von geldlichen Aspekten Produkte einer bestimmten Qualität, ein vierter achtet vor allem auf die langfristige Haltbarkeit, während ein fünfter kurzfristig Spaß mit dem Produkt haben will. Auch beim Spezialisten wird es Vielfalt geben. Einer versucht, Verkaufsvorgaben zu erreichen, ein anderer versucht, Hektik zu vermeiden, ein dritter will sich eigentlich um das ganze Geschäft herumdrücken. Jeder hat (leicht) andere Dinge in seinem Kopf, die ihn mehr zu dieser oder zu jener Seite hinziehen.

wieder aufruft. Die Handlungen passen von Mal zu Mal besser zu ihren (eigenen) Zielen. Durch leichte Variationen gelingt es, neue Handlungsmöglichkeiten zu erkennen. So werden Schwächen im Agieren des Gegenübers entdeckt und im Hinblick auf die eigenen Ziele ausgebeutet. Dieses Lernen ist sicherlich kein linearer Prozess. Aber im Mittel wird sich mit zunehmender Erfahrung ceteris paribus eine höhere Zielerreichung zeigen.

Das Aufeinandertreffen von Spezialisten und Nichtspezialisten

Nun interessiert die folgende Frage: Was passiert, wenn Spezialisten und Nichtspezialisten aufeinander treffen? Wie verändert sich die Situation des Spezialisten *relativ* zu der des Nichtspezialisten, wenn beide durch wiederholtes Handeln lernen?

Es lassen sich drei idealtypische Konstellationen erkennen, die man als

- Entdecker-Situation,
- asymmetrische Situation,
- neoklassische Situation

bezeichnen kann (vgl. Abbildung 4.2). Was zeichnet diese Situationen aus?

Die *Entdecker-Situation* zeichnet sich dadurch aus, dass zwei Wirtschaftssubjekte interagieren, die beide über keine situationsspezifische Erfahrung verfügen. Beide sind Nichtspezialisten. Keiner verfügt über irgendwelche Regeln, die ihm raten könnten, wie situationsspezifisch zu handeln sei. Auftreten können solche Situationen nach Strukturbrüchen, wenn Erfahrungen wertlos geworden sind.

Die *asymmetrische Situation* zeichnet sich dadurch aus, dass ein Partner eine spezifische Situation häufiger erlebt hat und deshalb über mehr Erfahrung verfügt. Z.B. verhandelt ein Familienvater mit einem Immobilienmakler wegen eines Eigenheims.

Der Situationstyp der asymmetrischen Information kann Ursprung „hässlicher" Maßnahmen der Spezialisten sein. Die Nichtspezialisten verwenden in dieser Situation aufgrund ihrer geringen Erfahrung grobe Heuristiken. Die Heuristiken können aufgrund der fehlenden Erfahrung nicht situationsspezifisch sein. Sie passen nicht „ganz" zu der jeweiligen Situation. Grobe Heuristiken „übersehen" Teile einer Entscheidungssituation. In diesem mangelnden Fit liegt die Quelle für hässliche Maßnahmen.

Die *neoklassische Situation* zeichnet sich durch eine hohes Maß an Erfahrung auf beiden Seiten aus: es gibt keine Aspekte der Entscheidungssituation mehr, deren Folgen beiden Parteien nicht durch vielfältige Erfahrungen klar sind.[144]

---

[144] Traditionell haben Immobilienmakler, Kursmakler und Börsenbroker ihre berufsspezifischen Kenntnisse und Fertigkeiten weniger durch Ausbildung, sondern eher durch Erfahrung gewonnen.

Der Gemüsehändler und sein Kunde z.B. haben die Entscheidungssituation häufig wiederholt. Beide verfügen über einen größeren Erfahrungsschatz. Beide können Reaktionen der Gegenpartei einschätzen. Beide haben aus früheren Entscheidungen gelernt. Die Konsequenzen (früherer) „hässlicher" Maßnahmen der Gegenseite sind offenbar geworden und bekannt. Man schützt sich durch ein der Situation gut angepasstes, ausgereiftes Verhalten. Entscheidungen brauchen nicht lange vorbereitet zu werden: die Heuristiken, die zu guten Erntscheidungsergebnissen führen, sind ausprobiert und verinnerlicht. Trotzdem können natürlich Unsicherheiten verbleiben. Diese sind aber eher durch exogen verursachte Zufälligkeiten des Lebens bedingt als durch die auf die eigene Erkenntnisunfähigkeit zielenden „hässlichen" Maßnahmen der Gegenseite. Insofern liegt eine Situation vor, die wenigstens gewisse Ähnlichkeiten mit der neoklassischen Modellwelt des 19. Jahrhunderts hat.

Abbildung 4.2: Lernprozesse und Situationstypen (Quelle: Eigene Darstellung)

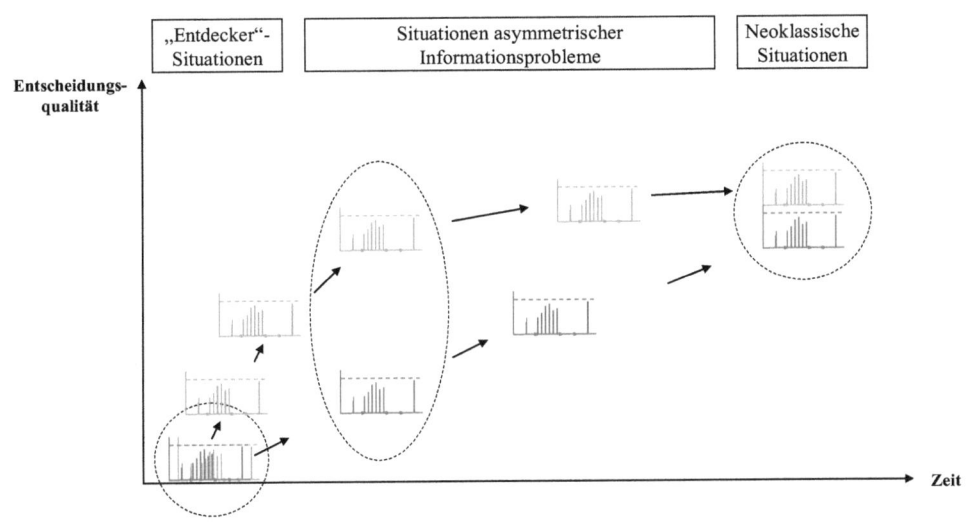

Exkurs: Die „neoklassische Situation" und Vilfredo Pareto

Warum wird die dritte Gruppe „neoklassische Situation" bezeichnet? Der Begriff in diesem Zusammenhang kann auf Vilfredo Pareto zurückgeführt werden. Pareto hatte um die Jahrhundertwende versucht, die Ökonomik von ihren psychologischen Wurzeln abzukoppeln. Er wollte die Theorie von der sich um die Jahrhundertwende entwickelnden Wissenschaft der Psychologie abgrenzen und als etwas grundsätzlich Eigenständiges etablieren. Dazu nutzte er das Instrument der Erfahrung. Er schrieb über die Ökonomik, so wie er sie verstanden wissen wollte: „*The entire theory ... rests on no more than a fact of experience.*"[145] Pareto wollte damit ausdrücken, dass die Ökonomik von der Psychologie nichts brauche außer dem Konstrukt der Erfahrung.

Die Idee hinter Paretos Vorgehen war, dass Menschen, die etwas immer wieder wiederholt haben, die Gesamtzusammenhänge erkennen und ihre Aktionen damit letztlich auf die objektiv gegebenen Fakten stützen und nicht auf ihre „psychologisch" bedingte verzerrte Wahrnehmung derselben. Das „Psychologische" wurde auf diese Weise entbehrlich. Es brauchte von den Ökonomen nicht mehr betrachtet zu werden.

Das aber hatte zur Folge, dass sich die Ökonomik nur mit dem Handeln von Wirtschaftssubjekten befassen kann, die Aktionen vielfach wiederholt haben.[146] „*He [Pareto] restricts the domain of economic theory to situations in which individuals have had adequate opportunities for learning the consequences of alternative actions.*"[147]

Damit ist deutlich gemacht, warum die Situation, in der die interagierenden Parteien „häufig" gelernt haben, „neoklassische" Situation genannt werden kann.

Stabilität und Instabilität

Wie sieht es mit der Stabilität der drei idealtypischen Situationen im Zeitablauf aus?

Die *Entdecker-Situation* kann per Definitionem nicht stabil sein. Sie kann nur einmal vorkommen. Beim zweiten Mal sind die Wirtschaftssubjekte – nicht schlauer, aber – erfahrener. Als der britische Kapitän Cook seine zweite Insel im Pazifik anlief, hatte er aus dem Besuch der ersten Insel gelernt: er gebot seinen Leuten, Beile nur sehr sparsam als Tauschartikel anzubieten, weil der Wert von Beilen, wie er festgestellt hatte, sehr schnell sank. Auch in Bezug auf Nägel vermied Cook beim zweiten Mal Fehler, die er anfänglich gemacht hatte: Nägel wurden in kleiner Stückzahl zunächst verschenkt, um die Indianer das Prinzip des Nagels erlernen zu lassen. Erst danach waren sie bereit, angemessene Preise dafür zu bezahlen.

Die *Situation „asymmetrischer Informationen"* kann ebenfalls nicht stabil sein. Jedes Mehr an Erfahrung (auch der Gegenseite) kann eine Verhaltensänderung nach sich ziehen und damit die Entscheidungssituation abwandeln.

Beispielsweise erkennt der Käufer von Pullovern nach dem Kauf die geringe Qualität und wird beim nächsten Mal vorsichtiger. Oder der Käufer eines Kristallglasartikels lernt, dass er sich durch die geschickte, strahlende Beleuchtung vor dunklem Hintergrund im Geschäft im Charakter des Produktes getäuscht hat. Er wird in Zukunft bei allen Artikeln, die strahlend beleuchtet angeboten werden, misstrauisch sein. Der Verkäufer lernt vielleicht,

---

[145] Pareto 1909, 1971, Kapitel 3, § 36b, zitiert nach Bruni, Sugden 2007, S. 155.
[146] Bruni, Sugden 2007, S. 156.
[147] Bruni, Sugden 2007, S. 156.

dass Kunden dann häufiger nachfragen und mehr Umsatz machen, wenn er die Farben der Produkte wechselt und wird seine Verkaufsstrategie entsprechend ausrichten. Durch die Lernfähigkeit des Gehirns ist also Stabilität per se nicht zu erwarten.

Die Stabilität in der *„neoklassischen" Situation* ist ambivalent. Man könnte erwarten, dass die neoklassische Situation stabil sei: Wenn die Rahmenbedingungen einer Entscheidungssituation genügend stabil sind, kann der Nichtspezialist nach einer Phase des Lernens nicht (mehr) viel variieren. Der Nichtspezialist wird alle Variationsmöglichkeiten einmal erlebt und darauf eine Antwort gefunden haben. Es kann sich dann durchaus ein statischer Zustand einstellen, in dem keinem der Beteiligten mehr eine Variation und damit eine neuartige Erfahrung gelingt, sodass niemand mehr sein Verhalten ändert. In der Geschichte der Menschheit hat es immer wieder auch größere Phasen gegeben, die durch Stagnation gekennzeichnet waren.

Man kann aber auch die Ansicht vertreten, dass die Situation nicht stabil sein kann. Wenn der Nichtspezialist durch Erfahrung „aufgeholt" hat, wird es für den Spezialisten schwieriger, sein Anspruchsniveau aufrechtzuerhalten. Dies ist besonders dann der Fall, wenn er die früheren größeren Wissensdifferenzen für hässliche Maßnahmen genutzt hat. Das Produkt war zu teuer oder wies Qualitätsmängel auf oder die Beratung verschwieg wichtige Aspekte. Mit zunehmender Erfahrung erkennt der Nichtspezialist die hässlichen Maßnahmen und reagiert. Er meidet das Produkt oder ist nur noch bereit, niedrigere Preise zu bezahlen. Das schränkt die Verdienstmöglichkeiten des Spezialisten ein.[148] Das aus seinem früheren Verdienst abgeleitete Anspruchsniveau wird nicht mehr erreicht. Dies kann der Spezialist passiv hinnehmen – dann wäre die Situation stabil.

Der Zeitpunkt von Innovationen

Vielleicht wird diese Verschlechterung aber auch zum Anlass für Verhaltensänderungen. Die Situation ist dann nicht stabil. Der „neoklassische" Zustand ist dann nur etwas, das vorübergehend auftritt. Er ist kein Endpunkt, auf den sich alles hinentwickelt, sondern eine Interimsphase, die im Zeitablauf wieder überwunden wird.

Reinhard Selten vertritt die These, dass Menschen dann von gewohnheitsmäßigen Verhaltensweisen abweichen, wenn sich ihre Lage *verschlechtert* hat. Ausgelöst wird eine Verhaltensänderung nach Selten dadurch, dass Menschen das früher gewohnte Anspruchsniveau nicht mehr erreichen. Das Wohlbefinden sinkt unter den Wert, mit dem sie zufrieden sind (Satisficing-Level, Anspruchsniveau), was kognitive Prozesse anstößt, den früheren Wert wieder zu erreichen.

---

[148] Es sei hier aber darauf hingewiesen, dass auch andere Wege denkbar sind: Wenn Nichtspezialisten sich in der Phase, in der sie über wenig Erfahrungen verfügen, durch extreme Misstrauensheuristiken schützen, die z.B. zu einem Meiden eines angebotenen Produktes und daher zu geringem Umsatz führt, kann die Zunahme an Erfahrung mit einem größeren Zutrauen und einem Zuwachs an Umsatz und Ergebnis beim Spezialisten verbunden sein. Die ökonomische Lage des Spezialisten verbessert sich dann mit zunehmendem Lernerfolg des Nichtspezialisten.

Wenn nun Reinhard Seltens These stimmt, dass Menschen dann aktiv werden, wenn ihre Anspruchsniveaus unterschritten werden, dann müssten die Spezialisten mit zunehmendem Lernfortschritt der Nichtspezialisten – also bildlich gesprochen gegen Ende der Phase asymmetrischer Informationen – aktiv werden.

Abbildung 4.3: Innovation (Quelle: Eigene Darstellung)

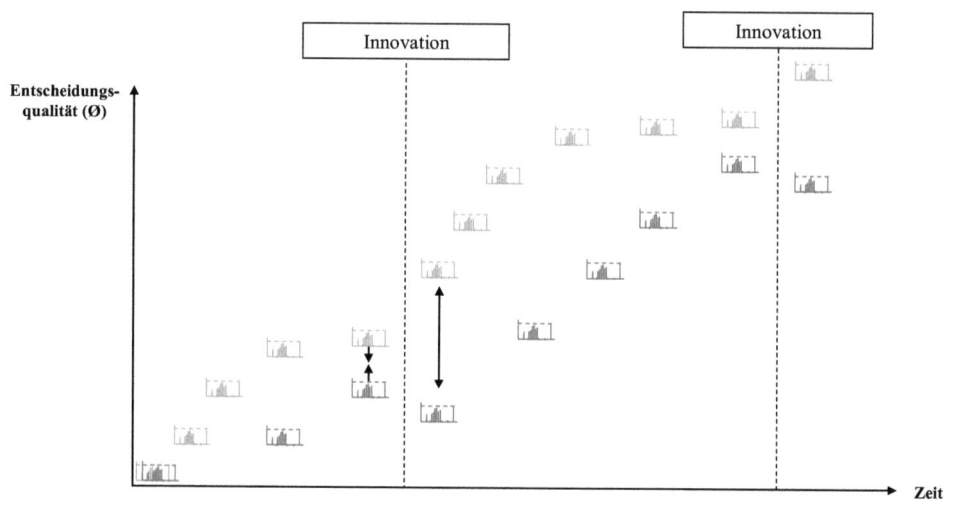

In Abbildung 4.3 ist dies beispielhaft dargestellt. Am Ende der Phase asymmetrischer Information droht der Eintritt in die neoklassische Phase, in welcher der Nichtspezialist gelernt hat, den hässlichen Maßnahmen der Spezialisten mehr oder weniger auszuweichen. Der Spezialist benötigt ein neues Produkt, eine Innovation, vielleicht eine Abwandlung des alten, die der Kontraktpartner mit seinen Heuristiken nicht vollständig durchschaut, sodass der gewohnte Spielraum für den Innovator wiederhergestellt werden kann.

Aber woher sollte gerade zu diesem Zeitpunkt die Innovation kommen? Man kann sich nicht plötzlich etwas „aus den Rippen" schneiden, nur weil der Wunsch aufkommt, eine Innovation wäre jetzt nützlich. Man kann sicherlich annehmen, dass allein der Wunsch, irgendetwas Neues zu haben, dieses Neue noch nicht unmittelbar schafft. Also, wo sollte das Neue gerade in dem Moment, in dem der Spezialist es einführen würde, in dem er also motiviert ist, etwas Neues einzuführen, herkommen?

Adam Smith hat die These vertreten, dass Neues aus der Erfahrung heraus entwickelt wird. Nun ist der Spezialist derjenige, der seit Beginn des Prozesses Erfahrungen gesammelt und daraus gelernt hat. Diese Erfahrungen können die verschiedensten Aspekte betroffen haben. Es können gute und schlechte Erfahrungen gewesen sein. Es können Erfahrungen gewesen sein, die zum Erlernen von hässlichen und weniger hässlichen Maßnahmen geführt haben. Ein kleiner Teil der Erfahrungen wird jeweils sofort umgesetzt. Aber größere Änderungen des Produktes oder des Geschäftsmodells werden sicherlich nicht sofort vorgenommen werden, allein schon deshalb, weil dies auch für den Spezialisten mit Unwägbarkeiten verbunden ist. Solange die Situation grundsätzlich ökonomisch vorteilhaft ist, wird der Spezialist sein Modell nicht grundlegend ändern. Dies dürfte in der Kernphase der Situation asymmetrischer Information der Fall sein. Wenn aber der Nichtspezialist aufholt und mehr und mehr der Vorteile des Spezialisten abschmelzen, dann kommt irgendwann der Moment, an dem der Spezialist die zwischenzeitlich gemachten Erfahrungen aufgreift und eine fundamentale Änderung des Geschäftsmodells herbeiführt.[149]

Es ergibt sich dann der in Abbildung 4.3 angedeutete Verlauf: die für den Spezialisten unerfreulichen „neoklassischen" Situationen sind der Anlass Innovationen durchzuführen, nicht weil die Innovationen dann passieren, sondern weil die kognitiven Bedingungen gegeben sind, das Wagnis der *Durchführung* einer Innovation auf sich zu nehmen. Die Ideen für die Innovationen selbst stammen aus den Erfahrungen, die lange vorher gemacht wurden.

Schlussbemerkung

Damit werden die Ausführungen beendet. Es wurde ein kleiner Beitrag geleistet, wirtschaftliche Dynamik zu erklären. Es sollte gezeigt werden, dass man wirtschaftliche Dynamik in die Überlegungen zu Spezialisten und Nichtspezialsten integrieren kann.

---

[149] Hier kann die schöne Geschichte von William Perkin erzählt werden, der im Alter von 15 zum Royal College of Chemistry kam und dort mit der Aufgabe betraut wurde, Chinin zu synthetisieren. Bei seinen Experimenten mit Naphtha stieß er zufällig auf die Möglichkeit, den Farbstoff Anilinblau zu gewinnen. Als mittlerweile 19jähriger musste er sich langfristig einen Beruf suchen und machte sich mit seiner Erfindung nach einiger Zeit selbstständig. Damit wurde er zum Begründer der weltweit erfolgreichen Teerfarbenindustrie; vgl. Landes 1998, S. 288f.

5 Das heuristische Entscheidungsverhalten der Nichtspezialisten

Was weiß man über das Entscheidungsverhalten von Nichtspezialisten?

Ganz generell wird das Entscheidungsverhalten von Menschen in der Literatur oft unter dem Eindruck von vereinfachten Entscheidungsverfahren diskutiert. Diese werden als Heuristiken bezeichnet. Der Begriff bedeutet zwar nichts anderes als „Mittel zur Erkenntnisgewinnung". Gemeint werden mit dem Begriff aber ganz spezifische Mittel, nämlich Entscheidungsverfahren (also „Mittel"), die auf Basis *weniger* Daten und *weniger* Verknüpfungen zu Aussagen gelangen. Kahneman spricht von Entscheidungsregeln *„which reduce the complex tasks of assessing probabilities and predicting values to simpler judgemental operations."*[150]

Nichtspezialisten sind beim Entscheiden in einer prekären Lage: sie haben Situationen der Art, in der sie entscheiden müssen, selten erlebt und deshalb eine geringe Zahl spezifischer Erfahrungen gesammelt. Sie müssten daher die Situationen besonders gründlich durchdenken. Das ist aber praktisch ausgeschlossen. Ihnen fehlen die Zeit und das Vorwissen. Was nützt es da, lange nachzudenken, wenn man gar nicht weiß, wie das Problem anzupacken ist und wo die kritischen Punkte liegen? Die Lösung, die das Gehirn bereithält, ist es offenbar, tatsächlich, trotz fehlenden Vorwissens, schnell und mit geringem Aufwand zu entscheiden. Wie dies auf der biologischen Ebene funktionierte, war lange Zeit nicht klar. Man benutzte die Vorstellung, das Gehirn habe eine Präferenz für Entscheidungsverfahren, die mit wenigen Daten und Verknüpfungen auskommen: Heuristiken.

In der modernen Ökonomik stammt eine der bedeutendsten Arbeiten zu Heuristiken von Tversky und Kahneman (1974)[151], in der sie Ursachen verschiedener Verhaltensanomalien untersuchten. Sie erklärten die Anomalien mit drei simplen Entscheidungsregeln: der Repräsentationsheuristik, der Verfügbarkeitsheuristik und der Verankerungsheuristik.[152] Gerd Gigerenzer ist der Ökonom der Gegenwart, der sich am intensivsten mit Heuristiken befasst.

1974 hatte Kahneman noch geglaubt, dass es eine bestimmte, begrenzte Anzahl von Entscheidungsregeln gebe.[153] Aus diesen würde dann je nach Situation ausgewählt. Die Repräsentations-, Verfügbarkeits- und Verankerungsheuristik wären dann in diesem Sinne ein Teil der insgesamt verfügbaren Heuristiken und man müsse forschen, um die restlichen zu

---

[150] Kahneman 2003, S. 1460.
[151] Siehe aber auch Baumol und Quandt 1964 oder Hayek 1956.
[152] Representativeness, Availability, Anchoring; siehe Kahneman 2003, S. 1460.
[153] Siehe Kahneman 2003, S. 1460ff.

finden. Eine solche Forschung ist tatsächlich in Gang gekommen und hat eine Fülle von Heuristiken zu Tage gefördert, von denen einige weiter unten dargestellt werden.

2002 nahm Kahneman von diesen Ideen Abstand und präsentierte einen anderen Mechanismus: Er glaubte nun, dass die Transformation einer komplexen Entscheidungssituation in ein einfach zu lösendes Entscheidungsproblem nicht durch eine begrenzte Zahl Entscheidungsregeln zustande käme, sondern situationsspezifisch durch einen Mechanismus, den er „Substitution von Attributen" nennt: schwierig zu beurteilende Merkmale einer Entscheidungssituation werden durch kognitiv leicht handhabbare Merkmale ersetzt, die dann zur Entscheidung beitragen.

Im Folgenden wird (i) zuerst das Konzept des Kanons von Heuristiken vorgestellt, so wie es Gerd Gigerenzer und andere erforschen. Anschließend wird (ii) gezeigt, wie Daniel Kahneman heuristisches Verhalten seit 2002 beschreibt. Dann wird (iii) ein Blick auf konkrete Heuristiken geworfen, die Entscheider im „richtigen" Leben verwenden. Schließlich wird (iv) verallgemeinert gezeigt, wie sich heuristisch und damit in gewisser Weise „oberflächlich" entscheidende Menschen gegen hässliche Maßnahmen von anderen schützen können. Eine zusammenfassende Würdigung bildet den Abschluss.

5.1 Vereinfachte Entscheidungsregeln nach Gerd Gigerenzer

Der Berliner Professor Gerd Gigerenzer ist derjenige, der die vereinfachten Entscheidungsregeln, welche Menschen offenbar anwenden, besonders intensiv erforscht. Gigerenzer gehörte mit zu den ersten, sieht man von früheren Autoren wie v. Hayek oder Baumol einmal ab, die überzeugt davon waren, dass Menschen ihre Entscheidungen nicht auf umfängliche Evaluierungen stützen, sondern dass sie stark vereinfachte, abkürzende Entscheidungsverfahren verwenden. Hat man einmal diesen Gedanken akzeptiert, dann ist die Frage danach, *wie* diese Mechanismen aussehen, nur folgerichtig.[154]

Aber wonach soll man suchen? Tversky und Kahneman suchten in ihrer frühen Arbeit nach Mechanismen, welche in der Lage waren, beobachtete Verhaltensanomalien zu erklären. Man suchte nach Verhaltensregeln, welche das anomale Verhalten erklären konnten. Heute verwendet man einen anderen Ansatzpunkt. Mit der zunehmenden Gewissheit, dass Erkenntniserzielung Ressourcen verbraucht und der Mensch bzw. sein Gehirn diese Ressourcen nur in begrenzter Zahl verfügbar hat, wird jetzt nach Mechanismen gesucht, die den spezifischen Ressourcenproblemen Rechnung tragen. Gibt es Mechanismen, die zu einer „guten" Erkenntnisgewinnung führen und dabei *weniger* Ressourcen verbrauchen als andere? Heuristiken nehmen Rücksicht auf die verfügbaren Ressourcen des Entscheiders. Anders formuliert: Nützliche Heuristiken stützen sich auf die verfügbaren Ressourcen im

---

[154] Gigerenzer 2004, S. 62.

Maße ihrer Verfügbarkeit und verlangen nicht von derjenigen Ressource „viel", die der Entscheider „wenig" zur Verfügung hat.

Am Beispiel eines Roboters, der geworfene Bälle fangen soll, zeigt Gigerenzer, dass ganz unterschiedliche Lösungsansätze zum gleichen Ergebnis, nämlich dem Fangen der Bälle, führen, dabei aber mit enorm unterschiedlichem Ressourceneinsatz verbunden sind. Dabei ist die Lösung mit der größten erforderlichen Rechenleistung zugleich auch die aufwändigste in Bezug auf notwendige Sensoren: zur exakten Berechnung der Flugbahn gehört außer visuellen Sensoren, welche den Ball erfassen, auch ein Windmesser und Erfassungsgeräte für sonstige Störungen. Gigerenzer zeigt, dass ein ganz einfacher Algorithmus, die sogenannte Gaze-Heuristik, ohne aufwändigen Sensorapparat und ohne komplexe Datenverarbeitung zu nahezu perfekten Lösungen gelangt.[155] Sie basiert darauf, mit dem Auge den Winkel zwischen Ball, Auge und dem Boden zu erfassen und diesen Winkel durch entsprechendes Fortbewegen des eigenen Körpers in Flugrichtung des Balls konstant zu halten. Komplexe mathematische Berechnungen (von Flugbahnen unter Einbezug variierender Störgrößen) sind völlig entbehrlich. Dafür ist eine gute Koordination zwischen Auge, Gehirn und Muskeln erforderlich. Man muss öfters Beschleunigen und Bremsen. Das könnte einem Roboter vielleicht Probleme bereiten – den menschlichen Fähigkeiten ist diese Heuristik dagegen gut angepasst.

Damit wird ein Unterschied zu vielen Optimierungsprozeduren deutlich, die „am grünen Tisch" ausgedacht werden: sie nehmen oft keine Rücksicht auf die verfügbaren Ressourcen in einer Entscheidungssituation. Sie sind vielfach so gestaltet, dass die absolut „beste" Lösung gefunden wird. Heuristiken suchen dagegen nicht die beste Lösung, sondern versuchen, einen guten Kompromiss zwischen der Qualität der Lösung und dem Ressourceneinsatz zu finden.

Heuristiken nehmen dabei Rücksicht auf Bedingungen der externen Umwelt. Das bedeutet, Heuristiken beuten Regelmäßigkeiten in der Umwelt aus, um einfacher werden zu können. So würde die Gaze-Heuristik nicht gut funktionieren, wenn häufig starke, wechselnde Seitenwinde herrschten oder die Art des Balls nicht standardisiert wäre, sondern z.B. zwischen einem festen Lederball, einem Federball und einem Papierball wechselte.

Systematisierung von Heuristiken

Gigerenzer und Todd sind in mehreren Beiträgen der Frage nachgegangen, in welcher Weise sich die Heuristiken systematisieren und kategorisieren lassen könnten.

Heuristiken könnten nach dem grundlegenden *Problemtyp* gegliedert werden: muss ein Wert abgeschätzt werden, muss eine Klassifikation vorgenommen werden, muss eine Auswahl unter zwei Alternativen getroffen werden oder müssen Alternativen entwickelt werden.

---

[155] Gigerenzer 2004, S. 63.

Die zweite Gliederungsmöglichkeit orientiert sich an der *Art* der Entscheidungssituation: Es gibt Fragen der Nahrungsaufnahme, der Eheschließung, Fragen im Zusammenhang mit beruflichen Entscheidungen, Kindererziehung, Freizeitprobleme etc.

Eine dritte Gliederung orientiert sich an der *entscheidungslogischen Struktur* der Heuristiken: Alle Heuristiken bestehen Gigerenzer und Todd zufolge aus drei „Building Blocks", nämlich Prinzipien für die *Richtung* der Informationssuche, Prinzipien für die Bildung von *Stopp-Regeln* der Informationssuche sowie Prinzipien für die *Verdichtung* der bis zum Stopp gefundenen Informationen zum Entscheidungswert.[156]

Eine vierte Gliederung wäre eine enumerative Sammlung von konkreten Regeln, welche sich im Alltag der Menschen bewähren. Derartige Sammlungen gibt es bisher nicht. Im letzten Abschnitt dieses Kapitels werden einige Regeln vorgestellt.

Heuristiken nach ihrer entscheidungslogischen Struktur: Beispiele

Im Folgenden werden einige Heuristiken ungeordnet vorgestellt.

Take the Best. Der Entscheider muss zunächst Erfahrung sammeln, welche Merkmale in einer Entscheidungssituation beachtet werden sollten und mit welchen Ausprägungen mit dem Zielkriterium verknüpft sind. Die Take-the-Best-Heuristik verlangt nun, anhand der Ausprägung des (erfahrungsgemäß) wichtigsten Merkmals einer Entscheidungssituation zu entscheiden. Wird z.B. ein Schmerzmittel gesucht und hält der Entscheider das Kriterium „Schnelligkeit" der Wirkung für das wichtigste Kriterium, dann fragt er in der Apotheke nach diesem Kriterium und wählt das entsprechende Mittel aus.

Die Regel hat mehrere Vorteile: kognitiv aufwändige Bewertungen werden entbehrlich. Der Entscheider benötigt letztlich nur seine Erfahrungen, welches Merkmal besonders relevant war. Darüber hinaus muss er geringe Suchkosten aufwenden, nämlich nur hinsichtlich der Ausprägungen dieses einen Merkmals für die in Frage kommenden Alternativen. Damit ist diese Heuristik den Stärken und Schwächen des Gehirns sehr gut angepasst. Sie nutzt von den vorliegenden und „billig" zugänglichen Erfahrungen mehr als die oben erwähnte Recognition Heuristik und verbraucht kaum etwas der „teuren" Ressource „bewusstes Denken". Allerdings muss man die Erfahrungen erst einmal gemacht haben, sodass sich die Heuristik für Nichtspezialisten nicht gut eignet.

Tallying. Gigerenzer schlägt diverse Abwandlungen der Take-the-Best-Heuristik vor. Als Tallying bezeichnet er ein Verfahren, bei dem eine größere Zahl von Merkmalen in die Entscheidung einbezogen wird. Diese werden z.B. stochastisch aus einer noch größeren

---

[156] Todd, Gigerenzer 1999, S. 357. Die Autoren erkennen dabei folgende immer wieder vorkommende Mechanismen: Ignoranz (gegenüber zu vielen Informationen), das Prinzip des Ein-Grund-Entscheidens (die Suche nach Informationen wird abgebrochen, sobald ein einziger Grund gefunden wird, eine Alternative herauszuheben), das Prinzip der Eliminierung (gefundene Informationen werden eine nach der anderen genutzt, Alternativen auszuschließen) das Prinzip des Satisficing (die Suche wird abgebrochen, sobald ein Anspruchsniveau erreicht ist).

Gesamtheit gezogen. Es werden die Ausprägungen der Merkmale gesucht und dann die Entscheidung z.B. danach getroffen, ob mehr positive oder negative Ausprägungen gefunden wurden.[157] Die besondere Stärke dieser Gruppe von Heuristiken liegt darin, dass sie weniger Erfahrung voraussetzen als die Take-the-Best-Heuristik. Der Entscheider muss nur grob eine gewisse Zahl von Merkmalen kennen. Dafür muss er mehr Suchkosten aufwenden. In Experimenten konnte gezeigt werden, dass Probanden dann, wenn ihnen die Möglichkeit gegeben wurde, ausreichend Erfahrungen zu sammeln, die extrem ressourcensparende Take-the-Best-Heuristik bevorzugten.[158] Durch Zuhilfenahme des Zufalls als Selektionskriterium muss sich der Entscheider keine Gedanken über die Richtung der Informationssuche machen und spart insofern kognitive Ressourcen ein.

Recognition Heuristik. Diese auch als Wiedererkennungsregel bezeichnete Heuristik lautet: Wenn Du von zwei Objekten eines kennst und das andere nicht, dann nimm an, dass das bekannte Objekt den höheren Wert der Zielvariable besitzt. Ein Beispiel kann ihre Funktionsweise erläutern: Wenn geurteilt werden soll, welche von zwei Städten die größere, von zwei Flüssen der längste, von zwei Unternehmen das ertragreichere ist, dann besagt die Recognition Heuristik, die Alternative zu wählen, die man kennt. Kennt man beide, kann man die Heuristik nicht anwenden. Die Heuristik nutzt das Gedächtnis und spart kostenintensive Denkvorgänge (kognitive Ressourcen): es sind weder Suchaktivitäten erforderlich noch umfangreiche Denkarbeiten zu leisten. Die Heuristik ist gut an eine Umwelt angepasst, in der vor allem über das Nützlichste (statt über *alle* Alternativen) gesprochen und berichtet wird.[159]

Do what the majority do. Diese sich selbst erklärende Heuristik ist gut an die Wahrnehmungsfähigkeit des Menschen angepasst. Eine Nutzung der knappen kognitiven Ressourcen entfällt. Sie bewährt sich in stabilen Umwelten, in denen sich Entscheider und die beobachtete Mehrheit in derselben Situation befinden.

Minimalist. Im ersten Schritt dieser Heuristik werden Informationen über die Ausprägung eines zufällig ausgewählten (für die Entscheidung relevanten) Merkmals der Handlungsalternativen gesucht. Im nächsten Schritt wird geprüft, ob eine der Alternativen eine positivere Merkmalsausprägung aufweist als die anderen. Wenn ja, wird die Suche abgebrochen und die Entscheidung zugunsten der Alternative mit dem positiveren Wert gefällt.[160] Wenn nein, wird ein weiteres Merkmal betrachtet.

Take the Last. Diese Heuristik ist mit Minimalist fast deckungsgleich. Statt Merkmale zufällig auszuwählen, wird dasjenige Merkmal zuerst geprüft, bei dem beim letzten Entscheidungsvorgang gestoppt wurde, das sich also (wenigstens ein Mal) erfolgreich als diskriminierend zwischen den Alternativen erwiesen hat.[161]

---

[157] Siehe Gigerenzer 2004, S. 74.
[158] Vgl. Gigerenzer 2004, S. 75.
[159] Gigerenzer (2004, S. 70f.) spricht vom „Less is more effect": wer zu viel weiß, entscheidet schlechter.
[160] Gigerenzer, Goldstein 1999, S. 80.
[161] Gigerenzer, Goldstein 1999, S. 80.

Availability. Wie gelangt ein Entscheider zu gesuchten quantitativen Größen, wie z.B. Wahrscheinlichkeiten? Die Availability Heuristik geht auf Tversky und Kahneman zurück. Zur Abschätzung der gesuchten Wahrscheinlichkeiten werden aus dem Gedächtnis alle Ereignisse „geholt", die mit dem Problem in Beziehung stehen. Dieses ist das „Sample", aus dem auf die gesuchten Wahrscheinlichkeiten geschlossen wird. Die Heuristik erspart jegliche externe Informationssuche. Da die aus dem Gedächtnis „hervorholbaren" Ereignisse aber von der tatsächlich relevanten Grundgesamtheit abweichen können, kann es zu Fehlern kommen.[162] Diese Heuristik kann leicht durch einen Spezialisten ausgebeutet werden. Durch Schaffung eines geeigneten Frames kann die aus dem Gedächtnis holbare Information beeinflusst werden.

Sonstige Regeln:

Franklin's Rule.[163] Für jede zu beurteilende Alternative wird die Summe der Nutzenbeiträge der Ausprägungen der relevanten Merkmale (gewichtet nach ihrer Bedeutung für die Entscheidung) ermittelt. Gewählt wird die Alternative mit der höchsten Summe. Diese Regel verlangt zwar ein erhebliches Vorwissen (relevante Merkmale, Gewichtungsfaktoren) und erfordert eine durchaus aufwändige Suchaktivität (Ausprägungen und Nutzenbeiträge der relevanten Merkmale für alle Alternativen). Die eigentliche Verdichtungsregel (der gesuchten Informationen zu einem Entscheidungswert) ist aber einfach und schnell zu kalkulieren.

Dawe's Rule. Wie Franklin's Rule jedoch ohne Gewichtung. D.h. jedes Merkmal erhält das Gewicht „1", sodass weniger Vorwissen erforderlich ist und die Kalkulation des Entscheidungswertes noch weiter vereinfacht wird.

Good Features. Gesucht werden die Nutzenbeiträge der Ausprägungen der relevanten Merkmale. Gewählt wird die Alternative, die bei den meisten Merkmalen positive Nutzenbeiträge (oder Nutzenbeiträge oberhalb eines Minimums) aufweist. Die Regel erfordert wenig Vorwissen (keine Gewichtungsfaktoren). Sie ist einfach zu kalkulieren (Addition). Darüber hinaus ist sie mit einer einfachen Suche nach den Ausprägungen der Merkmale verbunden, dadurch dass die Suche abgebrochen werden kann, sobald festgestellt wurde, dass der Nutzenbeitrag eines Merkmals positiv bzw. oberhalb des erforderlichen Minimums liegt.

Weighted Pros. Hier werden Informationen ausgewertet, die „relativen" Charakter haben. Dadurch kann es erspart werden, absolute Merkmalsausprägungen suchen zu müssen. Der Entscheider muss nur für jedes relevante Merkmal wissen, ob die eine oder andere Alternative „günstigere" Merkmalsausprägungen hat. Dies wird als „Pro" für das Merkmal gezählt. Vereint am Ende der Suche eine Alternative mehr „Pros" auf sich als andere Alternativen, wird sie gewählt. Die Autoren schlagen noch eine Gewichtungsfunktion vor: die „Pros" werden nach der Relevanz der Merkmale gewichtet.

---

[162] Hertwig, Hoffrage, Martignon 1999, S. 213.
[163] Diese und die folgenden Heuristiken finden sich in Rieskamp, Hoffrage 1999, S. 143f.

Lex. Zuerst werden die Merkmale in eine Rangfolge (ihrer Bedeutung für die Entscheidung) gebracht. Anschließend werden für jede Alternative die Nutzenbeiträge der Ausprägung jedes Merkmals ermittelt. Gewählt wird die Alternative, die beim bedeutendsten Merkmal den höheren Nutzenbeitrag liefert. Bei Gleichheit wird das zweitwichtigste Merkmal herangezogen etc. Als *Lex-Semi* wird eine Regel bezeichnet, bei der kleinere Differenzen der Merkmalsausprägungen so behandelt werden, als ob sie gleichwertig seien. Dies senkt die Notwendigkeit einer genauen Beobachtung und stellt zudem sicher, dass bei annähernd gleichwertigen Alternativen mehrere Merkmale in die Entscheidung einbezogen werden.

Elimination by Aspect. Diese auf Tversky zurückgehende Heuristik eliminiert zunächst alle Alternativen, die beim ersten betrachteten Merkmal einen Nutzenbeitragswert erreichen, der unter einem Minimumwert liegt. Dann kommen das zweite sowie weitere Merkmale dran. Schließlich sind alle Alternativen bis auf eine eliminiert. Für die Reihenfolge, in welcher Merkmale behandelt werden, gibt es verschiedene Vorschläge (Zufall, historische Validität).

Lex Additive Combination. Es wird zunächst vorgegangen wie bei Lex-Semi. Wenn zwei Alternativen verbleiben, werden diese nach der Dawe's Regel evaluiert. Dies kann dazu beitragen, die Suche zu verkürzen.

Weitere Heuristiken finden sich in der Literatur. Eine Liste von Heuristiken kann selbstverständlich nicht vollständig sein. Denn es lassen sich viele Verfahren denken, die mit mehr oder weniger Vorwissen, mehr oder weniger großem Suchaufwand und/oder einem mehr oder weniger großen Aufwand bei der Kalkulation der Endergebnisse verbunden sind und – als Ziel ihres Einsatzes – mehr oder weniger gute Ergebnisse in konkreten Entscheidungssituationen erbringen. Die Erforschung der Typen von Heuristiken befindet sich immer noch erst am Anfang.

Wie Menschen entscheiden

Wie entscheiden Menschen nun konkret?

Zunächst ist eine methodische Vorbemerkung zu machen: Forscher haben versucht, mithilfe ausgefeilter Experimente, herauszufinden, welche Heuristiken Menschen in welchen Situationen anwenden. Allerdings erlauben die Testverfahren nur begrenzten Einblick in das konkrete Entscheidungsverhalten.[164] Oft wird folgendermaßen vorgegangen: es werden einige wenige Verfahren vom Autor gedanklich in die engere Wahl gezogen und die Experimente so ausgestaltet, dass aus den Ergebnissen geschlussfolgert werden kann, mit welchem der Verfahren die Probanden gearbeitet haben müssen – unter der Annahme, dass sie die von vornherein ausgeschlossenen Verfahren nicht benutzt haben.

---

[164] Vgl. Rieskamp, Hoffrage 1999, S. 166.

Das sind durchaus grobe Verfahren. Aber bei allen Grenzen der Genauigkeit wurden einige gut begründete Befunde erzielt: *„Taken together, the results ... strongly indicate that people indeed use smart and simple decision strategies."*[165]

Als gesichert kann gelten:

- Der Mensch verfügt über Heuristiken, mit denen er über die Jahre Erfahrung gesammelt hat und die er „automatisch" einsetzt.[166]
- Die Vorliebe für Heuristiken wird mit den Ressourcenproblemen des menschlichen Gehirns, insbesondere den *Zeitrestriktionen* und den *Wissensrestriktionen* („limited time and limited knowledge") begründet. Heuristische Entscheidungsverfahren sind auf diese Restriktionen hin ausgerichtet.[167]
- Menschen vermeiden Strategien, bei denen sie eine Vielzahl von Informationen suchen und anschließend zu einem Entscheidungswert verdichten müssten.
- Selbst wenn Entscheider viele Informationen verfügbar haben, verdichten sie sie mit einfachen kognitiven Operationen.[168]
- Komplexe mathematische Berechnungen werden nach Möglichkeit vermieden.
- Bevorzugt werden Entscheidungsverfahren, bei denen sie nacheinander jeweils ein Merkmal für alle Alternativen betrachten können.
- Menschen beschränken sich auf die Betrachtung „wichtiger" Merkmale und wenden diesen mehr Zeit zu als unwichtigeren.
- Zunehmende Erfahrung wird eher dazu genutzt, weniger Merkmale zu überprüfen als die Entscheidungsgenauigkeit durch mehr Analyseschritte zu erhöhen.
- Unter Zeitdruck kürzen Menschen die Suche nach Informationen noch weiter ab und gehen zu noch einfacheren Heuristiken über.[169]

Ja, die Suche nach Vereinfachung geht sogar noch weiter: Gerd Gigerenzer zeigt, dass wenn Menschen brauchbare Heuristiken gefunden haben, sich ihre Fähigkeit zurückent-

---

[165] Rieskamp, Hoffrage 1999, S. 167.

[166] Hierzu und zum Folgenden: Rieskamp, Hoffrage 1999, S. 147ff. Rieskamp und Hoffrage glauben nicht, dass der Entscheider zunächst evaluiert, ob ein eher gründliches oder ein stark vereinfachtes Verfahren zu wählen sei, sondern dass der Entscheider in einer Entscheidungssituation aus Erfahrungswerten heraus „automatisch" ein Verfahren wähle; siehe Rieskamp, Hoffrage 1999, S. 147.

[167] „We consider limited time and limited knowledge as constraints under which people have already developed or learned their smart heuristics. This implies that an individual's repertoire of strategies includes some that take the constraints into account", Rieskamp, Hoffrage 1999, S. 147.

[168] Siehe Rieskamp, Hoffrage 1999, S. 167.

[169] Siehe Rieskamp, Hoffrage 1999, S. 166.

wickelt oder gar nicht erst ausprägt, alternative Heuristiken zu bedienen.[170] Oder anders formuliert: der Mensch neigt nicht nur dazu, ressourcensparende Heuristiken einzusetzen, sondern auch dazu, Fähigkeiten, die dabei nicht gebraucht werden, nicht auszubilden.

Zusammenfassend ergibt sich: Eine umfangreiche Heuristikforschung legt es zwingend nahe, davon auszugehen, dass Menschen dazu neigen, vereinfachte Entscheidungsverfahren zu verwenden. Die Experimente haben erwiesen, dass es eine inhärente Tendenz gibt, Entscheidungen auf Basis einfacher Überlegungen unter Zugrundelegung von Gedächtnisinhalten und unter Ersparung von Informationssuchaktivitäten zu fällen. Mehr Erfahrung wird häufig dazu genutzt, einfachere Heuristiken zu verwenden.

5.2 Heuristisches Entscheiden nach Daniel Kahneman

Im Folgenden wird das Konzept heuristischen Entscheidens von Daniel Kahneman vorgestellt, das mehr als die Konzepte von Gigerenzer et al. auf biologischer Ebene wurzelt, aber letztlich zu ganz ähnlichen Aussagen gelangt.

Daniel Kahneman betont die Vorliebe des Gehirns für intuitives Entscheiden immer wieder: *„People are not accustomed to thinking hard, and are often content to trust a plausible judgement that quickly comes to mind."*[171] Und: *„Casual observation and systematic research indicate that most thoughts and actions are normally intuitive."*[172]

Im Folgenden wird der Prozess des Entstehens von Entscheidungen, so wie Kahneman ihn sieht, näher verfolgt. Negativ formuliert zeigt sich, dass die von Menschen *ohne* Erfahrung verwendeten Entscheidungsregeln situations*un*spezifisch sind. Ein Entscheidungsproblem wird von ihnen nur mehr oder weniger erkannt.[173] Selbst wenn man ein solches Entschei-

---

[170] Dies zeigt Gigerenzer anhand von Entscheidungen, welche die Gesundheit betreffen. Er zeigt, wie wenig Menschen in der Lage sind, Statistiken zu Unfällen, Gesundheitsrisiken, Heilungschancen von Krankheiten etc. fehlerfrei auszuwerten. Die Fehlurteile sind gravierend, wie Experimente zeigen. Die Erklärung: *„The causes of statistical illiteracy should not be attributed to cognitive biases alone, but to the emotional nature of the patient-doctor relationship ... The classical doctor-patient relation is based on paternalism and trust in authority, which effectively makes statistical literacy a nonissue."* Gerd Gigerenzer 2009, Einführende Bemerkungen zum Summer Institute on Bounded Rationality am Max Planck Institut in Berlin, http://www.mpib-berlin.mpg.de (Zugriff 18.3.2009).

[171] Kahneman 2003, S. 1450.

[172] Er unterscheidet zwischen reasoning und intuitiv thinking. „Reasoning is done deliberately and effortfully, but intuitive thoughts seem to come spontaneously to mind, without conscious search or computation"; Kahneman 2003, S. 1450.

[173] Kahneman 2003, S. 1449-1475.

dungsverhalten als fehlerhaft bezeichnen könnte, ist eine deutliche Präferenz des Gehirns für diese Art der Entscheidungsfindung zu verzeichnen. Es ist offenbar so, dass dessen Genauigkeit ausreicht.

Wie sieht Kahnemans Konzept im Einzelnen aus?

Accessibility

Ein wichtiger Schritt zum Verständnis des heuristischen Entscheidens ist nach Kahneman der Begriff des „Zugangs" (Accessibility) zu Gedächtnisinhalten. Zentrale Annahme Kahnemans ist es, dass in einer Entscheidungssituation nur ein Teil der relevanten Gedächtnisinhalte verfügbar bzw. zugänglich wird. „Verfügbar" oder „zugänglich" zu sein, bedeutet dabei, in die weiteren kognitiven Prozesse eingebunden zu werden. Der Mensch verfügt über weit mehr Gedächtnisinhalte als in die jeweils aktiven kognitiven Prozesse eingebunden sind.

Für jedes erkannte Objekt werden gewisse übliche Eigenschaften („Attributes") zugänglich, während andere, weniger übliche Eigenschaften unzugänglich bleiben.[174] Damit wird der Entscheidungsraum eingeengt. Er wird auf das „Übliche" beschränkt. *„Highly accessible features will influence decisions, while features of low accessibility will be largely ignored – and the correlation between accessibility and reflective judgements of relevance in a state of complete information is not necessarily high."*[175] Erfahrung erhöht die Wahrscheinlichkeit, dass relevante Eigenschaften zugänglich werden. Fehlende Erfahrung senkt sie.

Welche Gedächtnisinhalte bestimmen das Handeln?

Eigenschaften, die regelmäßig zugänglich werden, bezeichnet Kahneman als „natural assessments".[176] Welche gehören dazu?

„In addition to physical properties such as *sizes, distance,* and *loudness,* the list includes more abstract properties such as *similarity, causal propensity, surprisingness, affective valence* and *mood."*[177]

Emotionale Bewertungen als gut oder schlecht sind ein bedeutender Teil der „natural assessments". *„The evaluation of stimuli as good or bad is a particularly important natural assessment."*[178] Experimente zeigten, dass Menschen sich in ihren Handlungen davon leiten ließen, ob Objekte, mit denen sie im Moment der Entscheidung zu tun haben, als „gut" oder „schlecht", d.h. anzustreben oder zu meiden eingeschätzt wurden, unabhängig davon, ob diese Eigenschaften der Objekte überhaupt etwas mit der Entscheidung zu tun hatten.

---

[174] Kahneman 2003, S. 1452.

[175] Kahneman 2003, S. 1459.

[176] „Attributes that are routinely and automatically produced ... without intention or effort have been called natural assessments"; Kahneman 2003, S. 1453.

[177] Kahneman 2003, S. 1453.

[178] Kahneman 2003, S. 1453.

Geringe Erfahrung senkt die „Accessibility" von nützlichen Lösungswegen genauso wie eine geringe Fähigkeit, Informationen sachgerecht wiederaufrufbar zu speichern.[179]

Besonders *hervorstechende Eigenschaften* von Objekten, wie auffällige Farben oder Formen, beeinflussen die Zugänglichkeit von Attributen mehr als weniger hervorstechende Eigenschaften.

Aufmerksamkeit macht über die zuerst zugänglichen Attribute, d.h. die „natural assessments", hinaus weitere Attribute zugänglich. Aber wie erweckt man Aufmerksamkeit? Entweder der Entscheider hat vorab die Entscheidung getroffen, in Bezug auf bestimmte Aspekte besonders aufmerksam zu sein. Oder er ist durch irgendetwas aufmerksam gemacht worden. Werbefachleute wissen, dass man durch „motivationally relevant and emotionally arousing stimuli" Aufmerksamkeit erregen kann. Dadurch werden andere Gedanken zugänglich als durch das aufmerksamkeitslose Wahrnehmen der Objekte. Allerdings führt dies nicht unbedingt zu besseren Entscheidungen, weil die emotionale Erregung ihrerseits die Zugänglichkeit von Attributen beeinflusst. Untersuchungen zeigen, dass sich die Zurkenntnisnahme von Fakten verändert, je nachdem, wie „emotionsgeladen" das Entscheidungsproblem formuliert ist.[180]

Erwartungen beeinflussen die Accessibility von Attributen. Vereinfacht lässt sich sagen: Man erkennt nur, was man *erwartet*. Hat man das, was man erwartet, erkannt, dann fällt oft die Unsicherheit (Ambiguity), mit der das Objekt überhaupt nur dem Erwarteten zuordenbar ist, unter den Tisch und wird nicht weiter mitgeführt. D.h., das Gehirn erkennt das Objekt und liefert die Eigenschaften dazu, unterdrückt aber die Information, dass das Objekt auch etwas ganz anderes sein könnte und was dies für Folgen hätte. Nur das Bewusstsein ist zum Zweifel fähig. Das Unterbewusstsein entscheidet sich für eine Variante.[181] Den Sinn dieses die Unsicherheit unterdrückenden Mechanismus sieht Kahneman in der *Geschwindigkeit*, mit welcher Entscheidungen vorliegen können: „*Experienced decision makers working under pressure ... rarely need to choose between options because, in most cases, only a single option comes to mind.*"[182]

Framing

Es muss jetzt das Framing behandelt werden. Relativ zu der Welt, in welcher der rational handelnde Homo oeconomicus seine Entscheidungen fällt, ist die Welt einer durch das Problem der Accessibility behinderten realen Person wesentlich enger. Kahneman spricht vom „frame", welcher eine Entscheidung einengt.

---

[179] Kahneman 2003, S. 1453.

[180] In einem Experiment wurde die Sensitivität auf Variationen von Wahrscheinlichkeiten getestet. Diese nimmt ab, wenn Probanden „emotionally loaded" Probleme zu lösen haben. Kahneman 2003, S. 1454.

[181] Kahneman 2003, S. 1454.

[182] Kahneman 2003, S. 1454.

Framing folgt direkt aus dem Problem der Accessibility, ist nur eine andere Form der Darstellung deren Konsequenzen. Experimente zeigen, dass Entscheider die Formulierung eines Problems passiv so annehmen, wie sie es durch die Attribute erkennen, die nach der Wahrnehmung des Problems zuerst zugänglich werden. Sie machen sich nicht die Mühe, bzw. sie können sich gar nicht die Mühe machen, das Problem in all die Blickwinkel zu drehen, aus denen man es auch sehen könnte. Würden sie das tun, dann würden mehr Attribute zugänglich. Oder anders formuliert: durch das passive Hinnehmen der präsentierten Umstände eines Problems wird nur ein Bruchteil der Attribute zugänglich, welche notwendig wären, das Problem umfänglich zu behandeln. Kahneman spricht vom „principle of passive acceptance" der Problemformulierung, die zu einer Einengung der zugänglichen Attribute und damit der Entscheidungsfindung führt.[183]

Für jemanden, der über Erfahrung verfügt, ist dieses Prinzip weniger gravierend, weil für den Erfahrenen die Attribute eines Entscheidungsproblems, die bei Kenntnis aller Informationen sich als die relevanten herausstellten, ohnehin zugänglich sind. Für jemanden aber, der über keine Erfahrung verfügt, zählt der „erste Eindruck", und die Entscheidung wird durch die Attribute bestimmt, die danach zugänglich werden.

Substitution von Attributen

Abschließend ist das „Prinzip des Attributeersetzens" zu behandeln. An die Wahrnehmung eines Entscheidungsproblems und das „Aufsteigen" der zuerst zugänglichen Attribute schließt sich ein Mechanismus an, den Kahneman „attribute substitution" nennt.

Das Austauschen wahrer Attribute durch „Ersatzattribute" ist für Kahneman die eigentliche Heuristik, welche das Gehirn anwendet. „Judgement is said to be mediated by a heuristic, when the individual assesses a specified target attribute of a judgement object by substituting another property of that object – the *heuristic attribute* – which comes more readily to mind."[184] Der Entscheidungsvorgang setzt sich damit insgesamt aus mindestens zwei verfälschenden Vorgängen zusammen[185]: dem Aufsteigen nur weniger Attribute eines Entscheidungsproblems im Moment der Wahrnehmung und dem Ersetzen von Ziel-

---

[183] Kahneman 2003, S. 1460.

[184] Kahneman 2003, S. 1460.

[185] Es sei folgende persönliche Anmerkung erlaubt: mir scheint, als ob das „Aufsteigen" bzw. das Zugänglichwerden nur weniger Attribute auch als eine Art „Substitution von Attributen" aufgefasst werden kann: Die wahren Attribute werden durch diejenigen, die aus dem Gedächtnis „aufsteigen" ersetzt. Accessibility und Substitution sind insgesamt Prozesse der Vereinfachung und Hinwendung zu solchen Merkmalen, die mit den verfügbaren Ressourcen „beurteilbar" sind. Es scheint mir, dass Gerhard Roth den Grundmechanismus in seinem Bild vom Screening des Erfahrungsgedächtnisses nach bewerteten Vergleichssituationen hervorragend beschrieben hat. Ich nutze die Ergebnisse von Kahneman, um mir konkreter vorzustellen, was bei der Gewinnung der Vergleichssituationen passiert – was in den Augen eines Biologen sicherlich als „schreckliche" Heuristik eines Ökonomen angesehen werden muss.

attributen, wie z.B. Erwartungswert, Wahrscheinlichkeit, Dichtefunktion etc., durch Ersatzattribute, um zu einer einfacheren Beurteilung zu gelangen.

In Experimenten konnte gezeigt werden, wie das (gefragte) Attribut „Wahrscheinlichkeit" durch das – durch die Art der Zusatzinformationen viel leichter erreichbare – Attribut „Ähnlichkeit" ersetzt wurde.

Bei Entscheidungsproblemen, die in einer positiven oder negativen Antwort münden, also z.B., Zu- und Absagen, Ja-Nein-Entscheidungen, zeigt sich, dass die Antworten wesentlich durch die substituierten Attribute gut/schlecht oder mögen/nicht mögen determiniert werden. Die entsprechenden Gefühle steigen sehr schnell auf und dominieren die Entscheidung. Man konnte dies nachweisen an so abstrakten Entscheidungsproblemen wie Kosten-Nutzen-Analysen von Industrieprojekten oder der Renditeprognose für Industriebranchen. Unter Zeitdruck nimmt der Effekt zu.[186]

Knüpft das Entscheidungsproblem an eine Gruppe von Elementen an, die zusammengenommen große Ähnlichkeit mit einem Objekt haben, dann werden die Eigenschaften des Objektes sofort zugänglich und bestimmen die Entscheidung.

Bei Ereignissen, die eine gewisse Zeit anhalten, konnten Experimente zeigen, dass deren Bewertungen von typischen Momenten innerhalb der Zeitspanne abhingen. D.h., eine Bewertung der gesamten Zeitspanne wird bei den Probanden ersetzt durch eine Bewertung einzelner Zeitpunkte. Man erkennt hier, wie die tatsächlichen Attribute durch leichter bewertbare Substitute ersetzt werden. Typische Substitute sind das Ende der Periode oder besonders auffällige Zeitpunkte innerhalb der Periode.[187] Kahneman schlussfolgert: „*Extended episodes are represented in memory by a typical moment – and the desirability or aversiveness of the episode is dominated by the remembered utility of that moment.*"[188]

Eine Folge des Ersetzens der wahren Attribute durch eine kleine Zahl substitutiver Attribute ist, dass sich der Handlungsrahmen weiter verengt, die Dimensionalität des Entscheidungsproblems verringert sich. Die Darstellungen zeigen, dass Kahneman hier das Problem der Heuristiken von einer ganz anderen Seite betrachtet als Gigerenzer und andere. Erst die weitere Forschung wird zeigen, wie sich beide Arten besser zusammenführen lassen.

Die Rolle von Erfahrungen

Erfahrenere Entscheider haben beim Prozess des Attributeersetzens Vorteile. Sie beachten mehr Attribute und die substituierten Attribute sind tendenziell „richtiger", d.h. sie stimmen mit den Attributen überein, die jemand bei Vorliegen vollständiger Information verwenden würde. Weniger erfahrene Entscheider haben größere Probleme. Mit weniger

---

[186] Kahneman 2003, S. 1463.
[187] Kahneman 2003, S. 1465.
[188] Kahneman 2003, S. 1466.

Erfahrung steigen weniger substituierte Attribute im Gedächtnis auf. Die Situation erscheint klarer als sie ist.[189] Außer dem Maß an Erfahrung wirkt sich auch der Zeitdruck negativ aus genauso wie das weniger systematische Vorbereiten von Entscheidungen.

Bewusstes Denken als Korrekturfaktor?

Intuitives, fehlerhaftes, heuristisches Urteilen kann in begrenzten Maßen durch das bewusste Denken korrigiert werden. Kahneman hat die Faktoren, die zum „Einschalten" des bewussten Denkens führen („conditions under which errors of intuition are most likely to be prevented"), untersucht und die Hinderungsgründe folgendermaßen zusammengefasst:[190]

- Wesentlich beteiligt ist *Zeitdruck*: je größer der Zeitdruck ist, desto unwahrscheinlicher ist eine Korrektur erster (unbewusster) Schlussfolgerungen durch bewusstes Denken. Dabei muss Zeitdruck nicht immer ein von außen vorgegebener „Druck" sein, sondern kann auch eine „innere" Unwilligkeit sein, einem (uninteressanten oder als unbedeutend oder unangenehm empfundenen) Problem mehr als ein Minimum an Zeit zu widmen.

- Die Überlastung des Gehirns mit einer zu großen *Zahl von Aufgaben*, die gleichzeitig die Aufmerksamkeit beanspruchen, d.h. mehrere kognitive Prozesse.

- Die Aufgabe muss zu einem ungünstigen *Zeitpunkt* durchgeführt werden (Müdigkeit).

- Die Aufgabe muss in einer Phase extremer *Stimmung* durchgeführt werden (insbesondere „good mood").

Bewusstes Denken greift wirkungsvoller ein

- je höher die Intelligenz ist,

- wenn eine Grundfreude an kognitiver Arbeit vorhanden ist,

- wenn eine Anlage für statistisches Denken vorhanden ist.

Diese Liste an Einflussfaktoren ist selbstverständlich in keiner Weise vollständig oder systematisch. Sie ist geboren aus den Untersuchungen, die bisher durchgeführt worden sind.

Schlussfolgerung

Kahneman ist der Überzeugung, dass den handelnden Menschen durchaus viele Regeln zur Verfügung stehen, ein Entscheidungsproblem konsistent, rational, auf hohem Niveau zu lösen. Aber diese Regeln werden in einer gegebenen Entscheidungssituation mit großer

---

[189] Kahneman 2003, S. 1461ff.
[190] Kahneman 2003, S. 1467.

Wahrscheinlichkeit nicht zur Anwendung kommen.[191] Viele Entscheidungsfehler, die Menschen machen, könnten vom Prinzip her vermieden werden: die Menschen haben das Wissen, sie kennen Regeln. Aber sie können sie in einer gegebenen Situation nicht anwenden, weil das Gehirn vereinfachte Entscheidungsverfahren bevorzugt.[192] Erfahrung ist ein wirksames Instrument, die Entscheidungsqualität zu erhöhen.[193]

5.3 Tatsächliches Entscheiden: Beispiele

Welche Entscheidungsregeln verwenden Menschen konkret in der Praxis?

Uto Baader, Vorstandsvorsitzender der Baader Bank AG, vermutete nach der Subprimekrise, dass Anleger auf Enttäuschungen mit einzelnen komplex strukturierten Wertpapieren mit einer Ablehnung der Produktgruppe als Ganzes reagierten.[194] Dies ist ein Beispiel für eine konkrete Heuristik, eine pessimistische „Misstrauensheuristik".

Heuristiken sind, wie oben erläutert, Entscheidungsverfahren. die auf Basis *weniger* Daten und *weniger* Verknüpfungen zu Aussagen gelangen. Die Entscheidungsverfahren selbst sind nicht zu beobachten, weil sie in den Köpfen der Entscheider stecken. Man sieht nur die Ergebnisse, die Handlungen. In manchen Fällen mag man es erahnen, wie die Heuristiken ausgesehen haben könnten, die zu den Handlungen führten.

Im Folgenden werden Personen mit vergleichsweise geringer Bildung, mit begrenztem Einkommen (ärmere Haushalte in den USA) sowie mit einem Wechsel des Lebensraums (Migranten in Deutschland) betrachtet. In bildungsfernen Schichten stößt man auf weniger systematisch, schulisch gelernte Zusammenhänge. Migranten verfügen im neuen Land anfänglich nicht über die praktischen Erfahrungen, die nötig sind, angepasste Heuristiken zu generieren. In diesen Personengruppen sollte die Chance bestehen, auf Verhaltensweisen zu stoßen, die nicht lehrbuchmäßigem Rationalverhalten entsprechen und sich insofern als Ergebnis von Heuristiken interpretieren lassen.

---

[191] Vgl. hierzu Kahneman 2003, S. 1468.
[192] Kahneman ist der Ansicht, dass nicht einmal *finanzielle Anreize* in der Lage sind, diese Mechanismen aufzuheben. Finanzielle Anreize können zwar den Aufmerksamkeitsgrad steigern („attention"), was eine Bedingung dafür ist, intensivere kognitive Prozesse anzustoßen („effort"), Aber: „attention and effort by themselves do not purchase rationality", weil auch die richtigen Attribute zugänglich werden müssen, bevor eine Entscheidung von hoher Qualität entstehen kann.
[193] Es wurden Experimente durchgeführt, bei denen Probanden den Wert von Gütern schätzen mussten. Gab man den Probanden nur jeweils ein Gut, dann stellten sich überaus divergierende Werte ein: die Menschen ließen sich von ihren jeweiligen Heuristiken leiten, die teilweise weit in die Irre führten. Ließ man die Entscheider aber im Lauf der Zeit alle Güter kennenlernen, wurden die Schätzungen konsistenter: die Menschen erkannten Beziehungen zwischen den Gütern und damit Einflussfaktoren, die sie im ersten Moment übersehen hatten. Sie wandten dann Regeln an, welche konsistente Schätzwerte ermöglichten. Vgl. hierzu Kahneman 2003, S. 1467.
[194] Vgl. Baader 2009, S. 16.

2008 erlangte das Ehepaar Steve und Annette Economides aus Scottsdale in Arizona Berühmtheit mit ihrem Buch *„America's Cheapest Familiy gets you right on the money: Your Guide to Living Better, Spending Less, and Cashing in on Your Dreams"*, das während der Wirtschaftskrise zum Bestseller wurde. Das Buch ist angefüllt mit Faustregeln, die helfen, nicht auf hässliche Maßnahmen von Spezialisten hereinzufallen.[195] Die Faustregeln helfen, schlimme Fehler zu vermeiden. Sie führen in kaum einem Fall zur „besten" Lösung, sichern aber in vielen Fällen, in denen keine spezifischen Informationen gesammelt werden konnten, „gute" Ergebnisse:

- Nicht den maximalen Kreditbetrag annehmen, den eine Bank anbietet.
- Wünsche nicht sofort erfüllt haben wollen. Impulskäufe meiden.[196]
- Mahlzeiten vorüberlegen und Einkaufslisten erstellen.
- Außerhalb der Saison kaufen.
- Nicht mit Kreditkarte bezahlen.
- Auf Reisen Snacks nicht an der Tankstelle kaufen, sondern im Geschäft.
- Immer zur billigsten Versicherung greifen.
- Auch niedrig bezahlte Jobs annehmen.
- Immobilien nur mit mindestens 20% Eigenkapital erwerben.
- Möbel gebraucht kaufen.
- Kleidung zum Trocknen aufhängen, statt in den Trockner zu stecken.

Svetlana Bensch hat 2007 in einer Arbeit das Verhalten russischer Minderheiten in Berlin untersucht.[197] Sie stellt fest, dass den Immigranten das tiefere Verständnis für Entscheidungssituationen in ihrer neuen Heimat fehlt. Sie greifen zu groben Faustregeln:

- Aus einer auffälligen Werbekampagne wird auf die Solidität und die zuverlässige Qualität eines Produktes geschlossen.
- Empfehlungen von Bekannten wird ein hohes Maß an Glauben geschenkt.
- Deutsche Banken werden für sicher gehalten. Dies gilt unabhängig davon, ob die befragten Immigranten die Sicherungssysteme, welche deutsche Banken sicher machen, kennen oder nicht. Die meisten konnten keinerlei Sicherungssysteme benennen.

---

[195] Siehe http://www.thesimpledollar.com/2007/03/03/review-americas-cheapest-family/(Zugriff 4.4.2009).

[196] De facto liegt der Anteil der Impulskäufe im Einzelhandel bei 10-20%. Vgl. Dressler, Rosenbusch 2009, S. 86.

[197] Die folgenden Aussagen stammen aus Svetlana Bensch 2007.

Auf ganz ähnliche Faustregeln trifft man bei türkischstämmigen Migranten und ihrer Finanzdienstleistungsnachfrage, die in der Studie „Migranten und Finanzdienstleistungen"[198] untersucht wurden, aus der die folgenden Zitate stammen. In diesem Fall berichten Kundenberater über die Verhaltensweisen ihrer türkischstämmigen Kunden. Dabei werden bestimmte Heuristiken deutlich, die sich teilweise mit denen der russischstämmigen Migranten decken:

- „Mein Vater, der spricht zwar Deutsch, aber nicht diese speziellen Wörter. Wenn jemand im schönen Anzug kommt, sagt er zu allem ‚Ja'. Das hat auch mit Gastfreundschaft zu tun."
- „Wenn eine Vertrauensbasis besteht, ist das Verhältnis [zum Berater und zur Bank] tiefer, die Leute machen dann mit niemand anderem mehr was [d.h. wechseln die Bank nicht]."
- „Hürden bestehen eher im Wissen, wie man mit Banken redet. Viele setzen hier zu stark auf den Vertrauensaspekt und vernachlässigen die harten Fakten."
- „Wenn der Neffe erzählt, er hat was Gutes und glaubt es ja auch selbst, dann wird die ganze Familie diese Versicherungen abschließen."
- „Viele Verträge werden unterschrieben, ohne dass die Inhalte klar sind."
- „Die können nicht deutsch lesen und lassen sich das Wichtigste erzählen."
- „Die rechnen die Kondition mit folgender Überlegung nach: Du zahlst 200 Euro pro Monat für ein Jahr. Das sind 2.400 Euro. Der Kredit betrug 2.000 Euro. Also hat er dich 400 Euro gekostet."
- „Die erste Generation türkischer Immigranten war respektvoll der Bank gegenüber und machte, was der Berater gesagt hat. Ehrfürchtig der Bank gegenüber. Die sind halt sehr ehrfürchtig den Leuten gegenüber. Hatten Respekt, die kannten sich nicht aus und dachten, das würde schon stimmen. Die haben alles andere mit unterschrieben."

Die meisten der genannten Verhaltensweisen sind außer durch ein großes Maß an Unsicherheit auch von *Vertrauen* gekennzeichnet („Vertrauensheuristiken"). Man erkennt, welche Attribute (Sprache, Kleidung) Vertrauen (teils unberechtigterweise) auslösen. Es gibt aber auch Beispiele von Faustregeln, die sehr stark von *Misstrauen* geprägt sind („Misstrauensheuristiken"), die bis hin zu einer völligen Verweigerungshaltung reichen:[199]

- Ablehnung von *Kreditkarten*: „Ich zahle immer bar, ich hasse das [mit Kreditkarten], lieber Bargeld, ich weiß, was ich ausgebe, sich selbst kontrollieren."
- Ablehnung von *Aktien*: „Die [Türken] legen nicht so generell in Aktien an, weil sie sich nicht damit auskennen, man muss das Wissen sich ja aneignen."

---

[198] Hayen, Sauer, Evers, Unterberg, Habschick 2005.
[199] Hayen, Sauer, Evers, Unterberg, Habschick 2005.

- Ablehnung von *Versicherungen*: „Ich fühle mich da komplett unsicher, deshalb würde ich auch keine Versicherung abschließen. Ich würde den Finanzberatern nicht trauen. Würde mir verschiedene Leute anhören oder zu einer staatlichen Beratungsstelle gehen."

Auffällig an diesen Beispielen sind zwei Dinge: Zum einen gibt es Heuristiken (z.B. Ablehnung von Kreditkarten), die offenbar über Kulturkreise hinweg verwendet werden. Dies deutet darauf hin, dass es weitgehend standardisierte Regeln sind, mit welchen sich Nichtspezialisten in ihrer Entscheidungsnot behelfen. Das kann von den Spezialisten ausgenutzt werden.

Zum anderen erstaunt, welch große Rolle Vertrauensaspekte in vielen Heuristiken spielen. Ich interpretiere dies so, dass Entscheider, denen situationsspezifische Erfahrung fehlt, recht schnell an das Ende ihrer Beurteilungsfähigkeit gelangen und zu Universalheuristiken wie Vertrauen oder Misstrauen Zuflucht nehmen müssen.

Die alte Dame, ihre Fahrkarte und Gott

Das folgende Beispiel beleuchtet die Rolle von Vertrauen selbst bei einfachen Verrichtungen. Es wird deutlich, (i) wie groß die Unwissenheit von Entscheidern selbst in einfach und klar erscheinenden Fällen ist und (ii) wie schnell Zuflucht zu metaphysischen Prinzipien gesucht wird. Die Hauptperson musste auf Gott zurückgreifen, um nach Hamburg zu gelangen: Eine ältere Dame reiste Anfang 2009 von Chemnitz nach Hamburg und musste dabei zweimal umsteigen. Sie hatte drei Dokumente erhalten, einen Fahrschein, einen Durchschlag und eine Zuginformation, und dachte, dass es sich bei diesen drei Dokumenten um die Fahrkarten für ihre drei Züge handelte. Der Schaffner behielt den Durchschlag ein, was zu Protesten führte. Ängstlich rief sie: „Wenn ich nur noch zwei Dokumente habe, was soll ich dann im dritten Zug machen?" Der Schaffner versicherte, das erste Dokument reiche für alle drei Züge aus. Die Dame dachte daran, dass im dritten Zug zwischen Berlin und Hamburg niemand mehr den Schaffner der Strecke Chemnitz-Leipzig kennen würde, ahnte, dass Schlimmes auf sie zukommen könnte, und sagte nach langem Zögern: „Gott geb's." Er fügte hinzu: „Glauben Sie mir, haben Sie Vertrauen." Er trug eine blaue Uniform und hatte eine sonore Stimme. Es ist interessant, wie schnell Menschen selbst bei einfachsten Problemen, wie dem einer Zugfahrt, nicht mehr weiter wissen und auf die metaphysische Ebene gelangen, um ihre Entscheidungsprobleme zu lösen.

5.4 Die Waffen der Nichtspezialisten: vom Umgang der Menschen mit ihren Schwächen

Im folgenden Abschnitt wird beleuchtet, wie sich Menschen davor schützen, Opfer ihrer vereinfachten Entscheidungsverfahren zu werden. Das heißt, wie Menschen es vermeiden, unter den möglichen Fehlern ihrer (groben) Heuristiken zu leiden.

Vom Risiko, Fehlentscheidungen zu treffen, sind besonders Nichtspezialisten betroffen. Sie müssen (bzw. wollen) viele Entscheidungen unter Zeitdruck treffen. Wichtige Entscheidungen werden *nach* der Arbeit getätigt, wenn man bereits müde ist. Dann unterschreibt man den Versicherungsvertrag, wählt die neue Einbauküche aus und spricht mit Maklern über die neue Wohnung. Nichtspezialisten beachten mangels Erfahrung weniger Attribute, und es steigen „schlechtere" substituierte Attribute aus dem Gedächtnis auf (s.o.). Es lohnt sich also, Schutzmechanismen auszubilden, welche Fehlentscheidungen verhindern.

Tabelle 5.1: Strategien des „Nicht-Gefressenwerdens"

- **Erfahrungen sammeln**
  - Kleinstmengen kontrahieren
  - Wiederholungen einrichten
  - Palette der konsumierten Produkte verkleinern
  - Umstände leicht, jedoch nicht substanziell variieren
- **Weitere Maßnahmen auf individueller Ebene**
  - Misstrauisch sein; Misstrauensheuristiken anwenden
  - Produktpalette an Erfahrungen anpassen
  - Grundlegende Neuerungen meiden
  - Wenn unvermeidlich, dann das tun, was üblich ist
  - Reversible Verträge bevorzugen (Garantien, Liquidität)
  - Klatsch und Tratsch über das, was andere machen
  - Praktische Ratgeber lesen
- **Maßnahmen auf gesellschaftlicher Ebene**
  - Ethik und Moral (Du-sollst-Regeln)
  - Sanktionssysteme (Du-sollst-nicht-Regeln)
  - Normung von Komponenten

Erfahrungen sammeln

Wenn sich das Gehirn bei seinen Entscheidungen, wie gezeigt, wesentlich auf Erfahrungen stützt, dann muss das Gehirn mit so vielen Erfahrungen wie möglich versorgt werden. Es muss geradezu eine „Erfahrungskultur" aufgebaut werden, indem möglichst alles und jedes, was ein Entscheider tut, dem Ziel dient, Erfahrungen zu sammeln.

Es lässt sich feststellen, dass Menschen das *Herausbilden von Erfahrungen* regelrecht institutionalisieren. Wichtige Einrichtungen und übliche Gebräuche moderner Marktwirtschaften können dadurch erklärt werden.

Im Folgenden werden verschiedene Wege aufgezeigt, mit denen ein Maximum an Erfahrungen erworben werden kann, das dann der Verbesserung der Heuristiken dient.

Tägliche Abläufe einrichten

Ein Entscheider kann die Abläufe in seinem Leben so einrichten, dass er die (anfangs) fehlenden Erfahrungen (möglichst häufig) macht. Dies mag für einen Nichtspezialisten zunächst unmöglich erscheinen, weil der Nichtspezialist jemand ist, der sich nicht so wie ein Berufstätiger auf etwas spezialisiert, was er laufend wiederholt.

Allerdings enthält das Leben viele Elemente der Regelmäßigkeit bereit, sodass auch Menschen außerhalb ihrer Berufstätigkeit bestimmte Typen von Entscheidungssituationen immer wieder durchlaufen. So benötigt der Körper in relativ kurzen Zeitabständen Nahrungszufuhr und Ruhepausen. Letzteres führt zu einem ständigen Wechsel von Aktivitäts- und Ruhephasen. Der Tag-Nacht-Rhythmus wiederholt sich genauso wie der Wechsel der Jahreszeiten. Das sind ideale Bedingungen, um Entscheidungssituationen wiederholt zu durchlaufen und Erfahrungen zu erwerben.

Betrachten wir nun den Erwerb von Lebensmitteln. Anstatt einmal eine große Bestellung für den ganzen Monat aufzugeben, kann sich der Lebensmitteleinkauf in wiederkehrenden kleinen Dosen vollziehen. Nehmen wir fiktiv an, das Lernen vollziehe sich derart, dass man nach dem fünften Einkauf einen merklichen Lerneffekt über realistische Preisleistungsverhältnisse und überraschende, zunächst nicht wahrgenommene Eigenschaften der benötigten Güter erreicht. Bis dahin habe man „blauäugig" teils richtig gepreiste, teils aber auch vergleichsweise teure Lebensmittel erworben. Dann bedeutet das, dass derjenige der täglich einkauft, „Lernkosten" von 5 Tagesbedarfen hat, während derjenige, der monatsweise einkauft, es riskiert, 150 Tagesbedarfe „abschreiben" zu müssen.

Kleinstmengen kontrahieren

Man kann daraus das Prinzip ableiten, die abzuschließenden Verträge so auszugestalten, dass in kleinen, möglichst „homöopathischen" Dosen nacheinander kontrahiert werden soll. Der einzelne Vertrag ist geringwertig. Es ist nicht wichtig, wie die einzelne Entscheidung ausfällt. Wenn die Größe des Kontraktes gegen Null tendiert, strebt auch der Wert der Nachteile, die aus fehlender Erfahrung resultieren, gegen Null.

Umstände variieren

Weil sich das Lernen immer nur auf die Situation bezieht, die man erlebt hat, und weil auch die *Handlungsoptionen*, die im Lichte der Gedächtnisinhalte vorteilhaft erscheinen und die *Ziele*, die man überhaupt anstreben kann, sich aus den Situationen, die man erlebt (oder von denen man gehört) hat, ergeben, ist es sinnvoll, die Umstände, unter denen man Erfahrungen macht, „bewusst" zu variieren. Das bedeutet, dass eine gewisse Risikofreude genauso wie bewusstes (schulisches) Lernen Instrumente sein können, fehlende Erfahrung zu beseitigen. Alles das, was dem Ziel dient, Umstände zu variieren, mehr Erfahrungen zu sammeln, kann nützlich sein.

An Kindern fällt auf, dass sie Spiele immer und immer wieder wiederholen. Dabei lassen sie sich immer wieder neue Varianten einfallen. Erst wenn ihnen keine Variante mehr gelingt, wird es „langweilig". Dann lassen sie von einem Spiel ab und wenden sich einem neuen Spiel zu.

Produktpalette anpassen

Gomes und Michaelides zeigen, dass Wirtschaftssubjekte, die keine Erfahrungen erwerben können, ihre Produktpalette ändern. Produkte, die ohne ausreichende Erfahrung als zu riskant erscheinen, werden nicht nachgefragt.[200] Das konsumierte Produktportfolio ist demnach keine (reine) Funktion von Präferenzen, sondern von Fähigkeiten (Wissen, Erfahrung).

Erfahrungen Dritter nutzen

Eine andere Methode, Erfahrungen zu sammeln, ist es, sich mit Freunden und Bekannten auszutauschen. Man berichtet sich, was man gemacht hat und wie die Reaktionen der anderen darauf waren. Die Erzählungen sind möglichst plastisch mit vielen Details. Das ermöglicht es dem Gehirn, die Informationen an den richtigen Stellen abzuspeichern bzw. mit den richtigen Attributen zu verknüpfen, sodass sie in einer späteren eigenen Entscheidungssituation an der richtigen Stelle aus dem Gedächtnis „auftauchen" und zur Entscheidung beitragen. Gerade weil Erfahrungen (insbes. für den Nichtspezialisten) ein knappes Gut sind, sind Gespräche mit anderen über deren Erlebnisse wichtig und wertvoll.[201] Es versteht sich, dass man den anderen vertrauen muss, damit man nicht Lügengeschichten aufsitzt. Deshalb ist ein Freundeskreis unerlässlich. Aber Menschen, die fabulieren, sind unbeliebt – je ernsthafter, desto besser.

Nicht von Üblichem abweichen

Was aber soll man bei den „großen", sehr selten durchgeführten Geschäften machen, die erheblich vermögensrelevant sind (Hauskauf, langfristiger Mietvertrag etc.)? Variationen durchzuführen, nur um auszuprobieren, um zu lernen, wäre hier gefährlich. Eine konsequente Methode, die Erfahrungen anderer zu nutzen, liegt darin, keine Sonderwege zu gehen. Wenn die eigene Erfahrung fehlt, Alternativen zu beurteilen, dann bietet es sich an, das zu machen, was andere auch gemacht haben. Man gelangt zum berühmten Herdentrieb. Die Begründung für diese Heuristik ist bekanntermaßen nicht ganz einfach. Es müssen mehrere Bedingungen erfüllt sein, damit Herdentrieb erfolgreich ist.

---

[200] Gomes, Michaelides 2005, S. 869ff.
[201] Zum sogenannten narrativen Wissen siehe Schreyögg, Geiger 2005, S. 446ff.

Im südlichen Schwarzwald kam es vor einigen Jahren zu einem nachteilsbeladenen Herdentrieb. Einige finanziell schwächere Hausbauer entschieden sich für einen neu angebotenen sehr preiswerten Dachziegel. Mit den ersten Referenzen folgte ein Kunde auf den anderen. Als sich dann wenige Jahre später die Mängel des Ziegels, der rasch zerbröselte, zeigten, mussten Hunderte von Dächern neu gedeckt werden.

Es gibt Menschen, die errichten sich Häuser und wollen dabei, weil der Hausbau eine Besonderheit im Leben darstellt, etwas ganz Besonderes machen. Das Haus soll nicht so „normal" sein wie alle anderen. Es soll etwas Einmaliges verkörpern. Ich kenne dutzende von Bauherren, die dabei katastrophale Fehler gemacht haben, weil in dem „Üblichen", d.h. in der Normalität, die Intelligenz und Vernunft der Erfahrung steckt, während das gewollt Besondere Resultat der Unerfahrenheit des Nichtspezialisten ist. Es entstehen Lösungen, die einfach nur schlecht sind. Zudem wird dieses Verhalten der Bauherren von der Bauindustrie nach Strich und Faden ausgenutzt.

Werbung

Werbung gilt als lästig. Aber ganz verbieten lassen will Werbung wohl niemand. Das hat seinen guten Grund. Letztlich ist die Zurkenntnisnahme von Werbung ein Mittel, Erfahrung zu gewinnen. Man sieht und hört durch Werbung von Aspekten, die einem ohne viel Erfahrung entgehen würden. Z.B. ist es eine durchaus wichtige Information, dass eine Zahnpasta besonders weiße Zähne macht oder dass ein neues Geschäft geöffnet hat, das man sonst nie gefunden hätte, weil man nur die üblichen „bewährten" Wege läuft. Allerdings sind hier Interessenskonflikte offensichtlich, und man muss Misstrauensheuristiken hinzuziehen.

Diversifizieren über die Zeit

Die alte Regel „Setze nicht alles auf eine Karte", lässt sich in diesem Sinne auch so interpretieren, dass man sich nicht durch einen Vertrag, der einen in der Zeit bindet, die Früchte des Erfahrungssammelns entgehen lassen sollte. Man diversifiziert eine Entscheidung, indem man sie in kleine Einheiten teilt, die man nacheinander ausführt. Man kann vom Diversifizieren *über die Zeit* sprechen.

Das markowitzsche Diversifizieren zu einem *Zeitpunkt*, d.h. das Aufteilen eines Anlagebetrages auf mehrere Assets, ist eine Möglichkeit, die Gefahren einer augenblicklichen Entscheidungsunfähigkeit zu verringern. Durch die Hinwendung zu mehreren Assetarten kommt es zu einer Variation der Umstände, und es werden mehr Attribute zugänglich, was die Gefahr, einem einzigen, möglicherweise besonders schlimmen, Entscheidungsfehler aufzusitzen, verringert. Das Diversifizieren *über die Zeit* ist ein ähnlicher Mechanismus, der über den Zeitablauf andere Attribute zugänglich macht.

Die Notwendigkeit zu diversifizieren, wurde oft mit einem per se vorhandenen *exogenen* Risiko unerwarteter Umweltänderungen begründet. Paul A. Samuelson hatte in seinem

Aufsatz „Proof that properly anticipated prices fluctuate randomly"[202] gezeigt, dass fehlerfreie Informationstätigkeit nur noch exogen verursachte Unsicherheit zulässt, die sich beim Entscheider als Zufallsverlauf unerwarteter Datenänderungen bemerkbar macht. Diversifikation wird sinnvoll.

Heute weiß man, dass eine fehlerfreie Informationstätigkeit im Sinne von Samuelson nur in Ausnahmefällen möglich ist. Das heuristische Entscheiden kann zu systematischen Entscheidungsfehlern führen, die sich, wenn zu wenige Lernmöglichkeiten vorhanden sind, gefährlich auswirken können. Die Aufspaltung größerer Vermögen in kleinere Dosen, die getrennt zur Anlage drängen, verfolgt also auch den Zweck, das „innere" Entscheidungsrisiko zu mindern. Wer zu einem Zeitpunkt in verschiedene Assets streut, spricht unterschiedliche Erfahrungsbereiche in seinem Gehirn an und diversifiziert seine Entscheidungsfehler dadurch. Dasselbe gilt für jemanden, der über einen längeren Zeitraum streut. Später sind die Umfeldbedingungen andere. Das weckt andere Assoziationen, und andere Heuristiken und Informationen drängen sich in die Entscheidungsfindung hinein. Dazu kommt natürlich, dass derjenige, der zeitlich streut, aus den ersten Erfahrungen bereits lernen und sich umstellen kann. In Unternehmen ist es gang und gäbe, in neue Projekte erst einmal kleine Summen zu stecken, um zu lernen. Und auch Privatleute verringern die Volumina, wenn ihnen Banken ganz neue Anlageideen präsentieren, weil sie zuerst Erfahrungen sammeln wollen.

Liquidität/Reversibilität

Der Faktor „Liquidität" trägt dazu bei, die Auswirkungen von Entscheidungsfehlern zu verringern. Als Liquidität bezeichnet man die Eigenschaft von Finanzprodukten, am Markt jederzeit und ohne Kosten gehandelt werden zu können.

Im Zusammenhang mit dem heuristischen Entscheiden durch Marktteilnehmer mit wenigen Erfahrungen ergibt sich für die Notwendigkeit und Vorteilhaftigkeit von hoher Liquidität ein neues Argument. Es ist nicht nur ein Instrument, in Zukunft eventuell plötzlich auftretende Konsumwünsche befriedigen zu können. Sondern es ist auch ein Instrument, die Entscheidungskosten zu verringern, indem sie von dem entscheidungstechnisch „teuren" Zeitraum vor der Entscheidung auf den entscheidungstechnisch „billigeren" Zeitraum nach der Entscheidung verlagert werden können. *Vor* der Entscheidung muss der erfahrungslose Entscheider entweder sich aufwendig auf die Entscheidung vorbereiten, um weniger Fehler zu machen. *Nach* der Entscheidung kann er auf viel „preiswertere" Weise neue Informationen hinzugewinnen, indem sein kognitiver Apparat (siehe z.B. die Aufmerksamkeitssteuerung) quasi automatisch auf Umstände hinsichtlich der Entscheidung verändert wurde. Nur wenn die Entscheidung reversibel ist, kann er diese neuen Informationen nutzen. Dazu müssen die Finanzinstrumente die Eigenschaft der Liquidität aufweisen.

---

[202] Samuelson 1965, S. 41ff.

Institutionen: Gesetze, bekannte Verkäufer, Rat

Man könnte sich nun vielen weiteren Institutionen der Finanzmärkte zuwenden und fragen, in welcher Weise sie zu einer guten Entscheidungsfindung beitragen. Für das Rechtssystem, die Unabhängigkeit der Richter, die Forschung mit der Unabhängigkeit der Forscher, moralische und ethische Normen und vieles mehr gilt dies unbesehen. Die Bedürfnisse nach standardisierten Bewertungsverfahren gehören auch in den Bereich. Die Bedeutung des Vertrauens beim Entscheiden rechtfertigt eine viel intensivere Behandlung.

5.5 Zusammenfassung

Was wurde gezeigt? In diesem Kapitel wurde das heuristische Entscheiden untersucht, das zwar von allen Menschen verwendet wird, welches aber für Nichtspezialisten mit ihrem geringen Erfahrungswissen ein besonderes Problem darstellt und einen besonderen Nutzen stiftet. Es wurden die Untersuchungen des Berliner Professors Gerd Gigerenzer und des amerikanischen Nobelpreisträgers Daniel Kahneman vorstellt. Beide wenden sich unterschiedlichen Aspekten heuristischen Verhaltens zu: Gigerenzer interessiert sich mehr für den logischen Aufbau der Entscheidungsmechanismen, während Kahneman mehr den biologischen Ursprüngen des Entscheidungsverhaltens nachgeht. Gigerenzer betont mehr die versteckte Intelligenz in den Heuristiken, während sich Kahneman mehr für die Fehlerquellen interessiert. Aber beide kommen letztlich zu gleichen Ergebnissen: menschliches Entscheiden ist durch eine fundamentale Neigung zu ressourcensparenden Arbeitsweisen gekennzeichnet. Es gibt eine inhärente Tendenz, Entscheidungen auf Basis einfacher Überlegungen unter Zugrundelegung von Gedächtnisinhalten und unter Ersparung von Informationssuchaktivitäten zu fällen. Die im Gedächtnis gesammelte Erfahrung ist ein zentraler Baustein des Entscheidens – nicht nur das logische, bewusste Überlegen.

Die Erkenntnisse Gigerenzers und Kahnemans liefern keinen Anlass, das auf Gerhard Roth basierende Entscheidungsmodell, das in Kapitel 2 vorgetragen wurde, revidieren zu müssen. Sie ergänzen dieses Modell und geben wertvolle vertiefende Einsichten.

Wie sehen Heuristiken in einer konkreten Entscheidungssituation aus? Sie zeigen sich in Regeln, die bei Vorliegen bestimmter Umstände stur angewendet werden, ohne die Sinnhaftigkeit in der spezifischen Situation eigens zu prüfen. Es wurden einige Beispiele genannt. Es gibt in der wissenschaftlichen Literatur bisher keine systematischen Sammlungen von Faustregeln, die in verschiedenen Situationen anzuwenden wären. Das ist eher die Domäne praktischer Ratgeber. Wissenschaftliche Forschung hat sich oft gerade mit der Überwindung von faustregelbasiertem Entscheiden befasst. Dabei wurden einerseits geniale und sehr erfolgreiche neue Faustregeln entwickelt wie die Wertpapiergleichung des CAPM oder Allokationsregeln nach Markowitz. Wie groß der Bedarf für solche Faustregeln (in der Praxis) ist, zeigt Frankfurter, der von einem kommerziellen, stark interessege-

Zusammenfassung

leiteten „Market for Beta" spricht.[203] Aber abgesehen von solchen Highlights wurde bei vielen wissenschaftlich begründeten Entscheidungsregeln der Ressourcenaspekt nicht ausreichend gewürdigt, sodass wissenschaftlich fundierte Entscheidungsregeln in der Praxis manchmal nur begrenzt nützlich sind.

Da aber *zu* simple Faustregeln regelrecht gefährlich sein können, wurde im letzten Abschnitt des Kapitels gefragt, was die Entscheider selbst dazu beitragen können, ihre Entscheidungsbasis zu verbessern, d.h. bessere Regeln auszubilden. Es konnte gezeigt werden, dass man sehr viel dazu beitragen kann. Man muss nichts weniger tun, als einen Teil seines Lebens anzupassen. Man muss wiederholte Abläufe einrichten, Regelmäßigkeiten schaffen, dabei aber leicht variieren. Man muss sich Austauschen mit Dritten.[204] Man muss einmalige Sonderwege vermeiden – aus diesen lernt man nichts. Wenn man investiert, muss man für Liquidität sorgen, um beim nachträglichen Erkennen von Entscheidungsfehlern revidieren zu können u.s.w.

Derartige Mechanismen sind gut bekannt. Sie stellen nichts anderes als das *alltägliche Leben* schlechthin dar. Die Organisation des täglichen Lebens lässt sich als Resultat der begrenzten Entscheidungsfähigkeit und der Versuche zu ihrer Verbesserung begreifen.

Es neigen *alle* Entscheider zur Verwendung von Heuristiken, weil dieses Verhalten biologisch angelegt ist. Der Unterschied zwischen dem Verhalten der Spezialisten und dem der Nichtspezialisten ist der Grad an Erfahrung und damit das Maß an *Situationsangepasstheit*.

Da die Möglichkeiten, Erfahrungen zu sammeln, begrenzt sind, und da die Wege, wie zunehmende Erfahrung sukzessive zu einer Verbesserung der Heuristiken führt, biologisch determiniert sind, enthält das Entscheiden Elemente der Berechenbarkeit für jemanden, der das Verhalten anderer aufmerksam beobachtet. Nicht jeder Nichtspezialist verhält sich grundsätzlich anders. Der Spezialist braucht nicht einmal besondere Fähigkeiten dazu, das zu erkennen: das, was jedermanns Gehirn gut kann, nämlich Erfahrungen zu sammeln und daraus zu lernen, reicht aus.

Es sind also nicht nur die eigenen Entscheidungsfehler im Allgemeinen, sondern auch die Gefahr, dass das eigene fehlerhafte Verhalten von Spezialisten ausgebeutet wird, im Besonderen, welche für Nichtspezialisten gefährlich sind.

Viele *sichtbare Institutionen* (Gesetze, Usancen etc.) dienen dem Versuch, sich vor hässlichen Maßnahmen zu schützen, also nicht gefressen zu werden. Währenddessen sind die hässlichen Maßnahmen und Strategien des Opportunismus *weniger sichtbar*. Man findet sie

---

[203] Franfurter 1995, S. 117.

[204] Die bürgerliche Kultur des privaten Wohnens zeichnet sich durch eine ausgesprochene Affinität zum „Sitzen in Gruppen" auf: Im Wohnzimmer, im Esszimmer, in der Küche, auf der Terasse und im Garten stehen Sitzmöbel – immer in ausreichender Zahl, um Gästen Platz anbieten zu können. Meist sitzt man zusammen und tauscht Erfahrungen aus. Die Zahl der Sitzmöbel zeigt, wie „wertvoll" diese Tätigkeit ist.

in versteckten Nischen. Man frisst gerne allein und unerkannt. Sobald die Nischen zu groß und zu auffällig geworden sind, gehen sie in die Entscheidungen der Adressaten ein. Institutionen, die ihrer Bekämpfung dienen, werden geschaffen. Damit wird die Absicht, (hässliche) Mehrerträge zu erzielen, konterkariert, und der Wunsch, neue Nischen zu finden, wird wach.

6 Das standardisierte Entscheidungsverhalten der Spezialisten

6.1 Grundlagen

Ziel des folgenden Kapitels ist es darzulegen, wie vereinfacht und standardisiert Spezialisten ihre Entscheidungen treffen. Es kann gezeigt werden, dass Spezialisten in wichtigen Geschäftsfeldern einfache Heuristiken einsetzen. In dieser Hinsicht unterscheiden sie sich nicht von Nichtspezialisten.

Welch enorme Qualität die Entscheidungen von Spezialisten trotzdem haben können, wurde mir neulich klar, als ich ein Buch über die Chemie in die Hände bekam, in welchem die Entwicklung dieser Wissenschaft anhand ihrer wichtigsten Endeckungen geschildert wurde.[205] Die genaue Beobachtungsgabe der Chemiker und die Ausgeklügeltheit der Experimente, die zum Erkennen immer neuer Zusammenhänge und letztlich zum Auffinden selbst „unfindbarer" Teilchen wie Atome oder Elektrizität führte, sind ungeheuer beeindruckend. Eine bahnbrechende Erkenntnis reiht sich an die andere. Aber immerhin sind es 2000 Jahre Forschung, die in diesem Buch auf wenige Hundert Seiten zusammengefasst werden. Und es hat manchmal Hunderte von Jahren gegeben, in denen kein Fortschritt erzielt wurde oder in denen die Forscher nicht aus Irrwegen herausfanden. Man ist geneigt zu fragen, wie viele falsche oder im ersten Moment unscheinbar erscheinende Gedanken von wie vielen Forschern müssen zusammenkommen, um einen nennenswerten Fortschritt zu ermöglichen?

An den Finanzmärkten scheint es nicht anders zuzugehen. Die Finanzmärkte verzeichneten seit dem Ende des Bretton-Woods-Systems ein Feuerwerk wichtiger Innovationen. Die Bank für Internationalen Zahlungsausgleich sah sich im April 1986 genötigt, das Buch *„Recent Innovation in International Banking"* herauszugeben.[206] In diesem Buch beschäftigen sich die Fachleute auf den Seiten 129 bis 140 mit den „Trends towards Securitization" und loben deren Mechanismen. Bis 2007 waren 21 Jahre Zeit, das neue Phänomen der Securitization gründlich zu durchdenken. Aber hat man das auch getan? Oder hat man die jeweils gerade neu entwickelten Ausprägungen ohne tieferes Verständnis angewandt? Blieben die Hintergründe im Dunkeln, da „es" funktionierte? Auf jeden Fall wurden 21 Jahre später unvollkommen verstandene Begleiterscheinungen der Securitization für die größte Finanzmarktkrise seit dem zweiten Weltkrieg mitverantwortlich.

---

[205] Schüller 1943.

[206] BIZ 1986.

Man braucht nicht an die Subprimekrise allein zu denken, wenn man nach Fehlentscheidungen von Spezialisten sucht. Unvergessen ist das letzte Absacken des Deutschen Aktienindex im Jahr 2003 auf unter 3000 Punkte. Dieses Absacken wurde verursacht durch Entscheidungen von Versicherungen und deren Aufsichtsbehörde, welche die Lage der Unternehmen als so bedrohlich einschätzten, dass sie sich unbedingt von ihren Aktienbeständen trennen wollten und sollten. Ex post betrachtet war die Entscheidung falsch: die Versicherer verkauften auf einem nie wieder erreichten Tiefstpunkt, und es ist schwer vorstellbar, dass es wirklich keine Möglichkeit gab, die Lage der DAX-Unternehmen besser einzuschätzen und andere Handlungsalternativen zu finden.

Während den Entscheidungen der Spezialisten aus dem Jahr 2003 noch mehr oder weniger sachliche Erwägungen zugrunde lagen, stößt man in anderen Fällen auf große emotionale Komponenten. Beispielhaft sei das Bietgefecht 1988 zwischen dem CEO von RJR Nabisco, F. Ross Johnson, und dem Finanzexperten Henry Kravis um die gleichnamige Gesellschaft genannt. Das Gefecht endete mit einem Übernahmepreis, der alles bis dahin Dagewesene in den Schatten stellte. Später stellte sich heraus, dass der Preis zu hoch gewesen war: die gewinnende Unternehmensgruppe Kohlberg, Kravis, Roberts & Co. konnte letztlich nicht die erwartete Rendite erzielen.[207] Rein sachlich betrachtet waren die Entscheidungen fehlerhaft. Das Bietgefecht erklärt sich wesentlich aus der Rivalität der beiden Männer Johnson und Kravis.[208]

Ähnlich war es an jenem Wochenende vom 13. und 14. September 2008, als sich die Finanzwelt dramatisch änderte, weil Regierung und Federal Reserve Bank der USA die katastrophale Fehlentscheidung gefällt hatten, die Investmentbank Lehman Brothers nicht zu retten: Emotionen auf mehreren Ebenen spielten eine Rolle. Der US-Finanzminister Henry Paulson als früherer Goldman-Mann musste mit einem ehemaligen Lehmann-Rivalen verhandeln, der ihn bereits einmal, im Frühjahr 2008, hatte „verlieren" lassen. Die Bevölkerung war emotional gegen die Banker aufgebracht. Man befand sich kurz vor Prä-

---

[207] Siehe Anette Dowideit, Als das Zeitalter der Finanzjongleure begann, in: die Welt, 30.11.2008.

[208] Johnson hatte als CEO nach dem Erwerb privaten Vermögens die Idee gewonnen, RJR Nabisco von der Börse zu nehmen und privat fortzuführen. Kravis war sein Finanzberater. Als Kravis ihm das neue Konzept eines hoch geleveragten Kaufs empfahl, bei dem die Schulden durch das Target selbst aufgenommen und getilgt werden würden (eine neue Technik, die sich später als ausgesprochen wirkungsvoll und erfolgreich herausstellte, letztlich aber auch zur Verschärfung von Krisen beigetragen hat), und Johnson Kravis daraufhin „entließ", um sich einen anderen, weniger aggressiven Berater zu suchen, stieg Kravis in das Bieten um den Erwerb des Unternehmens selbst mit ein. In einem kurzen, aber heftigen Bietgefecht steigerten sich die Kontrahenten auf 25 Mrd. USD Kaufpreis hoch. Der „verletzte" Kravis, der nicht ein zweites Mal den Kürzeren ziehen wollte, gewann. Die Rolle von Gefühlen in diesem Bietgefecht wurde von vielen Marktteilnehmern bemerkt. Zur Rolle von Emotionen im Entscheidungsverhalten formuliert Kahneman mit speziellem Fokus auf „Profis": *„Findings about the role of optimism in risk taking, the effects of emotion on decision weights, the role of fear in predictions of harm, and the role of liking and disliking in factual predictions – all indicate that the traditional separation between belief and preference in analyses of decision making is psychologically unrealistic."* Kahneman 2003, S. 1470.

sidentenwahlen. Die Politiker hatten nicht den Mut, dem Wunsch der Bevölkerung nach Rache und Strafe für die verhassten Bankchefs nicht wenigstens in einem Fall nachzugeben.[209] Paulson begründete die Entscheidung rein sachlich: er habe geprüft, dass Lehman keine systemisch notwendige Bank sei – ein krasses Fehlurteil.

Klagen über das starre Entscheidungsverhalten von Spezialisten finden sich immer wieder in der Literatur. Beispielhaft seien Klagen aus den 30er Jahren des 20. Jahrhunderts über Fehler aufgegriffen, die zur Verschärfung der Weltwirtschaftskrise beitrugen: *„Bei den Großbankfilialen mangelte es an Beweglichkeit, weil ihre Leiter zu stark abhängig waren von den Anweisungen der Zentralen."*[210] Ein anderer Autor stellt fest: *„Eine Ursache für die Erstarrung des Kreditgeschäftes in Sicherungsfragen hat man auch in der Schematisierung der Kreditgewährung durch die zentralen Verwaltungsstellen der größeren Institute gesehen. ... Die eingehenden Vorschriften ... hat man als zu starr empfunden und die Meinung vertreten, daß sie für die Berücksichtigung regionaler und örtlicher Verhältnisse zu wenig Raum boten. ... Es war oft sehr bequem, sich hinter den Vorschriften der Zentrale zu verschanzen, denn es gehörte Mut und Verantwortungsfreudigkeit dazu, nicht voll abgesicherte Kredite ... genehmigt zu erhalten."*[211] Mitarbeiter mit tieferen Kenntnissen der Kunden hätten gefehlt.[212] Und zu den Fehlern von Finanzmanagern in Unternehmen: *„Infolge der engen Verbindung von Bank und Unternehmen haben letztere sich oft gar nicht mehr die Mühe gemacht, die betriebswirtschaftlich billigste und richtigste Finanzierungsart herauszufinden."*[213]

Die Zitate belegen, wie den Spezialisten in den Banken und Unternehmen vorgeworfen wurde, starre, schematisierte Verhaltensweisen anzuwenden, die nicht vollständig situationsangepasst seien. An dieses starre, schematische, auf die Beachtung weniger Variablen reduzierte Entscheidungsverhalten soll im nächsten Kapitel angeknüpft werden.

---

[209] Zur damaligen Stimmung: „Instead, the marauding of a handful of Wall Street 'innovators'- drunk with hubris and blinded by their own bizarre sense of entitlement – have thrust the financial markets to the brink of catastrophe and pushed the broader 'real' economy towards a painful retrenchment. Now everyone will pay for the greed of the few." Mike Whitney in: http://www.globalresearch.ca/index.php?context=va & aid=10228 (Zugriff: 20.3.2009). Oder Suzy Jagger in The Times vom 16.9.2008: „Six weeks away from the presidential election, the US taxpayer would not be funding the rescue of another Wall Street bank...." In: http://business.timesonline.co.uk/tol/business/industry_sectors/banking_and_finance/article4761884.ece (Zugriff 20.3.2009).

[210] Plesse 1937, S. 151ff.

[211] Kunze u.a. 1938, S. 52a.

[212] Plesse 1937, S. 151ff.

[213] Lodron 1935, S. 46. Dies waren, auch aus der Inflationserfahrung heraus, mehr als früher kurzfristige Depositen. Die Eigenkapitalmärkte waren ausgetrocknet, weil die Dividendensicherheit nach dem Krieg im Gegensatz zur Vorkriegszeit stark nachgelassen hatte (Lodron 1935, S. 39ff.).

Drei auffällige Merkmale kennzeichnen das Handeln von Spezialisten:

1. Sie sind zumeist in Organisationen tätig.
2. Sie haben eine gute Ausbildung und benutzen Werkzeuge, Formeln und andere Hilfsmittel, die nicht sie selbst, sondern andere Menschen entwickelt haben.
3. Sie agieren standardisiert, schematisiert, gehen Dingen nicht immer tief auf den Grund, nutzen stark vereinfachte Indikatoren zur Erkennung von Sachverhalten, brechen Informationsaktivitäten früh ab und treffen viele Entscheidungen schnell und auf Basis weniger Informationsbruchstücke.

Im Folgenden soll der erste Aspekt nicht weiter behandelt werden.[214]

Auch die Nutzung von Hilfsmitteln soll nicht behandelt werden. Es ist bekannt, dass Spezialisten durch den Einsatz von Hilfsmitteln (Maschinen, Formeln, Werkzeuge, Wissen jeder Art) ihre Leistungsfähigkeit steigern. Man kann von „kondensierter" Erfahrung Dritter sprechen, die in diesen Hilfsmitteln steckt. Grundsätzlich stehen Hilfsmittel wie die DCF-Methode oder die Portfoliotheorie auch Nichtspezialisten zur Verfügung. Aber eine sinnvolle Anwendung bedarf bei vielen Hilfsmitteln mehrerer Voraussetzungen, die Nichtspezialisten fehlen.

Der dritte Aspekt soll im Folgenden beleuchtet werden.

Gefragt wird, wie viel Aufwand betreiben Spezialisten, die notwendigen Daten zusammenzutragen, die erforderlichen Analysen durchzuführen, um all die Aspekte zu berücksichtigen, die berücksichtigenswert sind, um eine Entscheidung zu fällen. Was sich im Kopf der Spezialisten abspielt, kann nicht überprüft werden, aber welche Anstrengungen sie unternehmen, Daten zu beschaffen und Nebenrechnungen anzufertigen, lässt sich nachweisen.

Im Ergebnis kann gezeigt werden, dass Spezialisten die ihnen zur Verfügung stehenden Instrumente zur Entscheidungsvorbereitung nicht ausschöpfen. Mit anderen Worten: Sie treffen Entscheidungen nicht auf dem Wissensstand, den sie haben könnten. Sie entscheiden in gewisser Weise – ohne dies hier werten zu wollen – „oberflächlich", d.h. auf der Basis von weit weniger Informationen als sie haben könnten.[215]

Es zeigt sich, dass Spezialisten genau wie Nichtspezialisten Heuristiken verwenden, um mit wenig Aufwand zu einer Entscheidung zu gelangen. Die Heuristiken der Spezialisten sind dank der Hilfsmittel (Formeln, schulisches Wissen etc.), um die herum sie gestaltet sind, leistungsstärker als die der Nichtspezialisten. Aber es sind eben doch nur Heuristiken, vereinfachte Entscheidungsverfahren auf Basis von viel weniger Informationen als verfügbar sind.

---

[214] Siehe z.B. Williamson 1990.

[215] Vgl. Thießen 2003.

Um dies zu zeigen, wird das Gebiet der Unternehmens- bzw. Eigenkapitalbewertung gewählt, weil dieses in der Literatur gut beschrieben und ausführlich theoretisch eingeordnet ist. Es ist bekannt, welche Analyseschritte ein rationaler Entscheider durchführen sollte. Wir stellen fest: Bei weitem nicht alle werden durchgeführt. Überall stößt man auf Vereinfachungen und Pauschalierungen. Das Handeln ist gekennzeichnet durch eine erhebliche Reduktion der Zahl der Analyseschritte relativ zu dem, was ein rationaler Entscheider alles hätte tun können.

Die folgenden Abschnitte geben den Stand der Bewertungstechnik bis etwa Mitte des ersten Jahrzehnts des 21. Jahrhunderts wider.

6.2 Beispiele aus dem Bereich der Bewertung

6.2.1 Discounted-Cash-Flow-Methode

Betrachtet wird zunächst der Umgang mit der Discounted-Cash-Flow-Methode.

Die verschiedenen Modelle der Discounted-Cash-Flow-Methode basieren auf der Annahme, dass die Summe abgezinster Zahlungen den Wert eines Finanzinstruments reflektiert. Diskontierungsverfahren sind theoretisch gut fundiert und so flexibel, dass sie auf (nahezu) jedes Bewertungsproblem (von Zahlungsströmen) anwendbar sind. Trotz dieser Vorteile ist die Bedeutung der DCF-Methode in der Praxis in den letzten Jahren zurückgegangen.

Nachdem das DCF-Verfahren im Verlauf des 20. Jahrhunderts anwendungsreif entwickelt und in den 60er bis 80er Jahren immer weiter vervollkommnet wurde, sah man es zeitweilig als das Hauptinstrument zur Lösung von Bewertungsproblemen an. Das DCF-Verfahren baute in dieser Zeit ein hohes Renommee auf. *„Kernstück jeder Bankbewertung ist die Ermittlung des Ertragswertes durch die Diskontierung von Cash Flows"*[216] hieß es. Tatsächlich erfuhr die DCF-Methode aber in den 90er Jahren einen schleichenden Niedergang, indem sie oft nur noch als Ergänzung zu den wesentlich gröberen Multiplikatormethoden verwendet wurde. Die Aufgabe der DCF-Methode wurde zunehmend auf die Plausibilitätsprüfung der mit anderen Verfahren berechneten Werte beschränkt. Dazu braucht man keine aufwändige Ausgestaltung.

Durch die „Hintertür" wurde die Methode verdrängt. Ein Praktiker formuliert dies so: *„Qualität und Aussagekraft einer Bewertung ist letztlich nicht allein von der gewählten Methodik abhängig, sondern vielmehr von der Erfahrung und dem Urteilsvermögen des Anwenders. Beson-*

---

[216] Der Begriff „Bankbewertung" bezeichnet an dieser Stelle die Bewertung (eines Bewertungsobjektes) *durch* eine Bank; Dombret, Bender 2001, S. 329.

ders wertvoll ist hierbei die Nähe zu den Aktienmärkten".[217] Der Praktiker möchte mit dem letzten Satz ausdrücken – dies ergibt sich aus dem Kontext –, dass sich Multiplikatorverfahren besser als DCF-Verfahren für Bewertungen eignen, weil sie eine größere Nähe zu den Märkten besitzen.

Der Leiter der Emissionsabteilung einer großen Bank sagte 2002, dass Bankanalysten bereits ohne jede DCF-Bewertung nach wenigen Minuten und mit wenigen Blicken auf die Zahlen eines Unternehmens ein „Gefühl" dafür entwickelten, zu welchem Preis ein Unternehmen am Aktienmarkt platziert werden könnte.[218] Dies deutet darauf hin, dass es einige wenige leicht berechenbare Indikatoren gibt, welche im Markt unter den Spezialisten anerkannt sind. Indem solche einfachen Indikatoren eine Rolle spielen, kann möglicherweise auf Anzeichen für heuristisches Entscheiden auch bei Spezialisten geschlossen werden.

Grundsätzlich gesehen ist das DCF-Verfahren ein Wunderwerk an flexibel jedem Bewertungsproblem individuell anpassbarer Bewertungstechnik. Angewandt wird die DCF-Methode aber in keiner Weise feingliedrig, individuell angepasst und umfassend. Sie wird in der Praxis vielmehr in stark vereinfachter, sehr schematischer Form verwendet. Die Vereinfachungen sind standardisiert. Im Ergebnis wird aus dem sehr flexiblen DCF-Verfahren eine relativ starre, schematische Struktur.

Übliche Vereinfachungen

Welche Vereinfachungen sind anzutreffen? Im Folgenden werden die Vereinfachungen genannt, die in den 90er Jahren nicht nur in einzelnen Fällen, sondern häufig zu finden waren:

- Aufspaltung der *Planperiode* in einen explizit und einen pauschal betrachteten Teil. Meist werden 5 oder 10 Jahre explizit geplant. Fälle, in denen nach 9 oder nach 11 Jahren die pauschal geplante Periode beginnt, kommen so gut wie nie vor.

- Pauschale Planung von *Aufwandspositionen* (Marketing, Forschung, Verwaltung, Sonstige) oftmals als feste Relation vom Umsatz.

- *Wachstumsraten* werden pauschal geplant. In der Ewigen Rente wird häufig das Zero-Growth-Modell oder das Constant-Growth-Modell verwendet. Sehr selten sind das Two-Stage-Growth-Modell und das Three-Stage-Growth-Modell. Individuelle Jahreswachstumsraten kommen fast nie vor.

- Keine Berücksichtigung der *Abhängigkeiten* der Cash Flows verschiedener Jahre. Es wird so getan, als seien die Cash Flows verschiedener Jahre stochastisch unabhängig voneinander.

---

[217] Dombret, Bender 2001, S. 332.
[218] Vgl. Bunzel 2002, 2f.

- *Steuersätze* werden pauschal geplant. Oft wird auf die Berücksichtigung von Steuern ganz verzichtet. Obwohl die Lehrbücher auf die Notwendigkeit zur Berücksichtigung von Steuern deutlich hinweisen, sind oft alle Parteien zufrieden, wenn Steuern ausgeblendet bleiben.
- In Bezug auf die *Kapitalstruktur* wird meist mit der Annahme gearbeitet, dass sich die Kapitalstruktur über die Jahre nicht ändere.
- *Abschwungphasen* analog zum Produktlebenszyklusmodell finden kaum Verwendung.
- Der *Diskontierungszins* ist vielfältigen Standardisierungen unterworfen. Von der Idee her wäre es der Zins der besten Alternativinvestition des Investors. Diese zu finden, wird aber als „praktisch nicht lösbare Aufgabe"[219] angesehen.
- *Eigenkapitalkosten* werden meist nach dem CAPM ohne Rücksicht auf dessen Anwendungsbedingungen als Summe aus sicherem Zins und Risikoaufschlag geplant.
- Der *sichere Zins* ist oft der Zins 10-jähriger Staatsanleihen.
- Der *Risikoaufschlag* ist das Produkt aus Marktprämie und Betafaktor.
- Die *Marktprämie* wird nicht zukunftsbezogen geschätzt, sondern aus der jüngeren Vergangenheit durch Extrapolation abgeleitet.
- Ähnliches Vorgehen bei den *Betafaktoren*: statt unternehmensindividuelle Zukunftsbetas zu prognostizieren, werden meist pauschal historische Branchenbetas verwendet. Diese werden über alle Planjahre konstant gelassen, was mit der empirischen Evidenz im Widerspruch steht.[220]

Damit sind ohne Anspruch auf Vollständigkeit einige der Pauschalierungen und Vereinfachungen genannt, die in der Literatur dokumentiert wurden. Daneben gibt es sicherlich viele weitere, die Entscheidungen beeinflussen, aber in der Literatur keine Beachtung fanden. Im Ergebnis sieht man, dass der Aufwand begrenzt ist. Es werden nicht alle denkbaren Informationen beschafft und Analysen getätigt.

Bis heute ist kein Trend einer Abkehr von der schematischen Handhabung von Bewertungsentscheidungen zu erkennen, sondern eher eine Hinwendung zu noch schematischeren Methoden wie dem Rechnen mit Multiplikatoren.

6.2.2 Multiplikatormethoden

Die Multiplikatormethode, die auch Peer-Group-Vergleichsverfahren oder Kennzahlenverfahren genannt wird, leitet den Wert eines Unternehmens bzw. seiner Anteile anhand eines Kennzahlenvergleichs von Werten anderer Unternehmen, der Peer Group, ab. Die

---

[219] Vgl. Bunzel 2002, S. 30.
[220] Vgl. Bunzel 2002, S. 32.

Multiplikatormethode hat sich zum Hauptverfahren der Unternehmensbewertung in der Praxis entwickelt. Die Gründe dafür sind nicht genau bekannt. Aus dem Blickwinkel der *Kosten* der Unternehmensbewertung schneidet die Multiplikatormethode hervorragend ab. Es werden nur wenige, leicht beschaffbare Daten benötigt, die zudem mit ganz simplen Algorithmen zur gesuchten Größe verdichtet werden.

Die zwei zentralen Größen, über die entschieden werden muss, sind:

- Vergleichsunternehmen
- Multiplikator

Im Folgenden wird gezeigt, wie die Entscheidung über diese beiden Größen von standardisierten Elementen geprägt ist.

Identifizierung von Vergleichsunternehmen

Es ist die Grundidee der Multiplikatormethode, den Wert eines Unternehmens aus einem Vergleich mit einem bereits bewerteten Unternehmen abzuleiten, das in allen wichtigen Aspekten bis auf die Größe dem zu bewertenden Unternehmen gleicht. Als Vergleichsunternehmen muss dasjenige gesucht werden, das in Bezug auf die Entwicklung der zukünftigen Cash Flows, die den Investoren zufließen, mit dem zu bewertenden Unternehmen genau übereinstimmt. Als einziger Unterschied zwischen dem zu bewertenden und dem Vergleichsunternehmen bleibt die Größe übrig, die unter Zuhilfenahme einer Proportionalitätsannahme durch den Multiplikator ausgeglichen wird.

Wie wird konkret vorgegangen? Das ideale Vergleichsunternehmen wird im Regelfall nicht gesucht. In der Anfangszeit der Verwendung der Methode war es noch üblich, sich Gedanken über die Vergleichsunternehmen zu machen. Später ging man dazu über, einfach alle Unternehmen desselben Geschäftszweiges einzubeziehen. Man unterstellte, dass diese Gruppe im Durchschnitt dem theoretischen Vergleichsunternehmen nahe komme, und bildete ganz einfach Mittelwerte (Arithmetisches Mittel, Median). Unterscheiden sich die Gruppenunternehmen allzu deutlich vom zu bewertenden Unternehmen, dann korrigiert man gegebenenfalls mit individuellen Auf- oder Abschlägen.[221] Diese pauschale Konzentration auf eine Gruppe erspart eine Unmenge detailreicher Analysearbeit.

Festlegung der Multiplikatoren

Welche Multiplikatoren werden verwendet? In der Praxis hat sich die Verwendung von nicht mehr als sechs Multiplikatoren eingebürgert:

- Aktienkurs/Gewinn pro Aktie (KGV-Methode oder P/E-Ratio)
- Enterprise Value/Umsatz

---

[221] Vgl. Dombret und Bender 2001, S. 326.

- Enterprise Value/EBIT
- Enterprise Value/EBITDA
- Umsatz-Multiple
- PEG-Ratio

Das *Kurs/Gewinn-Verhältnis* (oder synonym *P/E-Ratio*) ist in der Bewertungspraxis aufgrund seiner einfachen Berechnung und transparenten Gestaltung ein beliebter und häufig verwendeter Multiplikator. Für die Bezugsgröße „Gewinn pro Aktie" gibt es vorgefertigte Berechnungsschemata, z.B. von der DVFA. Der Vorteil dieser Schemata ist weniger ihre unbedingte Exaktheit im Einzelfall. Vorteil ist die Kommunizierbarkeit. Das „Ergebnis nach DVFA/SG" wird von den Investoren akzeptiert. Es gilt als objektiv und nicht manipuliert.

Die P/E-Ratio wirft Probleme bei Unternehmen mit unterschiedlichen Kapitalstrukturen auf. Diese müssten unternehmensindividuell berücksichtigt werden. Um das zu vermeiden, hat sich das *EBIT-Multiple* eingebürgert. Damit werden unterschiedliche Kapitalstrukturen und deren steuerliche Konsequenzen ausgeblendet – eine manuelle, aufwändige Bereinigung von Daten ist nicht erforderlich.

Das EBIT-Multiple wirft wiederum Probleme auf bei internationalen Vergleichen. Da sich bei zunehmender Globalisierung für die Peer Group immer weniger Vergleichsunternehmen im Inland finden lassen und zunehmend auf Unternehmen im Ausland zurückgegriffen werden muss, ist das *EBITDA-Multiple* dabei, sich durchzusetzen. Seit etwa 1997 hat es einen „Siegeszug" in der Unternehmensbewertung angetreten.[222] Beim EBITDA-Multiple werden neben der Kapitalstruktur und der Steuersituation auch unterschiedliche landestypische Bilanzierungsgrundsätze ausgeblendet. Es wird also erspart, unterschiedliche Bilanzierungsregeln bereinigen zu müssen.

Ähnlich wie das EBITDA-Multiple ermöglichen *Umsatzmultiples* eine von Bilanzierungs-, Kapitalstruktur- und Abschreibungsdifferenzen unabhängige Unternehmensbewertung und werden deshalb häufig angewandt. Allerdings honorieren diese Multiples die unterschiedliche Rentabilität der zu vergleichenden Unternehmen zu wenig und wurden daher oft dort verwendet, wo zu bewertende Unternehmen (noch) keine Gewinne auswiesen, also bei solchen Unternehmen, die mit keinem der anderen gebräuchlichen Multiples hätten bewertet werden können.

Wachstumsunternehmen, deren Gewinne sich in kurzer Zeit vervielfachen, können mit den gezeigten Multiples nicht zutreffend beurteilt werden. In der Praxis wird die „wachstumsadjustierte P/E-Ratio" (PEG-Ratio) verwendet. Das Multiple berechnet sich aus P/E-Multiple dividiert durch die Compound Average Growth Rate [(P/E)/CAGR]. Die Standardisierung besteht darin, dass die Wachstumsrate nicht prognostiziert, sondern aus den Ist-Raten der letzten 3 bis 5 Jahre ermittelt wird.

---

[222] Vgl. Keiber, Kronimus 2002, S. 740.

Der erste größere Fall, bei dem die Bedeutung der Multiplemethode offensichtlich wurde, war die Spaltung des britischen Pharma-Chemie-Unternehmens Imperial Chemical Industries, ICI, in einen selbstständig börsennotierten Chemie- und einen Pharma-Teil (Zeneca). Das Unternehmen galt als unterbewertet. Am Tag nach der Bekanntgabe der geplanten Trennung stellte sich für den (erstmals selbstständig zu bewertenden) Pharmateil genau der Wert ein, der sich entsprechend der standardisierten Multiplemethode aus den durchschnittlichen Werten anderer Pharmaunternehmen ableiten ließ. Fast so pendelte sich der Kurs des Chemie-Teils ein, sodass sich in Summe ein deutlich höherer Unternehmenswert als vorher ergab.

Die Bewertung mit standardisierten Multiples ist mittlerweile so weit verbreitet, dass der Übergang der Branche von einem zum anderen Multiple das Bewertungsniveau um Größenklassen verändern kann. Erinnert sei an den Einbruch der Kurse am Neuen Markt im Jahr 2000, der wesentlich durch einen Multiplewechsel der Analysten verursacht worden war: Viele der im Neuen Markt notierten Unternehmen wiesen Anfang 2000 keine Gewinne auf. Es hatte sich eingebürgert, die Bewertung dieser Unternehmen vor allem auf die Umsatzmultiple-Kennzahl zu stützen. Die Bewertungen fanden bei den Investoren zunächst Akzeptanz. Als die Interneteuphorie nachließ und deutlich wurde, dass die Unternehmen die in den Bewertungen implizierten Margen nie erreichen würden, ging die Finanzbranche vom Umsatzmultiple weg und wandte sich ergebnisorientierten Multiples zu (P/E, EV/EBIT, EV/EBITDA). Dadurch sackte das gesamte Bewertungsgefüge um Größenordnungen ab,[223] ohne dass dieses Absacken in einem direkten Zusammenhang mit der tatsächlichen Entwicklung der Unternehmen gestanden hätte.

Zusammenfassend ergibt sich:

Vor Jahren wollte ein Journalist einmal einen Banker beim Anfertigen einer Unternehmensbewertung ablichten, um einen Zeitschriftenartikel damit bildlich zu gestalten. Was konnte man auf dem Photo sehen? Einen Menschen, der eine Fabrik besichtigt oder ein Lager inspiziert? Einen Menschen, der mit dem Unternehmer spricht, um sich eine Meinung zu bilden? Keineswegs. Zu sehen war ein Mensch vor einem Computer, der sich gerade Daten von Branchenunternehmen aus einer Datenbank zog, um daraus ein arithmetisches Mittel zu bilden.

Man erkennt in Bezug auf die Multiplikatormethode dasselbe Phänomen wie bei der DCF-Methode. Es werden in der Praxis standardisierte Elemente verwendet. Die Multiple-Methode ist von ihrer Grundanlage her bereits wesentlich weniger flexibel als das DCF-Verfahren. Sie enthält weniger einstellbare Parameter und wird im praktischen Gebrauch durch vielfältige standardisierte Elemente stark schematisiert angewandt.

---

[223] Vgl. Keiber, Kronimus, Rudolf 2002, S. 735.

Die Ausgangsfrage lautete, wie fundiert Spezialisten ihre Entscheidungen vorbereiten, wie viel Aufwand sie treiben, die notwendigen Daten zusammenzutragen und die erforderlichen Analysen durchzuführen. Das Ergebnis lautet, dass dieser Aufwand eher begrenzt ist. Es werden nicht alle denkbaren Informationen beschafft und Analysen getätigt.

6.2.3 Beteiligungsfinanzierung

Abschließend werden die Bewertungstechniken der Beteiligungsfinanzierungsbranche (Private Equity) betrachtet. Diese Branche wendet große Sorgfalt auf die Auswahl von Projekten, wie sie selbst verlautbart. Es soll geprüft werden, wie Bewertungen beschaffen sind.

Der Bewertungsvorgang beginnt mit der Projektprüfung. Als Projektprüfung wird die Phase bezeichnet, in der ein Investor bzw. Intermediär ein angebotenes Projekt daraufhin untersucht, ob er in intensive Verhandlungen mit dem Kapitalsucher eintreten soll. Die Projektprüfung gehört mit zu den Herzstücken der Beteiligungsfinanzierung, weil gute Projekte, an denen keine Beteiligung erfolgt, entgangenen Gewinn bedeuten und schlechte Projekte, die unzureichend geprüft finanziert werden, das Kapital gefährden.

Als Resultat dieser Restriktionen hat sich ein zweistufiges System unterschiedlich intensiver Prüfschritte bestehend aus Grobanalyse und Detailanalyse im Markt herausgebildet, das den eigentlichen Beteiligungsverhandlungen vorgelagert ist. In der Grobanalysephase werden angebotene Beteiligungsprojekte hinsichtlich verschiedener Schlüsselkriterien geprüft und selektiert. Ziel der Grobanalyse ist es, auf kostengünstige Weise eine Vorauswahl an Unternehmen zu treffen, die dann der teuren Detailprüfung unterworfen werden. Die Personalkosten betragen in der Grobanalyse bei Kapitalbeteiligungsgesellschaften 200 Euro pro Vorgang gegenüber 15.000 Euro in der Detailanalyse.[224] Die Bearbeitungszeit einer Anfrage liegt im Durchschnitt unter 30 Minuten. Um mit einem derartig geringen Kosten- und Zeitaufwand auszukommen, ist das Vorgehen bei der Grobanalyse stark standardisiert. Individuelle Stärken und Schwächen der Kapitalsucher werden nicht beachtet.

Statt sich mit einer auch nur rudimentären Unternehmensbewertung einen Eindruck von der Werthaltigkeit eines Unternehmens zu machen, werden in der Grobanalysephase die Unterlagen als erstes auf bestimmte Schlüsselparameter, d.h. Knock-out-Kriterien hin abgesucht. Üblich sind:

- Branche des Kapitalsuchers,
- Regionale Ausrichtung,
- Phasenspezifische Ausrichtung (z.B. Frühphasenprojekt, reifes Unternehmen, Wachstumsunternehmen),

---

[224] Vgl. Vater 2002, S. 195.

- Beteiligungsvolumen (absolut, relativ zum Gesellschaftskapital, Minder- oder Mehrheitsbeteiligung),
- Beteiligungsart (direkte/stille Beteiligung).

Eine einzige ungünstige Ausprägung (z.B. falsche phasenspezifische Ausrichtung) kann zum Ausscheiden eines Projektes führen.

Ist die Hürde geschafft, wird eine Art Einstiegsbewertung erstellt. Es wird versucht, sich einen Eindruck von der möglicherweise vorhandenen Rendite einer Beteiligung zu verschaffen. Dazu fordert der Investor/Intermediär regelmäßig einen Geschäftplan (Businessplan) an,[225] der mit Worten und Zahlen das geplante Geschehen verdeutlicht.

Viele Kapitalsucher versuchen, den Businessplan zu nutzen, möglichst detailliert auf die *individuellen* Stärken hinzuweisen, *verfeinerte* Zahlenanhänge und *umfangreichere* Darstellungen relevanter Hintergründe hinzuzufügen, um einem Investor eine bessere, qualitativ hochwertige erste Bewertung zu ermöglichen. Diese Strategie hat aber Nachteile – sie kann unter Umständen kontraproduktiv wirken. Denn die Beteiligungsgesellschaft hat den Prozess der Grobanalyse daraufhin optimiert, Beurteilungen mit wenig Aufwand zu erstellen. Sie hat nicht mehr Zeit als max. 30 Minuten eingeplant, ein Urteil vorzubereiten und zu fällen. Jede Prüfungsverlängerung würde ihre Kalkulation zerstören. Jedes Mehr an Leseaufwand, um an die gesuchten Daten heranzukommen, stört. Es fehlt in dieser Phase die Bereitschaft, anders als standardisiert schematisch vorzugehen. Andere Informationen als die vom Entscheider erwarteten Schlüsselgrößen werden nicht aufgenommen und verarbeitet. Die Beteiligungsunternehmen betrauen mit der Vorprüfung i.d.R. die jüngeren, unerfahrenen Mitarbeiter, die komplexe, ungewöhnliche Informationen gar nicht verarbeiten können.[226] Wenn Kapitalsucher in dieser Phase mit den Investoren/Intermediären kommunizieren wollen, ihnen also Informationen zu übermitteln beabsichtigen, die aufgenommen werden sollen, dann müssen sie die Sprache und Darstellungsweise finden, auf welche die Investoren/Intermediäre in dieser Phase reagieren.

Im Folgenden wird an Beispielen aus der Literatur gezeigt, wie Businesspläne gelesen werden, also auf welche Daten aus den Businessplänen eher mehr und auf welche eher weniger reagiert wird.

- Das im Businessplan präsentierte *Unternehmenskonzept* gehört grundsätzlich zu den eher schwierig zu analysierenden Fakten. Es kann großen Aufwand verursachen, die tatsächliche Funktionsfähigkeit eines Geschäftskonzeptes zu prüfen. Meist wird deshalb nicht das Konzept an sich, sondern nur dessen Plausibilität und Nachvollziehbarkeit geprüft.[227] Das Konzept wird als eine „Story" betrachtet, deren innere Logik überprüft wird. Stimmt die Logik der Story wird von der Stimmigkeit der einzelnen Elemente ausgegangen.

---

[225] Vgl. Vater 2002, S. 157.
[226] Vgl. Vater 2002, S. 258ff.
[227] Vgl. Bunzel 2002, S. 22.

- Die Prüfung der *Markt-* und *Wettbewerbssituation*, d.h. die Positionierung eines Unternehmens gegenüber Lieferanten, Kunden und Konkurrenten kann ebenfalls aufwändig sein. Eine Vielzahl von Einzelinformationen wäre zu beschaffen, wenn man die Beziehungen umfänglich aufdecken wollte. Informationen über die Markt- und Wettbewerbssituation haben deshalb einen geringen Stellenwert bei der Entscheidungsfindung; sie werden vernachlässigt.[228]

- Ganz anders die *Branchensituation*. Die Branche als volkswirtschaftliches Aggregat ist ein von vielen Forschungsinstitutionen regelmäßig analysiertes Gebiet. Informationen sind leicht verfügbar und können für sämtliche Anfragen von Unternehmen einer Branche genutzt werden (Rationalisierungseffekt der Informationsbeschaffung). Die Branchenzugehörigkeit ist daher ein ganz wichtiges Schlüsselkriterium bei der Selektion von Unternehmen. Das Merkmal der Branchenzugehörigkeit ist als Ja/Nein-Kriterium leicht zu interpretieren. Bussmann berichtet von Unternehmen, die Ende der 90er Jahre nur deshalb emissionsfähig wurden, weil sie sich eine Internetsparte zulegten.[229] Carls beleuchtet, wie der gesamte Zweig der Küchenmöbelhersteller nach der gescheiterten Emission der ALNO AG die Emissionsfähigkeit verlor.[230]

- Die *Organisationsstruktur* ist wieder ein Stiefkind der Prüfung. Wie sollte man sie prüfen? Meist wird nur darauf geachtet, dass sie einfach und überschaubar ist. Undurchsichtige Verschachtelungen und komplizierte Vertragsbeziehungen sind unbeliebt.[231] In der Literatur wird bemängelt, dass die Flexibilität einer Organisation, die in der betriebswirtschaftlichen Erfolgsfaktorenforschung als wichtig erkannt wurde, in der Praxis wenig Beachtung finde. Es wird vermutet, dass es schwer sei, sie „vom Schreibtisch" aus zu analysieren.[232]

- Kriterien wie *Managementqualität, Personalsituation, Unternehmenskultur* können Investoren/Intermediäre i.d.R. nicht ohne größeren Aufwand überprüfen, weshalb Angaben dazu in der Grobprüfung kaum zur Kenntnis genommen werden.

- Aus dem *Zahlenanhang* des Businessplanes werden Kennziffern gebildet. Dabei spielen Ertragskennziffern eine dominierende, Wachstumskennziffern eine kleine und Sicherheitskennziffern eine unbedeutende Rolle. Bei den Indikatoren für Wachstum wird fast nur das Umsatzwachstum individuell prognostiziert; andere Wachstumskennziffern beruhen auf Fortschreibungen von *Vergangenheitswerten*.[233] Eine überzeugende Ertragsentwicklung in den letzten Jahren *vor* der Kapitalbeschaffung ist ein entscheidendes Element in der Beurteilung der Investoren.

---

[228] Vgl. Bunzel 2002, S. 23.
[229] Vgl. Bussmann 2001, S. 92.
[230] Vgl. Carls 1996, S. 101.
[231] Vgl. Bunzel 2002, S. 22.
[232] Vgl. Bunzel 2002, S. 22f. gestützt auf Müller 1997, S. 144.
[233] Vgl. Pichotta 1990, S. 141.

Zusammenfassend zeigt sich: Der Prozess der Bewertung von Unternehmen ist gekennzeichnet durch Standardisierung, Vereinfachungen und Reduzierungen auf einige als wesentlich erachtete Aspekte.

6.3 Warum vereinfachen Spezialisten?

Nichtfachleute entscheiden oft heuristisch. Ob dies auch auf das Entscheidungsverhalten von Spezialisten zutrifft, wurde in diesem Kapitel beispielhaft anhand von Unternehmensbewertungen beleuchtet. Mithilfe der Literatur wurde ermittelt, welche Arbeitsschritte das Bewerten dominieren. Die Ergebnisse sind eindeutig: Überall stößt man auf Vereinfachungen und Pauschalierungen. Die Spezialisten schöpfen die Möglichkeiten, Erkenntnisse zu gewinnen, in keiner Weise aus. Deutlich wurde, dass Spezialisten zwar mehr Aspekte einbeziehen als Laien, d.h. Nichtspezialisten, sie berücksichtigen könnten. Aber gleichwohl sind die Evaluierungen der Profis, d.h. der Spezialisten, auch weit davon entfernt, „vollständig" zu sein. Überall lassen sich Elemente der Vereinfachung finden. Diese Vereinfachungen weisen zudem das Element der Standardisierung auf. Alle Spezialisten einer Branche bzw. eines Bereiches nehmen ähnliche Vereinfachungen vor.

Welche Gründe für Standardisierungen gibt es?[234]

Kostensenkung

Ein wichtiger Zweck der Entwicklung und Anwendung vereinfachter Bewertungsverfahren liegt in der Verbesserung der Kosteneffizienz.[235] Die Kosteneffizienz kann gemessen werden als eingesetzte Ressourcen pro Geschäftsvorfall, also z.B. Kosten pro Kapitalbeschaffungsmaßnahme. Die Vielzahl an Vereinfachungen, auf die man überall stößt, deutet

---

[234] Zwei weitere Aspekte insbesondere der Standardisierung betreffen offenbar die Qualitätssicherung und die Rechtsrisikovermeidung. Das Einhalten von Qualitätsniveaus kann Risikokosten senken und Reputationsvorteile mehren; vgl. Heinrichs 1999, S. 141; Dombret, Bender 2001, S. 330ff.

[235] Wer einmal mit der DCF-Methode versucht hat, Unternehmen zu bewerten, der stößt schnell auf die vielen Nebenanalysen, die durchzuführen wären, wenn man eine wirklich fundierte, tief begründete Bewertung erhalten wollte. Ich selbst hatte einmal das Glück, eine DCF-Bewertung durchzuführen, die (fast) bis zum letzten möglichen Untersuchungsschritt verlief. Es ging damals um ein geplantes Joint Venture zwischen den Chemieunternehmen Hoechst und Bayer. Zwischen den Fachleuten der beiden Häuser entwickelte sich ein harter Wettbewerb um die Anteile des jeweils eigenen Hauses am Joint Venture. Warum man gerade in diesem Fall so hart rang, hatte viele Gründe. Aber ein nicht ganz unwesentlicher war der Ehrgeiz der Teammitglieder: jede Gruppe wollte zeigen, dass sie die Prinzipien des Bewertens mit der DCF-Methode besser verstand. Und so bestellte das Bewertungsteam einen Experten nach dem anderen. Es gibt nahezu keine Zahl in einem DCF-Bewertungstableau, die nicht durch das Hinzuziehen von Experten in ihrer Qualität wesentlich verbessert werden kann. Oder anders formuliert: DCF-Bewertungen, die ohne das Hinzuziehen von Experten erstellt werden, sind mehr oder weniger grob erstellt.

darauf hin, dass der Wert zusätzlicher über ein Minimum hinausgehender Informationen den Wert der Kosten nicht übersteigt.

Kommunikation mit Investoren

Eine entscheidende Funktion der Vereinfachung resultiert aus den Schwierigkeiten der Kommunikation der Bewerter mit den Adressaten der Bewertungen, den Investoren des Kapitalmarktes. Es reicht nicht, dass Banken von einer Bewertung überzeugt sind; die eigentlichen Kapitalgeber, die Investoren, selbst müssen zu dieser Überzeugung gelangen. Vereinfachtes Vorgehen der Intermediäre erleichtert den Investoren die Kontrolle, insbes. wenn viele Engagements zu evaluieren sind. Besonders wirkungsvoll sind in dieser Hinsicht *Vereinfachungen* in Verbindung mit *Standardisierungen* (z.B. standardisierte Prozesse, Unterlagen, Kennziffern). Es gibt Verfahren der Unternehmensbewertung, die durch Dritte leichter überprüft werden können als andere, die weniger Angriffspunkte für Manipulationen enthalten und die aus diesem Grund leichter kommuniziert werden können als andere.[236]

Organisationskosten

Jeder, der in einer arbeitsteiligen Organisation tätig ist, wird über kurz oder lang Spezialist auf seinem Gebiet und entwickelt Kenntnisse, die für andere mehr oder weniger schwierig nachzuvollziehen sind. Es ist zu beobachten, dass junge Mitarbeiter, die in Unternehmen oft mit der Erstellung von Bewertungen betraut werden, mit jeder neuen Bewertung immer „besser" werden und immer mehr Aspekte und Details einbeziehen. Nach spätestens zwei Jahren haben sie sich auf ein Wissensniveau „hochgearbeitet", das niemand außer ihnen in der Organisation beherrscht.

Ließe man jeden in Organisationen machen, wie er es aufgrund seiner wachsenden Erfahrung für richtig erachtete, dann käme ein Moment der Willkür, ein unkontrollierbares Element in Organisationen, welche den anvisierten Vorteilen der Arbeitsteilung entgegenlaufen könnte. Organisationen müssen die wachsenden Erfahrungen ihrer Glieder erst so aufbereiten, dass sie für alle nutzbar werden. Dem können Vorschriften zur Standardisierung dienen. Das, was der einzelne Experte als „stark vereinfacht" empfindet, mag für die anderen in der Organisation bereits zu komplex sein, um überhaupt beurteilt werden zu können. Können die anderen Glieder etwas aber nicht mehr beurteilen, sind sie hässlichen Maßnahmen ausgeliefert. Sie müssen dann zu Heuristiken greifen, um den „Hässlichkeitsfaktor" abzuschätzen. Es macht keinen Sinn, zuerst eine tiefgehende Analyse anzufertigen, die dann von den Adressaten mit einer simplen Heuristik beurteilt wird.

Nichtspezialisten als Adressaten von Bewertungen

Das Ziel von Unternehmensbewertungen ist für alle Beteiligten nicht die Bewertung an sich, sondern die Unterschrift der Investoren und Kapitalnehmer unter den Kapitalüber-

---

[236] weitere Gründe Bunzel 2002, S. 7ff.

lassungsvertrag und die daraus resultierenden Folgen. Bewertungen werden im Regelfall durch einen Intermediär erstellt. Er tut, was verlangt wird. Nur dann, wenn alle Beteiligten maximale Qualität der Bewertung honorieren und bezahlen, wird der Intermediär diese auch liefern. Ansonsten wird er ein Optimum aus Qualität, Kosten und anderen Faktoren anstreben.[237]

Wenn die Nichtspezialisten als Adressaten der Bewertungen ein begrenztes Verständnis der Zusammenhänge besitzen und vereinfacht heuristisch urteilen, dann kann es zu kontraproduktiven Ergebnissen führen, wenn die Daten und Fakten zur Bewertung nicht so aufbereitet sind, dass sie zu den einfachen Heuristiken der Adressaten passen.

Im Rahmen der Subprimekrise wurde diskutiert, dass die Bewertungen der Ratingagenturen systematisch verzerrt gewesen seien, was die Adressaten der Bewertungen aufgrund der Komplexität (und auch Geheimhaltung) der Bewertungen nicht feststellen konnten. Es war das Renommee der Agenturen, das die Notwendigkeit einer Nachprüfung der Bewertungen entbehrlich zu machen schien. Dieser Verlass auf das Renommee (d.h. auf eine bestimmte Heuristik der Adressaten) wurde offenbar von den Ratingagenturen beobachtet und hässlich ausgenutzt.

Im Fall von Unternehmensbewertungen können diesem Ziel solche Vereinfachungen in der Bewertungsmethodik dienen, die ihre Unverzerrtheit bewiesen haben.

Die Etablierung von Standards

Oft müssen sich Investoren zwischen einer Vielzahl von Projekten entscheiden, deren Bewertungen zu begutachten sind. Vereinfachte und standardisierte Präsentationen der Projekte durch die Intermediäre und Kapitalsucher sowie standardisierte Kennziffern und

---

[237] Das Excel-Programm ermöglicht Verknüpfungen von Arbeitsblättern und externen Dateien, was einige Bewerter nutzen, um außerordentlich komplexe Bewertungen zu realisieren. Es ist in diesen Fällen kaum noch möglich, sich einen Überblick über die Werttreiber und die impliziten Annahmen zu verschaffen, die hinter einer Bewertung stehen. Junge Leute, die oft mit der Anfertigung der Berechnungen betraut werden, neigen dazu, ihre Arbeitsblätter immer komplexer werden zu lassen und alle nur möglichen Nebenrechnungen zu integrieren. Letztlich erfahren komplexe Worksheets aber nicht mehr Akzeptanz als einfache, überschaubare. Ich habe keine einzige Unternehmensbewertung gesehen, der im Verhandlungsprozess deshalb mehr Glaubhaftigkeit zugemessen wurde, weil sie komplexer war und mehr Parameter berücksichtigte. Vor einer Begutachtung komplexer Worksheets scheut fast jeder zurück. Es wären vielfältige aufwändige Kontrollanalysen erforderlich, um Manipulationen aufzudecken. Sehr komplexe Bewertungen gewinnen nicht an Akzeptanz, sondern verlieren sogar an Akzeptanz bei den Nutzern. Knoll und Wenger (2005, S. 241, siehe auch Frankfurter 1995, S. 118) zeigen, dass etwa drei Viertel einer Gruppe von Wertgutachten, die Wirtschaftsprüfer für Unternehmen erstellten, zugunsten der Auftraggeber verzerrt waren. Von ähnlichen Verzerrungen berichtet Frankfurter für die USA. Unternehmensbewertungen erfordern zweimal Aufwand: bei demjenigen, der sie erstellt, und bei demjenigen, an den sie gerichtet sind. Vernünftige Bewertungsrechnungen nehmen auf beides Rücksicht: sie begrenzen den Aufwand des Erstellers und nehmen Rücksicht auf die Verständnisfähigkeit des Adressaten.

Berechnungsweisen erleichtern den Investoren die Projektprüfung. Entwickeln sich Branchenstandards für den Aufbau und den Inhalt von Projektunterlagen, dann können Investoren Angebote verschiedener Intermediäre kostengünstig vergleichen. Erst dadurch entsteht Wettbewerb, was allen Beteiligten zugute kommt, selbst wenn die standardisierten Unterlagen und Kennziffern nicht allen Kapitalsuchern gerecht werden.

Spezialisten unter sich

Wie verhalten sich Spezialisten, wenn sie untereinander Geschäfte tätigen? Wenn Spezialisten unter sich agieren, fehlt – so eine denkbare Argumentation – die Notwendigkeit, vereinfacht, simplifiziert vorzugehen. Spezialisten haben tieferes Verständnis und können auch komplexere Informationen verarbeiten. Würden sie sich mit „halben" Informationen zufrieden geben, könnten sie die Gefahr heraufbeschwören, von ihrem Partner hässlich hereingelegt zu werden. Sie müssen sich daher alle Informationen beschaffen, die man als erfahrener Spezialist für notwendig hält. Im übertragenen Sinne könnte das heißen: wenn die Besten miteinander „ringen", dann kann nur das Auffahren der größten Geschütze helfen. Tatsächlich scheint es genau umgekehrt zu sein – zumindest im täglichen Routinegeschäft. Denn wir beobachten, dass sich Spezialisten in der Routine anders verhalten. Nicht nur gegenüber Nichtspezialisten, sondern auch untereinander verwenden sie abgekürzte, vereinfachte, standardisierte Verfahren der Bewertung. Wo liegen die Gründe?

Das Ziel von Unternehmensbewertungen ist, wie oben erläutert, für den Intermediär nicht die Bewertung an sich, sondern die Unterschrift der relevanten Beteiligten unter die wichtigen Verträge und die Vereinnahmung der Gebühren. Dieser komplexe Vorgang muss zu Stande kommen und soll zugleich möglichst kostengünstig ablaufen. Kostenersparnisse treten nur dann ein, wenn die Branche sich auf einheitliche Informationsströme verständigt. Dann lassen sich Teilschritte der Informationsgewinnung bündeln, ausgliedern (Outsourcing) und Kosten sparen. Dabei bietet es sich an, die Informationsströme so zu gestalten, wie sie für das Geschäft mit den eigentlichen, letztendlichen Adressaten optimal sind. Die Finanzbranche als Ganzes betrachtet ist Intermediär. Sie kauft Zahlungsströme ein und verkauft sie wieder. Es kommt nicht darauf an, wie ein Produkt „wirklich" ist, sondern ob es „marktgängig" ist. Die Verständnisfähigkeiten und die Heuristiken der Endkunden (Nichtspezialisten) bestimmen, wie die Bewertungen letztendlich aussehen müssen. Dies Verständnisfähigkeit der Endkunden kann also auch die Kommunikation innerhalb der Branche (d.h. der Spezialisten untereinander) beeinflussen.

Hat sich eine bestimmte Informationsverarbeitungstechnologie einmal durchgesetzt und sind alle Beteiligte auf die Verarbeitung der zu dieser Technologie gehörenden Informationen hin „getrimmt", dann wirkt sich dies im zweiten Schritt richtunggebend aus, denn nun erwerben alle Spezialisten Erfahrungen nur noch in dem geformten Rahmen. Die unendlich dick gewordenen Handbücher, wie die Multiple-Methode „korrekt" zu verwenden ist, sind nur ein Beleg. Handbücher zur DCF-Bewertung verloren mit dem Aufkommen der Multiplikatorverfahren an Bedeutung. Die Aufnahmebereitschaft für andere als die „üblichen" Informationen sinkt.

Rückwirkungen auf die Realwirtschaft

Die Aufnahmebereitschaft nur für bestimmte Informationen kann Rückwirkungen auf die Realwirtschaft haben: Es kann sinnvoller sein, ein Unternehmen auf die Informationsstrukturen hin zu strukturieren, welche im Markt verarbeitet werden können, als versuchen zu wollen, die besonderen Vorzüge des Unternehmens mit anderen als den üblichen Informationen erklären zu wollen. Gerade die Private-Equity-Industrie, welche mit ihren kleinen Unternehmensgrößen noch am ehesten von Branchenstandards abweichen und individuelle Informationsstrategien benutzen könnte, zeigt, wie stark sie vom „Üblichen" abhängig ist. Denn gerade diese Branche benutzt, wie oben gezeigt, stark vereinfachte Entscheidungsverfahren und strukturiert Unternehmen so, dass sie im Verkauf der Unternehmen, auf den hin das gesamte Geschäftsmodell ausgerichtet ist, hohe Preise erlöst. Aus der Vergangenheit sind Beispiele sehr weitreichender (realer) Anpassungen an das standardisierte Vorgehen der Finanzbranche bekannt, die bis zur Erweiterung eines Unternehmens um eine Internetsparte reichten, um einer höher bewerteten Branche zugeordnet zu werden. Liegen die Stärken eines Unternehmens eher in den *Details* des Unternehmenskonzeptes, der Markt- und Wettbewerbssituation, der Organisationsstruktur, der Unternehmenskultur oder in der besonderen Managementqualität, dann wird das Unternehmen tendenziell nicht richtig gewürdigt. Informationen über diese Aspekte lassen sich mit den vereinfachten, standardisierten Verfahren nicht kommunizieren.

Zusammenfassend ist zu erkennen:

Es macht keinen Sinn, zuerst tiefgehende Analysen anzufertigen, die von Adressaten dann mit einer simplen Heuristik beurteilt werden. Die Verständnisfähigkeit der Letztverwender von Kapital bestimmt über die Informationsaktivitäten der Intermediäre mit. Dies verändert letztlich auch die Objekte der Bewertung.

6.4 Zusammenfassung

Gerd Gigerenzer, Daniel Kahneman und andere haben gezeigt, in welchem Maße das Verhalten von Entscheidern durch vereinfachte Entscheidungsverfahren geprägt ist. Menschen neigen dazu, vereinfacht und abkürzend Entscheidungen zu fällen. Aber gilt diese Neigung auch für Spezialisten? Der „normale" Mensch mag zu Vereinfachungen neigen, aber Spezialisten sollten davon ausgenommen sein. Sie haben ihr Verhalten lange genug reflektiert und vorkommende Fehler evaluiert. Sie leiden auch nicht unter Zeitdruck, wenn der Wert gut fundierter Entscheidungen entsprechend hoch ist. Sie arbeiten zumeist in durchdacht gestalteten Organisationen. Die Abläufe und Arbeitsschritte sind dort, wo gleichartige Geschäftsvorfälle wiederholt zu bewältigen sind, den Notwendigkeiten angepasst. Wohlüberlegte Anreize werden gesetzt.

Trotzdem stößt man – wie am Beispiel üblicher Vorgehensweisen bei der Unternehmensbewertung gezeigt – überall auf Vereinfachungen und auf das Weglassen von Analyseschritten. Spezialisten arbeiten so, „als ob" sie wie die Nichtspezialisten vereinfachte Heuristiken verwenden würden.

Es wurden mehrere Erklärungen für dieses Verhalten vorgestellt.

Kostensenkung. Transaktionskosten verringern sich, wenn die Zahl der Analyseschritte und der entsprechenden Informationstätigkeit reduziert wird und wenn nur solche Informationen benötigt werden, die leicht erhältlich sind. Die Erfahrung sagt dem Spezialisten, wie man trotzdem zu „guten" Entscheidungen gelangt.

Kommunikation mit Dritten. Bewertungen dienen oft Zwecken, die nicht erreicht werden können, ohne mit Dritten zu kommunizieren. Bewertungen müssen geeignet sein, dieser Kommunikation zu dienen. Über alle Intermediationsstufen hinweggerechnet sind die Adressaten von Bewertungsrechnungen Nichtspezialisten. Deren Verständnis- und Kontrollfähigkeit entscheidet darüber, ob sie bereit sind, zu unterschreiben, d.h. „Geld auf den Tisch zu legen", von dem alle Intermediäre der Kette leben. Interaktionen von Spezialisten sind oft Teil komplexer Geschäftsmodelle, an deren Ende der Kontakt mit Nichtspezialisten steht. Interne Abläufe, deren Ergebnisse den Nichtspezialisten nicht kommuniziert werden können, die also nicht dazu führen, dass Nichtspezialisten bereit sind, „mehr" zu bezahlen, sind letztlich nicht nützlich.

Konflikte, Kontrolle, Misstrauen. Da Bewertungen oft kontrovers sind, weil sich die Ziele von Beteiligten in Bezug auf die Bewertungshöhe im Konflikt befinden, besteht die Gefahr hässlicher Maßnahmen. Bei vielen Bewertungsanlässen ist es nicht primäres Ziel aller Beteiligten, „wahrhaftige" Bewertungen zu haben. Man will die Unterschrift. Die Gefahr, hässlich ausgebeutet zu werden, ist ubiquitär. Komplexe Bewertungen verlieren an Akzeptanz, wenn sie mit den üblichen Heuristiken nicht beurteilt werden können.

Es zeigt sich, dass es verschiedene Gründe gibt, es mit der Genauigkeit und der Tiefe bei Bewertungsrechnungen nicht „zu übertreiben". Diese Gründe haben etwas mit kognitiven Beschränkungen und mit dem oben angesprochenen Fressen und Gefressenwerden zu tun. Adressaten von Bewertungsrechnungen sind oft keine Spezialisten. Sie agieren mit Heuristiken. Vorteilhaft sind solche Rechnungen, die nicht leicht Opfer hässlicher Maßnahmen werden können. Die „richtigeren" Formeln sind in dieser Hinsicht nicht die Besten.

Gefährlich sind neue Vorgehensweisen. Die berühmte Gaussche Copula-Formel von David X. Li, die kaum verstanden und trotzdem benutzt wurde, *„the formula that killed Wall Street"*, zeigt dies. Es war ein Fehler, sich in dem neuen Geschäftsbereich des Erwerbs von CDOs auf eine Formel zu verlassen, über deren hässliche Ausbeutbarkeit keine Erfahrungen vorlagen. Dasselbe passierte in dem neuen Geschäftsbereich der IPOs am Neuen Markt Ende der 90er Jahre, in dem plötzlich die vorher kaum benutzte Methode des Umsatzmultiples eine Rolle spielte mit negativen Folgen für die Adressaten der Bewertungsrechnungen.

7 Spezialisten und Nichtspezialisten im Marktzusammenhang - Die Folgen der kognitiven Beschränkungen

7.1 Finanzmärkte

Zielstellung

Welche Auswirkungen haben die in den vergangenen Kapiteln skizzierten Mechanismen des Entscheidungsvermögens auf die Finanzmärkte?

Im Folgenden wird das Modell eines Kapitalmarktes bestehend aus zwei Gruppen – Nichtbanken mit (i) Privatpersonen und (ii) Unternehmen sowie Intermediären mit solchen, (iii) die sich auf den Umgang mit Nichtbanken spezialisiert haben, und solchen, (iv) die auf den Umgang mit anderen Intermediären spezialisiert sind – betrachtet. Die handelnden Personen sind entweder Spezialisten oder Nichtspezialisten in Finanzangelegenheiten. Das zu lösende Problem ist der Ausgleich von Zahlungssalden unter Beachtung verschiedener Nebenbedingungen. Es interessieren die Umstände und ihre Ausprägungen, unter denen der Ausgleich zustande kommt.

Einführung

Ziel wissenschaftlichen Forschens kann es sein, im Sinne von Herbert Simon Phänomene der realen Welt mit *wenigen* erklärenden Variablen in Verbindung zu bringen. Simon hatte gefordert:

> „Economic theory that we should all be seeking [is] a theory that describes real-world phenomena and begins to unify the description by the demonstration that a relatively small number of mechanisms can produce all or most of these phenomena – not all of phenomena that we can imagine, but those that actually occur."[238]

Die erklärenden Variablen in dieser Arbeit sind letztlich biologische Tatbestände. Diese wurden in vorangegangenen Kapiteln behandelt. Aus diesen wurden typische Verhaltensweisen (z.B. Arbeitsteilung) und idealtypische Wirtschaftssubjekte abgeleitet: *Spezialisten* und *Nichtspezialisten*. Sie sind die Grundtypen von Wirtschaftssubjekten, die in arbeitsteiligen Volkswirtschaften aus der Art und Weise, wie der Mensch physisch und kognitiv

---

[238] Simon in einem Brief an Rubinstein; siehe Rubinstein 1998, S. 190.

konstruiert ist, zwangsläufig entstehen. Sie bestimmen über ihre physischen und kognitiven Fähigkeiten die Marktphänomene.

Finanzmarktmodelle

Finanzmarktmodelle sind vereinfachte Abbilder des realen Finanzmarktgeschehens.

Die folgenden Betrachtungen setzen am Wunsch von Marktteilnehmern an, Kapital zu tauschen. Als Kapital werden monetäre Dispositionsmöglichkeiten bezeichnet. Der Kapitalmarkt wird definiert als der Ort, an dem sich der Tausch vollzieht. Zahlungsströme sind Ergebnis eines erfolgreichen Tausches. Man unterscheidet Anbieter und Nachfrager nach Zahlungsströmen. Abbildung 7.1 zeigt beispielhaft eine Menge von Kapitalmarktteilnehmern, von denen einige Bedarf an einem Tausch monetärer Dispositionsmöglichkeiten haben.

Die Zwecke, die mit dem Tausch von Kapital verfolgt werden, werden in der Literatur zu drei Gruppen zusammengefasst:

- Kurzfristiger Liquiditätsausgleich
- Langfristiges Sparen und Investieren
- Verändern von Risikostrukturen

Finden sich zwei Wirtschaftssubjekte mit korrespondierenden Wünschen, kommt es zu einer Transaktion (durchgezogene Linien in Abbildung 7.1). Unter Umständen kann es notwendig sein, über mehrere Wirtschaftssubjekte hinweg zur Konstruktion einer korrespondierenden (Gesamt-)Transaktionen zu kommen (gestrichelte Linien in Abbildung 7.1). Eine korrespondierende Transaktion liegt vor, wenn die Wünsche zweier oder mehrerer Marktteilnehmer hinsichtlich eines Tausches von Zahlungsströmen so beschaffen sind, dass es zu einem Ausgleich aller Zahlungssalden zum gegenwärtigen und allen späteren Zeitpunkten kommt.

In der Realität gibt es Intermediäre, welche den Tausch von Zahlungsströmen zwischen anderen Marktteilnehmer vermitteln. Sie erbringen der Literatur zufolge diese Leistung in folgenden Formen:

- Reine Maklerleistung (Brokerage, Vermittlungsleistung)
- Losgrößentransformation
- Fristentransformation
- Risikotransformation

Abbildung 7.1: Finanzmarktteilnehmer und Kapitalströme (Quelle: Eigene Darstellung)

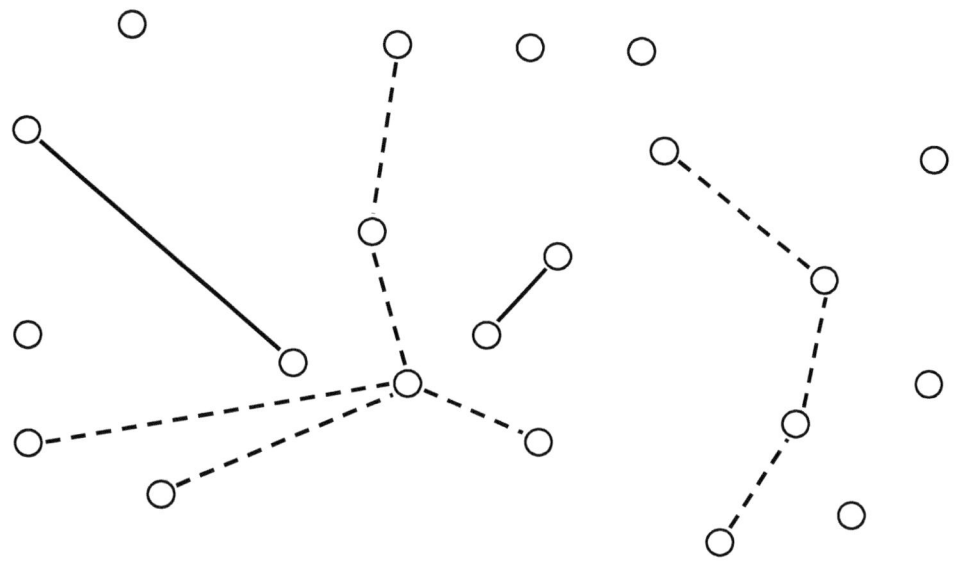

In der Maklerfunktion und in der Losgrößentransformationsfunktion treten die Intermediäre als reine Vermittler auf. Voraussetzung ist das Vorliegen von jeweils zwei oder mehr Marktteilnehmern mit insgesamt korrespondierenden Wünschen. Aufgabe des Maklers ist es, die Beteiligten (kostengünstig) zu finden und „zusammenzubringen".

Mithilfe der Fristen- und Risikotransformation können Intermediäre Kapital vermitteln, ohne dass die Wünsche der Markteilnehmer in allen Aspekten korrespondieren. Man kann sich die Leistung des Intermediärs gedanklich aus zwei Teilleistungen zusammengesetzt vorstellen:

1. eine Maklerleistung, die sich auf den Ausgleich von Zahlungswünschen in t_0 bezieht (bei Kassageschäften; bei Termingeschäften in Bezug auf einen Anfangszeitpunkt t_n) und

2. eine Risikoübernahmeleistung, weil sich in Bezug auf andere Zeitpunkte die Wünsche zunächst nicht decken und der Intermediär bis zu einem späteren Zeitpunkt die Deckung erst noch herbeiführen muss. Der Intermediär übernimmt das Risiko und das Management dieser kalkulierten Ungleichgewichte.

Abbildung 7.2:   Finanzmarkt und Gruppen von Teilnehmern (Quelle: Eigene Darstellung)

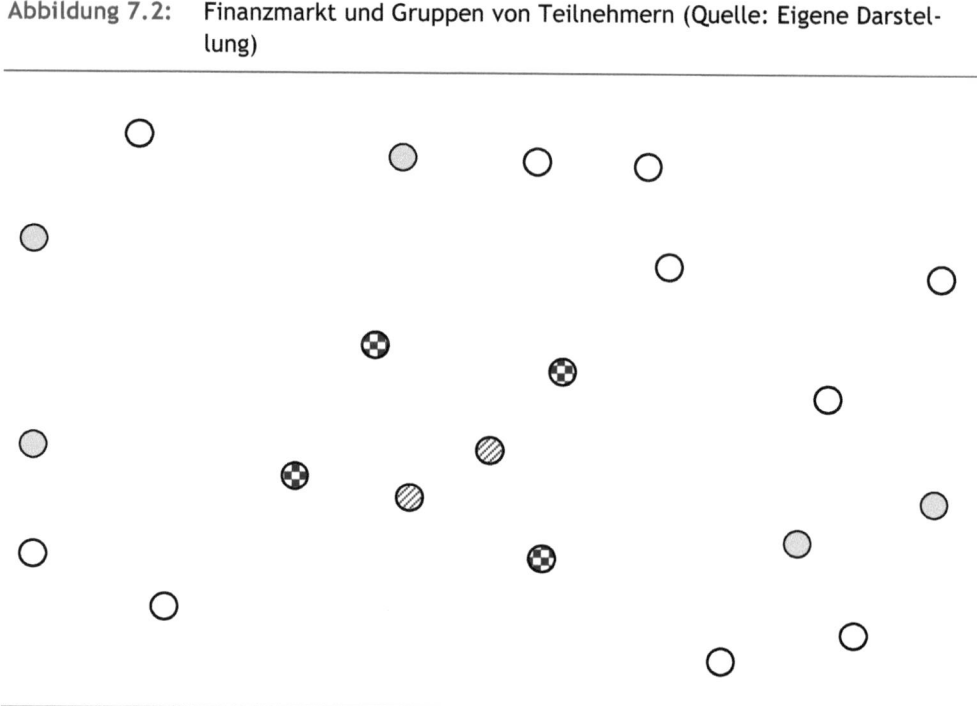

Stilisierte Abbildung eines Kapitalmarktes

Abbildung 7.1 zeigt einen Kapitalmarkt, der keine inneren Strukturen besitzt. Die Marktteilnehmer gehen Beziehungen miteinander ein, wann immer sie feststellen, dass korrespondierende Wünsche in Bezug auf Kapital vorliegen. Dies entspricht nicht dem, was man an realen Kapitalmärkten vorfindet. An den realen Kapitalmärkten lassen sich unterschiedliche Gruppen von Marktteilnehmern erkennen. Wünsche nach Kapitalvermittlung werden gut strukturiert zumeist über Intermediäre abgearbeitet.

In Abbildung 7.2 bzw. Abbildung 7.3 wird zwischen zwei Marktteilnehmergruppen mit je zwei Untergruppen unterschieden.

| Abbildung 7.3: | Finanzmarkt mit Marktteilnehmergruppen und Vermittlungswegen (Quelle: Eigene Darstellung) |

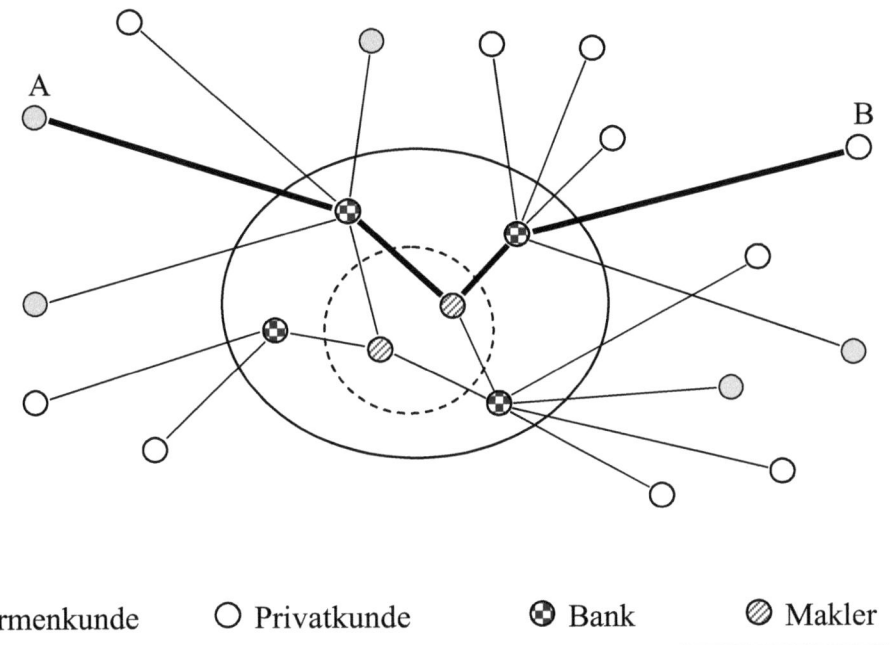

○ Firmenkunde   ○ Privatkunde   ⊛ Bank   ⊘ Makler

Intermediäre sind Marktteilnehmer, die „häufig" die oben erwähnten Makler- und Transformationsleistungen erbringen. Im Folgenden werden die Intermediäre als MFI (Monetäre Finanzinstitute) bezeichnet. Es sind in der Realität größere oder kleinere Institutionen, deren Mitarbeiter sich beruflich mit immer den gleichen, wiederkehrenden Aufgaben befassen. Die Mitarbeiter der Intermediäre sind deshalb (zumeist) „Spezialisten". Es lassen sich zwei Untergruppen bilden:

- „*Bank*": Finanzintermediäre, die primär Dienstleistungen für Nichtbanken erbringen (Strukturvertriebe, Filialen von Universalbanken, Fondsvertriebe, Internetkreditanbieter, Hypothekenbroker etc.).

- „*Interbankenmakler*" oder vereinfacht „*Makler*": Finanzintermediäre, die im Interbankenmarkt primär Dienstleistungen für andere Finanzintermediäre erbringen (Börsen, Automatische Börsenhandelssysteme, Interbankenmakler, Swift etc.).

Endnachfrager sind Marktteilnehmer, die Kapital anbieten oder nachfragen, nicht um zu vermitteln, sondern um eine (endgültige) Position einzugehen. Sie sind zumeist Nichtbanken und werden als „NFI" bezeichnet. Bei den NFI lassen sich ebenfalls zwei Untergruppen bilden:

- Private Haushalte
- Nichtfinanzielle Kapitalgesellschaften und andere Unternehmen

Viele Endnachfrager sind selten mit finanzwirtschaftlichen Entscheidungen befasst. Die handelnden Personen sind bei den Privaten Haushalten zumeist Nichtspezialisten. Bei Nichtfinanziellen Kapitalgesellschaften können die handelnden Personen u.U. so erfahren sein, wie die Personen, die bei den Intermediären arbeiten. Es gibt aber auch viele, die eher seltener an den Finanzmärkten agieren.

Zusammengefasst ergibt sich ein Modell des Kapitalmarktes, das aus folgenden Elementen besteht:

- NFI und MFI als Akteure mit (i) Privatpersonen und (ii) Unternehmen auf der Seite der NFI sowie (iii) Intermediäre, die sich auf den Umgang mit NFI spezialisiert haben („Banken"), und solche, (iv) die auf den Umgang mit anderen MFI spezialisiert sind („Interbankenmakler"), auf der Seite der MFI.
- Exogen gegebene Bedarfe nach einem Austausch von Zahlungssalden.
- Die bei den NFI und MFI handelnden Personen agieren entweder als Spezialisten oder Nichtspezialisten.

Ziel der folgenden Untersuchung ist es, die Umstände und ihre Ausprägungen zu ermitteln, unter denen ein Ausgleich von Zahlungssalden zustande kommen kann.

7.2 Interbankenhandel

Einführung

Welche Ausprägungen nehmen die Umstände des Kapitaltransfers an, wenn zwei Entscheidungsträger aufeinander treffen, die *beide* Spezialisten sind? Dieser Fall kann insbesondere im Interbankenhandel vorkommen.

Es wird deshalb im Folgenden der innere Teil des in Abbildung 7.3 skizzierten Kapitalmarktes betrachtet und analysiert.

Die Ergebnisse können folgendermaßen zusammengefasst werden:

- Der Fall zweier aufeinandertreffender Spezialisten ist so problematisch, dass die Interbankenmärkte so organisiert werden, dass dieser Fall möglichst vermieden wird.
- Es ist ein deutlich erkennbares Ziel der Entwicklung von Institutionen am Interbankenmarkt wahrzunehmen, die Notwendigkeit zur Einschaltung von Spezialisten zu reduzieren.

- Institutionen werden geschaffen, die den Kapitaltransfer ermöglichen auch ohne tiefe gedankliche Durchdringung der einzelnen Transaktionen.[239] Dabei ist es notwendig, Vorkehrungen gegen hässliche Maßnahmen der Gegenseite zu treffen. Letztere bestimmen das Aussehen der Institutionen, die man vorfindet, wesentlich mit.

Aufgaben des Interbankenhandels

Aufgabe des Interbankenhandels ist es, die von Intermediären angedienten Zahlungssalden bei anderen Intermediären zu platzieren. Solche Salden resultieren u.a. aus dem Überweisungsverkehr mit Endnachfragern, aus dem Wertpapiergeschäft, aus dem Kredit- und Spargeschäft, aus dem Geschäft mit Devisen o.ä.

Ohne die Möglichkeit, einen Ausgleich von Salden aus dem Kundengeschäft im Interbankenhandel vorzunehmen, müssten die Banken im Kundengeschäft häufiger zurücktreten oder Positionen in die eigenen Bücher nehmen oder an Kunden herantreten, um ihnen überschüssige Gelder aufzudrängen oder von ihnen benötigte Gelder zu erbitten.[240] D.h. sie müssten im Geschäft mit Endkunden häufiger selbst als Nachfrager auftreten, was der Marge im Kundengeschäft nicht gut täte.

Die Interbankenmärkte weisen folgende drei stilisierte Eigenarten auf:

Produktvielfalt nicht an jedem Markt

Abbildung 7.3 zeigt mit der fett gezogenen Linie beispielhaft den Weg, den ein angebotenes Kapital vom ersten Anbieter zum letzten Nachfrager über Intermediäre und den inneren Markt nehmen könnte. Nun stellt man in der Realität fest, dass den Endnachfragern eine Vielzahl von Produkten angeboten wird. Diese Vielzahl geht mittlerweile in die Millionen, zählt man alle Varianten der Anleihen, Zertifikate und Fonds hinzu. Allein am Markt für US-Kommunalanleihen wurden 2008 über eine Million verschiedene Anleihen angeboten.

Die gezeigte Intermediationskette könnte nun suggerieren, dass es auch im innersten Markt, dort wo die Intermediäre übriggebliebene Zahlungssalden tauschen, ebenfalls diese Million von Produkten geben müsse. Dies ist aber nicht Fall. Tatsache ist vielmehr, dass der Interbankenmarkt durch eine *Konzentration* auf einen sehr begrenzten Kreis von Produkten gekennzeichnet ist.

---

[239] Der Zusammenbruch der Interbankenmärkte nach Ausbruch der Subprimekrise im Sommer 2007 zeigt indirekt, wie gering der kognitive Aufwand ist, der üblicherweise betrieben wird. Wenige Änderungen der Rahmenbedingungen reichten, dass die Situation nicht mehr durchschaubar wurde. Die Marktteilnehmer besaßen auch nicht die Fähigkeit, die Leistungsfähigkeit ad hoc zu steigern. Die FSA in Großbritannien testierte: „*poor liquidity risk management capabilities, inadequate stress testing, inadaquat contingency funding planning, inadaquat senior management oversight.*" S. o.V., U.K. Financial Services Authority adopts enhanced liquidity standards, in: Debevoise & Plimpton Update 13.10.2009, New York u.a.

[240] Siehe Eckwert, Broll 2006, S. 123ff.

Es ist also einerseits so, dass Intermediäre – und dies gilt sowohl für die traditionelle Einlage- und Kreditbank als auch für Investmentbanken, erst recht aber für Strukturvertriebe und andere kundennahe Finanzinstitute – das Kapital „durchschleusen", d.h. einnehmen und weitergeben, und sich dabei auch der Interbankenmärkte bedienen, dass es andererseits aber keine Übereinstimmung zwischen den Produkten der Interbankenmärkte und den Produkten gibt, die Endverbrauchern verkauft werden.

Es stellt sich die Frage nach den Ursachen der Divergenz? Müsste eine deckungsgleiche Produktpalette von Endverbraucher- und Interbankenmärkten nicht das Finanzgeschäft erleichtern?

Mathematikverwendung

Eine andere Beobachtung betrifft die Mathematik im Finanzgeschäft: der Einsatz der Mathematik hat unzweifelhaft auf der Welt in allen Bereichen an Bedeutung gewonnen. Aber nicht überall wird wirklich viel gerechnet. Wenn man Nichtbanken bei ihren Entscheidungen beobachtet, stellt man fest, dass Mathematik eine sehr geringe Rolle spielt. Dies trifft vermutlich generell Nichtspezialisten, weil diese mit eher groben Heuristiken arbeiten, die mehrere sehr unterschiedliche Aspekte der jeweiligen Entscheidungssituation zusammenfassen müssen, die sich einfachen mathematischen Beziehungen entziehen.

Betrachtet man dagegen das, was bestimmte Intermediäre an Mathematik benutzen, insbesondere in der Risikosteuerung, dann kann man die Eingangsfeststellung bejahen: ja, die Mathematik hat unglaublich an Bedeutung gewonnen.

Betrachtet man dann den innersten Ring der Finanzintermediation, die Interbankenmärkte, die Börsen und Interbankenbroker, d.h. das Geschehen dort, wo die Märkte letztendlich zusammengeführt werden, dort wo riesige Kapitalströme zusammenprallen und ein Ausgleich der unendlich vielen Einzelgeschäfte herbeigeführt werden muss, dort scheint sich der Einsatz der Mathematik dann wieder auf weniger bedeutende Berechnungen zu beschränken. Zwar lässt sich das millionenfache Durchschleusen von Aufträgen nur mit IT, d.h. mit Computerhilfe, und damit indirekt mit mathematischen Algorithmen durchführen. Aber das klassische Instrument zum Finden des Marktausgleichs, das Skontro nach dem Meistausführungsprinzip erfordert nur einige wenige Additionen. Es ist auch heute noch ein erfolgreiches Instrument. Die Orderbücher moderner elektronischer Börsen werden nach einfachen Prioritäten abgearbeitet.

Ist es Zufall, dass Mathematik auf bestimmten Stufen der Finanzintermediation mehr und auf anderen systematisch weniger eingesetzt wird, oder steckt dahinter ein Prinzip?

Spezialisten oder Nichtspezialisten?

Eine dritte Beobachtung betrifft die Frage, ob Spezialisten oder Nichtspezialisten eingesetzt werden. Stilisiert kann man sagen, dass in den Geschäftsbereichen, die zum Interbankenhandel gehören, Menschen arbeiten, die auf einem sehr eng begrenzten Bereich Erfahrungen gesammelt haben und insoweit Spezialist sind, aber kaum darüber hinausgehende Erfahrungen aufweisen.

Es leuchtet ein, dass auf einem Gebiet, in dem derartige Größenordnungen bewegt werden wie im Interbankenhandel und das indirekt über die Chancen im Kundengeschäft entscheidet, nicht jede beliebige Person mit Aufgaben betraut werden kann. Es gilt, gut abzuwägen, welche Art Person eingesetzt wird. Sollen also im Interbankengeschäft *Spezialisten* oder *Nichtspezialisten* eingestellt werden? Welche Konsequenzen in Bezug auf *Instrumente* und *Institutionen* des Interbankenhandels hat die Wahl der einen oder anderen Alternative?

7.2.1 Aufeinandertreffen von Spezialisten

Was passiert, wenn zwei Spezialisten aufeinander treffen? Wenn zwei Personen verhandeln, dann versuchen sie, die Situationsparameter (Umgebung, Produkte, Sprache, Abläufe), d.h. den „Frame", so einzustellen, dass das Verhandlungsergebnis für sie günstig beeinflusst wird. Der Spezialist kennt aufgrund seiner größeren spezifischen Erfahrung mehr Instrumente dieser Art als der Nichtspezialist. Er kann ihre Wirkungen besser abschätzen. Er kann derartige Instrumente zielgerichteter einsetzen.[241] Dies macht den Spezialisten „wertvoll".

Viele Teile des Interbankenhandels beinhalten Aufgaben, die täglich anfallen. Hierzu gehört das tägliche Clearing der Überweisungsaufträge der Kunden, der Geldhandel unter Banken, die Glattstellung der Wertpapierorders an Börsen oder im Interbankentelefonhandel oder das Steuern der eigenen Devisenposition, wenn Kunden kaufen und verkaufen. Daneben gibt es Aufgaben, die nicht täglich, aber doch in regelmäßigen Abständen anfallen. Hierzu gehört die Emission längerfristiger Wertpapiere zur Steuerung der Fristentransformation und der Liquiditätskennziffern. Dies alles sind wiederkehrende Aufgaben, die zwangsläufig dazu führen, dass jemand, der damit betraut wird, über kurz oder lang zum Spezialisten wird.

Was aber passiert genau, wenn auf beiden Seiten des Verhandlungstisches Spezialisten sitzen? Zwei Menschen, die tagtäglich mit den gleichen Aspekten befasst sind, treffen aufeinander. Ist das ökonomisch effizient? Welche Folgen ergeben sich? Lassen sich Konsequenzen in Bezug auf verwendete Arbeitsmittel oder ähnliches ableiten?

Betrachtet seien zwei Händler im Devisenhandel, die Salden aus Kundengeschäften austauschen. Wenn im Interbankenhandel zwei gleich erfahrene „alte Hasen" miteinander verhandeln, dann kennen beide alle Möglichkeiten, die Situationsparameter einzustellen. Sie kennen genau alle Wirkungen aller denkbaren Handlungsalternativen. Sie wissen beide, wie man sich über die Marktsituation vorab informiert. Sie haben dies getan. Und sie

---

[241] Dies gilt erst Recht, wenn sich mehrere Spezialisten zusammenschließen (Organisationen): Erfahrungen, die ein Spezialist (irgendeines Tätigkeitsfeldes) nicht macht (z.B. kann es sein, dass ein Kundenbetreuer nicht lernen kann, welches Mobiliar den Verkaufserfolg maximiert, weil das Mobiliar nie ausgewechselt wurde), können durch das Zusammenspiel verschiedener Spezialisten in Organisationen bewältigt werden.

haben sich auch vorab das notwendige Wissen erarbeitet, die erlangten Informationen zu begreifen. Sie kennen die Theorien, haben sich über Maßnahmen wichtiger Marktteilnehmer informiert und wissen, wie die anderen Marktteilnehmer über die Situationen denken. Sie benutzen beide die neuesten Techniken. Sie wissen, dass das Handlungsergebnis durch den Ablauf des Gesprächs beeinflusst wird. Sie wissen aus Erfahrung, dass ein persönlich angenehmes Wort vorab, ein Lob, eine Bestätigung o.ä. empfänglich für Nachgiebigkeit beim Verhandeln macht. Sie haben daher eine völlig objektive, unpersönliche Verhandlungssprache entwickelt, die in dem berühmten Drei-Sätze-Gespräch besteht: „Guten Tag, Euro-Dollar bitte." „12 zu 15." „8 an Dich." Das alles wissen sie. Und das führen sie auch so aus.

Im Ergebnis gelingt es beiden nicht, irgendeinen einstellbaren Handlungsparameter so zu wählen, dass das Verhandlungsergebnis günstig beeinflusst wird. Es gelingt ihnen nicht, zu dem Extraprofit zu gelangen, den man erzielen kann, wenn man mit einem Unerfahrenen handelt. Aufgrund ihrer Erfahrung machen sie tendenziell keine Fehler, aber ein Extraprofit durch opportunistisches Handeln gelingt auch nicht.

Für den Arbeitgeber, die Bank, stellt sich dann die Frage, welchen Nutzen ein Spezialist überhaupt stiftet? 20 Jahre Devisenhandel, alter Hase, ausgefuchst. Was ist der Nutzen eines solchen Spezialisten, dessen besondere Kenntnisse in seinem Bereich vollkommen dadurch neutralisiert werden, dass auf der Gegenseite genau so ein Spezialist sitzt, der ebenfalls alle Tricks und Kniffe kennt und sich unter gar keinen Umständen ein x für ein u vormachen lässt?

Wenn die Erfahrung lehrt, dass eine Verhandlung dann am günstigsten abläuft, wenn man sie auf das berühmte Drei-Sätze-Gespräch reduziert, dann fragt sich, ob man überhaupt einen Spezialisten an eine solche Stelle setzen soll. Die stilisierte Antwort lautet: Grundsätzlich Nein. In einem *statischen* Umfeld, in welchem die Lösung mit dem nicht mehr steigerbaren Ergebnis herausgefunden wurde, ist ein Spezialist entbehrlich. In einem solchen Umfeld ist der günstigste Frame gefunden. Wenn die zu verrichtenden Tätigkeiten nicht so kompliziert sind, dass niemand anders als ein Spezialist sie ausführen kann – was beim Drei-Sätze-Gespräch nicht der Fall ist – dann braucht man keine Spezialisten. Wenn die zu verrichtenden Tätigkeiten komplexe manuell schwierige Vorgänge umfassten, wäre dies etwas anderes: einen geübten Schreiner oder Geigenbauer kann man nicht durch einen Lehrling ersetzen. Aber bei vielen Tätigkeiten im kaufmännischen Bereich ist die *Entscheidung* das schwierigste, während die *Ausführung* keine Probleme aufwirft.

Das Finanzwesen in Summe spart erhebliche Kosten ein, wenn es im Interbankenhandel die Qualität der Mitarbeiter herabsetzt. Dies kann bedeuten, an die Stelle eines Experten mit langjähriger Erfahrung und tiefgehender Ausbildung einen Menschen zu setzen, welcher kurz angelernt wurde und vielleicht gerade in der Lage ist, die ihm vorgeschriebenen Regeln auszuführen. Zwar werden solche Menschen im Lauf der Zeit durch die Wiederholung der Tätigkeiten zwangsläufig selbst zu Spezialisten. Aber wenn man ihnen ihr Handeln genau vorschreibt und Variationen verhindert, wird sich dieses Spezialistsein auf ein recht enges Gebiet beziehen. In einem eher statischen System, in welchem Neuerungen nicht vorkommen, ist es gar nicht notwendig, die Aufgaben von umfassend erfahrenen Spezialisten durchführen zu lassen. Man braucht die Mitarbeiter nicht zu fördern. Man ist nicht von Spezialisten abhängig und kann Mitarbeiter, die auf ihre langjährige Erfahrung pochen und ihre Spezialkenntnisse gerne „zu Geld machen" würden, ersetzen.

Es leuchtet ein, dass man auch versuchen kann, die Menschen durch automatisch arbeitende Systeme (Computerprogramme) zu ersetzen. Diese arbeiten die erkannten Regeln, insbesondere wenn diese komplex sind, u.U. besser ab als menschliche Entscheider.

Zusammenfassend ergibt sich:

Dort, wo sich im routinisierten Interbankengeschäft Tag für Tag dieselben Leute bei immer gleichen Tätigkeiten gegenübersitzen, entwickeln sich diese nach einer gewissen Zeit zwangsläufig zu Spezialisten. Sie finden über kurz oder lang heraus, wie man die Abläufe so organisieren muss, dass der Verhandlungserfolg bestmöglich erreicht wird. Der optimale Frame wird (nach einiger Zeit) gefunden und fest institutionalisiert. Und wenn das Umfeld statisch ist, bleibt der optimale Frame konstant. Dann ist es nicht (mehr) erforderlich, Spezialisten mit Aufgaben zu betrauen. Man kann die Leistungsfähigkeit der Mitarbeiter herabsetzen. Man kann Experten durch Angelernte ersetzen, weil es nicht mehr notwendig ist, in unbekanntem Terrain etwas zu *entscheiden*, sondern nur noch etwas *auszuführen*.

Das Verhalten der Konkurrenz: Opportunismus

Welche Rolle spielt das Verhalten der Konkurrenten?

Angenommen wird, eine Bank beschäftige im Interbankengeldhandel Nichtspezialisten. Sie stelle also unerfahrene Mitarbeiter von der Lehre aus ein, die vielleicht einige Wochen bei einem „alten Hasen" hospitiert haben. Sie lernen das Drei-Sätze-Gespräch, erhalten noch ein Orga-Handbuch, in dem weitere Vorschriften zu Aspekten, die in den drei Wochen nicht vorkamen, zu finden sind, und lasse sie dann agieren. Der Vorteil dieses Verfahrens sind die geringen Kosten. Die Mitarbeiter sind preiswert. Aufgrund der eingeschränkten Freiräume brauchen keine leistungsabhängigen Bezüge bezahlt zu werden. Außer den geringen Kosten ist vorteilhaft auch die geringe Abhängigkeit von erfahrenen Experten, an denen zu bestimmten Zeiten durchaus Mangel bestehen kann. Junge Leute, die nach kurzer Anlernzeit einen Kanon von Regeln abarbeiten, gibt es genug.

Nun könnte es sein, dass die Konkurrenz umfassender gebildete Spezialisten einsetzt, welche die Schwächen der eigenen (unerfahrenen) Mitarbeiter herausfinden und dann gezielt darauf abgestellte (hässliche) Strategien entwickeln. Vielleicht finden die Spezialisten der Gegenseite heraus, dass sich die Nichtspezialisten der eigenen Bank zwar meist an die vorgeschriebenen Regeln halten, aber z.B. in Stresszeiten, bei besonders volatilen Kursbewegungen oder kurz vor dem Dienstende zu anderen Verhaltensweisen neigen. Gegen solche Gefahren muss man sich schützen, wenn man Nichtspezialisten beschäftigt. Über kurz oder lang werden die Schwächen der eigenen unerfahrenen Mitarbeiter herausgefunden sein.

Letztlich führt das dazu, dass, wenn eine Bank aufrüstet und das Niveau ihrer Mitarbeiter erhöht, die anderen Banken nachziehen müssen. Das aber ist für die Branche insgesamt nicht nützlich. Denn sobald sich zwei gleichwertige Partner gegenübersitzen und Tag für Tag das gleiche, völlig standardisierte Geschäfte betreiben, ist kein Mehrertrag mehr zu gewinnen.

Gewünschte Marktorganisation: Ausschalten des Opportunismus

Die Konsequenz lautet: Gewünscht wird eine Organisation des Marktes derart, dass die abzuwickelnden Geschäfte mit Menschen getätigt werden können, die über keine umfassende Erfahrung verfügen und keine besonderen kognitiven Anstrengungen unternehmen müssen, diese Geschäfte abzuschließen und abzuwickeln. Gewünscht wird, dass die Mitarbeiter auch ohne besondere Erfahrung ihren täglichen Pflichten nachgehen können, ohne Gefahr laufen zu müssen, von hässlichen Maßnahmen der Gegenseite um Ertragsteile gebracht zu werden.

Wie aber sollte ein solcher Markt beschaffen sein?

7.2.2 Ausgestaltungsformen innerer Märkte

Im Folgenden werden die Ausgestaltungsformen von Interbankenmärkten betrachtet, die notwendig sind bzw. dazu beitragen, dass Menschen beschäftigt werden können, die über keine umfassende Erfahrung verfügen und keine besonderen kognitiven Anstrengungen unternehmen müssen, die Geschäfte abzuschließen und abzuwickeln, ohne Gefahr zu laufen, opportunistischen hässlichen Maßnahmen ausgesetzt zu sein.

Ein Markt, der so organisiert wurde, dass er mit wenig erfahrenen Mitarbeitern ohne Gefahr, hässlichen Maßnahmen ausgesetzt zu sein, betrieben werden kann, wird als „Level-playing-field" bezeichnet. Für jedermann, also Spezialisten *und* Nichtspezialisten, soll das Agieren gleich unproblematisch sein. Auch wenn keine umfassende Erfahrung vorliegt, soll die Gefahr hässlich opportunistisch angegriffen zu werden, ausgeschlossen sein.

Was trägt dazu bei, ein Level-playing-field zu generieren? Wir haben folgende Elemente gefunden:

- Fairness und Strafen (1)
- Übersichtliche Systeme mit einfachen Regeln (2)
- Gemeinschaftliche Bereitstellung wichtiger Entscheidungsparameter (3)
- Verzicht auf Verhandlungen (4)
- Liquidität ex ante und ex post (5)
- Konstanz der Verhältnisse im Zeitablauf (6)
- Geringe Produktvielfalt und keine zu kleinen Teilmärkte (7)
- Standardisierte Verfahren (8)

Fairness (1)

Eine „einfache" Lösung, ein Level-playing-field zu erstellen, besteht darin, dass die Partner vereinbaren, sich „fair" zu verhalten. Die Parteien wissen, dass die mit Aufgaben betrauten Mitarbeiter Leistungsgrenzen haben, und sie vereinbaren, dass das Ausnutzen der Schwächen dieser Mitarbeiter nicht erwünscht ist. Anders formuliert: die Parteien versprechen sich, Wissensvorsprünge, die sie im Lauf der Zeit vielleicht erwerben, nicht zum Nachteil des jeweils anderen zu nutzen.

Auf Basis eines Fairnessversprechens können die Parteien auf die Beschäftigung von umfassend erfahrenen Kräften verzichten. Verhält sich mein Partner fair, dann kann ich davon ausgehen, dass er, in welcher Situation auch immer, keine anderen als die als „fair" vereinbarten Verhaltensweisen anwendet. Die Menge an Umweltzuständen, die ich beachten muss, sinkt, und ich selbst kann auch solche Mitarbeiter mit Aufgaben betrauen, die ohne dieses Fairnessversprechen unterlegen wären. Fairness reduziert den Aufwand, den man treiben muss, ein Problem zu lösen. Es verbilligt das Agieren.

Die Idee der Fairness hatte z.B. dem MTS-Handelssystem für Anleihen zugrunde gelegen. Das System war dazu gedacht, Nichtbanken Liquidität zu versprechen. Es war auf die *typischen* Verhaltensweisen der Nichtbanken hin ausgerichtet und nicht gegen jede denkbare Attacke von Spezialisten geschützt. Das System war so ausgestaltet, dass die Prüfschritte, die ein Market Maker normalerweise unternehmen muss, um ohne Risiken für sich selbst anderen Marktteilnehmern Liquidität offerieren zu können, entbehrlich wurden. Die Marktteilnehmer des MTS-System nannten sich zwar Market Maker, aber sie leisteten keine eigenständigen Entscheidungen bzw. Prüfarbeiten. Dadurch waren keine erfahrenen Mitarbeiter notwendig, das System zu betreiben. Sie führten Orders zwar unmittelbar aus und gewährten dadurch in der Tat Liquidität. Aber sie hedgten gleich hinterher die wichtigsten übernommenen Risiken am Terminmarkt. Das konnte man auch Unerfahrenen erklären. Es entstand eine kleine Zeitdifferenz bis zur Glattstellung. Das war zwar eine Lücke und damit ein Risiko. Aber wer sollte daraus schon Profit schlagen wollen? Die anderen Market Maker, die diese Lücken vielleicht sahen, waren „Partner", nicht „Gegner". Das System basierte auf der Annahme, dass sich die Market Maker untereinander „fair" verhielten und die Lücke nicht nutzten.

Citibank hat sich daran nicht gehalten und in einer Aktion, deren Unfairness bei Citibank selbst gesehen worden war – die Aktion wurde „Dr. Evil" genannt[242] – mithilfe der Schwächen des Systems Geld auf Kosten anderer Banken verdient. Diese erkannten, dass das Verhalten von Citibank in keiner Weise rechtlich belangbar war. Als zynisch wurde ein Memo bezeichnet, in dem Citibank den Vorfall bedauerte und die Mitarbeiter aufforderte, weiterhin an der Integrität des Hauses zu arbeiten. Es hieß „*unfortunately, we failed to fully consider the transactions impact on our clients, other market participants and our regulators*".[243]

---

[242] Handelsblatt, 13.9.2004. Handelsblatt, 11.8.2004, S. 20.
[243] Börsen-Zeitung, 15.9.2004.

Was die anderen Marktteilnehmer ärgern musste, war, dass sie die Strategie der Citibank nicht bedacht hatten. Denn Preisdrücken durch massenhaftes Angebot ist ein alter Hut an den Märkten. Insofern ist es ärgerlich für die anderen Market Maker, dabei erwischt worden zu sein, an einem oberflächlich ausgedachten System teilgenommen zu haben. Oder anders formuliert: sie hatten implizit auf die Fairness der Partner gesetzt, die nicht eingehalten wurde.

Verallgemeinert ergibt sich:

Da von Spezialisten ausgeklügelte Maßnahmen schwer mit einfachen Mitteln zu entdecken sind, kostet Unfairness Geld. Besteht die Gefahr von Unfairness, sind alle Marktteilnehmer zur Beschäftigung von Spezialisten gezwungen, um das Entstehen hässlicher Nischen rechtzeitig aufzudecken.

Einfachheit der Systeme (2)

Was macht man, wenn man nicht auf Fairness setzen will oder kann? Fairness hat etwas mit Freiwilligkeit zu tun. Man muss dem anderen trauen und setzt sich der Gefahr aus, enttäuscht zu werden. Dafür benötigt man Instrumente, mit denen man ex post bestrafen kann. Das aber hat auch Nachteile, denn die Wohlfahrt sinkt dann zweimal: zuerst durch das unfaire Verhalten (mit dem der Kontrahent nicht gerechnet hat und auf das er sich nicht eingestellt hat, sodass es zu einer Fehlallokation von Ressourcen kommt) und dann durch die Bestrafung (die wiederum eine Fehlallokation von Ressourcen bewirkt).

Der andere Lösungstyp besteht darin, Systeme zu schaffen, die gleich gute Ergebnisse bringen unabhängig davon, ob Marktteilnehmer hässliche Maßnahmen versuchen oder nicht. Dazu müssen die Systeme gleich gut funktionieren, unabhängig davon, ob sie mit Spezialisten oder mit Nichtspezialisten betrieben werden.

Was muss dazu getan werden? Ein Aspekt ist die Einfachheit: Je einfacher und klarer die Systeme sind, desto leichter sind Manipulationen erkennbar, desto weniger unerkannte Angriffspunkte für hässliche Maßnahmen bieten sie. Die wenigen Stellhebel der einfachen Systeme werden mit Regeln voreingestellt. Abweichungen kann auch unerfahrenes, preiswertes Personal mit einfachen Heuristiken erkennen.

Ziel der Strukturierung des Interbankengeschäftes ist es daher, die Regeln, nach denen dieses Geschäft abläuft, so einfach zu strukturieren, dass mit preiswertem, unerfahrenem Personal gearbeitet werden kann. Die Regeln müssen so abgefasst sein, dass nicht die Gefahr besteht, dass ein eigener unerfahrener Mitarbeiter von der Gegenseite „aufs Kreuz gelegt" werden kann. Oder anders formuliert: Systeme müssen so ausgestaltet sein, dass sie auch unter ausschließlicher Verwendung einfacher Heuristiken noch zu guten Resultaten führen.

Gemeinschaftliche Bereitstellung wichtiger Entscheidungsparameter (3)

Um erfolgreich Verträge abzuschließen, ist es notwendig, über diverse Informationen zu verfügen. Die Kenntnis der marktüblichen Preise ist dabei eine ganz wichtige. Man muss

Vergleichsangebote eingeholt haben. Die Suche nach Vergleichsangeboten ist aufwendig und schwierig. Gerade für Nichtspezialisten kann es schwer sein, einen Marktüberblick zu bekommen. Einen Marktüberblick gewinnen zu können, ohne einen Spezialisten einsetzen zu müssen, ist daher ein wesentliches Anliegen zur Gestaltung von Interbankenmärkten.

Die verschiedenen Lösungen dieses Problems können in vier Kategorien eingeteilt werden:

1. Jeder Marktteilnehmer versucht auf eigene Faust, einen Marktüberblick zu gewinnen.
2. Es werden Makler benutzt.
3. Es werden Börsen benutzt.
4. Es werden elektronische Marktinformationssysteme benutzt.

Betrachtet man zunächst Makler mit ihren einfachen Listen sowie Börsen mit ihren nicht weniger einfachen Skontren und dem Meistausführungsprinzip. Bei allen handelt es sich um Institutionen, die das Ziel verfolgen, Preisinformationen auf eine einfache, überschaubare, keine eigenen Interessen verfolgende Weise zu aggregieren und weiterzugeben.

Makler und Opportunismus

Makler bekommen eine Aufwandsentschädigung und werden auf Neutralität verpflichtet. Sie sammeln Gebote von einer Vielzahl von Marktteilnehmern und geben das jeweils beste Gebot dem Nachfrager weiter. Damit hat dieser ohne größeren eigenen Aufwand das Vergleichspreisproblem gelöst.

Einen Makler um „den Marktpreis" zu bitten, können Nichtspezialisten nicht schlechter als Spezialisten. Oder anders formuliert: wenn man seine Vergleichspreise bei Maklern holt, dann kann man dies genauso gut mit Nichtspezialisten tun wie mit Spezialisten, weil letztere keine Mehrleistung erreichen können.

Allerdings hat die Makler-Lösung einen Nachteil: Das System hängt von der Integrität des Maklers ab. Der Makler hat kaum kontrollierbare Verhaltensspielräume. Die Geschichte der Verstöße von Maklern gegen die Neutralität ist Legion. Besonders spektakulär waren die Machenschaften des Industrieversicherungsmaklers Marsh & McLennan in den USA, die 2004 aufflogen. Der Makler hatte widerrechtlich jahrelang den Kunden nicht den jeweils besten Preis für eine nachgefragte Versicherung genannt, sondern die Anfragen auf die Versicherer aufgeteilt. Als der Schwindel aufflog, kam von den geschädigten Kunden wenig Reaktion, obwohl diese die Geschädigten waren. Es hieß dazu: „*Entscheidend für den vertrauten Umgang zwischen Maklern und Unternehmen ist nicht zuletzt die Risikoscheu der Risikomanager: Die Makler vereinfachen den Job der Risikomanager. Wer den Makler hinterfragen will, muss sich selbst mit den höchst komplexen Produkten und Anbietern gut auskennen. ... Bei Lohnkosten prüfen sie jeden Cent. Bei Policen scheinen die Topmanager mit einem nicht ganz so spitzen Bleistift zu rechnen.*"[244] Wir können sicher sein, dass es vordergründiges Interesse der

---

[244] Die Zeit, 4.11.04, S. 35.

Risikomanager sicher nicht war, zu teure Versicherungen einzukaufen. Und vermutlich haben sie auch – scheinbar – „hart" verhandelt. Aber sicherlich ist den Maklern die tatsächlich vorhandene eher geringe Bereitschaft der Risikomanager der Unternehmen, sich tief einzuarbeiten, im Lauf der Zeit nicht verborgen geblieben. Letztlich sind es Aspekte wie dieser Schwindel von Marsh & McLennan, aus deren Gründen Spezialisten auf beiden Seiten des Verhandlungstisches eingesetzt werden (müssen). Die Begebenheit zeigt, dass viele Industrieunternehmen der USA ihre Mitarbeiter im Versicherungsbereich nicht so einsetzten, dass sie sich zu Spezialisten entwickeln konnten.

Börsen, Skontren, Meistausführungsprinzip

Ein sichereres Instrument als (einfache, unregulierte) Makler sind (speziell regulierte) Börsen. Börsen sind in Deutschland traditionell als Gemeinschaftseinrichtungen organisiert. Sie waren meist Ableger der Industrie- und Handelskammern. Als Gemeinschaftseinrichtungen verfolgten sie per definitionem keine eigenen Ziele, sondern ordneten sich den Zielen der Börsennutzer unter. Die an Börsen installierten Mechanismen erlauben es, dass auch Nichtspezialisten handeln können, ohne Opfer hässlicher Maßnahmen zu werden: Beim Auktionshandel (s. Tabelle 7.1 Batchsysteme) hat der Makler, welcher das Skontro, d.h. die Liste der eingegangenen Aufträge, führt, keinerlei Spielraum. Er trägt die eingehenden Aufträge in die Liste ein und bestimmt den Marktpreis mit einfachster Rechnung nach dem Meistausführungsprinzip. Zu diesem Preis wird jeder Auftrag mit besserem Gebot ausgeführt. Dabei wird niemand systematisch benachteiligt oder bevorzugt.

Der Hauptvorteil von Skontro und Meistausführung liegt darin, dass die Preisfeststellung willkürfrei erfolgt, weil der Skontroführer keine Handlungsmöglichkeiten besitzt. Jeder weiß, dass durch den Skontroführer keine Preismanipulationen durchgeführt werden. Das bedeutet, dass man keine Spezialisten einsetzen muss, um mit hässlichen Maßnahmen von Skontroführern fertig zu werden.

Tabelle 7.1: Klassifikation von Markt- und Preisermittlungsformen

Preisermittlungssystem				Notwendiger Intermediär
System	Variante			
Batch-Systeme	Mit Gebotsänderung			Makler
	Ohne Gebotsänderung			Makler
Systeme mit kontinuierlichem Handel	Matching-Systeme	Ungeregelt		Kein Intermediär
		Orderbuch	Offenes Orderbuch	
			Geschlossenes Orderbuch	
		Board Trading		
		Crowd Training		
	Dealer-System			Market Maker
	Makler-System			Makler

Informationssysteme

Auch die Informationssysteme von Reuters, Bloomberg, VWD und anderen helfen, Spezialisten durch Nichtspezialisten zu ersetzen, wenn auch in einem geringeren Maße. Die Systeme versprachen, Informationen über Marktpreise zu liefern. Ziel war es, das schwierige Problem der Preisermittlung mit ihrer Hilfe zu lösen und auf diese Weise Aufgaben, welche vorher Spezialisten übernehmen mussten, an preiswertere, unerfahrenere Kräfte zu übertragen.

Die ersten Systeme genügten diesem Prinzip auch völlig, indem sie Informationen über Börsenpreise per Bildschirm an entfernten Orten verfügbar machten. Allerdings reduzieren derartige Systeme den Aufwand nur unwesentlich, da über Börsenpreise auch mit anderen Verfahren verlässliche Informationen verfügbar gemacht werden können (Telefon).

Der Durchbruch der Systeme kam, als es gelang, Informationen über Marktpreise von nicht börsengehandelten Produkten verfügbar zu machen. Einspeiser von Daten waren Banken, die sich durch die Einspeisung als Handelspartner empfehlen wollten. Die zu findenden Preise waren nicht verbindlich, und es wurden nur bedingt erfolgreiche Verfahren geschaffen, die Preisqualität zu verbessern (insbesondere Wettbewerb der Einspeiser). Trotzdem waren derartige Informationssysteme nützlich, weil sie die Suche nach Vergleichspreisen wenigstens etwas vereinfachten und die Nichtspezialisten relativ zu den Spezialisten ein kleines Stück wettbewerbsfähiger machten.

Verzicht auf Verhandlungen (4)

Verhandlungen sind tendenziell „gefährlich". Es besteht die Gefahr, dass man gegenüber einem geschickteren, erfahreneren Verhandlungspartner „verliert". Um gute Ergebnisse zu erzielen, muss man selbst erfahrene Spezialisten einsetzen. An Märkten wird versucht, dies zu vermeiden. Dazu muss man Verhandlungssituationen „auflösen" und stattdessen verhandlungsfreie Systeme installieren. Ein solches verhandlungsfreies System ist eine Börse.

Gibt man den Wunsch, etwas zu kaufen oder zu verkaufen in eine Börsenauktion, dann kommt es überhaupt nicht zu Verhandlungen. Es laufen Prozesse ab, die automatisch zu einem Vertrag führen, dessen Bedingungen schon von vornherein als akzeptabel empfunden werden, sodass man ihnen nicht widerspricht.

Wenn man ein Finanzprodukt über eine Börse kauft oder verkauft, ist das Fehlen von Verhandlungen bereits so geläufig und akzeptiert, dass man vom „Aufgeben" einer Order spricht, wo eigentlich das Ingangsetzen eines Verhandlungsprozesses über den Erwerb eines Gutes gemeint ist.

Liquidität ex ante und ex post (5)

Liquidität ex ante: Im Folgenden wird der Faktor Liquidität im Zusammenhang mit der Aufgabe von Orders betrachtet. Ein Markt gilt als liquide, wenn sich die Preise durch das Aufgeben einer neuen Order nicht verändern. Wenn ein Markt in diesem Sinne liquide ist, dann bedeutet das, dass das Aufgeben von Orders unproblematisch ist. Allein durch das Aufgeben einer Order wird nichts verändert. Wenn eine neue Order den Preis nicht verändert, dann ist das Aufgeben der Order kein ökonomisches Problem. Es muss keine kognitive Arbeit geleistet werden, die Wirkung der Orderaufgabe abzuschätzen und Konsequenzen für das eigene Handeln zu bedenken. Es kann quasi jedermann mit der Aufgabe der Order betraut werden. Er verändert nichts. Der Auftraggeber kann sicher sein, das Gut zum erwarteten Preis zu erhalten. Wenn die Handelstechnik an sich hinreichend einfach ist, kann jedermann Orders aufgeben. Es spielt keine Rolle, ob der Händler, welcher die Order (des Kunden) an den Markt bringt, langjähriger Spezialist oder Lehrling ist. Die Order wird immer gleich (gut) ausgeführt.

Liquidität in diesem Sinne ermöglicht es, Orders mit einem geringeren kognitiven Aufwand und einem geringeren Maß an Erfahrung aufzugeben. Liquidität verringert die Gefahr, opportunistischen Maßnahmen ausgeliefert zu sein.

Liquidität ex post: Dasselbe gilt, wenn es darum geht, Entscheidungen, die man früher getroffen hat, rückgängig zu machen. Dieser Wunsch tritt bei kognitiv beschränkten Menschen systematisch auf. Je weniger Spezialist jemand ist und mit desto gröberen Heuristiken er oder sie deshalb entschieden hat, desto sicherer ist es, dass eine Variable übersehen oder falsch eingeschätzt wurde. *Nach* der Entscheidung verändern sich Prioritäten, die Aufmerksamkeitssteuerung lässt andere Variablen durch und Informationen zu entscheidungsrelevanten Sachverhalten werden besser wahrgenommen. Auf diese Weise häuft sich im Laufe der Zeit eine größere Informationsmenge fast automatisch an. Es ist deshalb nicht nur zufällig so, dass im Lauf der Zeit neue Informationen verfügbar werden, sondern systematisch und zwar umso mehr, je weniger jemand eine Entscheidung als Spezialist getroffen hat. Es entsteht ein Bedarf nach Revision früherer Entscheidungen.

Wenn Märkte liquide sind, sinken die Kosten dieser Revisionen. Je liquider die Märkte sind, desto oberflächlicher können Entscheidungen ceteris paribus ausfallen, desto eher kann man Nichtspezialisten damit betrauen.

Konstanz der Verhältnisse im Zeitablauf (6)

Ein anderer Aspekt ist es, im Zeitablauf *unveränderte* Produkte und Abläufe zu verwenden. Spezialisten verfügen oft ohnehin nicht über umfassendes Hintergrundwissen; vermutlich verstehen selbst langgediente Händler selbst einfache Produkte nicht vollständig. Sie sind Spezialisten des Handels und nicht der Produkte.

Bei ausreichender Konstanz (der Produkte und des Marktumfeldes) ist es aber gar nicht wichtig, „alles" von dem Produkt und den weiteren Marktbedingungen zu wissen. Es reicht, im Lauf der Zeit zu lernen, welche Erfolge sich bei welchen Handlungen im Handel einstellen. Wirklich in der Tiefe kennen muss man das Produkt und den Markt dazu nicht. Bleiben die wichtigsten Rahmendaten konstant, dann wird es auch für „Schmalspurspezialisten" leicht, ausreichend gute Ergebnisse zu erzielen.

Dies führt dazu, dass innere Märkte eine gewisse Tendenz zu konservativen Produkten und Abläufen haben.[245]

---

[245] Zur Bedeutung der Konstanz siehe Vanberg, o.J., S. 26ff.

Geringe Produktvielfalt, Konzentration auf große Märkte (7)

Betrachtet man die enorme Zahl von Finanzprodukten, die Endnachfragern angeboten werden, lässt sich an den Interbankenmärkten Vergleichbares nicht finden. An den Interbankenmärkten gibt es keine Spur von der Vielzahl an komplexen Derivatestrukturen, die Endkunden in der einen oder anderen Verpackung verkauft werden. Im Devisenhandel werden den Endabnehmern komplexeste Kombinationen von Kassa- und Terminprodukten angeboten. Im Interbankengeschäft dominieren dagegen die einfachen Grundformen. Es gibt mehrere Millionen von Anleihevarianten, die im Endkundengeschäft ge- und verkauft werden, für die es aber keine aktiven Interbankenmärkte gibt. Nicht einmal für alle Aktien gibt es funktionsfähige Interbankenmärkte.

Die Vermutung wäre naheliegend, dass die Produktvielfalt im Interbankenmarkt etwa so groß sein müsste wie im Endkundengeschäft, weil bei den meisten Produkten die Intermediäre keinen Ausgleich der Zahlungsströme im eigenen Haus schaffen und deshalb Zahlungssalden übrig bleiben, die im Interbankenmarkt abgegeben werden. Tatsächlich ist die Vielfalt aber viel geringer. Es werden nicht alle Zahlungssalden aller Teilmärkte über entsprechende innere Märkte ausgeglichen.

Was ist die Ursache?

Die geringe Zahl gehandelter Produkte an Interbankenmärkten hat ihren Grund darin, dass sich an vielen Segmenten kein Level-playing-field einrichten lassen würde, das es Banken ermöglicht, an diesen Segmenten mit geringqualifiziertem Personal zu agieren ohne Gefahr, opportunistischen Angriffen ausgesetzt zu werden. Ein in Teilmärkte zersplitterter Interbankenmarkt erhöht den Informations- und Analyseaufwand. Die Gefahr, hässlich ausgebeutet zu werden, steigt. Man müsste überall langgediente Spezialisten einsetzen. Diesen Kosten kann sich eine Bank entziehen, indem sie derartige innere Märkte nicht nutzt und stattdessen leicht erreichbare Alternativen ergreift (s.u.).

Die Folge davon ist, dass es eine inhärente Tendenz gibt, die Zahl der inneren Märkte zu reduzieren.

Standardisierte Verfahren (8)

Den Wunsch, schwierige Verhandlungen durch Systeme zu ersetzen, die Verhandlungen vermeiden und daher wenig Erfahrung und weniger kognitive Anstrengungen erfordern, gibt es prinzipiell an allen Märkten. Verhandeln ist überall schwierig, und wenn sich Instrumente finden lassen, welche das Verhandeln erleichtern oder entbehrlich machen, dann wird versucht, sie zu nutzen.

Hier ist auch an standardisierte Bewertungsverfahren zu denken. Oft ist die Preisfindung ein kritischer Aspekt. Gelingt kein Aufbau einer Börse, kann es sinnvoll sein, die Preisermittlung mittels standardisierter Verfahren zu erleichtern.

Die enorm erfolgreichen *Multiple-Verfahren* wurden zunächst kritisiert, weil sie in der Anwendung zu mehr oder weniger zufälligen Bewertungen führten. Sie seien zu standardisiert. Auf der anderen Seite berichten Experten aus dem M&A-Geschäft, welche enormen Erleichterungen die Einführung dieser Methode gebracht hat. Praktiker berichten, wie stark das Verhandeln erleichtert wurde, als die Methode eingeführt war. Aber nicht nur die Verhandlungen erleichterten sich. Auch die Prozesse in den Häusern zur Wertermittlung konnten standardisiert, verschlankt und beschleunigt werden. Es war nicht mehr unbedingt nötig, die besten und erfahrensten Spezialisten mit Aufgaben zu betrauen, vielmehr konnten auch unerfahrene Mitarbeiter eingesetzt werden. Spezialisten wurden entbehrlich.

Ein Praktiker sah den Übergang von ganz traditionellen Bewertungsmethoden über das DCF-Verfahren zur Multiple-Methode folgendermaßen: *„Interessant war die Einführung der Discounted-Cash-Flow-Methode. Aber da rauchten die Köpfe. Das dauerte ziemlich lange. Und dann kam die Multiple-Methode. Jetzt geht das schneller. Man hat ganz schnell eine Idee. Und da die anderen das auch so machen, ist man schnell beieinander."* Das Zitat macht deutlich, mit welchem kognitiven Aufwand die DCF-Methode im Prozess der Verhandlungen verbunden ist. Die Multiple-Methode senkt diesen Aufwand.[246]

Zusammengefasst ergibt sich:

An Märkten, an denen sich die oben diskutierten Preisfindungssysteme (Börsenhandel, Marktpreisinformationssysteme) nicht etablieren konnten (z.B. weil die Produkte zu heterogen sind), können schematisierte, standardisierte Verfahren helfen, Spezialisten durch Nichtspezialisten zu ersetzen.

7.2.3 Alternativen zu Interbankenmärkten

Was passiert, wenn es nicht gelingt, Interbankenmärkte so aufzubauen, dass sie die Bedingungen eines Level-playing-fields erfüllen, also nicht ohne Risiken mit Nichtspezialisten betrieben werden können?

Grundsätzlich gibt es zwei Alternativen:

1. auf Interbankenmärkte zu verzichten, oder
2. die notwendigen Geschäfte mit erfahrenem Personal, d.h. von Spezialisten, ausführen zu lassen.

---

[246] Hier kann auch wieder das Bausparkassensystem angesprochen werden: Die Verträge sind so ausgestaltet, dass (spätere) Verhandlungen vermieden werden, obwohl sich wichtige Einflussgrößen auf die Vorteilhaftigkeit von Bausparverträgen (Zuteilungszeitpunkt des Krediets) erst im Lauf der Zeit herausstellen. Der Intermediär kann das Ziel, den Saldenausgleich „in house", d.h. ohne Interbankenmärkte, zu bewerkstelligen, erreichen, ohne in Verhandlungen mit den eigenen Kunden eintreten zu müssen. Dabei ist ein gewisses Element der „Hässlichkeit" in Bausparverträge nicht zu übersehen, denn während die Konditionen gut wahrnehmbar sind, ist das Problem der Zuteilungszeit ein eher wenig wahrgenommenes Element.

Für den Verzichtsfall (1.) sind drei verbreitete Lösungen bekannt:

- *Abwehrkonditionen.* Die Bank kann über die entsprechende Gestaltung von Kundenkonditionen versuchen, das Entstehen von Zahlungssalden von vornherein zu verhindern. Das ältere Instrument der Zinsspannrechnung, das noch aus einer Zeit stammt, als die Bank tendenziell „allein", d.h. ohne liquide Interbankenmärkte, dastand, trug immanent dazu bei, dieses Ziel zu erreichen, während das neuere Instrument der Marktzinsmethode funktionsfähige Interbankenmärkte voraussetzt.

- *Umverpacken.* Die Bank kann versuchen, Zahlungssalden, die im Geschäft mit Kunden entstehen, im eigenen Haus bei anderen Kunden unterzubringen. Auf diesen Fall ist z.B. das traditionelle Bausparkassensystem von vornherein ausgerichtet. Eine neuere Entwicklung ist das Financial Engineering, mit dessen Hilfe sich Zahlungssalden neu „verpacken" lassen, sodass sie in ganz neuer Form (zu höheren Preisen) verkauft werden können.

- *Eigene Position.* Die Bank kann übrigbleibende Salden akzeptieren und in die eigene Position nehmen. Mithilfe von Risikomanagementsystemen wird die Risikoposition gesteuert. Es reichen einige wenige Interbankenmärkte mit Hedgeprodukten für die großen Risikoklassen, um das Nettorisikoexposure in tragbaren Grenzen zu halten.

Im Folgenden werden für den Fall (1.) und (2.) Beispiele vorgestellt.

Erscheinungen an Marktsegmenten ohne Interbankenhandel (1.)

Welche Phänomene kann man an Marktsegmenten beobachten, für die sich keine besonders leistungsfähigen Interbankenmärkte ausgebildet haben, wo also auf die Bildung von Interbankenmärkten verzichtet wurde?

Betrachtet werden beispielhaft das Segment der Subprimeanleihen und das für US-Kommunalanleihen. Es wurden in der Spitze etwa 74.000 unterschiedliche Subprimeanleihen gezählt. Bei US-Kommunalanleihen konnte im Jahr 2008 die enorme Zahl von etwa zwei Millionen unterschiedlichen ausstehenden Anleihen gezählt werden.[247]

Interbankenmärkte für 74.000 sich ständig ändernde Produktvarianten allein bei Subprimeanleihen und 2 Millionen Kommunalanleihen sowie Hunderttausender weiterer Anleihetypen zu organisieren, wäre mit erheblichem Entscheidungsaufwand für die Intermediäre verbunden. Es ist mit ständigen Änderungen der verschiedensten Arten an diesem oder jenem Teilsegment zu rechnen, die über verschiedenste mehr oder weniger verlässliche Informationskanäle erfahrbar werden. Informationen verbreiten sich oft sequentiell, sodass eine Bank nicht sicher sein kann, vor ihren Konkurrenten oder gleichzeitig mit ihnen, informiert zu werden. Jede Entscheidung an solchen Märkten erfordert ein gründliches, in vielen Facetten neues Durchdenken der Situationen. Würde ein Interban-

---

[247] Siehe: Randall Dodd und Paul Mills, Outbrake: U.S. Subprime Contagion, International Monetary Fund, in: http://www.imf.org/external/pubs/ft/fandd/2008/06/dodd. htm (Zugriff 15.2.2009).

kenmarkt aufgebaut werden, dann müsste sich jede Bank *vor* jeder Transaktion gründlich informieren. Das Bankensystem insgesamt würde die knappe Ressource kognitiver Anstrengungen allein damit vergeuden, Reichtumsverschiebungen innerhalb der Gruppe zu verhindern.

Im Fall der US-Kommunalanleihen wurde einiges versucht, Interbankenmärkte, die einfach genug für Nichtspezialisten sind, zu kreieren. So sollte der Analyseaufwand der Banken dadurch verringert werden, dass Monoliner (Versicherungen) Garantien gaben. Ziel war es, die Vielfalt auf eine einheitliche Bonitätsstufe von AAA zu „homogenisieren", was die beim Handel zu treffenden Entscheidungen wesentlich vereinfacht hätte. Das System funktionierte aber nicht, weil keine ausreichende Verlässlichkeit erreicht wurde.

Dann wurde versucht, durch ein System regelmäßiger Auktionen, vorhandene Preisinformationen besser zu aggregieren. Die in das System einbezogenen Anleihen wurden „ARS-Anleihen" (Auction Rate Securities) genannt. Die Maßnahmen reichten aber nicht, in dem unübersichtlichen Gebiet ein Level-playing-field zu erzeugen. Auch bei diesem System könnte ein Spezialist, der über mehr Informationen verfügt, Sondervorteile für sich herausholen. Aber gerade dieser Fall muss ja bei einem „guten" Interbankenmarkt vermieden werden, um den Einsatz von Nichtspezialisten zu ermöglichen. Es bildeten sich keine funktionsfähigen Interbankenmärkte.

Statt Interbankenhandel Handel mit Nichtbanken

Das heißt nicht, dass der Handel von US-Kommunalanleihen für die Banken nicht interessant gewesen wäre. Die Banken agierten als Broker-Dealer, d.h. handelten in die eigene Position. Dieser Handel zielte nicht auf das Geschäft mit anderen Intermediären, sondern auf das Geschäft mit Nichtbanken, für die es noch schwieriger ist, einen Marktüberblick zu bekommen. D.h. die Kunden in diesem Geschäft sind nicht die Spezialisten anderer Banken, sondern Nichtspezialisten bei Nichtbanken, die nur rudimentäre Marktkenntnis besitzen und ihre Entscheidungen auf diverse Heuristiken stützen, auf die man sich einstellen kann.

Ein solch unübersichtlicher Markt mit Nichtspezialisten lädt geradezu ein, hässliche Maßnahmen zu ergreifen. Und tatsächlich lassen sich hässliche Maßnahmen nachweisen. Im Jahr 2004 mussten acht große Broker-Dealer (Merrill Lynch, Charles Schwab, Edward Jones, Morgan Stanley, Prudential, UBS, Wachovia, First Trust) Strafen über insgesamt 610.000 USD bezahlen wegen überhöhter Geld-Brief-Spannen im Markt für Kommunalanleihen.[248] Die Banken hatten mit Kunden Vereinbarungen getroffen, finanzmathematisch faire Preise[249] für Kommunalanleihen zu stellen und dann aber zu Preisen weit jenseits dieser Werte gehandelt. Es gab keine Bemühungen in den Häusern, fair mit Kunden umzugehen, was die Kunden nicht bemerkt hatten.

---

[248] Börsenzeitung, 1.7.2004, S. 5.
[249] Erinnert sei an den oben genannten Versuch von Hedgefonds, mit der neuen Methode „Mark-to-Model", hinter der nichts weiter als finanzmathematische Berechungen standen, ihre Kunden von der Begründetheit ihrer Strategien zu überzeugen.

Die Vielzahl und Größe der beteiligten Banken zeigt, dass es sich hier nicht um ein von einem besonders „böswillig" veranlagten Mitarbeiter ausgedachte einmalige Aktion handelt, sondern um ein systematisches Geschäftsmodell, bei dem ganz gezielt die Entscheidungsschwächen der Nichtspezialisten ausgebeutet wurden.

Innere Märkte mit wenig günstigen Eigenschaften (2.)

Wie aber sieht es an inneren Märkten aus, an denen keine der genannten Maßnahmen zur Errichtung eines Level-playing-field installiert werden konnten und die auch nicht umgangen werden können?

Im Folgenden soll das Beispiel eines inneren Marktes beleuchtet werden, der es nicht geschafft hat, Routinen auszubilden, Systeme zu installieren, Formeln zu prägen, welche von Nichtspezialisten beherrscht werden können. An dem inneren Markt, der gleich behandelt wird, sind laufend schwierige Entscheidungen zu treffen. Es gibt keine Standardisierung. Es werden pro Transaktion im Schnitt nur wenige Euro verdient, aber ein Fehler kann Tausende von Euro kosten. Es ist viel Erfahrung nötig, um Fehler zu vermeiden. Die Summe all dieser Umstände macht den Einsatz von Spezialisten bei allen Beteiligten unausweichlich. Jeden Tag belauern sich die Spezialisten gegenseitig, um ein paar Euro zu verdienen. Der Markt ist insofern ineffizient. Er ist sogar vollkommen ineffizient. Wegen gesetzlicher Vorgaben sind aber Veränderungen unmöglich.

Betrachtet wird das Pfandleihgeschäft. Das Geschäft besteht in der Kreditgewährung gegen die Hergabe von Faustpfändern. Aufgrund der hohen Ausfallraten spielt die Verwertung der Pfänder eine bedeutende Rolle. Im Wege der Versteigerung, die ein unabhängiger Auktionator vornehmen muss, werden die Pfänder angeboten und zumeist von Zwischenhändlern erworben, welche diese auf verschiedenen Gebrauchtwarenmärkten (Flohmärkte, Ebay) oder auch an die Schmuckindustrie weiter verkaufen. Damit ist dieser Versteigerungsmarkt als ein innerer Markt des oben skizzierten Finanzmarktmodells anzusehen. Er übernimmt die Funktion, die an anderen Finanzmarktsegmenten Börsen oder Makler einnehmen.

Beispielhaft sei das System an einem Frankfurter Pfandleihhaus beleuchtet. Dieses Pfandhaus lässt aufgrund der gesetzlichen Vorgaben liegen gebliebene Pfänder öffentlich versteigern. Die Versteigerungen finden wöchentlich statt. Mit der Durchführung der Versteigerungen wird immer das gleiche Versteigerungshaus betraut. Immer wieder ist Schmuck unter den Pfändern. Dieses stetige Angebot an Schmuck führt dazu, dass sich unter den Käufern neben wenigen, wechselnden Privatpersonen drei Schmuckhändler befinden, welche fast alle angebotenen Stücke aufkaufen.

Insgesamt gibt es sieben handelnde Personen, i.e. die beiden Mitarbeiter des Pfandleihers, der Versteigerer samt Assistentin und die drei Schmuckhändler. Alle sieben sind „ausgebuffte" Profis, Spezialisten, die sich seit Jahren jede Woche mit immer gleichen Aufgaben begegnen. Das Handlungsumfeld ist durch gesetzliche Vorschriften vorgegeben und nur in Grenzen variierbar. Viele Handlungsalternativen gibt es daher nicht.

Warum delegieren in diesem Umfeld die Spezialisten die Aufgaben nicht an billigere Kräfte? Warum schaffen sie keine Handelssysteme? Kann man die immer gleichen Handgriffe nicht auch durch sieben Lehrlinge erledigen lassen? So viel kann mit der Versteigerung von Pfändern, die pro Stück im Durchschnitt nicht mehr als 20 Euro wert sind, nicht verdient werden. Warum kommt der Schmuckhändler persönlich? Hat er nichts Wichtigeres zu tun? Immerhin zieht sich eine Versteigerung den gesamten Vormittag über hin, und man weiß nie, wann ein interessantes Stück dran kommt. Und warum lässt sich der Versteigerer nicht durch seinen jüngsten Mitarbeiter vertreten?

Die Antwort lautet: weil kein verlässlicher Marktmechanismus entwickelt wurde, der es erlauben würde, unerfahrenere Kräfte, Nichtspezialisten, einzusetzen. Das Pfandhaus bietet immer wieder einmal Schmuck als Gold an, obwohl es kein echtes Gold ist. Der Versteigerer und der Schmuckhändler müssen Spezialisten sein und Gold beurteilen können. Entdeckt der Schmuckhändler ein Stück mit geringerem Goldgehalt als angegeben, beeilt sich das Pfandhaus mit der Entschuldigung, es sei keine Absicht gewesen. Die drei Schmuckhändler machen sich auch nicht wirklich Konkurrenz. Hohe Preise will keiner bezahlen. Deshalb muss der Versteigerer aufpassen, die Pfänder nicht zu billig herauszugeben. Etwa jedes fünfte Stück legt er zurück, wenn die Schmuckhändler „mauern". Er muss die Verhaltensweisen der Käufer aber gut einschätzen können, um nicht unnötig Stücke zurücklegen zu lassen, denn auch in der nächsten Woche trifft er auf dieselben drei Schmuckhändler, und sie könnten wieder mauern u.s.w.

Wir haben hier die oben beschriebene ungünstige Situation, in welcher der innere Marktmechanismus zu schwierig ist, um durch Nichtspezialisten beherrscht werden zu können. Vor allem fehlt hier das standardisierte Produkt. Dies führt dazu, dass Spezialisten mit ihrer großen Erfahrung etwas erreichen können, wenn sie ein Angebot als Schnäppchen erkennen oder es als Betrugsversuch entlarven. So lohnt es sich, sich gegenseitig Woche für Woche zu belauern und auf einen Fehler des Gegenübers zu warten. Spezialisten können nicht durch billigere Nichtspezialisten ersetzt werden.

Dass ein solcher innerer Markt ineffizient ist, leuchtet ein. In den USA gibt es die Vorschrift des deutschen Rechts, liegen gebliebene Pfänder öffentlich zu versteigern, nicht. Es haben sich Pfandhäuser zu Ketten zusammengeschlossen. Sie arbeiten die Pfänder selbst auf und setzen sie dann wie ganz normale Waren an Endkunden ab. Der nicht funktionierende innere Markt wurde damit umgangen.

Problematische innere Märkte findet man in vielen Branchen. Im Bekleidungshandel z.B. belauern sich traditionell professionelle Einkäufer und professionelle Verkäufer mit Musterkollektionen gegenseitig. Da die Produkte jede Saison und teilweise sogar innerhalb der Saison wechseln (siehe oben „fehlende Konstanz"), ist ein Ersatz der Spezialisten durch Nichtspezialisten nicht möglich. Die besten Kräfte müssen Saison für Saison miteinander ringen. Diese Situation wird als unbefriedigend empfunden. Unternehmen wie H&M schalten diesen inneren Markt aus, indem sie sich „vertikal" aufstellen. Andere Unternehmen wie Sir Oliver Stores versuchen, wenigstens die Anzahl der zu verhandelnden Parameter zu verringern, indem sie Rahmenvereinbarungen treffen.

7.2.4 Zusammenfassung und Zwischenergebnis

Untersucht wurde, was Entscheidungssituationen auszeichnet, in denen zwei Entscheidungsträger aufeinander treffen, die beide Spezialisten sind. Solche Situationen kommen vor allem im Interbankenhandel vor.

Innere Märkte sind insbesondere dann nützlich, wenn sie „preiswert" sind. Dazu trägt es bei, wenn ein geringerer kognitiver Aufwand und ein geringeres Maß an notwendiger Erfahrung der Handelnden erforderlich sind.

In dieser Hinsicht ist die Lage an inneren Märkten prekär. Einerseits haben für viele Marktteilnehmer die abzuschließenden Geschäfte Bedeutung. Dies rechtfertigt den Einsatz von erfahrenen Experten. In vielen Fällen werden aber gleichartige Geschäfte regelmäßig, oft mehrfach täglich wiederholt abgeschlossen. Die Verhandlungspartner erwerben nach wenigen Wochen Routine. Abläufe und Hintergründe sind bekannt und optimiert. Dies begrenzt den Nutzen, den man aus Experten ziehen kann. Die Ertragsmöglichkeiten der Experten sind darüber hinaus begrenzt, weil auf der Gegenseite ebenfalls Experten agieren, die jeden Versuch „Extraerträge" zu erwirtschaften, konterkarieren. Sobald gleicherfahrene Partner Tag für Tag das gleiche, völlig standardisierte Geschäft miteinander betreiben, ist kein Mehrertrag aus Erfahrung und kognitiven Anstrengungen mehr zu gewinnen.

Aus Sicht des Finanzwesens insgesamt ist es vernünftig, Erfahrung und kognitive Leistung dort einzusetzen, wo daraus hohe Erträge gezogen werden können. Wenn man Erfahrung und Verhandlungsgeschick nur dazu einsetzen muss, „hässliche" Angriffe anderer Banken, bei denen gleich erfahrene Menschen arbeiten, abzuwehren, ist dies nicht vorteilhaft.

Unübersichtliche Teilmärkte mit wechselnden Marktteilnehmern und Produkten sowie schwierig ermittelbaren Datenänderungen erhöhen die Anforderungen an kognitive Leistungen und Erfahrung. Es lassen sich keine Routinen ausbilden, welche von Nichtspezialisten beherrscht werden können. Märkte, an denen laufend schwierige Entscheidungen zu treffen sind, an denen der kognitive Aufwand hoch ist, weil Erfahrungen immer wieder entwertet werden, sind als Interbankenmarkt nicht nützlich.

Es gibt Anzeichen dafür, dass sich die inneren Märkte so organisieren, dass derartige Fälle vermieden werden. Es sind Institutionen entwickelt worden, welche helfen, Entscheidungen mit einem Minimum an Aufwand zu tätigen.

Märkte, an denen das nicht möglich ist, bilden sich nicht als Interbankenmärkte heraus. Banken sind nicht zwingend auf Interbankenmärkte angewiesen. Banken können Zahlungssalden in die eigene Position nehmen, sie bei Kunden absetzen oder ihr Entstehen durch geeignete Gestaltung der Kundenkonditionen von vornherein verhindern.

Wie hoch die Kosteneffizienz und wie gering das kognitive Verständnis der Zusammenhänge an Interbankenmärkten ist, hat der Zusammenbruch der Interbankenmärkte für kurzfristige Interbankenkredite im Sommer 2007 gezeigt. Die Geschäfte waren dermaßen standardisiert und das gedankliche Durchdringen der Entscheidungen im Interbankengeschäft dermaßen reduziert worden, dass die neue Lage nach dem Absenken der Ratings für bestimmte Kredittypen nicht mehr beherrscht wurde. Es folgte etwas ganz normales: der Markt verlor seine Nützlichkeit und wurde durch Alternativen ersetzt.

7.3 Transformationsleistungen und Opportunismus

Ziel des folgenden Abschnitts ist es, Transformationsleistungen der Finanzmärkte näher zu beleuchten.[250] Es wird gezeigt, dass sich die *Notwendigkeit* zur Transformation aus dem Misstrauen der Bankkunden (als Nichtspezialisten) den Banken (als Spezialisten) gegenüber erklärt. Das *Ausmaß* der Transformation ist eine Funktion der Heuristiken der Bankkunden.

7.3.1 Grundlagen

Als Aufgabe von Finanzintermediären wird es angesehen, Angebot und Nachfrage nach Kapital zu koordinieren. Die Leistungen der Finanzintermediäre werden dabei üblicherweise in Vermittlungsleistungen und Transformationsleistungen unterteilt.[251]

- *Übereinstimmende Wünsche.* In den Fällen, in welchen die Wünsche von Anbietern und Nachfragern nach Kapital in allen Aspekten übereinstimmen, erbringt ein Finanzintermediär seine Koordinationsaufgabe dadurch, dass er Anbieter und Nachfrager „zusammenbringt". Diese Leistung wird Vermittlungsleistung oder Brokerage genannt. Man zählt heute dazu alle Arten von Transaktionsleistungen, Akquisitions- und Emissionsgeschäfte, im weiteren Sinne auch die Beratung in finanziellen Angelegenheiten und die Beurteilung von Bonitätsaspekten (Risikoanalyse).

- *Divergierende Wünsche.* In den Fällen, in denen die Wünsche von Anbietern und Nachfragern nach Kapital nicht in allen Aspekten übereinstimmen, muss der Intermediär entweder passen, oder er versucht, den beiden Kontrahenten die jeweils gewünschten Produkte zu liefern, d.h. er stellt für Anbieter und Nachfrager unterschiedliche Produkte her. Dies wird Transformationsleistung oder auch „qualitative Asset Transformation" genannt. Man spricht in diesem Fall auch von asymmetrischen Vermittlungsleistungen, was deutlich macht, dass Anbieter und Nachfrager abweichende Produkte erhalten.[252]

---

[250] Warum werden Transformationsleistungen betrachtet? Im Abschnitt 7.1 wurde ein stilisiertes Kapitalmarktmodell beschrieben. In Abschnitt 7.2 wurde der innere Kreis des stilisierten Kapitalmarktes beleuchtet. Jetzt wird der äußere Kreis behandelt. Dieser besteht aus den Beziehungen der Intermediäre zu Nichtbanken. Die Leistungen der Intermediäre in dieser Beziehung werden üblicherweise zu Vermittlungs- und Transformationsleistungen zusammengefasst.
[251] Siehe Bhattacharya, Thakor 1993, S. 2ff.
[252] Siehe Hockmann, Thießen 2007, S. 9ff.

Der Begriff der Transformation ist nicht ganz glücklich. Denn er vermittelt den Eindruck, dass das Kapital auf dem Wege vom Sparer (Kapitalanbieter) über den Intermediär zum Investor (Kapitalnachfrager) „transformiert", d.h. umgewandelt wird. Dies ist natürlich nicht der Fall. Kapital ist abstrakt. Es kann nicht umgewandelt werden. Kapital, d.h. monetäre Dispositionsmöglichkeiten, entsteht auf dem Wege der Vertragschließung. Wenn ein Sparer einen Vertrag mit einer Bank über eine Kapitalüberlassung abschließt, dann kann sich dieser Vertrag nicht ändern, wenn die Bank dann ihrerseits einen anderslautenden Vertrag über eine Kapitalüberlassung mit einem Kapitalnehmer abschließt. Transformation ist also nicht im direkten, sondern höchstens in einem übertragenen Sinne „Umwandlung".

Was aber ist dann Transformation? Wenn eine Bank Transformationsleistungen erbringt, dann verspricht sie dem Sparer etwas anderes als das, was sie mit dem Kreditnehmer ausmacht.

Bei der Fristentransformation ist das deutlich zu erkennen. Dem Sparer wird jederzeitige Verfügbarkeit vertraglich zugesichert, während dem Kreditnehmer eine langfristige Kapitalüberlassung angeboten wird. Nur für den Startzeitpunkt der Kapitalüberlassung, t_0, sind die Vertragsbedingungen deckungsgleich: hier muss der Sparer genauso viel Liquidität auf den Tisch legen, wie dem Kreditnehmer ausbezahlt wird.

Auch die Losgrößentransformation basiert auf unterschiedlichen vertraglichen Versprechungen. Dem Kapitalnehmer wird eine große Summe versprochen, während dem Kapitalgeber nur ein kleiner Betrag abverlangt wird.

Bei der Risikotransformation wird dem Sparer Sicherheit versprochen, während dem Investor das Eingehen von Risiken erlaubt wird. Manchmal wird ihm völlig freie Hand bei der Wahl riskanter Projekte gewährt. In jedem Fall ist das vertraglich erlaubte Risiko höher als dasjenige, was der Sparer vertraglicherseits tragen muss.

Dass Banken mit dieser Art, asymmetrische Versprechungen zu machen, gefährlich wirtschaften, sieht man an den Krisen, in die das Finanzgewerbe immer wieder verwickelt ist.

Transformation als Ausweg aus besetzten Märkten

Warum begeben sich Banken immer wieder in die Gefahrenzone der Transformation? Die Antwort lautet: weil die Geschäftsfelder der weniger gefährlichen Bereiche der Vermittlungsleistungen bereits besetzt sind. Die Beurteilungs- und Entscheidungsfähigkeiten des menschlichen Gehirns sind begrenzt. Es möchte jeder mit möglichst „einfachen" Geschäften zum Erfolg gelangen. Im Feld der Vermittlungsleistungen tummeln sich bereits viele, die einfache Nischen gefunden haben und zu viele, die glauben, dort noch irgendeine Nische entdecken zu können.

Die Nischen der Vermittlungsleistungen sind schnell besetzt, und die Bank, die sich nicht in dieses übersetzte Feld begeben will, die zusätzliches Geschäft machen will, wird quasi zwangsläufig auf Transformationsleistungen gedrängt. Diese besondere Rolle der Transformationsleistungen als Nische für Banken beschreibt der Gießener Professor Bessler:

„Obwohl Banken diese Finanzdienstleistungen [i.e. Vermittlungsleistungen] *anbieten, können andere Finanzintermediäre, aber auch andere Unternehmen (Finanzkonglomerate), diese Aufgabe übernehmen. Dies geschieht heute schon vielfach. Die Transformationsleistungen der Banken sind dagegen nicht so einfach von anderen Unternehmen zu duplizieren. Sie sind von erheblicher Bedeutung* [für die Finanzintermediäre].*"* [253]

Wie Banken aus überbesetzten Nischen in Transformationsleistungen „hineinwachsen", kann an folgendem Beispiel verdeutlicht werden:

Angenommen wird eine Bank, die im Wettbewerb Kapital vermittelt. Der Markt ist besetzt. Alles das, was an „vermittelbaren" Transaktionen (Vermittlungsleistung) vorliegt, ist bereits vermittelt. Nun wird angenommen, die Bank kenne einen übriggebliebenen Kreditnehmer, der von den Intermediären, die Vermittlungsleistungen anbieten, nicht mehr bedient wurde. Das Projekt des potenziellen Kreditnehmers erscheint der Bank grundsätzlich interessant. Aber es findet sich kein korrespondierender Sparer, der bereit ist, Geld in dieses Projekt zu geben. Die Bank verhandelt mit einem Kapitalgeber, der das Geld bereitstellen könnte. Aber er ziert und windet sich. Er will das Geld nicht so ohne weiteres investieren. Die Bank erklärt ihm alle relevanten Aspekte. Aber er will nicht. Er hat Misstrauen, dass das Projekt schlechter sein könnte als von der Bank angepriesen. Er hat davon gehört, dass Menschen überredet werden, etwas zu tun. Er ist kein Spezialist und kann das Projekt nicht beurteilen. Er kann auch den Berater nicht beurteilen, der versucht, ihn zur Geldabgabe zu bewegen. Immerhin verfügt er über allgemeine Erfahrungen („Universalheuristiken") und weiß, dass man jemandem, der einen zu etwas bewegen will, nicht unbedingt vertrauen kann. Stand nicht neulich in der Zeitung, dass Verkäufer Programme benutzen, die falsche Berechnungen enthalten? Hat er nicht gehört von Kollegen, dass in Powerpoint-Folienvorträgen, mit denen Sachverhalte visualisiert werden, nur die vorteilhaften Aspekte angesprochen werden? Blitzschnell überlegt er, was der Berater in seiner Präsentation ihm gegenüber alles nicht erwähnt haben könnte? Aber es fällt ihm wenig ein. Er kennt sich nicht aus. Er ist kein Spezialist. Er ist sich zwar sicher, dass etwas nicht stimmt. Aber er kommt nicht auf die Lösung, was es ist. Immerhin, der potenzielle Kreditnehmer hat ein Rating einer Agentur. Aber sind Ratingagenturen nicht auch gerade dadurch aufgefallen, dass sie Risiken sträflich vernachlässigten? Und das soll Zufall gewesen sein?

Verallgemeinert gesprochen gilt: Der Nichtspezialist beurteilt die Sachlage mit seinen Heuristiken. Im Lichte dieser Heuristiken erscheint das Projekt problematisch. Aber natürlich ist dem Kapitalgeber auch die Tatsache, dass er heuristisch entscheidet, bewusst. Die Grobheit seiner Heuristiken kennt er. Das Projekt könnte etwas sein. Wer nicht investiert, verschenkt Chancen. Der Spezialist der Bank bemerkt den Widerstreit der Gefühle des Kunden. Er weiß aus Erfahrung: wenn jetzt eine kleine Zugabe käme, dann würde der Kunde zusagen.

---

[253] Bessler 2007, S. 7.

Aber wer soll diese Zugabe bezahlen? Die Bank könnte nun den Kapitalnehmer noch einmal ansprechen und ihn um ein weiteres Zugeständnis bitten, das sie dann an den Kapitalgeber weiterreichen kann. Aber auch der Kapitalnehmer ist zögerlich. Mit seinen Heuristiken hat er das Gefühl, dass die Bank ohnehin schon zu viel von ihm verlangt. Zu den seiner Meinung nach hohen Kreditzinsen verlangt sie noch Sicherheiten und laufende Informationspflichten. Mehr als das Verhandelte will er nicht leisten.

Weder der potenzielle Kapitalnehmer noch der Kapitalgeber sind bereit, zu den Konditionen des jeweils anderen Verträge abzuschließen. Dies ist letztlich das Zeichen ausgeschöpfter Vermittlungsleistungen. Zu einem Geschäft kann es nur dann kommen, wenn die Bank selbst ein Zugeständnis macht.

Die Bank hat mehrere Möglichkeiten in ihren Verhandlungen mit dem Kapitalgeber (der Vertrag mit dem Kapitalgeber stehe fest):

- Sie kann die Laufzeit verkürzen. Dann ist sie das Problem für eine gewisse Zeit los. Sie betreibt *Fristentransformation*.

- Sie kann die Losgröße senken. In diesem Fall muss sie *Losgrößentransformation* betreiben.

- Oder sie erhöht den Sicherheitsgrad und verspricht mehr. Dann betreibt sie *Risikotransformation*.

Alle drei Maßnahmen sind nicht unabhängig von den Heuristiken, welche die Marktteilnehmer, insbesondere die Nichtspezialisten verwenden. Dies wird im Folgenden gezeigt.

7.3.2 Risikotransformation

Von Risikotransformation im Finanzwesen spricht man, wenn die Risikograde der Aktiv- und Passivseite der Bankbilanzen auseinanderklaffen.

Es wird im Folgenden geprüft, ob das Ausmaß des Auseinanderklaffens als Funktion des heuristischen Entscheidens von Spezialisten und Nichtspezialisten betrachtet werden kann. Oder anders formuliert: in welchem Maße sind die Grenzen der Risikotransformation durch Heuristiken der Spezialisten und Nichtspezialisten bestimmt?

Die Literatur fokussiert oft auf die Frage, wie die Banken Risikotransformation betreiben können, ohne insolvent zu werden. Die viel behandelte Lösung dieses Problems ist die Diversifikation. Die Grenzen der Risikotransformation ergeben sich dann aus den – objektiven – Grenzen zu diversifizieren.

Tatsächlich ist aber eher die – subjektive – *Wahrnehmung* des Risikos durch die Kunden der Banken entscheidend. Für die Risikowahrnehmung der Kunden spielt aber die Diversifikation der Bankenassets nur eine mäßige Rolle. Die Rolle der Wahrnehmung soll im Folgenden beleuchtet werden.

Beginnen wir mit einem konkreten Fall: eine Bank erklärt ihrem Kunden, dass er dann, wenn er diversifiziert, wenn er also sein Geld in mehrere Projekte streut, ein viel geringeres Risiko trage, als es jedes einzelne Projekt für sich genommen hat. Dies sei als Diversifikation allgemein bekannt und er könne sich auf den Diversifikationseffekt verlassen, der würde ganz sicherlich wirken. Deshalb solle er in ein diversifiziertes Portfolio investieren.

Wenn nun Menschen kognitiv begrenzt in dem Sinne handeln, wie es die Biologen herausgearbeitet haben, dann reicht Diversifikation allein nicht aus, um den Kapitalgeber zur Unterschrift zu bewegen. Der Kapitalgeber muss die Vorteile daraus auch *wahrnehmen* und *glauben*. Wenn seine Heuristiken es ihm nicht erlauben, den Effekt zu begreifen und zu glauben, dann reicht Diversifikation als solche nicht.

Damit die potenziellen Kapitalgeber die Vorteile aus Diversifikation auch wahrnehmen, muss die Bank etwas tun. Was könnte sie tun? Es gibt viele Alternativen, die alle etwas mit Überzeugen zu tun haben. Die Bank kann an das Vertrauen der Kunden in die Bank appellieren: „Glauben Sie uns, wir machen schon die richtigen Vorschläge." Sie kann informieren.[254] Oder sie geht selbst ins Risiko: sie nimmt die Assets auf die eigenen Bücher und verkauft dem Kunden statt eines Portfolios mit diversen Assets, die er nicht kennt, Einlagen, für die sie selbst gerade steht. Objektiv gesehen sind alle Vorschläge gleich: es sind immer die gleichen Assets, deren Risiko angeboten wird. Aber die Wahrnehmung und damit die Bereitschaft zu unterschreiben, wird in allen Fällen unterschiedlich sein.

Diversifikation allein schützt Banken nicht

Im berühmten Modell von Thakor überleben Banken durch Diversifikation und können deshalb ihre Einlagen zu einem günstigen Zins verkaufen. Dass die Kunden den Diversifikationseffekt erkennen, wird angenommen. Wenn man die nicht seltenen Bankenkrisen betrachtet, dann muss man konstatieren, dass die Bedeutung des Diversifikationseffektes als Garant für das Überleben von Banken vielleicht überschätzt wird. In Krisen, in denen Sicherheit am Nötigsten wäre, nähern sich die Korrelationskoeffizienten vieler Assets einander an, und der Diversifikationseffekt verschwindet. Deshalb setzen Banken weitere Instrumente ein, um Insolvenzen zu vermeiden. Banken prolongieren in bzw. nach Krisen Kredite, verzichten auf Zinsen, wandeln sie in Beteiligungskapital und greifen in die Geschäftspolitik der Schuldner ein. Sie halten Reserven, verschieben unter Nutzung von Bilanzierungshilfen Lasten in die Zukunft und stützen sich auf Staatshilfe. Das rettet sie oft – nicht die Diversifikation allein.

Kaum ein Kunde begreift die Komplexität der Mechanismen, die Banken vor der Insolvenz schützen. Oder anders formuliert: die Heuristiken, welche der Kunde verwendet, um die Zukunft der Bank und damit die Sicherheit der eigenen Einlagen abzuschätzen, bezieht sich nicht allein auf den Diversifikationseffekt, sondern letztlich auf das Gesamtkonvolut

---

[254] Versucht die Bank, den Effekt zu erklären, kann gerade die gegenteilige Wirkung eintreten, etwa wenn der Kunde das Gefühl hat, überredet zu werden.

an Maßnahmen des Managements und sonstigen Effekten, ohne dass es dem Kunden gelingt, die Dinge im Einzelnen auseinander zu halten. Ob es wirklich die Diversifikation war, die seine Einlagen vor dem Verlust schützte, oder irgendetwas anderes, kann er überhaupt nicht beurteilen

Das bedeutet, dass die *Wahrnehmung* und Bewertung all der Maßnahmen, welche Banken in Bezug auf die Risikosteuerung durchführen, letztlich aber auch ganz andere Maßnahmen – soweit sie in den Heuristiken der Bankkunden eine Rolle spielen – über die Bereitschaft entscheidet, der Bank Kapital anzuvertrauen. Der Spielraum der Bank für Risikotransformation kann riesig groß sein, wenn die von den Kunden verwendeten Heuristiken „gut" signalisieren. Er kann genauso gut aber auch sehr klein sein, wenn die Heuristiken den Kunden „Misstrauen" empfehlen.

Risikotransformation und Opportunismus

Aus Kundensicht ist das Risiko, das er durch eine Kapitalvergabe übernimmt, nicht irgendein „objektives" Risiko, sondern das von ihm wahrgenommene Risiko. Es ist nun eine Option für die Bank, die Produkte so zu gestalten, dass sie im Lichte der Heuristiken der Kunden so risikoarm (oder risikobehaftet) sind, dass der Kunde den Kapitalüberlassungsvertrag unterschreibt.

Dazu kann die Strukturierung von Produkten nützlich sein. Produkte können so strukturiert werden, dass das Risiko an solchen Stellen anfällt, welche die Kapitalgeber weniger negativ bewerten. Erfahrungen zeigen z.B., dass private Kapitalgeber Risiko unterschiedlich bewerten je nachdem, ob es um die Frage des *Kapitalerhaltes* oder die Frage des *Ertrages* geht. Erträge dürfen risikobehaftet sein, der Kapitalerhalt darf nicht gefährdet sein. Dies führt dazu, dass Kombinationen aus sicheren Anleihen (z.B. Zerobonds) und riskanten Assets (z.B. Shortpositionen in Optionen – hier droht Totalverlust des Kapitals) akzeptiert werden, während die Einzelteile kaum verkäuflich sind. Nach der Jahrtausendwende merkte man, dass Anleger das First Loss Piece einer Verbriefungstransaktion nie für sich genommen kauften, Garantieanleihen aber, in welche ein kleines Stück First Loss Piece eingearbeitet wurden, dagegen in Größenordnungen akzeptierten.

Im Herbst 2008 benötigte eine große amerikanische Investmentbank Kapital. Angesichts der Turbulenzen an den Märkten galt die Bank als bedroht, und Kapital war für sie entsprechend teuer. Die Bank emittierte nun Zertifikate, also strukturierte Wertpapiere, die drei Jahre lang je 6% Zinsen zahlten, wenn ein Aktienindex in dem jeweiligen Jahr nicht unter einen festgelegten Wert sinke. Der Wert war derart niedrig angesetzt, dass es selbst dem ängstlichsten und unerfahrensten Anleger ausgeschlossen vorkommen musste, dass ein solcher Wert unterschritten werden würde. Die Anleger konnten also mit 6% Ertrag fast sicher rechnen – dies erschien attraktiv.

Die Idee des Produktes lag in Folgendem: Bei den extrem gestiegenen Spreads für Investments in Banken lagen die Refinanzierungskosten der Bank bei 8%. Durch die Verpackung der Refinanzierung als strukturiertes Produkt überlistete die Bank die Risikowahrnehmung der Kunden. Die Kunden hatten nicht das Gefühl, einer Investmentbank Einlagen zu gewähren. Das Produkt provozierte weniger Assoziationen mit Bankeinlagen als mit Aktienmärkten und deren Chance-Risiko-Profilen. Bei dem niedrigen Strike-Preis erschien das Produkt in diesem Sinne risikolos und erfüllte insofern die Bedürfnisse der Anleger.

Das bedeutet verallgemeinert: Banken können beliebige Risikotransformationsleistungen erbringen, solange sie es schaffen, die Produkte in der Wahrnehmung von Kapitalgeber und -nehmer so (riskant oder weniger riskant) wirken zu lassen, dass diese die Verträge unterschreiben. Eine Bank, die für sich selbst gesehen „auf Nummer sicher" geht und auf Risikotransformation verzichtet, d.h. Kunden an genau den Risiken der Aktivseite der Bank offen partizipieren lässt, kann u.U. mehr Probleme haben, Geschäft zu generieren, als eine Bank, die Kontrakte so strukturiert, dass sie von Kunden vorteilhaft wahrgenommen werden.

Ob die Bank die Risikotransformation „überlebt", ist eine ganz andere Frage. Es gibt viele Instrumente, mit welchen Banken Risikomismatch beherrschen können. Die in der Literatur viel behandelte Transformation mittels Diversifikation hebt sich von vielen anderen Maßnahmen dadurch ab, dass Risiko tatsächlich vernichtet wird. Faire Preisgestaltung unterstellt, können sich damit ex ante Erwartungen und spätere Ist-Ergebnisse auch für aufmerksam beobachtende Marktteilnehmer decken.

Bei vielen anderen Instrumenten wird Risiko nicht endgültig vernichtet, sondern nur so verpackt, dass es in t_0 nicht wahrgenommen wird. Es kann ex post zu Enttäuschungen kommen.

Hervorzuheben ist aber, dass es sich bei geschickter Verpackung vermeiden lässt, dass die Bankkunden Enttäuschungen erleben. Nehmen wir den oben genannten Fall des strukturierten Papiers: ex post wird die Erkenntnis, dass die 6% Rendite tatsächlich gezahlt wurden, die Anleger in der Vermutung bestärken, eine gute Entscheidung (nämlich die Aktienkurse richtig prognostiziert zu haben) getroffen zu haben. Dass die Anleger gar nicht den adäquaten Preis für das übernommene Risiko bekommen haben, entgeht ihrer Aufmerksamkeit. Sie werden freudig das nächste angebotene Produkt zeichnen.

Umgekehrt kann auch die beste Diversifikation ex post Enttäuschungen nicht ausschließen, wenn nämlich ein Kapitalgeber mehrmals hintereinander „Pech" hat und seine Heuristiken es ihm nahelegen zu glauben, dass dieses Pech kein Zufall gewesen sein kann. Ein solcher Kunde wird sein Verhalten in Zukunft ändern und glauben, den Diversifikationseffekt gebe es nicht und er sei hereingelegt worden.

Zusammenfassend lässt sich sagen: Das Ausmaß der Risikotransformation ist vor allem eine Funktion der Wahrnehmung des Risikos durch die Kunden der Finanzintermediäre und nur sehr bedingt eine des Diversifikationseffektes.

Warum sichere Einlagen?

Man kann die Frage aufwerfen, warum überhaupt eine Präferenz für Sicherheit bei Endkunden festzustellen ist? Warum wünschen Menschen *sichere* Einlagen? Eine Antwort kann lauten, dass die Nutzenfunktionale der Menschen eben so beschaffen sind, dass sie nach Sicherheit lechzen. Dem ist aber entgegenzuhalten, dass das (biologische) Ziel der Fitness-Maximierung nicht per se einen Bedarf an *sicheren* Einlagen zu erfordern scheint. Welche Ursache könnte es also für die Lage der Nutzenfunktion geben?

Mit den in dieser Arbeit thematisierten Mechanismen drängt sich folgende Erklärung auf: Menschen sind grundsätzlich in der Lage, mit Risiko umzugehen. Allerdings ist dieser Umgang, wie insbesondere auch Reinhard Selten zeigt,[255] nicht fehlerfrei. Menschen haben die Möglichkeit, aus Erfahrungen zu lernen. Dazu sind Wiederholungen notwendig. Für Nichtspezialisten ist dies aber nicht einfach, weil die Wiederholungsrate gleichartiger Entscheidungen gering ist. Dies ist insbesondere beim Risiko ein Problem. Akzeptiert nämlich ein Nichtspezialist ein riskantes Finanzprodukt und tritt später ein ungünstiger Fall ein, dann ist es schwer, eine Beziehung zur Qualität der eigenen Entscheidung herzustellen. Es wäre eine Vielzahl von Beobachtungen notwendig, um zu erkennen, ob eine fehlerhafte Entscheidung vorlag. Ist nämlich die ungünstige Entwicklung Ausdruck des objektiv gegebenen und ex ante richtig eingeschätzten Risikos, wäre die Entscheidung richtig gewesen. Ist die fehlerhafte Entwicklung aber Ausdruck eines objektiv gegebenen und ex ante falsch eingeschätzten Risikos oder Ergebnis nicht einkalkulierter hässlicher Maßnahmen von Marktteilnehmern, wäre die Entscheidung falsch gewesen. Diese Fälle können von Menschen, die vor allem aus Erfahrung lernen, nur nach einer Vielzahl von Beobachtungen auseinander gehalten werden.

Das heißt: Menschen, die (i) fehlerhaft entscheiden und (ii) aus den wenigen Erfahrungen, die ein Nichspezialist üblicherweise nur macht, wenig lernen können, wie das beim Umgang mit dem Faktor Risiko der Fall ist, haben Probleme. Dies ist anders bei sicheren Produkten. Jeder vom Versprochenen abweichende Verlauf ist Indiz für nicht vertragsgemäße Entwicklungen und damit für fehlerhaftes Entscheiden. Das bedeutet, dass bereits aus dem ersten eingetretenen Fall gelernt werden kann.[256]

Der Umgang mit Risiken ist also für Nichtspezialisten mit viel größeren Problemen verbunden als für Spezialisten. In relativer Betrachtung sind sichere Anlagen für Nichtspezialisten (relativ zu riskanten Anlagen) wesentlich wertvoller als für Spezialisten, sodass sich die Präferenz der ersteren für sichere Bankeinlagen erklärt.

7.3.3 Losgrößentransformation

Losgrößentransformation wird in der Literatur oft damit begründet, dass das Volumen anlagebereiter Vermögen bei Einlegern „per se" kleiner wäre als die Projekte der Kapitalnutzer. Die Größendifferenz ist empirisch gut belegt. Aber jeder Kapitalgeber kann etwas

---

[255] Vgl. Selten 2000, S. 130ff.

[256] Es ist bei den Anbietern von Schneeballsystemen festzustellen, dass sie sich bemühen, die Erwartungen der Kapitalgeber zunächst genau einzuhalten, um eine Revision von deren Entscheidungen zu vermeiden.

variieren. Dabei können die verwendeten Heuristiken Einfluss ausüben. Das Ausmaß der möglichen Losgrößentransformation ist daher eine Funktion der Heuristiken der Einleger. Dies soll im Folgenden beleuchtet werden.

Losgrößen und Diversifikation

Warum gibt es *kleine* Anlagevolumina? Das klassische Argument lautet, weil es eben Menschen gebe, die nur über kleine Beträge verfügen. Dies sei per se so gegeben. Gründe sind unterschiedliche Einkommen, große oder kleine ererbte Vermögen etc.

Tatsächlich sind die Beträge aber auch deshalb klein, weil Menschen misstrauisch sind und nicht alles auf eine Karte setzen. Aus großen Vermögen werden deshalb sehr schnell kleine Losgrößen, die zur Anlage drängen. Die Finanzindustrie wandelt dann diese kleinen Beträge durch die bekannte Losgrößentransformation wieder in größere Einheiten um.

Die Notwendigkeit zu streuen, wurde oft mit einem per se vorhandenen exogenen Risiko unerwarteter Umweltänderungen begründet. Paul A. Samuelson zeigte in seinem Aufsatz *„Proof that properly anticipated prices fluctuate randomly"*, dass bei fehlerfreier Informationstätigkeit nur noch exogen verursachte Unsicherheit übrig bleibt, die sich in einem Zufallsverlauf unerwarteter Datenänderungen niederschlägt.[257] Diversifikation wird sinnvoll.

Heute weiß man, dass eine fehlerfreie Informationstätigkeit im Sinne von Samuelson nur in Ausnahmefällen möglich ist. Das heuristische Entscheiden kann zu systematischen Entscheidungsfehlern führen. Die Aufspaltung größerer Vermögen in kleinere Dosen verfolgt also auch den Zweck, das Risiko zu mindern, das im Entscheidungsprozess selbst steckt. Wer zu einem Zeitpunkt in verschiedene Assets streut, spricht unterschiedliche Erfahrungen in seinem Gehirn an und diversifiziert dadurch sein Entscheidungsrisiko. Dasselbe gilt für den, der über einen längeren Zeitraum streut. Später sind die Umfeldbedingungen andere. Das weckt andere Assoziationen, und andere Heuristiken und Informationen aus dem Gedächtnis drängen sich in die Entscheidungsfindung hinein. Dazu kommt natürlich, dass derjenige, der zeitlich streut, aus den ersten Erfahrungen bereits lernen und sich umstellen kann. In Unternehmen ist es gang und gäbe, in neue Projekte erst einmal kleine Summen zu stecken, um zu lernen. Und auch Privatleute verringern die Volumina, wenn ihnen Banken ganz neue Anlageideen präsentieren, weil sie zuerst Erfahrungen sammeln wollen.

Zusammengefasst: Die zur Anlage drängenden Losgrößen haben eine direkte Beziehung zur Erfahrung und zur Entscheidungsfähigkeit der Anleger.

Losgrößen und opportunistisches Verhalten

Diversifikation wird vor allem mit dem Namen Markowitz verbunden. Neuerdings wird auch oft die naive Diversifikation erwähnt. Daneben gibt es die Diversifikation nach Roy

---

[257] Samuelson 1965, S. 41ff.

und anderen. *Dass* man diversifizieren soll, kann man vielleicht aus Erfahrungen ableiten. Aber *wie* soll man es tun? Für das *wie* kann man naive, Markowitz- oder Roy-Diversifikation als spezielle Rechenvorschriften betrachten. Je nachdem, für welche man sich entscheidet, resultieren sehr unterschiedliche Losgrößen für das eine oder andere Asset. Aber wie beurteilt man die Güte der Regeln?

Meiner Vermieterin wurde in einem Brief von ihrer Bank geraten, nach der Rechenvorschrift des Nobelpreisträgers Markowitz zu optimieren. Sie warf den Brief sofort in den Papierkorb. Damit hatte sie gar nicht einmal Unrecht. Der Ansatz von Markowitz eignet sich ideal als Anknüpfungspunkt für „hässliche" Maßnahmen. Der Markowitz-Algorithmus reagiert sehr empfindlich auf die Renditekomponente. Es ist nicht schwer, so zu rechnen, dass ein bestimmtes Asset entweder besonders viel oder besonders wenig Raum im Portfolio erhält. Dazu muss man nur den Stützzeitraum zur Schätzung der Parameterwerte und das einbezogene Assetuniversum (das in der Praxis immer kleiner ist als „alle" Assets) entsprechend wählen. Folgen die Anleger solchen Vorschlägen, dann ist es unmittelbar einsichtig, dass die zur Anlage drängenden Losgrößen eine Funktion der „hässlichen" Maßnahmen der Anbieter darstellen.

Der Algorithmus der naiven Diversifikation bietet schon deutlich weniger Angriffspunkte für Opportunismus. Der einzig variierbare Parameter ist die Zahl einbezogener Assets. Da ohnehin niemand alle Assets berücksichtigen kann, muss eine Auswahl getroffen werden. Und wenn ein Dritter die Auswahl vorschlägt, oder wenn ein Dritter den Entscheider direkt oder indirekt darin beeinflusst, wie die Auswahl vorzunehmen sei, kann sich ein hässlicher Akt darin verbergen.

Das bedeutet: Diversifikation ist ein nützliches Instrument. Aber weder die Formeln der naiven und erst Recht nicht die Formeln der Markowitz-Diversifikation sind per se geeignet, eine gute Diversifikation zu finden. Es gehört erhebliches Vorwissen dazu, erkennen zu können, ob auf diesen Diversifikationsalgorithmen basierende Vorschläge Dritter „hässlich" sind oder nicht. Zur Anlage drängende Losgrößen sind eine Funktion dieser „Hässlichkeit" und der Heuristiken, damit umzugehen.

Managerdiversifikation

In der Verwaltung großer Vermögen ist man dazu übergegangen, mehrere Manager mit der Betreuung von Teilen der Vermögen zu verpflichten. Man spricht von der Managerdiversifikation.[258] Ziel ist es, die Entscheidungsanomalien der Einzelnen zu neutralisieren. Die US-Fondsgesellschaft Janus betreibt den Fonds Janus Research Core Equity Portfolio. Dieser legt die Asset Allocation entsprechend der „Stock-Picks" von 34 Analysten fest.[259]

---

[258] In der wissenschaftlichen Literatur war Sharpe der erste, der sich mit diesem Thema befasste; siehe Sharpe 1981, S. 179ff.

[259] Siehe Eisele 2008, S. 26.

Das Core-Satellite-Prinzip im Assetmanagement[260] eignet sich dazu, Managerdiversifikation herbeizuführen. Der Core ist ein Vermögensbestandteil, der ohne große Entscheidungsspielräume der Manager in unproblematische Assets investiert wird. Typischerweise werden in den Core leicht investierbare Assets wie Staatsanleihen oder große Aktienindizes gebucht, über die auf Basis von strategischen Überlegungen in größeren Gremien entschieden wurde. Die Manager der Satellites bekommen mehr Freiraum, weil sich für Investments in problematische Assets größere Gremien nicht bewährt haben. Die Satellites hatten deshalb früher die Aufgabe, den Spezialisten für bestimmte Assetklassen einen kleinen Freiraum zu bieten – es gab so viele Satellites, wie man gute Manager hatte. Heute sieht man den Nutzen mehrerer Satellites eher in der Managerdiversifikation. Man möchte Verhaltensanomalien der Manager durch Diversifizierung begegnen.

Es ergibt sich also: Das Anlegen in kleinen Losgrößen hat etwas mit kognitiven Schwächen zu tun. Es ist nicht nur die Antwort auf per se gegebene kleine Losgrößen, die in den Kapitalmarkt einzuführen sind. Vielmehr spielen kognitiv bedingte Verhaltensrisiken eine große Rolle.

Strukturdiversifikation

Diversifikation wird mittlerweile als Mittel zur Begrenzung der Auswirkungen von Fehlentscheidungen in fast jeder Hinsicht angesehen.[261] Im Verlauf der Subprimekrise wurde die Diversifikation von *Strukturen* gelobt.

„Die Krise verdeutlicht vor allem den Wert einer hohen Vielfalt von Institutionen innerhalb eines Finanzsystems und der Existenz von sehr unterschiedlich gestalteten Finanzsystemen in fruchtbarer Konkurrenz nebeneinander. Eine solche Vielfalt ist sicher mit höheren Transaktionskosten verbunden, bietet aber in Krisensituationen entscheidende Vorteile: Systemfehler in bestimmten Ausprägungen von Finanzinstitutionen können sich nicht mit gleicher Virulenz ausbreiten."[262] Der Autor ruft gerade in einer globalisierten Welt auf, Vielfalt zu bewahren: *„Wenn man also etwas aus dieser Krise lernen kann, dann, dass es gerade in einer globalisierten Welt wichtig ist, dass Institutionen und Menschen ihre Unterschiede bewahren, dass sie nach unterschiedlichen Kriterien, in Verfolgung unterschiedlicher Ziele agieren sollten."*[263] Systemvielfalt mit einer Vielzahl von Teilnehmern führt automatisch zu kleineren Losgrößen. Das Ausmaß der Subprimekrise ist gerade deshalb so gigantisch, weil viele Marktteilnehmer (weltweit) völlig einheitlich agierten: eine Diversifikation der Strategien und Strukturen fand nicht statt.

---

[260] Siehe Binsbergen, Brandt, Koijen 2008, S. 1849ff.
[261] Dies gilt auch für die wissenschaftliche Forschung: Heise erinnert daran, dass größerer Methodenpluralismus „passgenauerer Realitätsinterpretation" dienen kann.
[262] Burghof, Prothmann 2008, S. 707.
[263] Burghof, Prothmann 2008, S. 707.

Vielleicht ist die abnehmende Diversifikation der Strategien und Strukturen eine Erklärung für die immer größer werdenden Finanzkrisen der jüngeren Zeit. Wolfram Engels schreibt in „Der Kapitalismus und seine Krisen": *„Nicht dass es im 18. und 19. Jahrhundert keine Finanzkrisen gegeben hätte. Sie tauchten sogar ziemlich regelmäßig alle 10 bis 15 Jahre auf. ... Nach dem ersten Weltkrieg stiegen aber die Dimensionen der Krisen ins Gigantische. ... Eine Schuldenkrise wie 1982, als innerhalb weniger Wochen mehrere Dutzende Länder zahlungsunfähig wurden, hat es in der Geschichte zuvor noch nicht gegeben. Die deutsche Bankenkrise von 1931 war historisch ebenso ohne Beispiel wie der Zusammenbruch fast aller Savings and Loan Associations in den Vereinigten Staaten von Amerika in den 80er Jahren."*[264]

Losgrößen und Verschuldung

In Objekte, die eher sicher erscheinen, wird in größeren Losgrößen investiert. Die selbstgenutzte Immobilie gehört zu den Objekten, in welche Privatpersonen in den größten Losgrößen investieren. Dazu verschulden sie sich sogar. Für die Anlage in Aktien oder andere Finanzvermögensarten verschuldet man sich nicht. Diese Regel kann als Heuristik bezeichnet werden. Die Heuristik ist nicht immer sinnvoll. Sie wird auch nicht von jedem angewandt. Aber sie erscheint auch nicht ganz unsinnig, denn der Nutzenstrom einer Wohnimmobilie, die man selbst bewohnt, ist aus eigenen Erfahrungen oder den Erfahrung anderer, mit denen man gesprochen hat oder die man beobachtet, (vielleicht scheinbar) leichter zu beurteilen als manches Finanzinvestment. Immobilien sind bzw. erscheinen sicherer, und man kann sie mit einem Hebel (Financial Leverage) erwerben.

Wenn die Kunden der Banken die Heuristik „Keine Verschuldung für Finanzinvestments" anwenden, dann führt dies dazu, dass die Losgrößen im Geschäft mit privaten Kunden relativ bescheiden sind. Die Heuristik „Keine Verschuldung für Finanzinvestments" ist bei vielen Menschen fest verankert, und es bedarf außergewöhnlicher Situationen, wie z.B. die Aktienmarkthausse Ende der 90er Jahre, Menschen zu einem Ablassen von der Heuristik zu bewegen. Mehr Menschen waren in diesen Jahren der Aktieneuphorie bereit, sich für Finanzinvestments zu verschulden, und die Losgrößen im Anlagegeschäft stiegen.

Banken kennen verschiedene Maßnahmen, die Verschuldung so zu verpacken, dass sie nicht wahrgenommen wird, um damit die Losgrößen zu erhöhen. Broker im amerikanischen Wertpapiergeschäft leihen seit langem Kunden Wertpapiere, was ganz anders wahrgenommen wird als ein Geldkredit. Im Rahmen von Fondskonstruktionen werden Kundengelder mit Krediten zusammengepackt, um größere Losgrößen zu generieren. Kunden sind bereit, Fonds, die mit einem Leverage ausgestattet sind, zu erwerben, obwohl sie die Assets selbst nie mit einer gleichen Quote von Krediten finanzieren würden. Die Losgrößentransformation findet bei den Banken statt, nicht weil die Nichtbanken per se geringe Volumina anlegen wollten – sie könnten auch, kreditfinanziert, größere Losgrößen erreichen – sondern wegen der unterschiedlichen Wahrnehmbarkeit von Sachverhalten, wenn sie unterschiedlich verpackt sind. Noch weniger wahrgenommen werden Kreditauf-

---

[264] Engels 1996, S. 308f.

nahmen, wenn nicht der Fonds selbst, sondern Subfonds, in die der Fonds investiert, Leverage aufbauen. All das zeigt: Die Wahrnehmung – also ein kognitiver Aspekt, nicht Volumina per se – bestimmt das mögliche Ausmaß der Losgrößentransformation.

Dies gilt auch für die klassischen Instrumente, mit denen Losgrößentransformation realisiert wird: Banken sorgen durch den Aufbau eines Filialnetzes dafür, dass an vielen Stellen gleichzeitig kleine Mittel hereinkommen, die dann in große Projekte angelegt werden können. Alternativ bewerben Banken eine Emission intensiv und versuchen, Kunden zur Zeichnung zu bewegen. Die Volumina, die mit diesen Instrumenten realisiert werden können, sind nicht unabhängig davon, welche Heuristiken die Kunden benutzen. Die Emissionslösung spricht andere Entscheidungsheuristiken der Kunden an als die Lösung, kleine Mittel über ein Filialnetz einzusammeln.

Zusammenfassend zeigt sich: es gibt vielfältige Beziehungen zwischen den Losgrößen, in welchen Finanzgeschäfte getätigt werden, und Entscheidungsmechanismen der Handelnden. Losgrößentransformation kann als Reflex auf Entscheidungsprobleme gesehen werden.

Losgrößen und Liquidität

Im Folgenden wird der Zusammenhang zwischen der Losgrößenwahl und der Liquidität von Finanzinstrumenten beleuchtet.

Was soll ein unsicherer Entscheider tun, wenn sich Entscheidungen nicht in homöopathische Dosen aufteilen oder auf mehrere Manager verlagern lassen? Was passiert, wenn in größeren Stückelungen gehandelt werden *muss*, weil eine Anlage unteilbar ist? Oder was passiert, wenn vielleicht auch in großen Losgrößen angelegt werden *soll*, weil die Chance nur einmal besteht und sie zumindest den Anschein erweckt, gut zu sein?

Insbesondere beim Verkauf geschlossener Fonds ist immer wieder zu beobachten, wie Anbieter Druck auf Kunden ausüben, sich schnell zu entscheiden. Nur innerhalb einer recht kurzen Zeitspanne wird das Emissionsfenster geöffnet, und wer nicht zeichnet, geht leer aus. Das bedeutet: man kann nicht zeitlich streuen. Dabei würde es die Unsicherheit eigentlich nahe legen, nur kleine Beträge zu investieren. Dem wird mit großen Ertragsversprechen entgegengewirkt. Man muss sich jetzt und heute entscheiden und den gesamten Anlagebetrag auf einmal investieren. Bei geschlossenen Fonds ist der Zeitdruck eine ganz wichtige Verkaufstechnik. Aber auch bei Zertifikaten, bei Hedgefonds und bei Erstemissionen von Aktien wird mit der Einmaligkeit der Chance geworben, die ein zeitliches Strecken und ein Lernen aus früheren Entscheidungen verhindert.

Eigentlich müsste man in einer solchen Situation zu gründlicheren Entscheidungsverfahren übergehen. Man müsste mehr Sorgfalt in die Abwägung investieren und nicht heuristisch auf Basis von wenigen Stichworten entscheiden. Das aber kann zeitaufwändig sein. In vielen Fällen fehlen nicht nur Fakten, sondern auch das Methodenwissen, die Fakten auszuwerten, und das kann nicht schnell erworben werden.

Kurz: es kann unmöglich sein, *vor* dem Zeitpunkt der Entscheidung eine gründliche Abwägung vorzunehmen. *Nach* der Entscheidung sieht das anders aus. Da hat man mehr Zeit. Wenn man einen Sachverhalt erst einmal als wichtig registriert hat, dann filtert die Aufmerksamkeitssteuerung des Gehirns die hereinkommenden Daten ganz anders. Es sammeln sich z.B. durch Lesen der täglichen Zeitung o.ä. im Laufe der Zeit ohne großes Zutun und bewusste Aufwendungen Informationen an, die zum Sachverhalt gehören.

Ob man diese nutzen kann, hängt von den Umständen ab: Wer ein illiquides Asset gekauft hat, der kann das erworbene „ex post"-Wissen nicht mehr verwerten. Er kann seine anfängliche heuristisch-oberflächliche Entscheidung nicht mehr korrigieren. Wer dagegen in ein liquides Asset investiert, der ist handlungsfähig und kann umschichten.

Liquidität von Produkten erscheint in diesem Zusammenhang also aus anderer Sicht. Es ist nicht nur ein Instrument, plötzlich auftretende Konsumwünsche zu befriedigen. Sondern es ist ein Instrument, die Entscheidungskosten zu verringern, indem sie von dem entscheidungstechnisch „teuren" Zeitraum vor der Entscheidung auf den entscheidungstechnisch „billigeren" Zeitraum nach der Entscheidung verlagert werden können. Dadurch können auch die Losgrößen steigen. Es gibt demnach eine Beziehung zwischen Losgröße und Liquidität, die in dem behandelten Sinne kognitiv bedingt sind.

7.3.4 Fristentransformation

Als Fristentransformation bezeichnet man es, wenn Banken mit Kapitalgebern und -nehmern Verträge mit systematisch unterschiedlichen Fristigkeiten abschließen. Zumeist sind die Fristigkeiten auf der Aktivseite länger als auf der Passivseite.

Die klassische These der Fristentransformation lautet, dass die Wünsche der Kapitalgeber und -nehmer in Bezug auf Fristen gegeben und die Menge des nachgefragten- bzw. angebotenen Kapitals eine steigende bzw. fallende Funktion zunehmender Fristen sei. In diesem „per se" gegebenen Umfeld dehnt die Bank die Kapitalvermittlung so weit aus, wie sie die Fristenmismatchrisiken mithilfe eines entsprechenden Risikomanagements noch steuern kann.

Diese These ist nun zu ergänzen um die Aspekte, welche sich durch das heuristische Entscheiden von Spezialisten und Nichtspezialisten ergeben.

Endogen und exogen bedingte Unsicherheit

Die Fristigkeiten auf der Passivseite von Bankbilanzen, die im Schnitt kürzer sind als die der Aktivseite, werden mit der Liquiditätspräferenz der Anleger begründet. Warum haben Anleger eine Liquiditätspräferenz? Als wichtiger Grund für die Liquiditätspräferenz der

Anleger wird auf die Gefahr unerwarteter Ausgaben verwiesen.[265] Da Kündigungen längerfristiger Verträge oft mit hohen Kosten verbunden sind, ist es vernünftig, wenn derjenige, der mit unerwarteten Ausgaben rechnet, gleich bei der Anlageentscheidung auf kurze Fristen setzt.[266]

Warum gibt es unerwartete Ausgaben?

Zum einen wird gesagt, es gebe eine exogen verursachte Unsicherheit, die durch keine gedankliche Leistung, wie tiefschürfend und rational diese auch immer ausfällt, verringerbar ist.

Zum anderen gibt es begrenzte kognitive Fähigkeiten, die es nicht erlauben, die Anlageentscheidungen so zu treffen, dass alle relevanten Aspekte berücksichtigt werden.

Der Wunsch nach Reversibilität und Opportunismus

Das bedeutet: Wer heuristisch entscheidet und sich der Grobheit seiner Entscheidungen bewusst ist, der wird die Möglichkeiten einkalkulieren, dass er sich bei der Entscheidung geiirt haben könnte.

Stellt sich postdecisional heraus, dass die gewählte Anlage im Lichte der – bei der Entscheidung benutzten – Heuristik besser erschien als sie im Lichte später verwendeter Heuristiken erscheint, ergibt sich der Wunsch nach *Revision* der Entscheidung. Um diese verwirklichen zu können, muss das gekaufte Produkt *liquide* sein.

Aber warum sollten sich postdecisional neue Informationen über ein gekauftes Produkt ergeben? Wie oben ausgeführt, kann die Informationsbeschaffung *vor* der Entscheidung aufwendig sein. Dies gilt insbesondere für Nichtspezialisten, weil mangels Erfahrung auf das bewusste Denkvorgänge und vielerlei Informationsaktivitäten zurückgegriffen werden muss. *Nach* der Entscheidung können auf viel „preiswertere" Weise neue Informationen hinzugewonnen werden, weil der kognitive Apparat auf Umstände hinsichtlich der Entscheidung verändert wurde: Der Aufmerksamkeitsfilter lässt andere Informationen durch. Das Gedächtnis speichert automatisch und unbewusst bekannt werdende Informationen über das gekaufte Produkt. Es reichern sich somit spezifische Informationen im Gedächtnis an.

---

[265] Tatsächlich können, wie oben schon behandelt, Versicherungsvertriebe, deren Kunden langfristige Sparpläne gekauft haben, davon berichten, dass Sparpläne oft deshalb gekündigt werden, weil größere Anschaffungen wie Häuser, Autos oder ähnliches gewünscht werden. Aber auch Wechsel im Lebensumfeld nach Scheidungen oder Arbeitslosigkeit führen zu plötzlich geänderten Einnahme- und Ausgabestrukturen.

[266] Zur Präferenz für kurze Fristen siehe Thomas Burkhardt (1997, 2000). Burkhardt thematisiert das „Früher ist Besser"-Axiom und zeigt Wege auf, Vermögen zeitpräferenzoptimal zu strukturieren.

Dass eine von einem Intermediär präsentierte Anlage zum Zeitpunkt der Entscheidung vorteilhaft *erscheint*, ist selbstverständlich, denn der Intermediär hat ein Interesse daran, die Anlage zu verkaufen. Dazu stellt er sich (als Spezialist) auf die vom Anleger verwendeten Heuristiken ein und lässt die Anlage in deren Licht vorteilhaft erscheinen. Der Anleger begreift diesen Mechanismus. Er muss Angst davor haben, dass er über die „wahren" Eigenschaften einer Anlage getäuscht wird, weil sein Gegenüber als Spezialist entscheidungsrelevante Aspekte erkannt hat, die dem Nichtspezialisten mangels Wissen und Erfahrung verborgen sind, und diesen Vorsprung zu seinem Nachteil ausnutzt.

Erwirbt der Anleger nun liquide bzw. kurzfristige Anlagen, dann kann er seine Entscheidung revidieren, wenn er später auf kritische Aspekte aufmerksam wird. Er ist den Risiken hässlicher Maßnahmen in geringerem Maße ausgesetzt. Reversibilität kann also auf die Wissensdifferenzen zwischen Spezialisten und Nichtspezialisten zurückgeführt werden.

Aber verbleibt genug Zeit, eine Anlageentscheidung zu revidieren, bevor sich die für möglich gehaltenen „hässlichen" Maßnahmen (negativ) auszuwirken beginnen? Dies hängt davon ab, welche Informationen verfügbar werden. Dazu kann der Intermediär etwas beitragen. Sein Interesse ist es, „bestätigende" Informationen bekannt werden zu lassen. In diesem Zusammenhang fällt das Stabilisieren von Kursen frisch emittierter Wertpapiere in der Emissionsphase auf. Oftmals steigen die Kurse leicht, bis die Emissionsphase beendet ist. Erst dann folgt der Absturz.[267] Der Mechanismus ist gut bekannt. Die Logik der Stabilisierung liegt (auch) darin, dass denjenigen Wirtschaftssubjekten, die gezeichnet haben und die deshalb den Markt mit einem vergleichsweise hohen Aufmerksamkeitsgrad verfolgen, in der Emissionsphase, in der die Bank verkaufen und nicht rückkaufen möchte, keine Indizien für Probleme mit der Anlage geboten werden sollen, solange die Emission noch nicht komplett verkauft ist.

Die besondere Rolle der Bankeinlagen in der Volkswirtschaft

Was bestimmt eigentlich den Preis von Liquidität? Anders formuliert: wie niedrigverzinslich können kurzfristige Bankeinlagen sein?

Banken wollen wie jeder Unternehmer billig einkaufen und teuer verkaufen. Kurzfristige Einlagen (Sichteinlagen, kündbare Spareinlagen) gehören zu den billigsten Kapitalbeschaffungsformen überhaupt. Formal sind sie kurzfristig. Aber sie prolongieren sich erfahrungsgemäß zu einem hohen Prozentsatz. Angesichts dieser Vorteile erscheint es vernünftig, wenn Banken derartige Gelder „mögen" und sie entsprechend vermarkten.

Warum aber sollten die Kunden minderverzinsliche Einlagen „mögen"? Dies kann dadurch erklärt werden, dass viele von ihnen als Nichtspezialisten über das Gesamtangebot und deren Ertragsmöglichkeiten nicht informiert sind und nicht informiert werden. Je schwerer begreifbar Alternativen sind und je undurchschaubarer Abläufe und Hintergründe erscheinen, desto attraktiver wirken die leicht begreifbaren Sicht- und Spareinlagen.

---

[267] Siehe Walther, Thießen 2008, S. 348.

Haben die Menschen die Erstentscheidung zugunsten dieser Anlageformen getroffen, dann werden sie auch nicht durch negative Erfahrungen zu einer Verhaltensänderung genötigt, weil die Einlagen tatsächlich sicher sind, die Zinsen tatsächlich pünktlich bezahlt werden. Die Nachteile einer Anlage von Kapital in kurzfristige Anlageformen ergeben sich nicht aus den Produkten an sich. Sie fallen vielmehr in Form von Opportunitätskosten an. Opportunitätskosten aber haben eine für den menschlichen kognitiven Apparat ungünstige Eigenschaft: sie entziehen sich der unmittelbaren Wahrnehmung, weil nichts passiert, was die Sinnesorgane reizen würde.

Realgüter und Opportunismus

Alternativen zur kurzfristigen Bankeinlage sind aber nicht nur andere Finanzaktiva, sondern auch Realaktiva. Allerdings gibt es auch bei Letzteren Wissensdifferenzen zwischen Spezialisten und Nichtspezialisten. Das heißt, Nichtspezialisten als Konsumenten sehen sich bei fast *jedem Gut* der Gefahr ausgesetzt, durch den Verkäufer als Spezialisten „hässlich" bedient zu werden.[268]

Eine bekannte Heuristik ist es nun, Entscheidungen zurückzustellen und sich erst gründlicher zu informieren, wenn einem etwas „nicht ganz geheuer" vorkommt. Betrifft das Zurückstellen einer Aktion die Gütermärkte, dann ergeben sich automatisch Konsequenzen für die Finanzmärkte. Denn das Guthaben, aus dem ein Güterkauf getätigt werden sollte, bleibt länger verfügbar, oder ein Kredit wird später aufgenommen.

Mit der Entscheidung, einen Güterkauf zurückzustellen und der Konsequenz, dass das Kapital auf dem Konto bei einer Bank stehen bleibt, hat der Konsument letztlich zwei Entscheidung getroffen: er hat sich *für* die Bankeinlage und *gegen* den Güterkauf entschieden.

Es fragt sich, ob diese Entscheidung vernünftig ist? Nichtspezialisten werden sowohl auf den Gütermärkten als auch auf den Finanzmärkten „hässlich" behandelt.

Nun ist das Girokonto ein leicht begreifbares Produkt, das auch mit einfachsten Heuristiken als sicher und liquide erkennbar ist. Nichtspezialisten, die aus Angst vor Übervorteilung Käufe am Gütermarkt zurückstellen und verfügbare Gelder nicht verausgaben, wählen eine Anlage, die jederzeit reversibel ist. Angesichts dieser „sicheren" Basis fragt sich: warum sollten sie sich zu einem „überstürzten" Kauf von Gütern hinreißen lassen?

---

[268] Beispiel: Ein Anbieter von Plexiglasplatten hängt seinen Produkten Zettel an, auf denen die Merkmale der jeweiligen Platte (z.B. Bruchfestigkeit, Lichtdurchlässigkeit, Haltbarkeit) und ihre Ausprägungen (z.B. 10 Jahre oder 5 Jahre Haltbarkeit etc.) beschrieben werden. Der Käufer erkennt auf diese Weise, wie vorteilhaft die Platte des Herstellers ist. Diese Offenheit wirkt vertrauensbildend. Merkwürdigerweise hat bei jedem Plattentyp der Zettel eine andere Länge. Der Grund: es werden nur jeweils die Produktmerkmale erwähnt, bei denen die Ausprägungen vorteilhaft sind. Die Merkmale mit den jeweils unvorteilhaften Ausprägungen werden gar nicht erst angesprochen.

Oder anders formuliert: Wenn Nichtspezialisten Angstheuristiken verwenden und Entscheidungen aufschieben, dann ist das nicht bei *allen* Aspekten möglich: irgendwo *ist* das Kapital, über das sie verfügen. Indem Banken mit den sicheren und liquiden Sichteinlagen und den sicheren und liquiden Spareinlagen leicht verständliche, standardisierte Produkte anbieten, die reversibel und mit Ausnahme von Ertragsverzichten mit keinen nennenswerten Kosten verbunden sind, empfehlen sie sich als „Lender of Last Resort", d.h. als Anbieter einer Sicherheit *vor Fehlentscheidungen*, die in einer hässlichen Welt durch kein anderes Produkt gewährleistet wird. Die Notwendigkeit zur Fristentransformation hat hier eine ihrer Ursachen.

Zusammenfassend kann also festgestellt werden: Die Nachfrage nach kurzfristigen Bankeinlagen ist eine Funktion der Heuristiken, die Nichtbanken auf den Finanz- und Gütermärkten benutzen. Banken haben mit der kurzfristigen Bankeinlage ein Produkt geschaffen, das auf die Heuristiken von Nichtspezialisten in dem Sinne vorteilhaft – aus Bankensicht – angepasst ist, dass die Nachteile des Produktes sich der Wahrnehmung „gut" entziehen. Kunden, die auf das Produkt gelenkt werden, machen keine direkten schlechten Erfahrungen mit dem Produkt und können deshalb nicht handlungsimmanent zu Lernprozessen gelangen, die sie zu für sie besser geeigneten Produkten führen. Die kurzfristige Einlage stellt insofern eine Art Sackgasse dar, aus welcher der Anleger nicht mehr herauskommt – es fehlen die schlechten Erfahrungen –, wenn er einmal drin ist.

Dies muss nicht negativ gemeint sein, denn mit der Sicherheit des Produktes und der jederzeitigen Verfügbarkeit gewährleistet das Produkt gerade für solche Entscheider, die sich wenig um die Rationalität ihrer Geldanlageentscheidungen kümmern wollen, wichtige vorteilhafte Eigenschaften. Indem jahrelang dieses für Nichtspezialisten gut geeignete Produkt gleichzeitig ein sehr ertragreiches Produkt für die Banken gewesen ist, hat es eine Art Interessenharmonie zwischen den Banken und ihren Kunden gegeben.

Es ist ein Unglück, dass Banken in den letzten Jahren für sie höher rentierliche Produkte zusammen mit Marketingansätzen entwickeln konnten, welche die Hürden der Misstrauensheuristiken vieler Nichtspezialisten übersprangen, ohne diese langfristig gesehen zufriedener zu stellen. Die Folgen sind katastrophal, weil die frühere Stabilität im Finanzgeschäft verloren gegangen ist. Was die Banken nicht bedachten, war, dass die Nachteile dieser Produkte selbst mit groben Heuristiken merklich sind und über Lerneffekte relativ schnell zu Reaktionen führten. Es hat sich in der Subprimekrise als ein regelrechtes Desaster ausgewirkt, dass die Banken die Ursachen der früheren Stabilität im Kundenverhalten nicht richtig einschätzten und auf ihren Kern zurückführten. Die Wahrnehmbarkeit von Nachteilen ist bei gehandelten Wertpapieren viel größer als bei Bankeinlagen, wo sie in Form wenig leicht wahrnehmbarer Opportunitätskosten anfallen, sodass es gar nicht ausbleiben kann, dass Nichtbanken reagieren.

Wenn Kunden riskantere Produkte erwerben, die sie fälschlicherweise für sicherer halten als sie es sind, wird ihr Verhalten langfristig nicht stabil sein. Sie werden ihre Heuristiken ändern. Damit entfällt die Stabilität des Kundenverhaltens, auf die sich Banken verlassen, wenn sie Transformationsleistungen erbringen. Die Banken haben sich den Ast abgesägt, auf dem sie saßen.

7.3.5 Zusammenfassung

Es wurde gezeigt, dass sich Nichtspezialisten nicht nur durch Wahl geeigneter schneller Entscheidungsheuristiken bei ihren Entscheidungsproblemen helfen. Sie passen quasi ihr ganzes Leben an ihre Entscheidungsfähigkeiten an. Sie kaufen häufig und in kleinen Portionen. Sie setzen nicht alles auf eine Karte. Sie schauen, was andere machen und sprechen mit anderen über Probleme des täglichen Lebens. Sie achten darauf, Entscheidungen revidieren zu können und bevorzugen sichere Produkte, um die Evaluation von Risiken zu ersparen.

Dies vorausgeschickt lassen sich wichtige Elemente des Finanzwesens (d.h. des äußeren Rings des Finanzmarktmodells), wie Diversifikation, Liquidität, Losgrößen-, Fristen-, und Risikotransformation auf das Entscheidungsverhalten der Nichtspezialisten zurückführen. Das Ausmaß an Transformation, an nachgefragter Liquidität und Diversifikation etc. ist eine Funktion der Wahrnehmung und der Heuristiken der Bankkunden bei Vertragsschließung. Das bedeutet, dass auch die Institutionen, die notwendig sind, um Liquidität und Diversifikation, um Losgrößen-, Fristen- und Risikotransformationen zu ermöglichen, ebenfalls indirekte Konsequenzen der Entscheidungsfähigkeit der Nichtspezialisten darstellen.

Der Weg, über den diese zentralen Institutionen der Finanzmärkte in dieser Arbeit mit den kognitiven Fähigkeiten der Menschen verbunden wurden, verläuft über die aus den kognitiven Fähigkeiten ableitbare Vorteilhaftigkeit der Arbeitsteilung, die zur Herausbildung von Spezialisten und Nichtspezialisten führt und die Notwendigkeit zum Tausch nach sich zieht, sowie die aus den kognitiven Fähigkeiten resultierende Nutzung von Heuristiken, was alles zusammen zur ständigen Bedrohung der Nichtspezialisten durch opportunistisches Agieren der Spezialisten führt und eine Fülle von Abwehrmaßnahmen auslöst, welche das Aussehen vieler Institutionen moderner Marktwirtschaften maßgeblich mitbestimmen.

8 Finanzmarktmodelle im Lichte der Biologie

Mit dem letzten Kapitel wurde das vorliegende Buch „eigentlich" abgeschlossen. Es wurde versucht, neuere biologische Erkenntnisse über die menschlichen kognitiven Fähigkeiten auf ihre ökonomischen Implikationen hin zu untersuchen. Ergebnis ist, dass man zur Erklärung von quasi allen wichtigen Institutionen der Finanzmärkte etwas hinzufügen muss. Daraus lässt sich der Schluss ziehen, dass die Konsequenzen des menschlichen kognitiven Apparates, so wie ihn die Biologen in den letzten Jahren entwickelt haben, bisher unterschätzt wurden.

Tatsache ist, dass sich die Wirtschaftswissenschaften seit langem bemühen, realistische Menschenbilder in ihre Modelle einfließen zu lassen. Gleichwohl wurde vielen Modellen mangelnde Realitätsnähe der Annahmen vorgeworfen. Seit der Erfindung des Homo oeconomicus gelten die Wirtschaftswissenschaften als kalt und unmenschlich. Im schlimmsten Fall wird ihnen jede Lösungskompetenz für Fragen menschlichen Verhaltens bestritten.

Tatsächlich haben viele Autoren sich zwar bemüht, immer realistischer zu werden, diese Bemühungen aber nicht auf die Spitze getrieben. Pareto schrieb z.B.: „Pure political economy [d.h. die Ökonomik] has therefore a great interest in relying as little as possible on the domain of psychology."[269] Ross erklärte: „We will not treat the bargaining problem explicitly".[270] Dasselbe gilt für Markowitz: „I will not pursue this subject here, for this is 'another story'".[271] Adam Smith erkennt zwar Probleme: „It is not easy to find [the fair price]", vertieft den Aspekte aber nicht und gibt sich mit einer „rough equality"[272] zufrieden. Dasselbe gilt für Edgeworth. Marshall schreibt, wie Edgeworth diverse Probleme menschlichen Verhaltens zwar erkannte: „He deduces a list of cases in which the terms of contract are unstable or indeterminate ... He argues ... the terms depend to a great extent upon the advantageous position with regard to bargaining, and the skill in bargaining, of the several parties concerned"[273], um dann aber diese Probleme nicht in seine Gleichungssysteme zu integrieren.[274] Man erkennt, wie berühmte Ökonomen ganz bewusst Aspekte menschlichen Verhaltens ausblenden.

---

[269] Vilfredo Pareto zitiert nach Bruni, Sugden 2007, S. 154.

[270] Ross 1973, S. 134.

[271] Markowitz 1952, S. 91.

[272] Adam Smith 1776, 1993, S. 37.

[273] Marshall 1881, S. 457.

[274] Marshall 1881, S. 457.

Einige berühmte Konzepte der Ökonomik sollen im letzten und abschließenden Teil dieser Arbeit beleuchtet werden. Es interessiert die Frage, welchen Weg zur realistischen Modellierung menschlichen Verhaltens die Ansätze genommen haben. Darüber hinaus interessiert, warum sie jeweils auf einem bestimmten Realitätsgrad stehen geblieben sind und die Bemühungen, immer realistischer zu werden, in einigen Fällen nicht fortgesetzt haben.

Begonnen wird mit der Neoklassik. Anschließend werden die Portfoliotheorie von Harry Markowitz, der Prinzipal-Agenten-Ansatz von Ross und der Behavioral-Finance-Ansatz von Kahneman, Tversky und Thaler beleuchtet. Schließlich wird Herbert Simons Ansatz sowie die Theorie der Bounded Rationality behandelt. Einige Gedanken zu den Marketingwissenschaften beenden das Kapitel.

8.1 Die Theorie der Neoklassiker

Kaum eine Forschungsrichtung scheint weiter von der realistischen Modellierung menschlicher Akteure im Wirtschaftsgeschehen entfernt zu sein als die Neoklassik. Zwar hat einer der berühmtesten Neoklassiker, Alfred Marshall, geäußert, dass man die Ökonomik durchaus auch als Teildisziplin der Biologie ansehen könnte.[275] Aber der Neoklassik zugeschriebene Annahmen wie kostenlose Informationen, umfassende Informiertheit und unbegrenzte Verarbeitungsfähigkeit von Informationen scheinen mit den Bedingungen der Realität doch eher vollkommen zu kontrastieren. Mäße man die Wertigkeit von Theorien an der Realitätsnähe der Annahmen, müsste man die Neoklassik sofort verwerfen. Dabei hat diese Richtung einige der erfolgreichsten Modelle der Ökonomik hervorgebracht und das Wissen über ökonomische Zusammenhänge enorm geschärft.

Wenn man den Erfolg der Neoklassik verstehen will, empfiehlt es sich, zwischen zwei Arten von Theorien zu unterscheiden: Theorien, die nur mittelbar anwendungsgeeignete Implikationen enthalten, und Theorien, die unmittelbar anwendungsbezogene Implikationen ermöglichen.

Die State-Preference-Theorie ist eine wissenschaftlich beeindruckende Gleichgewichtstheorie und hat enorm viel angestoßen und beeinflusst. Unmittelbar praktisch brauchbar sind die durch sie bekannt gewordenen Zusammenhänge nicht. Das Capital-Asset-Pricing-Modell ist ebenfalls eine beeindruckende Gleichgewichtstheorie. Es hat praxisbrauchbare Komponenten wie die Wertpapiergleichung mit dem leicht errechenbaren Risikofaktor Beta. Heute kennen viel mehr Akademiker und Praktiker das CAPM als die State-Preference-Theorie.

---

[275] Vgl. Alfred Marshall 1890, S. 637.

Greift man den Aspekt *praktischer Anwendung* heraus, dann muss man für die Finanzwirtschaft feststellen: Nicht die neoklassischen Modelle insgesamt sind erfolgreich, sondern einzelne Elemente. Teils treten diese erfolgreichen Elemente in der Praxis herausgerissen aus Zusammenhängen auf.[276]

Das Rechnen mit Barwerten hat im Rahmen der Optionspreistheorien und in Kombination mit der Wertpapiergleichung des CAPM anhaltenden praktischen Erfolg, während es in vielen anderen Bereichen durch Multiplikatorformeln ersetzt wurde. Vom CAPM ist das Marktportfolio gescheitert, während die Wertpapiergleichung Verwendung findet. Die auf Kovarianzen basierende Portfoliotheorie von Markowitz erfreut sich großer praktischer Relevanz, hat aber die naive Diversifikation oder die Orientierung an Indizes, die weder naiv zusammengestellt sind, noch sich an Kovarianzen orientieren, nicht verdrängt.

Wie kann man die Wertpapiergleichung verwenden, das Marktportfolio aber nicht beachten? Wie kann man die Portfoliotheorie von Markowitz propagieren, gleichzeitig aber Indizes aufbauen, die nicht die bestkorrelierenden Assets enthalten? Wie kann man dem einen Kunden ein nach dem „Nobelpreisträger Harry M. Markowitz" optimiertes Portfolio empfehlen, dem anderen ein DAX-Portfolio verkaufen? Wie kann man bei der Unternehmensbewertung die Barwertformel durch die Multiplikatorformel ersetzen, im Optionshandel aber uneingeschränkt verwenden?

Der unterschiedliche praktische Erfolg einzelner Elemente von neoklassischen Theorien bzw. von Theorien in neoklassischer Tradition hat etwas mit der beschränkten kognitiven Leistungsfähigkeit von Entscheidern zu tun. Theorien sind dort (in der Praxis) erfolgreich, wo sie Lösungen für Probleme bereithalten. Und dies sind die Probleme kognitiv beschränkter Entscheider. Für kognitiv beschränkte Entscheider sind auch aus dem Kontext herausgelöste einzelne Formeln oder Gedankengänge interessant.

Was ist die Neoklassik?

Die erste Hälfte des 19. Jahrhunderts war in vielen Ländern Europas mit gesellschaftlichen und ökonomischen Turbulenzen verbunden. Diese führten zu einem Verblassen der Ideen des optimistischen Liberalismus des ausgehenden 18. Jahrhunderts und zu einem Aufblühen verschiedenster gedanklicher Strömungen wie den romantisch-archaischen Lebensvorstellungen des frühen und späten utopischen Sozialismus, dem Kommunismus oder dem Malthusianismus. In den letzten Dekaden des 19. Jahrhunderts kam es zu einer Rückbesinnung auf Ideen des Liberalismus, welche das geistige Leben in Europa und den USA zu dominieren begannen. Die wirtschaftliche Entwicklung hatte im Verlauf der zweiten Hälfte des Jahrhunderts einen ganz anderen Verlauf genommen, als es Sozialismus und Kommunismus vorhergesagt hatten. Der Hunger verschwand, die Produktivität kletterte enorm und anhaltend, die Geburtenzuwachsraten nahmen ab. Reallohnsätze erhöhten sich. Kapitalrenditen blieben positiv und sanken nicht wie vorhergesagt. Der Wohlstand

---

[276] Siehe Frankfurter 1995, S. 117f.

stieg und erfasste mehr und mehr Bevölkerungsgruppen. Das Ausbleiben zwangsläufiger Klassenkonflikte führte zu einem neuen Zutrauen in eine grundsätzlich harmonische Wirtschaftsentwicklung, wie sie von Klassikern wie Smith entworfen worden waren. Es entstand oder wiederbelebte sich das Bild der *„good society of free individuals"*.[277]

Allerdings war bzw. wurde es immer schwieriger, das Bild dieser *„good society"* gesamthaft zu erfassen, denn nicht nur in der Wirtschaft, auch in den Wissenschaften kam es zu einer Aufspaltung und immer weitergehenden Spezialisierung der Teildisziplinen. Politische und ökonomische Gesichtsweisen wurden zunehmend getrennt erforscht.[278] Aus der Wissenschaft der „Political Economy" wurde diejenige der „Economics", und letztere begann, sich darauf zu konzentrieren, die Beziehungen wichtiger Elemente einer von politischen und sonstigen Einflüssen freien, insofern „rein ökonomischen", wettbewerblichen Wirtschaft rigoros abzuleiten.[279]

Vorreiter der Ideen, die in der Neoklassik zur vollen Blüte gelangten, gab es. Sie hießen von Thünen, Gossen oder Cournot u.v.a. Aber sie waren Vorläufer. Mit Jevons und Marshall in England, Menger in Österreich und Walras in der Schweiz begann dann 1870/71 eine Entwicklung, die als Neoklassik die gesamte Profession der Wirtschaftswissenschaften erfasste. Später traten von Böhm-Bawerk, Wieser, Pareto, Wicksell u.a. hinzu. Es lassen sich sechs große Gruppen von Neoklassikern unterscheiden.[280] Dazu gehören die schon erwähnten Wiener und Lausanner Schulen, die Briten, der Italiener Pareto, die Skandinavische Gruppe um Wicksell und Cassel sowie eine Gruppe versprengter Forscher in den USA (Clark, Fetter, Carver, Davenport), die sich an europäische Ideen anlehnten.

Einzelne Schriften der Neoklassiker verbreiteten sich nur langsam, denn sie waren *„fully mathematical in substance and expression."*[281] Die Neoklassiker – wie wir sie heute nennen – lehnten die Ricardianische und Millsche Sicht der Ökonomie ab. Der Unterschied lag auch in der Art der Darstellung: *„The Ricardian-classical theoretical analysis of economics, which had achieved little more than a relatively clear and systematic formulation of common sense ideas about the subject"* wurde ersetzt durch eine *„more fully precise and rigorous, thorough, penetrating, and logically unified"*[282] Analysetechnik. Es war nicht so, dass die Neoklassiker Erkenntnisse gewannen, die niemand vor ihnen gehabt hatte. Für aufmerksame Beobachter mit ihren Erfahrungen mag vieles nicht überraschend gewesen sein. Aber für Menschen, die ihre volle Aufmerksamkeit nicht den ökonomischen Zusammenhängen widmeten, ergaben sie neue Erkenntnisse.

---

[277] Taylor 1960, S. 313.

[278] Taylor 1960, S. 319.

[279] Taylor 1960, S. 319.

[280] Taylor 1960, S. 324.

[281] Taylor 1960, S. 324.

[282] Taylor 1960, S. 326.

Die Innovation der Neoklassik relativ zur Ricardianischen Theorie wurde in zwei Dingen gesehen: Herausragendes erstes Merkmal dieser Richtung war die Einführung einer Nutzenfunktion, die Grenznutzenlehre des Wertes, d.h. die stringente Fundierung der ökonomischen Analyse auf dem Nutzen, den Motiven, den Gefühlen der handelnden Individuen. Die ökonomische Analyse fußte erstmals systematisch auf den psychologischen Wurzeln des Handelns von Menschen. Zum zweiten war die Neoklassik „mathematisch" in der Sprache, in ihrer Konzeption und logischen Natur.[283] Autoren wie Marshall waren erstklassige Mathematiker, dachten mathematisch und drückten ihre Erkenntnisse mathematisch aus.

Und nun passierte etwas Neues: Die neuen Techniken der Analyse wirtschaftlicher Zusammenhänge brachte nicht nur Vorteile. Mit den rigoroseren Analysemethoden der Neoklassiker, der akkuraten Ableitung von Folgen gewählter Annahmen, wurden die Ergebnisse weniger anschaulich als sie es bei dem mehr intuitiven System von Ricardo und anderen Klassikern gewesen waren. Mit einfachen Grafiken, Bildern von Angebots-, Nachfrage- oder Kostenkurven mussten wenigstens die wichtigsten Elemente verdeutlicht werden. Autoren wie Marshall „mussten" der Verständlichkeit wegen ihre im Wesentlichen mathematisch erdachten Modelle verbal beschreiben.

Verbunden mit der neuen Analysetechnik war das Phänomen eines nachlassenden Interesses, eine *„realistic vision of the real world"*[284] zu entwickeln. Es kam zu einer zunehmenden Konzentration auf Fragen des „Wertes" und der „Verteilung".[285] Der Preis von Gütern in Form ihres relativen Wertes wurde zum Angelpunkt der Analyse. Der Aggreation von Ergebnissen auf die Makroebene wurde weniger Raum gewidmet. Schließlich gesellte sich zu diesen Einseitigkeiten das Fehlen einer wirklich empirischen Fundierung von Annahmen und Zusammenhängen, sodass unrealistische Elemente der Analysen nicht ausgemerzt wurden.[286] Taylor weist auf den Umstand hin, dass Wissenschaftler, die sowohl gute Ökonomen als auch gute Mathematiker sind, selten seien, sodass es unter den Neoklassikern auch viele gab, die allein von ihrem Können her mehr in den Modellen und quantitativ abbildbaren Größen verhaftet blieben als in der Frage einer Erklärung der realen Welt. Die Konzentration auf bestimmte mathematisch leichter handhabbare Zusammenhänge wurde später für einen *„radical and tragic error"* gehalten.[287] Douglass North kommentierte: „*Formal economic theory has become increasingly mathematical, elegant, and precise. It also increasingly has failed to confront the economic problems of society. … It* [die neoklassische Theorie] *is a frictionless theory in a world in which the frictions are where the action is ….*"[288]

---

[283] Taylor 1960, S. 327.

[284] Taylor 1960, S. 327.

[285] Tayler 1960, S. 327, spricht von einer „*increased and excessive concentration on just ‚value' and 'distribution'.*"

[286] Taylor 1960, S. 326.

[287] Taylor 1960, S. 331.

[288] North, 1995, S. 1.

Am Beispiel der impliziten Verhaltensannahmen kann gezeigt werden, wie weit sich die Neoklassik von der Realität entfernte. Zunächst war das Rationalverhalten der Wirtschaftssubjekte eine Annahme in den Modellen, die benötigt wurde, um zu Lösungen zu gelangen. Das Rationalverhalten war insoweit nicht mehr als ein „konstruiertes" Gebilde ohne Anspruch auf wirkliche Realitätsnähe. Dann erfuhr das angenommene Rationalverhalten aber auch eine Bedeutungszunahme, indem es mehr und mehr als ein Ideal betrachtet wurde.[289] Damit hatten sie aber den Bogen ihrer eigenen Analyse überspannt. Denn weder im normativen noch im positiven Sinne hatten die Neoklassiker das Notwendige erledigt. Der Positivist „*needs to make real psychological studies*" und der normative Wohlfahrtsökonom „*needs to work out real, reflective, and consistent ‚value-judgements'*"[290]. Beides hatten die Neoklassiker unterlassen. Sie waren bei der *Einführung* des Kalkulierens mit Konsumentenwüschen stehen geblieben und mussten die logische Unangreifbarkeit ihres brillanten Analysesystems mit der der Mathematik innewohnenden „*empirical (experimental) emptiness*"[291] bezahlen. Antworten auf Fragen zur realen Welt musste man außerhalb des stringenten Systems suchen.

Die Grenzen ihrer Untersuchungen sind von den Neoklassikern durchaus gesehen worden. Edgeworth, einer der ganz großen Neoklassiker, hatte in seinen „Mathematical Psychics" die Anwendungsgebiete seiner Gleichungen vielfach eingeschränkt.[292] Interessant ist, dass Edgeworth genau wie Smith gesehen hatte, dass angesichts der komplizierten Welt die Verhandlungen um Güter und das Finden von Preisen Probleme darstellen und die Lösungen von dem abweichen können, was die Formeln, die Edgeworth erfand, nahelegen. Marshall kommentierte: „*He deduces a list of cases in which the terms of contract are unstable or indeterminate. ... He argues ... the terms depend to a great extent upon the advantageous position with regard to bargaining, and the skill in bargaining, of the several parties concerned.*"[293] Edgeworth hat also Marshall zufolge die Bedeutung weiterer Faktoren insbesondere des Verhandelns um Güter und der dahinterliegenden Ursachen erkannt. Er hat diese Faktoren aber nicht in seine Gleichungssysteme integriert.

Einen anderen Weg beschritt einer der berühmtesten Neoklassiker, nämlich Vilfredo Pareto. Er betrieb die Abkehr von einer Betrachtung der „psychological backgrounds" des ökonomischen Verhaltens von Wirtschaftssubjekten und die Hinwendung zur „reinen Logik" in seinem späten Werk ganz bewusst. Pareto hatte in seinen späteren Schriften versucht, die Ökonomische Theorie als etwas grundsätzlich Eigenständiges zu propagieren. Dazu wollte er sie von ihren psychologischen Wurzeln (und damit von der sich um die Jahrhundertwende festigenden Psychologie) abkoppeln. Die Neoklassiker waren nicht

---

[289] Taylor 1960, S. 333.

[290] Beide Zitate Taylor 1960, S. 333.

[291] Ebenda.

[292] Edgeworth 1881, z.B. S. 266ff.

[293] Marshall 1881, S. 457, siehe auch http://homepage.newschool.edu/het//texts/marshall/marshedgew81.htm (Zugriff 20.3.2009).

die einzigen, die sich mit dem tatsächlichen Verhalten der Menschen befassten. Fechners Buch von 1860 „*Elemente der Psychophysik*" gilt als Geburt der Wissenschaft der Psychologie. 1874 hatte Wundt sein einflussreiches Buch „*Grundzüge der physiologischen Psychologie*" geschrieben, und gerade zu dieser Zeit versuchten die Neoklassiker Elemente der Verhaltensforschung in ökonomische Theorien zu integrieren. Die Werke von Fechner, Weber, Wundt und anderen waren ihnen gut bekannt. Edgeworth überschrieb ein Buch „*Mathematical Psychics*". Anfänglich mussten sich die Neoklassiker nicht auf andere Wissenschaften stützen, um zu „psychophysischen" Aussagen zu gelangen, denn die überwiegende Methode, zu Erkenntnissen über menschliches Verhalten zu gelangen, war in der zweiten Hälfte des 19. Jahrhunderts die Selbstbeobachtung, d.h. eine Methode, die auf keiner anderen Wissenschaft fußte. Formulierungen wie „*it is but too well known*"[294] zeigen, wie Verhaltensannahmen begründet wurde. Anfang des 20. Jahrhunderts war mit diesen rudimentär fundierten Bemühungen aber endgültig Schluss. Die Psychologie war zu einer richtigen Wissenschaft geworden, und Erkenntnisse über menschliches Verhalten konnten nicht mehr aus bloßen Selbstbetrachtungen gewonnen werden. Aus welchen Gründen es Pareto für wichtig hielt, die Ökonomik zu einer eigenständigen Wissenschaft machen zu wollen, ist nicht bekannt. Aber in einem Brief an Adrien Naville schrieb er 1897: „*Pure political economy has therefore a great interest in relying as little as possible on the domain of psychology.*"[295]

Aber wie schaffte es Pareto, die Ökonomik von ihren verhaltenswissenschaftlichen Grundlagen abzukoppeln? Es war ja gerade die Leistung der Neoklassiker gewesen, diese Verbindung herzustellen! Er verwendete ein Argument aus der Verhaltensforschung. Das heißt, Pareto kappte die verhaltenswissenschaftlichen Grundlagen mit einem verhaltenswissenschaftlichen Argument. Dazu nutzte er das Instrument der *Erfahrung*. „*The entire [economic] theory ... rests on no more than a fact of experience.*"[296] Mittels der Erfahrung hoffte er, die Psychologie ausschalten zu können. Die Idee dahinter war, dass Menschen, die etwas immer wieder wiederholen, die Gesamtzusammenhänge erkennen und ihre Aktionen damit letztlich auf die objektiv gegebenen Fakten stützen und nicht auf ihre „psychologisch" bedingte verzerrte Wahrnehmung derselben. Das „Psychologische" wurde auf diese Weise entbehrlich. Es brauchte von den Ökonomen nicht mehr betrachtet zu werden. Bruni und Sugden beleuchten die Konsequenzen dieses Schrittes: „*He [Pareto] restricts the domain of economic theory to situations in which individuals have had adequate opportunities for learning the consequences of alternative actions.*"[297] Die Erklärungskraft der Neoklassik schrumpfte auf einen kleinen Bereich des ökonomischen Kosmos, eben auf Situationen, die

---

[294] Jevons 1871, der sich auf Beobachtungen von Jennings 1855, stützt. Zitiert nach Bruni, Sugden 2007, S. 150.

[295] Vilfredo Pareto zitiert nach Bruni, Sugden 2007, S. 154. In diesem Brief begründet Pareto: „It is an empirical fact, that the natural sciences have progressed only when they have taken secondary principles as their point of departure, instead of trying to discover the essence of things." ebenda.

[296] Pareto 1909, 1971, Kapitel 3, § 36b, zitiert nach Bruni, Sugden 2007, S. 155.

[297] Bruni, Sugden 2007, S. 156.

ausreichend häufig gelernt wurden.[298] Viele Ökonomen „vergaßen" aber später, wie der Verzicht auf das „Psychologische" erkauft worden war, und wandten neoklassisch abgeleitete Lehrsätze auch anderswo an.

Zusammengefasst ergibt sich: Keine Frage, die Einführung der Konsumenten mit ihren Wünschen und Bewertungen in die ökonomische Analyse ist eine enorme Leistung der Neoklassik. Dasselbe gilt für die Einführung der Mathematik. Diese erlaubte es, mit nie gekannter Präzision Erkenntnisse über Zusammenhänge in den (mit den Nutzenüberlegungen) immer komplexer werdenden ökonomischen Kosmos zu gewinnen. Aber wie gezeigt, koppelten sich die Neoklassiker von der immer tieferen Erforschung der menschlichen Verhaltensweisen und deren Integrierung in ihre Modelle ab. Trotzdem gelang es im 20. Jahrhundert Wissenschaftlern mit Modellen, die in mancher Hinsicht in neoklassischer Tradition standen, enorme Erfolge zu erzielen.

8.2 Portfoliotheorie von Harry Markowitz

Die Portfoliotheorie von Markowitz wird heute oft wegen ihres Nutzenmaximierungskalküls und fehlender Transaktionskosten in die neoklassische Tradition eingeordnet. Dabei darf man Markowitz aber eine unkritische Nähe zum Homo oeconomicus nicht vorwerfen. Während heute die Portfoliotheorie von Markowitz in keiner Weise mit der Frage begrenzter kognitiver Fähigkeiten von Entscheidern in Verbindung gebracht wird, erscheint dies in anderem Licht, wenn man Markowitz berühmten Artikel von 1952 liest. Markowitz suchte eine Regel, die das tatsächliche Verhalten der Menschen besser beschrieb als Regeln für die Wertpapierauswahl, die zu seiner Zeit vorgeschlagen wurden. Er bemühte sich auch, Vorschläge zu machen, welche die Anwendung seiner Formeln im praktischen Leben ermöglichten. Er setzt sich mit dem *„judgement of practical men"* auseinander.

In „Portfolio Selection" bezweifelt der Autor zunächst, dass die bis dahin gültige Regel der Wissenschaft, Entscheidungen nach dem *„discounted value of expected future returns"* zu treffen, korrekt sei.[299] Nach dieser Regel würden selten diversifizierte Portfolios gehalten werden dürfen.[300] Die Praxis zeige aber, dass Diversifikation die Regel sei,[301] sodass *„a rule*

---

[298] Bruni, Sugden 2007, S. 156.

[299] Markowitz 1952, S. 77.

[300] Üblich war zu Markowitz Zeit die eher pragmatische Portfoliooptimierung unter Nutzung des Barwertkonzeptes und des Gesetzes der großen Zahl: Markowitz zitiert eine Quelle aus dem Jahr 1938, was belegt, dass diese Idee schon damals sehr alt und damit wahrscheinlich weit verbreitet war. Von dieser Regel geht er aus und verbessert die damit erreichte Entscheidungsqualität, indem er den Faktor Sigma hinzufügt. *„There is a rule which implies both that the investor should diversify and that he should maximize expected return. The rule states that the investor does (or should) diversify his funds among all those securities, which give maximum expected return. The law of large numbers will insure that the actual yield of the portfolio will be almost the same as the expected yield."* Markowitz 1952, S. 79.

of behavior which does not imply the superiority of diversification must be rejected both as a hypothesis and as a maxim."[302] Markowitz gelingt es, mithilfe der Faktoren Varianz und Kovarianz unter Beibehaltung des DCF-Verfahrens eine Regel zu entwickeln, welche die Überlegenheit diversifizierter Portfolios zeigt. Er entwickelt nicht nur diese Regel, sondern beweist auch ihre Überlegenheit in einem Modellkontext.

Die von Markowitz entwickelte Regel ist bekannt. Aber wie hat sich Markowitz mit den *praktischen* Problemen der Umsetzung seiner Regel durch Entscheider mit begrenzten kognitiven Fähigkeiten auseinandergesetzt? Markowitz selbst sieht, dass in dieser Frage ein Problem steckt, das er nur ansatzweise behandeln möchte, und formuliert den praktischen Nutzen seines Konzeptes deshalb zunächst sehr vorsichtig: *„The calculation of efficient surfaces* [d.h. μ_i-σ_{ij}-Kombinationen; Effizienzlinie] *might possibly be of practical use."*[303]

Dann aber skizziert Markowitz doch Vorschläge, wie eine praktische Anwendung seiner Ideen aussehen könnte. Er beschreibt die Portfoliooptimierung nicht als einen mathematischen Optimierungsprozess im klinisch reinen Niemandsland eines Modells, sondern als ganz konkreten realen Prozess, der von der Datenbeschaffung über die Meinungsbildung bis zu den eigentlichen Wertpapiertransaktionen reicht. Dieser Prozess besteht aus zwei Stufen, welche die Meinungsbildung (1. Stufe) und die Optimierungsrechnung (2. Stufe) umfassen: *„The first stage starts with observation and experience and ends with beliefs about the future performances of available securities .... The second stage starts with the relevant beliefs about future performances and ends with the choice of the portfolio."*[304] Man beachte, dass Markowitz hier von Beobachtung (observation), Erfahrung (experience) und Vermutung (belief) spricht, die den ersten Teil der zweistufigen Portfoliobildung kennzeichnen. Aber für diese Größen interessiert er sich letztlich nicht besonders, denn etwas später konzediert er: *„In this paper we have not considered the first stage."*[305] Und: *„I will not pursue this subject here, for this is 'another story'."*[306]

Aber er macht am Ende seines Beitrags Vorschläge, wie er glaubt, dass die erste Stufe ganz praktisch abgewickelt werden könnte: *„These procedures, I believe, should combine statistical computations and the judgement of practical men. My feeling is that the statistical computations should be used to arrive at tentative set of μ_i and σ_{ij}. Judgment should then be used in increasing or decreasing some of these μ_i and σ_{ij} on the basis of factors or nuances not taken into account by the formal computations. Using this revised set of μ_i and σ_{ij}, the set of efficient E, V combinations could be computed, the investor could select the combination he preferred, and the portfolio which gave rise to this E, V combination could be found. One suggestion as to tentative μ_i, σ_{ij} is to use the ob-*

---

[301] Ebenda.
[302] Ebenda.
[303] Markowitz 1952, S. 82.
[304] Markowitz 1952, S. 77.
[305] Markowitz 1952, S. 91.
[306] Markowitz 1952, S. 91.

served μ_i, σ_{ij} *for some period in the past. I believe that better methods, which take into account more information, can be found."*[307] Und an anderer Stelle: *„Perhaps there are ways, by combining statistical techniques and the judgment of experts, to form reasonable probability beliefs* (μ_i, σ_{ij})*."*[308] Markowitz zeigt hier, wie die schwierige Schätzung der Parameter geschehen könnte.

Diese Vorschläge sind deshalb so bemerkenswert, weil sie relativ genau das Verfahren beschreiben, mit dem bis heute, die notwendigen Inputdaten von den Experten geschätzt werden. Aber was Markowitz nicht betrachtete, war, dass diese Experten keine unverzerrten Schätzer ihrer Ansichten wiedergeben, sondern sich auf der Suche nach ihrer Nische befinden und „hässliche" Abwandlungen verkünden. Dies hat sich hinreichend oft gezeigt.

Markowitz selbst sieht also, dass sein Vorschlag – wenn man ihn als Ratschlag für die Praxis interpretiert – wichtige Restriktionen, die reale Menschen haben, außer Acht lässt und insofern unvollständig ist. Er stellt sein Modell aber – von vielen unbeachtet – nur als ein „Verbesserungsmodell" eines zum damaligen Zeitpunkt üblichen Entscheidungsverfahrens vor. So gesehen kann man Markowitz Vorschlag geradezu als Heuristik bezeichnen, welche eine bis dahin verwendete (leistungsschwächere) Heuristik ablöste. Es ist vermutlich die erfolgreichste von einem Wissenschaftler ausgedachte Heuristik des 20. Jahrhunderts. Die bahnbrechenden Erfolge späterer Jahre in der Praxis sind der Beweis, dass sich die Formel für Menschen mit ihren begrenzten kognitiven Fähigkeiten eignet.[309]

Zusammenfassend kann man sagen, dass Markowitz mit einem praktischen Problem begann und mit Spekulationen über praktische Umsetzungsmöglichkeiten seines Vorschlags endete. Sein Hauptaugenmerk richtet er dann aber auf den theoretischen Beweis, dass die von ihm entwickelte Lösung auch wirklich eine optimale Lösung darstellt. Diesen Beweis erbringt er nicht für die reale Welt – das ist per se unmöglich –, sondern für eine Modellwelt, in der er viele reale Probleme ausblendete. Er überlässt es seinen Nachfolgern, den *„first stage"*, wie er es nennt, zu erforschen. So richtig ist es bis heute dazu nicht gekommen.

---

[307] Markowitz 1952, S. 91.

[308] Markowitz 1952, S. 82.

[309] Allerdings hat sich auch gezeigt, dass das Nichtbetrachten der Schwächen der Regel im praktischen Umgang zu vielen Fehlentscheidungen führte. Aus den vielen Kritiken sei nur die von Roll zitiert: *„When inputs are measured with error, the errors are likely to be magnified in an „optimization". This can be taught easy with simulation, and gives the student an insight as when portfolio theory is highly useful and when it may lead to significant errors of judgement"*; Roll 1994, S. 73.

8.3 Die Principal-Agenten-Theorie

Etwa zu dem Zeitpunkt als das CAPM auf gutem Wege war, zu einer der ganz großen Theorien der Finanzwirtschaft zu werden, entwickelt sich ein anderer Ansatz, der später nicht minder bedeutend werden sollte: die Prinzipal-Agenten-Theorie. S.A. Ross stellte in einem Aufsatz 1973[310] das Problem eines Wirtschaftssubjekts (Prinzipal) vor, der nicht alle zu einem Vorgang gehörenden Entscheidungen selbst trifft, sondern sie an eine Person delegiert (Agent). „*We will say that an agency relationship has arisen between two (ore more) parties when one, designated as the agent, acts on behalf of, or as representative for the other, designated the principal, in a particular domain of decision problem.*"[311] Ist der Prinzipal nicht über alle Dinge informiert, die die Arbeit des Agenten betreffen und handelt der Agent eigeninteressiert, dann stellen sich Probleme ein, die ökonomisch höchst bedeutsam sind, bis dahin aber nicht untersucht worden waren.

Das von Ross aufgeworfene Problem erwies sich als ausgesprochen fruchtbar, denn es stellte sich schnell heraus, dass der Typus nicht nur bei der von Ross behandelten Agency – einem speziellen angelsächsischen Rechtsinstitut mit Nähe zur Treuhandbeziehung – sondern generell im Finanzbereich anzutreffen ist: Man stellte fest, dass derjenige, dem das Geld des Vermögensbesitzers anvertraut wurde, viel mehr Entscheidungsmöglichkeiten hat als bis dahin angenommen. Daraus ergeben sich Rückwirkungen auf das Verhalten des Kapitalgebers.[312] Wie umfassend das Problem später gesehen wurde, belegt die extrem breite Definition von Pratt und Zeckhauser: „*Whenever one individual depends on the action of another, an agency relationship arises.*"[313] Wenn man bedenkt, dass moderne Marktwirtschaften in hohem Maße arbeitsteilig organisiert sind, und weiter berücksichtigt, dass Anthropologen heute der Meinung sind, dass der Mensch auf sich allein gestellt nicht überlebensfähig ist, sondern auf die Gruppe angewiesen ist, dann muss man konstatieren, dass Ross das vielleicht zentrale Problem der Menschheit aufgegriffen hat.

Ross selbst hat die Breite seines Problems erkannt; er schreibt: „*Examples of agency are universal*".[314] Ross bezieht Fälle aus so unterschiedlichen Gebieten wie dem Arbeitsleben oder dem Verhältnis des Staates zu seinen Bürgern ein. Ja, er erweitert: „*Essentially all contractual arrangements … contain important elements of agency.*"[315]

Nun kann man annehmen, dass ein derart breites und umfassendes Problemfeld auch breit und umfassend analysiert würde. Dies passiert aber nicht. So ähnlich wie es 20 Jahre vor ihm Markowitz getan hat, wendet sich Ross ab von den praktischen Problemen seines

---

[310] Ross 1973, S. 134ff.

[311] Ross 1973, S. 134.

[312] Siehe z.B. Neus 1989.

[313] Pratt, Zeckhauser 1985, S. 2.

[314] Ross 1973, S. 134.

[315] Ross 1973, S. 134.

Forschungsfeldes. In einer geradezu genialen Wendung lenkt Ross die Aufmerksamkeit weg von den vielen spannenden Konflikten, die zwischen Prinzipal und Agent auftreten könnten und analysierenswert wären, und wendet sich ganz traditionellen Marktgleichgewichtsfragen, zu. Er sucht nach dem *„general equilibrium context"*[316] und formuliert das Problem so um, dass es mit den klassischen Instrumenten der Gleichgewichtsanalyse untersucht werden kann.

Diese Umformulierung ist auch deshalb eine herausragende Leistung, weil die nachfolgende Forschung damit auf die Route der klassischen Gleichgewichtsanalyse geschickt werden konnte. Dies weckte ein fast unglaubliches Interesse einer Vielzahl von Forscher, die ein neues Problem mit einem bekannten Instrumentarium bearbeiten konnten. Fast entschuldigend schreibt Ross am Schluss *„The format of this paper has been such as to allow us to only touch ..."* aber dann selbstbewusst weiterführend *„on what is surely the most challenging aspect of agency theory: embedding it in an general equilibrium market context."*[317] Seine Leistungen sieht Ross folgendermaßen: *„We have shown that ... the need to motivate agents does not conflict with the attainment of Pareto efficiency."*[318]

Nun bedarf es keiner tiefgehenden Verhaltensstudien, um Paretoeffizienz zu beweisen. Man benötigt ableitbare Funktionen und keine verhaltenswissenschaftliche Tiefe. Genial ist die Reduzierung des Agentenproblems eben auf solche Funktionen zu einem Zeitpunkt als noch wenige das Problem überhaupt zur Kenntnis genommen hatten. Die Anhänger der Lehre von der Bounded Rationality waren zu diesem Zeitpunkt damit beschäftigt, mehr über Details von Entscheidungsvorgängen herauszufinden und grübelten, ob das Satisficing Prinzip stimmte oder nicht. Währenddessen rechnete Ross bereits gesamtgesellschaftliche Optima aus – musste sich dazu aber von Details abwenden: *„We will not treat the bargaining problem explicitly"*.[319] Ross verengt das Problem auf die Ausgestaltung einer Payoff-Funktion, wobei er diese überraschende Einengung des von ihm selbst ja als *„universal"* bezeichneten Problems damit begründet, es sei die *„kanonische"* Formulierung des Problems: *„The canonical agency problem can be posed as follows"*.[320]

Möglicherweise wollte Ross mit der Bezeichnung seiner Funktion als *„kanonisch"* zu einem Zeitpunkt, als die Erforschung des Prinzipal-Agenten-Problems gerade erst in seinen Anfangsgründen war, Kritik abwenden. Soweit ich herausgefunden habe, ist die Formulierung der Gewinnfunktion Ross's absolut eigenständige Leistung. Mit der genialen Formu-

---

[316] Ross 1973, S. 134.

[317] Ross 1973, S. 138.

[318] Ross 1973, S. 138.

[319] Ross 1973, S. 134. Es fällt auf, dass Ross genau wie Edgeworth (s.o.) und Adam Smith (s.o.) das „bargaining"-Problem beseite lässt. Man fragt sich: stecken hinter dem Problem wirklich keine relevanten Aspekte? 2008 widmet Hersh Sefrin ein ganzes Buch diesem Problem: „Ending the Managment Illusion" (Shefrin 2008).

[320] Ross 1973, S. 134.

lierung von der kanonischen Form ging er jeder Frage nach der Herkunft gerade dieser Zielformulierung aus dem Weg.

Es muss aus Sicht der Jahre um 1970 sicherlich sehr befriedigend gewesen sein, ein neues und zudem offensichtlich sehr gravierendes Problem mit dem bekannten theoretischen Instrumentarium bearbeiten zu können, mit dem man ein Paretooptimum beweist. Ob es konsistent ist, einerseits ein Problem (das Prinzipal-Agenten-Problem) aufzuwerfen, das von der Existenz erheblicher Wissensdifferenzen zwischen Prinzipal und Agent lebt, um dann diesen Differenzen nicht mit letzter Intensität nachzuspüren, wäre zu fragen. Man könnte auch fragen, ob es vernünftig ist, mit genau den Funktionstypen und Optimierungsregeln zu arbeiten, die sich bei Analysen allwissender Wirtschaftssubjekte bewährt haben. Derartige Fragen wurden immer wieder gestellt. Deshalb kritisierte Meinhövel später: *„Die Inkorporation realitätsnäherer Elemente wie der Einbezug vorborgener Handlungen in den friktionslosen neoklassischen Formelapparat hat die Umsetzungsprobleme dieser wenig anwendungsbezogen formulierten Theorie deutlich zu Tage treten lassen."*[321]

Es wurden drei Problemgruppen gebildet, die heute den Kern der Prinzipal-Agent-Ansätze ausmachen: Die sogenannte Hidden Action, die Hidden Information und Hidden Characteristics.[322] Hidden Action sind Handlungen des Agenten, die vom Prinzipal nicht mit ökonomisch vertretbarem Aufwand erfasst werden können. Ein Rückschluss vom Arbeitsergebnis auf die Handlungen im Einzelnen ist schwer möglich i) wegen der vielen kaum unterscheidbaren Einflussgrößen und ii) wegen der stochastischen Natur vieler Ertragsarten im Finanzbereich. Als Hidden Information werden Informationen über ergebnisbeeinflussende Tatbestände bezeichnet, die nur dem Agenten zugänglich sind. Hidden Characteristics sind Aspekte, die in den handelnden Personen liegen, wie z.B. persönliche Unzuverlässigkeit, die, wären sie dem jeweils anderen Partner bekannt, die Vertragsbeziehung verhinderten.[323] Man unterscheidet einen positiven und einen normativen Zweig der Forschung. Der positive analysiert die in der Realität vorzufindenden institutionellen Gestaltungsansätze für Agency-Beziehungen. Der normative entwickelt optimale Entlohnungssysteme für Agenten aus Sicht des Prinzipals. Grundlage sind meist die von Jensen und Meckling[324] erstmals beschriebenen Agency Cost (Monitoring, Bonding, Residual Loss), die minimiert werden.[325]

Meinhövel kritisiert, dass diese stilisierten Handlungsmechanismen keine wirkliche Realitätsnähe beanspruchen können. Die wissenschaftlichen Untersuchungen beschränken sich *„vielfach in der Aufzählung von Vorurteilen, dass sich der Agent ... opportunistisch verhält und*

---

[321] Meinhövel 1999, S. 213.
[322] Vgl. Meinhövel 2004, S. 471; Hartmann-Wendels 1999.
[323] Vgl. Meinhövel 2004, S. 471.
[324] Vgl. Jensen, Meckling 1976, S. 305ff.
[325] Vgl. Meinhövel 2004, S. 472.

den Anteilseigner systematisch betrügt".[326] Die fehlende Realitätsnähe der Annahmen führt nach Meinhövel zu einer schlechten empirischen Bewährung der Theorie.[327]

Gleichwohl gehört Ross' Ansatz zu den bahnbrechenden Entwicklungen der Ökonomik der letzten Jahre. Ross kommt das Verdienst zu, das vielleicht zentrale Problem des menschlichen Zusammenlebens in den Mittelpunkt gerückt zu haben. Es ist seit Ross' Anstoß eine Fülle sehr wertvoller Erkenntnisse entstanden. Die Entwicklung seit Ross' ersten Ideen zeigt aber auch, wie sich neue Forschungsrichtungen nicht immer auf eine immer größer werdende Realitätsnähe der Verhaltensannahmen hinbewegen.

8.4 Behavioral-Finance-Theorie

Es ist immer schwierig, irgendetwas an den Anfang zu stellen, weil nahezu jede Entwicklung Vorläufer hat. Es ist genauso schwierig, etwas in den Mittelpunkt zu rücken, weil vieles gleiche Bedeutung besitzt und sich durch ein Mehr an Wichtigkeit nicht unterscheidet.

Vielleicht ist es aber nicht verkehrt, an den Beginn der Betrachtung der Behavioral-Finance-Theorie die drei Autoren Kahneman, Tversky und Thaler zu setzen. Thaler schrieb 1980 den viel beachteten Aufsatz „Toward a positive theory of consumer choice", während Kahneman und Tversky ein Jahr früher, die geniale „Prospect Theory"[328] publiziert hatten, auf der Thaler aufsetzt. Mit der Prospekt Theorie konnten Kahneman und Tversky mit einem einzigen aus wenigen Elementen bestehenden Modell mehrere viel diskutierte Verhaltensanomalien erklären, was sofort eine große Anziehungskraft ausübte. Es ist insofern berechtigt, diesen Beitrag an den Beginn zu stellen und die anderen Arbeiten darum herum zu gruppieren.

Erkenntnisobjekt der neuen Richtung, die Kahneman, Tversky und Thaler einschlugen, waren zunächst die empirisch beobachteten Abweichungen des realen menschlichen Verhaltens von den Vorhersagen der traditionellen ökonomischen Verhaltenstheorie. Später wurde dieses Erkenntnisobjekt erweitert zur Analyse des Handelns von Menschen an Finanzmärkten im Allgemeinen. Vielleicht die netteste Beschreibung dieser Erweiterung stammt von Richard Thaler in einem Rückblick auf 15 Jahre Behavioral Finance Forschung: Thaler weist auf das berühmte Lehrbuch „Principles of Corporate Finance" von Brealey und Myers[329] hin und stellt fest, dass diesem Lehrbuch zufolge der Finanzmarkt ausschließlich aus Formeln und Rechnungen bestehe. Im Fernsehen dagegen würden Nachrichten über Finanzmärkte immer mit Menschen in Verbindung gebracht – meist hektisch

---

[326] Meinhövel 1999, S. 213.
[327] Vgl. Meinhövel 1999, S. 215.
[328] Kahneman, Tversky 1979, S. 263-291.
[329] Siehe Brealey, Myers 2003.

agierende Wesen. In der Welt von Brealey und Myers würde sich nichts ändern, wenn das gesamte Finanzwesen ausschließlich aus Computern bestünde. Aber es besteht aus Menschen. Thaler fragt: *„Are the markets any different because there are humans?"*[330] Die Lösung zu dieser Frage ist das Erkenntnisziel der Behavioral Finance Forschungsrichtung.

Zunächst einmal grenzte sich die neue Richtung von der traditionellen Entscheidungstheorie ab. Als traditionelle Theorie bezeichneten Kahneman, Tversky und Thaler die rationale Erwartungsnutzentheorie, so wie sie z.B. in den „Theory of Games and Economic Behavior" von v. Neumann und Morgenstern 1944 formalisiert worden war.[331] Thaler wirft dieser Theorie vor, höchstens als normative, präskriptive Theorie interpretiert werden zu können, denn das empirisch beobachtbare Verhalten vieler Wirtschaftssubjekte weiche davon ab und zwar auf eine systematische Art und Weise: *„The errors are systematic."*[332] Und als präskriptive Theorie eigne sie sich letztlich auch nicht (s.u.).

Von einer normativen, präskriptiven Entscheidungstheorie wird dann gesprochen, wenn die Frage im Vordergrund steht, wie das Entscheidungsverhalten der Menschen sein sollte, wenn diese bestimmte Ziele bestmöglich erreichen wollen. Eine positive, deskriptive Entscheidungstheorie versucht, Antwort auf die Frage zu geben, wie Entscheidungen in der Realität getroffen werden und welche Gesetzmäßigkeiten sich daraus extrahieren lassen.[333]

Wie Kahneman und Tversky zeigen, kann man die traditionelle Entscheidungstheorie nicht als positive Theorie gebrauchen, da sie empirische Befunde nicht erklären kann. Sie kann aber letztlich nicht einmal eine normative Theorie sein, denn wenn den Menschen bestimmte, in dieser Theorie implizit unterstellte Fähigkeiten fehlen, dann können sie die z.B. im Brealey/Myers vorgeschlagenen Prozeduren, Rechnungen und Kalküle nicht durchführen – etwa weil es ihnen ihr Gehirn nicht erlaubt, die notwendigen Informationen auf die relevante Art zu speichern und zu verarbeiten.[334] Daraus folgt, dass es notwendig ist, eine völlig neue Art von Entscheidungstheorie zu entwickeln, nämlich eine solche, die auf die wirklichen Fähigkeiten des Menschen zu beobachten, Informationen abzuspeichern, sie abzurufen und zu verarbeiten sowie Schlussfolgerungen zu ziehen, abgestimmt ist. Im ersten Schritt kann eine solche Theorie nur eine positive sein: *„Prospect theory's sole aim is to describe or predict behaviour, not to characterize optimal behaviour."*[335]

Gegenstand der Prospekt Theorie von Kahneman und Tversky ist das Entscheidungsverhalten unter Risiko in bestimmten Situationen. *„The present paper describes several classes of*

---

[330] Vgl. Thaler 1993, S. XV.

[331] Vgl. Thaler 1980, S. 41.

[332] Thaler 1980, S. 40.

[333] Vgl. Rommelfanger, Eickemeier 2002, S. 2f.

[334] Tversky und Kahneman schreiben in ihrem 1974er Aufsatz wörtlich: „because the relevant instances are not coded appropriately", Tversky, Kahneman 1974, S. 1130.

[335] Thaler 1985, S. 200.

choice problems in which preferences systematically violate the axioms of expected utility theory. In the light of these observations we argue that utility theory, as it is commonly interpreted and applied, is not an adequate descriptive model and we propose an alternative account of choice under risk."[336] Zuerst stellen die Autoren mehrere Verhaltensanomalien – darunter einige, die durch wissenschaftliche Debatten berühmt geworden waren (Allais- und Ellsbergparadoxon) – vor. Dann zeigen sie anhand von teils selbst durchgeführten Experimenten, wie sich Probanden typischerweise, nämlich entgegen der Standardtheorie, verhalten. Anschließend zeigen sie, dass sie mit einigen wenigen Annahmen *alle* behandelten Verhaltensanomalien erklären können. Sie zeigen also nichts weniger, als dass man mit ganz wenigen Verhaltensprinzipien – Thaler fasst später die Elemente zu drei Grundprinzipien zusammen[337] – die Verhaltensanomalien, an denen sich Generationen von Wissenschaftlern die Zähne ausgebissen hatten, erklären kann. Das war enorm!

Eine umfassende Verhaltenstheorie zu entwickeln, war aber nicht Ziel des Beitrags. Die Prospekt Theorie ist ein Set von Annahmen, das ein Set ausgewählter problematischer Phänomene erklären kann. Was die Prospekt Theorie so anziehend macht, ist die Anschaulichkeit der ausgewählten Probleme, die intuitive Plausibilität der Annahmen und auch die lang anhaltende ungeklärte Debatte mit berühmten Beteiligten zu den Paradoxa von Allais und Ellsberg. Dies hob die Prospekt Theorie sogleich auf eine höhere Wertigkeitsstufe. Dabei ist die Beweisführung im Detail angreifbar. Die Ergebnisse der Überprüfung der Thesen von Maurice Allais werden falsch wiedergeben, in dem Sinne, dass auf widersprüchliche Testergebnisse nicht hingewiesen wird.[338] In der von Kahneman und Tversky gewählten Formulierung des Allais-Problems sind die paradoxen Ergebnisse bei anderen Autoren nicht aufgetreten.[339] Die von Kahneman und Tversky selbst durchgeführten Experimente wurden nicht dokumentiert. Diesen Mangel muss Thaler gespürt haben, denn in einem späteren Aufsatz bemüht er sich zu betonen, die Ergebnisse seien bestätigt worden: *„Some of these studies have recently been replicated by economists"*[340], wobei Thaler aber zwei Quellen zitiert, die im gleichen Jahr erschienen sind, wie der Aufsatz, dessen Tests sie eigentlich überprüfen wollten, sodass zweifelhaft bleiben muss, was Thaler wirklich meinte.

Thaler selbst stützt seine Hypothesen nicht auf Tests, sondern auf Beispiele. Dabei bemüht er sich erkennbar, deren allgemeine Validität zu begründen: *„These examples are intended to*

---

[336] Kahneman, Tversky 1979, S. 263.

[337] Thaler 1980, S. 43.

[338] Kurz zusammengefasst geht es darum, dass Allais Paradoxa sich nur zeigten, wenn die Gewinne und Verluste extrem große Werte annahmen (nach unserer heutigen Kaufkraft mehr als 100 Mio. Euro). Bei Experimenten mit „normalen" Größenordnungen, so wie sie die Autoren in ihren Experimenten verwendeten, zeigten sich die Anomalien in vielen Experimenten nicht. Darauf weisen die Autoren aber nicht hin. Vgl. Thießen 1993.

[339] Vgl. Thießen 1993, S. 157ff.

[340] Thaler 1980, S. 40, Fußnote 1.

illustrate [Hervorhebung im Original] *the behavior under discussion ... I have discussed these examples with hundreds of friends, colleagues, and students. ... I can informally report that a large majority of non-economists say they would act in the hypothesized manner. Yet I am keenly aware that more formal tests are necessary."*[341] Zusammenfassend ergibt sich, dass die empirischen Grundlagen der ersten Schriften zu Behavioral Finance weniger solide waren als angesichts des späteren Erfolgs der Richtung vermutet werden könnte.

Zur biologischen Fundierung von Behavioral Finance

Selbstverständlich sind die frühen (und auch die meisten späteren) Beiträge zu Behavioral Finance naturwissenschaftlich fundiert. Es ist aber Kennzeichen der Literatur zu Behavioral Finance, dass die biologischen Tatbestände durchaus nicht im Zentrum stehen. Im Mittelpunkt stehen empirisch beobachtete Verhaltensmuster (*„This paper presents a group of economic mental illusions"*[342]), also quasi „Aggregate" biologischer Tatbestände.[343]

Mit dem Überschwappen der Prospekt Theorie an die Finanzmärkte tritt die Beschäftigung mit den biologischen Ursachen von Verhaltensweisen immer mehr in den Hintergrund, während die Aufdeckung immer neuer Verhaltensanomalien endgültig in den Vordergrund rückt.

Die Beschäftigung mit Anomalien rettet die klassische Entscheidungslehre

Während Simon und spätere Schüler der Bounded Rationality Richtung immer wieder betont hatten, dass der Mensch „grundsätzlich" anders denke als die traditionelle Theorie dies unterstellte – am augenfälligsten manifestiert im Satisficing Prinzip, das dem Maximierungsprinzip der traditionellen Theorie gegenübergestellt wird – lässt die von Kahneman, Tversky und Thaler begründete Richtung die Möglichkeit offen, dass die traditionelle Theorie im großen und ganzen beibehalten werden kann, wenn man sie um einige von den Naturwissenschaftlern übernommenen *„cognitive biases"*[344] ergänzt. Behavioral Finance wurde zu einer Wissenschaft der Anomalien und Ausnahmen.[345]

---

[341] Thaler 1980, S. 40.

[342] Thaler 1980, S. 40.

[343] Thaler stützt sich nicht nur auf den Psychologen Kahneman, sondern auch auf Herbert Simon, den Urvater der Bounded Rationality Theorie. Er stellt fest, dass „systematic, predictable differences between normative models of behaviour and actual behaviour occur because of what Herbert Simon (1957, p. 198) called ‚bounded rationality'." Simon hatte an der genannten Stelle geschrieben: „The capacity of the human mind for formulation and solving complex problems is very small compared with the size of the problems whose solution is required for objectively rational behaviour in the real world – or even for a reasonable approximation to such objective rationality." Simon 1957, S. 198.

[344] Siehe Tversky, Kahneman 1974, S. 1130.

[345] Vgl. hierzu Oehler 2002, S. 867, und Oehler 2000, S. 988. Auch Pesendorfer 2006, S. 720.

Damit war, so paradox das klingt, die traditionelle Entscheidungstheorie in gewisser Weise gerettet, denn die beschriebenen Verhaltensparadoxa waren an bestimmte (Fehl-) Leistungen des Gehirns gebunden und nur in Bezug auf diese anzutreffen – ansonsten konnte man annehmen, dass das Gehirn „normal" arbeite. Damit war eine Einbindung der Fehlleistungen in die traditionelle Entscheidungstheorie vorstellbar: es gab keinen Grund, die traditionelle Entscheidungstheorie nicht überall dort weiterzuverwenden, wo die spezifischen Situationen, in denen die Anomalien auftraten, nicht gegeben waren.[346]

Es wurde über die Verbindung zwischen der traditionellen Entscheidungslehre und den gefundenen Anomalien nachgedacht und der Zeitfaktor entdeckt. Typischerweise stellt man sich das Marktverhalten so vor, dass auf *lange* Sicht der *„Einfluss von fundamentalen, ökonomischen Faktoren"* wirksam wird, während kürzerfristig *„die[se] Trends von nicht-ökonomisch verursachten Schwingungen überlagert werden, die durch bestimmte Marktsituationen hervorgerufen werden und in bestimmten Marktsituationen verstärkt auftreten,"* wobei erschwerend wirkt, dass *„die beobachteten Verhaltensmuster in ähnlichen Situationen nicht grundsätzlich und zudem nicht in gleicher Stärke vorkommen."*[347]

In diesem Zitat von Rossbach wird das Bild einer umfassenden Verhaltenstheorie sichtbar. Aber es ist bis heute noch nicht gut gelungen, die empirischen Befunde in eine allgemeine, umfassende Verhaltenstheorie zu integrieren. Manche bedauern, dass Behavioral Finance zu einem Sammelbecken menschlicher Verhaltensabsonderlichkeiten geworden sei. Thaler spricht etwas neutraler von den *„anomalies that receive attention in the academic literature."*[348]

Warum eigentlich Behavioral *Finance*?

Wie kam es eigentlich dazu, dass aus einer naturwissenschaftlich begründeten Verhaltensforschung eine Forschungsrichtung wurde, welche die Wurzeln mehr und mehr kappte und sich damit nicht einmal in der ganzen Betriebswirtschaftslehre verbreiten konnte, sondern nur im Bereich „Finance" einen Höhenflug erzielte?

Kahneman ist Psychologe, der sich für Finanzmärkte nicht sonderlich interessierte. Kahneman befasste sich mit *„humans and decision making"* in einem ganz allgemeinen Sinne. Es faszinierte ihn seit seiner Jugend die Komplexität der Menschen, die ihn umgaben, was dazu führte, dass er diese *„endlessly complicated and interesting humans"*[349] studierte und der Frage nachging *„how we make decisions"*?[350] Das Literaturverzeichnis des zusammen mit

---

[346] Thaler schreibt in seinem Artikel „The End of Behavioral Finance" z.B., *„...there seem to be more anomalies on the short side than on the long side ..."* (Thaler 1999, S. 16). Er orientiert sich bei der Anomalienabgrenzung an dem, was die klassische Entscheidungstheorie für einen „rational, ... representative agent" hält (ebenda, S. 12).

[347] Rossbach 2001, S. 17.

[348] Vgl. Thaler 1999, S. 16.

[349] Kahneman 2004, S. 10.

[350] Kahneman 2004, S. 10.

Tversky geschriebenen 1974er Aufsatzes „Judgement under Uncertainty – Heuristics and Biases"[351], offenbart die Nähe zu den Naturwissenschaften. Thaler war Ökonom aber zunächst kein Finanzexperte. Er veröffentlichte seinen 1980er Aufsatz im Journal of Economic Behavior and Organization, seinen 1981er Aufsatz (zus. mit Shefrin) im Journal of Political Economy und seinen 1985er Aufsatz zur mentalen Kontenbildung in Marketing Science. Von Finance war weder bei Kahneman noch bei Thaler irgendeine Rede.[352]

Später wird aber genau Thaler von Kahneman zum „Guru" der Behavioral *Finance* erklärt: *„Others integrated my work into what is now called behavioural finance, chief among them the economist Richard Thaler, a friend and colleague. Thaler is really the guru of behavioural finance."*[353] Kahneman spielte seine Leistung als Ökonom herunter und betonte damit indirekt seine Leistung als Naturwissenschaftler. Die „Schuld" des Abgleitens der Forschungsrichtung Behavioral Finance in eine wirtschaftswissenschaftlich orientierte Anomaliensammlung tragen insofern andere. Allerdings muss man bedenken, das Kahneman und Tversky selbst in „Prospect Theory" die Befassung mit Anomalien und ökonomischen Problemen starteten und die naturwissenschaftlichen Grundlagen nur sehr untergeordnet behandelten: den Ökonomen als Leser des Beitrags haben Kahneman und Tversky nicht allzu viel naturwissenschaftliche Verhaltensgrundlagen zugemutet. Auch in ihrem 1974er Aufsatz „Judgement under Uncertainty – Heuristics and Biases" finden sich Passagen, in denen die Leistung des Gehirns vor allem in seiner Fehlerhaftigkeit beschrieben wird.[354] Es ist ein Kennzeichen Kahnemans, dass er das Fehlverhalten nach vorne stellt.

Warum aber Kahneman, Tversky und Thalers Publikationen nicht in der gesamten Betriebswirtschaftslehre, sondern gerade in der Finanzwirtschaft auf so viel Resonanz stießen, muss noch geklärt werden.

Die Finanzmarktökonomik wartet auf Anomalien

Um das Jahr 1980 herum beschäftigten sich viele Forscher mit der Preisbildung an Finanzmärkten. Fama hatte die Konsequenzen effizienter Märkte herausgearbeitet.[355] Aus logischen Gründen sprach alles dafür, dass Finanzmärkte effizient sein mussten, und auch empirisch hatten sich viele Bestätigungen gefunden. Aber die empirische Evidenz war nicht eindeutig. Sie sprach teilweise auch gegen das Vorliegen solcher Märkte.

---

[351] Tversky, Kahneman 1974, S. 1124ff.

[352] Während Tversky und Kahnemans 1974er Aufsatz vorwiegend naturwissenschaftliche Quellen besitzt, hat die „Prospect Theory" von 1979 in ihrem Literaturverzeichnis dann aber schon vorwiegend ökonomische Quellen. Aber nur 3 von 48 Quellen beziehen sich direkt auf Finanzprobleme, darunter zwei Aufsätze zur Portfoliotheorie. Der Grund für die Erwähnung der Portfoliotheorie liegt darin, dass die „Prospect Theory" menschliches Verhalten bei Risiko und Unsicherheit untersucht, und dieses bei der Portfoliobildung naturgemäß Bedeutung besitzt.

[353] Vgl. Kahneman 2004, S. 10.

[354] „*Statistical principles are not learned ... because the relevant instances are not coded appropriately. ... [People] simply do not attend to [the relevant information].*" Tversky, Kahneman 1974, S. 1130.

[355] Vgl. Fama 1970, S. 383ff.

Shillers berühmter Aufsatz „Do Stock Prices Move Too Much to be Justified by Subsequent Changes in Dividends?"[356] war ein Meilenstein. Zu dem Zeitpunkt, als Shiller den Aufsatz schrieb, war der Glaube an effiziente Märkte weit verbreitet. Gleichwohl gab es aber auch Misstrauen, und dieses greift Shiller auf: „*It has often been claimed in popular discussions that stock price indexes seem too ‚volatile', that is, that the movements in stock price indexes could not realistically be attributed to any objective new information.*"[357] Shiller überprüft diese Thesen empirisch-statistisch mit äußerst eindrucksvollen Methoden, findet sie bestätigt und schlägt als Erklärung für die überhöhte Volatilität die seit Anfang des 20. Jahrhunderts immer wieder bemühten massenpsychologischen Phänomene vor. Damit verwendet er ein verhaltenswissenschaftliches Argument. Shillers Aufsatz hatte noch keinerlei Verbindungen zur Richtung, die Kahneman, Tversky und Thaler einschlugen, wie das Literaturverzeichnis offenbart, aber der Aufsatz zeigt, wie das Interesse an den Finanzmärkten um das Jahr 1980 herum beschaffen war und wie verhaltenswissenschaftliche Argumente „in der Luft" lagen. Shiller akzeptiert erstmals die Vorstellung von „ineffizienten", „irrationalen" bzw. „fehlerhaften" Preisen an Finanzmärkten.

Diese Vorstellung verbreitete sich schnell. Schon 1982 stoßen wir auf den Aufsatz von Arrow „Risk Perception in Psychology and Econometrics", veröffentlicht in der Zeitschrift Economic Inquiry, in dem Arrow den Vorschlag macht, „*psycological models of ‚irrational decison making' of the type suggested by Tversky and Kahneman*" in der Ökonomik zu verwenden, insbesondere um spekulatives Verhalten an Märkten erklären zu können: „*to explain behaviour in speculative markets*".[358] Arrow setzt hier also, wie viele andere in dieser Zeit, bestimmtes spekulatives Verhalten mit irrationalem Verhalten gleich, soweit es nämlich zu Preisen führt, die nicht mit dem Standardmodell von v. Neumann und Morgenstern übereinstimmten, denn diesem lag Rationalverhalten zugrunde. Zum ersten Mal werden in diesem Artikel auch die Erkenntnisse von Kahneman, Tversky und Thaler mit den Finanzmärkten in Verbindung gebracht. Die Gleichsetzung von bestimmten Verhaltensweisen mit Irrationalität sollte sich von nun an in der ökonomischen Analyse immer weiter verbreiten. Vor allem sie führte später auch zu der Trennung von Bounded Rationality und Behavioral Finance. Sie war später ein ganz wesentlicher Kritikpunkt der Lehre der Bounded Rationality an der Behavioral Finance Richtung (s.u.).

Diese Gleichsetzung bestimmter Verhaltensweisen mit Irrationalität macht sich am Augenfälligsten bei den sogenannten Heuristiken, d.h. abgekürzten, vereinfachten Entscheidungsverfahren, bemerkbar. Die Beschäftigung mit den später so berühmt gewordenen Heuristiken ist schon recht alt. Heuristiken werden von Tversky und Kahneman einerseits als nützliche Antworten auf kognitive „Unzulänglichkeiten" gesehen: „*These heuristics are highly economical and usually effective*"[359] oder an anderer Stelle: „*heuristics – mental ‚shortcuts'*

---

[356] Shiller 1981, S. 421ff.
[357] Shiller 1981, S. 421.
[358] Arrow 1982; Thaler 1993, S. 154.
[359] Tversky, Kahneman 1974, S. 1131.

people use to help make decisions when faced with incomplete information or complex problems".[360] Bei vielen Autoren der Behavioral Finance Richtung standen aber zunächst nicht die Nützlichkeiten der Heuristiken und deren naturwissenschaftliche Ursachen im Vordergrund. Im Vordergrund stand vielmehr die Kritik der Heuristiken, die als Ursache des Abweichens vom Rationalverhalten gesehen wurden. Und wieder sind es Tversky und Kahneman selber, die den Weg dazu bereiteten, indem sie feststellten, dass Heuristiken *„lead to systematic and predictable errors"*[361]. Erst das berühmte Buch von Gigerenzer und Todd *„Simple heuristics that make us smart"*[362] führte einen Umschwung in der Denkungsweise über Heuristiken herbei.

Aber zurück zu den Anfängen: Kahneman und Tversky hatten mit ihrer Prospect Theory naturwissenschaftliche Erkenntnisse für die Ökonomik nutzbar aufbereitet. Es stellt sich die Frage: Wo konnte sich der neue verhaltenswissenschaftliche Elan als nützlich erweisen? Thaler sah selbst 1985 den Nutzen der Überlegungen noch eher im Marketing: *„These extended theories are richer than the original model* [rationalen Verhaltens auf Basis der Erwartungsnutzentheorie]*, and, as a result, have more to offer marketing."*[363,364]. Dies erwies sich aber als nicht ganz richtig. Wer heute ein typisches Marketinglehrbuch aufschlägt, wie z.B. das hervorragende Werk von Georg Felser „Werbe- und Konsumentenpsychologie"[365], der wird feststellen, dass die Behavioral Economics zwar vorkommen, aber bei weitem nicht den Stellenwert haben wie Behavioral Finance an den Finanzmärkten.[366] Und in Lehrbü-

---

[360] Kahneman 2004, S. 10.

[361] Tversky, Kahneman 1974, S. 1131.

[362] Gigerenzer, Todd 1999.

[363] Thaler 1985, S. 200.

[364] Wie mit den Effekten umgegangen wird, lässt sich gut anhand der Literatur verfolgen, die auf die ersten Aufsätze (insbes. Prospect Theory) folgten. Nehmen wir Thalers Aufsatz von 1985 „Mental Accounting and Consumer Choice". Thaler greift die Prospekt Theorie auf und stellt sie in ein Umfeld, in dem sich Marketingfragen beantworten lassen. Ziel ist, „to move further toward a behaviorally based theory of consumer choice" (Thaler 1985, S. 201), insbesondere mit dem Ziel, mehr derjenigen Variablen in die ökonomische Theorie zu integrieren, die für Marketingfragen wichtig sind. Thaler geht aus von einem Konsumenten, der klassischerweise seine Konsumentscheidungen von vier Variablen abhängig macht: der Nutzenfunktion, seinem Einkommen, den Gütern und deren Preisen. Nun ersetzt er die Nutzenfunktion durch die Value Function der Prospect Theory und den Preis der Güter durch einen relativen Preis zu einem Referenzpunkt in der Value Function (Referenzpunktkonzept). Dann wendet er sich seinem eigentlichen Beweis zu, nämlich einer Fülle von Experimenten, die er mit Studenten, Freunden und Bekannten durchgeführt hat. Er zeigt, dass die Verhaltensweisen mit der ursprünglichen Theorie nicht, mit dem von ihm angepassten Modell jedoch gut erklärt werden können. Schließlich leitet er als Erkenntnis aus seinem Artikel zwei neue Effekte, den Segregate Gains Effect, den Integrate Loss Effect, ab. Anschließend deutet er beispielhaft auf ineffiziente und mit der Standardtheorie unerklärliche Marktphänomene hin und deutet an, wie sie mit seinen Effekten erklärt werden könnten und welche Maßnahmen sinnvoll wären, Verbesserungen herbeizuführen.

[365] Felser 2001.

[366] Siehe Fudenberg 2006, S. 695ff.

chern, die dem Konsumentenverhalten von verschiedenen Seiten (biologisch, psychologisch, soziologisch) tief auf den Grund gehen, wie z.B. das oben bereits zitierte „Konsumentenverhalten" von Solomon, Bamossy, Askegaard[367], spielt der Begriff Behavioral Economics überhaupt keine explizite Rolle. Dabei sind dessen typische Elemente in keiner Weise vernachlässigt.[368] Die geringere Rolle liegt daran, dass im Marketing das Gegenbild des fiktiven rationalen Entscheiders keine Rolle spielt und sich insofern eine spezielle „Behavioral"-Richtung nicht von irgend einer anderen Richtung absetzen müsste: das gesamte Werk betrachtet den Menschen so wie er ist, und dabei leisten die Erkenntnisse des Psychologen Kahneman wie die vieler anderer Psychologen ihren Teil neben ebenso hervorragenden Erkenntnissen aus anderen Forschungsrichtungen. Im Marketing ist insofern bereits das verwirklicht, was Thaler in seinem Artikel „The End of Behavioral Finance" auch für die Finanzwirtschaft prognostiziert hat: *„I predict that in the not-too-distant future, the term ‚behavioral finance' will be correctly viewed as a redundant phrase. What other kind of finance is there? ... Economists will routinely incorporate as much 'behaviour' into their models as they observe in the real world."*[369]

Während die Behavioral Economics im Marketing also mehr oder weniger im allgemeinen Ansatz untergingen, gab es in der Finanzmarktforschung einen anderen Weg. Es wurden immer mehr Aufsätze veröffentlicht, die direkt auf Kahneman, Tversky und Thaler Bezug nahmen. Die von diesen drei Autoren „legalisierte" Möglichkeit, irrationale Verhaltensweisen in die Finanzmarktanalyse einbinden zu dürfen, öffnete regelrecht Schleusen. So versuchen Shefrin und Statman 1984 unter Rückgriff auf Argumente von Kahneman, Tversky und Thaler, irrationale Dividendenvorlieben („Explaining investor preference for cash dividend")[370] und irrationale Haltedauern von Finanzassets („The disposition to sell winners too early and ride losers too long: theory and evidence") zu erklären. 1985 und 1987 greifen DeBondt und Thaler die Frage der Preisbildung bei Finanzassets auf und untersuchen mit Rückgriff auf frühere Beiträge von Kahneman und Thaler „Does the Stock Market Overreact?"[371] Eine ähnliche Frage untersucht Summers 1986 („Does the Stock Market Rationally Reflect Fundamental Values")[372] mit dem Ergebnis, dass die Preisbildung nicht rational sei, sondern Fehler enthalte. Er hält es für notwendig, den Prozess genauer zu modellieren, durch den die Fehler in die Marktpreise gelangten („to model the process by which errors are incorporated into asset prices")[373]. Dabei wird aber nicht klar, ob er wirklich an verhaltenswissenschaftliche Forschung denkt. Der ganze Aufsatz, wie viele andere in dieser Zeit, ist stark statistisch-methodisch geprägt. Mehr als eine beiläufige

---

[367] Solomon, Bamossy, Askegaard 2001.
[368] Siehe z.B. den Abschnitt über Heuristiken in Solomon, Bamossy, Askegaard 2001, S. 275.
[369] Thaler 1999, S. 16.
[370] Siehe das Sammelwerk Thaler 1993.
[371] Vgl. DeBondt, Thaler 1985, S. 793ff.; DeBondt, Thaler 1987, S. 557ff.
[372] Summers 1986, S. 591ff.
[373] Siehe Thaler 1993, S. 164.

Erwähnung der Thesen von Kahneman, Tversky und Arrow findet sich nicht, und es wird auch keine Erklärung der gefundenen Preisanomalien – etwa auf verhaltenswissenschaftlicher Basis – entwickelt. Trotzdem nimmt Thaler später diesen Aufsatz mit in den Kanon der Beiträge auf, die Behavioral Finance begründen oder ausmachen.[374]

Dies zeigt, wie weit die ganze Diskussion an den Finanzmärkten von wirklicher verhaltenswissenschaftlicher Forschung entfernt war und sich immer mehr entfernte. Sie war in Wirklichkeit nicht mehr als eine Preisanalyse (mit der Benchmark von Preisen aus der Theorie effizienter Märkte) mit untergeschobenen Plausibilitätsargumenten aus dem verhaltenswissenschaftlichen Bereich. Man hat den Eindruck, dass die Tiefe der verhaltenswissenschaftlichen Analyse nicht unbedingt zunahm.

Die Entwicklung hin in diesen Bereich zeichnete sich schon früh ab. Ökonomen sind keine Biologen oder Psychologen. Eine eigenständige verhaltenswissenschaftliche Forschung findet sich nicht. Das Denken der Finanzmarktforscher kreist um den fairen Preis. Das Hauptproblem wurde mehr und mehr darin gesehen, das Aggregationsproblem zu lösen: *„Von entscheidender Bedeutung bei der Betrachtung der Makroebene ist, ob sich die nichtrationalen Komponenten im Individualverhalten in der Summe ausgleichen oder ob diese systematischen Einflüsse auf das Marktgeschehen ausüben."*[375] Die im deutschen Sprachraum wichtige Arbeit von Oehler, „Die Erklärung des Verhaltens privater Anleger" bringt diesen vorherrschenden Ansatz in der Begründung der Arbeit zum Ausdruck: *„Die vorliegende Arbeit widmet sich in grundlegender Weise der Fragestellungen, wie private Anleger ihre Anlageentscheidungen treffen und wie sie sich speziell bei der Disposition über Aktien tatsächlich verhalten. Diese Problemstellung wird weniger aus allgemeinem verhaltenswissenschaftlichen Erkenntnisinteresse untersucht, sondern vielmehr unter der Zielstellung verfolgt, Anhaltspunkte zur Erklärung der Preisentwicklung an Wertpapierbörsen zu erhalten."*[376]

Die Probleme des Übergangs von der Ebene individueller Verhaltensweisen und der Marktebene können auch gut an einem der ersten Aufsätze beleuchtet werden, die sich diesem Problem widmeten. In ihrem 1985er Aufsatz „The disposition to sell winners too early and ride losers too long: theory and evidence" weisen Shefrin und Statman auf den Umstand hin, dass Kahnemans und Tverskys Funde nicht direkt für ökonomische Fragestellungen nutzbar gemacht werden können. Es sei aus ihren experimentell erzielten Ergebnissen nicht zulässig zu folgern, *„that similar features will be exhibited in real-world-market settings."*[377] Es sei notwendig *„to look at market behaviour".*[378] Infolgedessen erweitern sie Kahnemans und Tverskys Ansatz um die Marktebene: *„We examine decisions to realize gains*

---

[374] Vgl. Thaler 1993.
[375] Roßbach 2001, S. 16.
[376] Oehler 1995, S. VII.
[377] Shefrin, Statman 1985, S. 777.
[378] Ebenda.

and losses in a market setting."[379] Sie versuchen nicht primär, individuelles Verhalten zu erklären; vielmehr steht die Erklärung des Marktpreises im Vordergrund. Da man die absolute Höhe des Marktpreises schlecht untersuchen kann, beschränkt man sich in solchen Untersuchungen auf die Analyse der Veränderungen. Zudem muss man, um überhaupt etwas zu erkennen, stark stilisierte und sehr unterschiedliche Verhaltenshypothesen formulieren. Die Ergebnisse können Phänomene bestätigen, aber nicht zu verhaltenswissenschaftlichen Ursachen vorstoßen.[380] In der herausragenden Arbeit von Oehler wird an solchen Ansätzen vorsichtig Kritik geübt: *"In diesem Kontext stellt sich dann auch grundsätzlich die Frage, ob nicht die in der Regel theorieüberprüfenden Konzeptionen vieler Forschungsarbeiten im Themengebiet das Entdeckungspotential für alternative Vorstellungen über das Entscheidungsverhalten eher einengen als ausschöpfen."*[381]

Oehler versucht den umgekehrten Weg, d.h. durch detaillierte Verhaltensanalysen von der einzelwirtschaftlichen auf die Marktebene zu gelangen (Bottom-up-Ansatz).[382] Der Autor bemüht sich, die Verhaltensweisen der Anleger umfassend darzulegen.[383] Er führt Experimente mit mehr als 800 Teilnehmern durch. Damit ragt die Arbeit von Oehler weit heraus und geht weit tiefer in die Verhaltensanalyse als viele andere. Der Bottom-up-Ansatz ist dornig, denn die Aggregation stellt ein nahezu unüberwindliches Problem dar und ist doch, solange die Frage der Marktpreiserklärung im Vordergrund steht, unentbehrlich. Oehler muss nach seiner umfassendsten Analyse des menschlichen Verhaltens in Bezug auf Anlageentscheidungen im deutschen Sprachraum feststellen: *"Das aufgezeigte Geflecht von Determinanten, die maßgeblichen Einfluss auf das Anlageverhalten ausüben, kann derzeit noch nicht als geschlossenes Konzept formuliert werden."*[384]

Zusammenfassung

Zusammenfassend ist festzustellen, dass im Vordergrund des Interesses vieler Wissenschaftler die Erklärung des Marktpreises und angesichts der empirischen Orientierung der Forschung mehr und mehr die Kurszeitreihen standen und immer weniger die Verhaltenseffekte und noch weniger deren biologische Ursachen. Eine der wichtigen Ergebnisse

---

[379] Ebenda.

[380] Shefrin, Statman 1985. Aus einigen Anomalien nach Kahneman, Tversky und Thaler sowie eigenen Ergänzungen (Self-Control, Tax-Avoidance) wurden Hypothesen über Entwicklungen von Marktpreisen abgeleitet und getestet. Der Steueraspekt steht in ihrem Modell für den „rationalen" Investor, während die anderen Variablen (Mental Accounting, Referenzpunktorientierung, Self-Control) für anders motiviertes Verhalten stehen. Die Autoren konnten den Nachweis erbringen, dass die auf Marktebene beobachteten Verhaltensweisen nicht mit Tax-Aspekten allein erklärt werden konnten, was eine tiefergehende Beschäftigung mit verhaltenswissenschaftlichen Details nahe lege.

[381] Oehler 1995, S. 32.

[382] Oehler 1995.

[383] Oehler 1995, S. 25ff.

[384] Oehler 1995, S. 321.

der ersten Arbeiten von Kahneman, Tversky und Thaler war es, das Denken in Anomalien und Abweichungen vom Rationalverhalten hoffähig zu machen. Viele Autoren danach wollten weniger die tatsächlichen Verhaltensweisen tiefer erforschen, als prüfen, ob vermutete Wirkungen von Anomalien und Abweichungen statistisch ausreichend abgesichert auftreten. Dies war eine „machbare" Aufgabe. Währenddessen entpuppte sich der umfassende Oehlersche Ansatz als sehr herausfordernd.

Die Behavioral-Finance-Richtung entwickelte sich *nicht* hin zu einer immer tieferen Erforschung von Verhaltensweisen. Während Markowitz den Beweis der Optimalität seines Lösungsansatzes in den Vordergrund rückte und Ross die Existenz eines gesamtgesellschaftlichen Gleichgewichts beweisen wollte, streben viele Forscher der Behavioral-Finance-Richtung nach einer Erklärung von Marktpreisen mithilfe eines Kanons von Anomalien.

Ohne dies in irgendeiner Weise kritisieren zu wollen, kann festgestellt werden, dass es bisher weder gelungen ist, eine umfassende Verhaltenstheorie aus den beobachteten Anomalien heraus zu entwickeln, noch die Marktpreise befriedigend zu erklären.

Das 2007 erschienene Lehrbuch von Hersh Shefrin „Beyond Greed and Fear"[385] zeigt einen Ausweg: Behavioral Finance mündet in diesem Buch in eine streng *situationsbezogene* Finanzmarktanalyse. Die Suche nach dem allgemeinen Marktpreis und der allgemeinen Verhaltenstheorie ist in diesem Buch aufgeben worden. Die einzelne Situation steht im Vordergrund.

8.5 Bounded Rationality

Bounded Rationality ist die Lehre von den ökonomischen Folgen des begrenzten Entscheidungsvermögens von Wirtschaftssubjekten, die von Herbert Simon 1947 begründet wurde.[386] Die Lehre versucht, „*a view of human rationality that is anchored in the psychological possibilities of actual humans rather than in the fictional construct of homo oeconomicus*"[387], zu erarbeiten. Mit dem Bezug auf „*psychological possibilities*" beendet Simon den Abkoppelungsversuch Paretos, demzufolge die Ökonomik Folgendes erfüllen sollte: „*relying as little as possible on the domain of psychology*".[388]

---

[385] Shefrin 2007.

[386] Simons Hauptwerk lautet: Herbert Simon 1947, Administrative Behavior. A Study of Decision-Making Processes in Administrative Organisations, New York/London

[387] Eröffnungstext der Einladung zur Sommeruniversität über Bounded Rationality des Max Planck Institute for Human Development in Berlin; http://www.mpib-berlin.mpg.de/SummerInstitute/ (Zugriff 10.3.2009).

[388] Vilfredo Pareto zitiert nach Bruni, Sugden 2007, S. 154.

Herbert Simon hatte das Agieren von Menschen in Organisationen betrachtet. Er hatte Abweichungen vom Rationalverhalten eines Homo oeconomicus gefunden. Er spürte den Gründen dafür nach und erkannte sie in bestimmten Eigenschaften des Denkens und insbesondere auch der beschränkten Leistungsfähigkeit des Gehirns. Die von Simons Betrachtungen ausgelöste Forschung, die heute unter der Bezeichnung Bounded Rationality zusammengefasst wird, konzentriert sich weder auf Marktgleichgewichtsbestimmungen noch auf die Suche von Paretooptima. Sie entwickelte auch keinen kanonischen Analyserahmen wie andere Forschungszweige. Dies führte dazu, dass sie einerseits offener für die Integrierung immer neuer Erkenntnisse der Verhaltensforschung war als die oben behandelten Forschungsrichtungen, dass sie andererseits aber auch schwer eingrenzbar ist. Was gehört alles dazu?

Für die Anfangszeit kann der Rückgriff auf Simon und das Satisficing Prinzip als Zugehörigkeitskriterium gewertet werden. Nach Aufkommen der Behavioral-Finance-Richtung ging dieser Bezug zurück. Stattdessen tauchte dann oft die Ausgangshypothese auf, menschliches Handeln sei grundsätzlich nicht irrational (wodurch sich Bounded Rationality von Behavioral Finance abgrenzte). *„The alternative to the traditional notion of rationality is by no means irrationality."*[389] Es wurde nach den Gesetzmäßigkeiten gesucht, die das tatsächliche Verhalten erklären und den Gründen nachgespürt, warum das „vernünftig" sein könnte. In methodischer Hinsicht ist die Nutzung des Instruments der Experimente ein wesentliches Element vieler Forschungen gewesen.

Mittlerweile sind von vielen Seiten neue Erkenntnisse verfügbar geworden, sodass sich die Lehre von der Bounded Rationality in verschiedene Richtungen aufspaltet, wenn man nicht sogar davon sprechen muss, dass sich die Richtung ganz aufgelöst hat, weil ihr Ansatz von der Mainstreamforschung aufgesogen wurde.[390] Wichtige neue Forschungsrichtungen sind die Heuristikforschung (aus welcher sich die sogenannte „ecological rationality" des Verhaltens ableitet), die Evolutionsforschung (aus welcher die „social rationality" des Verhaltens abgeleitet wird) und die Neuroeconomics (aus welcher man die „biological rationality" ableiten könnte).

Das Menschenbild, das die Lehre von der Bounded Rationality in der Folge von Simon entwickelte, unterscheidet sich drastisch von dem der Neoklassik. Reinhard Selten erwähnt folgende Elemente:[391]

- Der Mensch ist nicht in der Lage, jede seiner Handlungen auf der Grundlage eines Nutzenmaximierungskalküls durchzuführen.
- Die Bayesianische Entscheidungstheorie beschreibt nicht das tatsächliche Verhalten.
- Der Mensch meidet mathematische Berechnungen und ersetzt sie durch Ersatzkonstruktionen.

---

[389] Quelle siehe vorvorige Fußnote.
[390] Siehe Güth, Kliemt 2000. Vgl. Simon 1997.
[391] Vgl. Selten 2000, S. 130ff.

- Er ist nicht in der Lage, konsistente Präferenzurteile zu fällen.
- Der Mensch kann keine konsistenten Wahrscheinlichkeitsurteile fällen.
- Menschen haben keine konsistente und stabile Risikoaversionsfunktion.
- Sie sind grundsätzlich egoistisch, haben aber eine tief verwurzelte Präferenz für kooperatives Verhalten.

Die Entwicklung der Lehre von der Bounded Rationality

Selbstverständlich kann ein Abriss von Konzepten der Lehre von der Bounded Rationality nicht vollständig sein. Viele Autoren, die wichtige Beiträge geleistet haben und leisten, können im Folgenden nicht erwähnt werden.

Als Startpunkt wählen wir neoklassische Modelle des Konsumentenverhaltens wie sie z.B. von Hicks (1946)[392] oder Samuelson (1947)[393] vorgelegt wurden. In diesen Modellen gibt es Wirtschaftssubjekte, die[394]

- vollständige Kenntnis ihrer Handlungsalternativen haben,
- vollständige Kenntnis der Wirkungen von Handlungen auf Zielgrößen haben,
- eine vollständige Präferenzfunktion besitzen,
- aus allen Handlungsalternativen die am meisten präferierte auswählen.

Aufgrund des Erfolges der genannten und weiterer auf gleichen Annahmen basierender Modelle wie z.B. die wenig später entwickelte State-Preference-Theorie, entwickelten sich diese Annahmen zu einer Art Standard. Sie wurden zum Synonym für rationales Verhalten schlechthin.

Wie verhalten sich Unternehmen in diesen Modellen? Unternehmen können wie menschliche Wirtschaftssubjekte behandelt werden. Man kann sich vorstellen, sie besitzen eine Präferenzfunktion, die linear vom Gewinn abhängt. Auch Gruppen kann man wie Individuen behandeln. Man muss nur die Gruppe als Ganzes handeln lassen, wozu man vorher der Gruppe eine Präferenzfunktion zuordnen muss. Aber welche ist das? Von Neumann und Morgenstern (1944)[395] haben das Konzept vorgeschlagen, das sich dann letztlich durchsetzte. Demzufolge gilt eine Gruppenentscheidung dann als uneingeschränkt rational, wenn sie paretooptimal ist. D.h. eine Gruppe handelt dann rational, wenn diejenigen der Gruppe offenstehenden Handlungsalternativen gewählt werden, die es nicht erlauben, durch eine andere Wahl irgendeinen besser zu stellen, ohne einen anderen schlechter zu stellen.

---

[392] Hicks 1946.
[393] Samuelson 1947. Siehe auch Savage 1954.
[394] Vgl. Tisdel 1996, S. 4; siehe auch Becker 1976.
[395] Von Neumann, Morgenstern 1944.

Wenngleich sich die Annahme der rationalen Wirtschaftssubjekte als sehr fruchtbar erwies und einen vielfältigen Erkenntnisfortschritt zuließ, wurden die Implikationen der Annahmen kritisiert.

Einer der berühmtesten Kritiker, Herbert Simon, störte sich an der Idee der Maximierung einer Zielfunktion.[396] Der Aufwand, der unter realistischen Bedingungen getätigt werden müsste, die beste aller Handlungsalternativen herauszufinden, sei so hoch, dass kein Individuum sich diesem unterziehe. Wirtschaftssubjekte hätten begrenztes Wissen, die Datenbeschaffung verursache Kosten, und insbesondere die Handlungsalternativen seien nicht vollständig bekannt. Simon schlug insbesondere auch aus letzterem Grund alternativ das Konzept des Satisficing vor. Demzufolge suchen Wirtschaftssubjekte nach besseren Lösungen nur solange, bis sie eine befriedigende Lösung gefunden haben. Sie satisfizieren, statt zu maximieren.[397]

In der Folge von Simon entstanden Modelle, welche das Satisfizierungskonzept und seine Konsequenzen in vielerlei Hinsicht untersuchten. Diese Modelle stellen in gewisser Weise das Zentrum der Lehre der Bounded Rationality dar. Dabei hat sich der deutsche Ökonom Reinhard Selten sehr verdient gemacht.

Anspruchserfüllungsprinzip/Satisficing

Das Anspruchserfüllungsprinzip[398] geht auf Simon zurück und wurde von ihm Satisficing Principle genannt. Dem Anspruchserfüllungsprinzip zufolge orientiert sich ein Entscheider an einer zweiwertigen Zielfunktion, bei der die möglichen Ausgänge einer Entscheidung entweder als ‚befriedigend' oder ‚nicht befriedigend' klassifiziert werden. Gesucht werden Handlungsweisen, bei denen alle möglichen Ergebnisse zur Gruppe ‚befriedigend' gehören. Gibt es mehrere solcher Handlungsweisen, besteht Indifferenz.

Eine simultane Optimierung ist bei diesem Konzept entbehrlich. Da alle positiven Handlungsweisen gleichwertig sind, kann man nacheinander verschiedene Lösungswege durchgehen und den ersten wählen, der positive Ergebnisse bringt.[399]

Das Konzept bietet die Möglichkeit, eingeschränkt rationales Verhalten formal zu beschreiben. Das Modell lässt außerdem Spielraum. Die Kriterien für das Erreichen eines befriedigenden Niveaus können sich aus dem Problemzusammenhang ergeben.

---

[396] Simon 1947.
[397] Vgl. Z.B. Simon 1955; Simon 1957; Simon 1959; Simon 1961.
[398] Von Simon 1955, zitiert nach Klopstech, Selten 1984, S. 14ff.
[399] Vgl. Klopstech, Selten 1984, S. 14.

Anspruchsanpassungstheorie

Diese von Sauermann und Selten entwickelte Theorie[400] löst das Problem, wie Wirtschaftssubjekte Vorstellungen über befriedigende Lösungen (im Sinne von Simon) entwickeln.

Sie löst insbesondere das von Selten erkannte Problem der Wirtschaftssubjekte, konsistente Präferenz- und Wahrscheinlichkeitsaussagen zu tätigen.[401] Wirtschaftssubjekte bemerken fehlende Fähigkeit in dieser Hinsicht und gehen Lösungsverfahren, die mit Präferenz- und Wahrscheinlichkeitsfunktionen arbeiten, aus dem Weg. Sie vermeiden Wahrscheinlichkeitsaussagen, soweit keine objektiven Wahrscheinlichkeiten vorliegen. (Selten nimmt an, dass für beliebige Entscheidungssituationen keine fertigen Präferenz- und Wahrscheinlichkeitsurteile im Gedächtnis abgelegt sind, sondern diese sich erst fallweise im Rahmen eines Informationsverarbeitungsprozesses erarbeitet werden müssen.)

Wie aber muss man sich das Entscheidungsverhalten vorstellen, wenn es nicht auf den klassischen Präferenz- und Wahrscheinlichkeitsurteilen baut? Selten schlägt die Anspruchsanpassungstheorie vor, die Entscheidungen ableiten kann, ohne konsistente Präferenzurteile und ohne Häufigkeitsverteilungen zu verwenden. Diese Theorie zeigt, *„wie ein Entscheidungsprozess organisiert sein könnte, der ohne Vergleiche des Unvergleichbaren und ohne Schätzungen des Unschätzbaren auskommt."*[402]

Nach der Anspruchsanpassungstheorie von Sauermann und Selten ist eine Lösung dann eine befriedigende Lösung, wenn sie das vom Individuum selbst gesetzte Anspruchsniveau erfüllt. Ein Anspruchsniveau ist definiert als das Zielniveau einer Leistung, die ein Entscheider sich selbst steckt, um eine bestimmte Aufgabe zu erfüllen. Formal kann das Anspruchsniveau als Vektor abgebildet werden, bei dem jede einzelne Komponente das erstrebte Niveau eines Einzelanspruchs angibt.[403] Das Anspruchsniveau bildet sich unter Nutzung von Erfahrungen der Vergangenheit. Im Zeitverlauf wird es sich anpassen, wenn neue Erfahrungen hinzukommen. Der Entscheider ist in der Lage zu erkennen, mit welchem Aufwand er sein Anspruchsniveau erreicht. Ist der Aufwand sehr hoch, wird das Anspruchsniveau gesenkt, andernfalls erhöht.

Im Einzelnen sieht der Anspruchsanpassungsprozess folgendermaßen aus:[404] Es treten drei Arten von Größen auf: realisierte, Anspruchs- und Erwartungsgrößen. Es gibt drei Arten von verhaltensbestimmenden Regeln: Anspruchsanpassungs-, Planungs- und Erwartungsbildungsregeln. Realisierte Größen aus der Vergangenheit bestimmen zusammen mit den bisherigen Anspruchsgrößen vermittels der Anspruchsanpassungsregeln ein neues Anspruchsniveau. Mithilfe der Planungsregeln werden von den Anspruchsgrößen ausge-

---

[400] Vgl. Sauermann, Selten 1962, S. 577ff.
[401] Vgl. auch für das Folgenden: Selten 2000, S. 132ff.
[402] Selten 2000, S. 133.
[403] Vgl. Klopstech, Selten 1984, S. 15.
[404] Vgl. Klopstech, Selten 1984, S. 15.

hend Entscheidungsmöglichkeiten und anhand der Regeln der Erwartungsbildung die zugehörigen Erwartungsgrößen ermittelt. Derart wird festgestellt, ob eine Entscheidungsmöglichkeit einem Anspruchsniveau entspricht. Wenn ja, kann die Entscheidung getroffen werden. Muss sie nicht sofort getroffen werden, kann entsprechend der Anspruchsanpassungsregel eine neue Anspruchsgröße definiert und der Suchprozess erneut gestartet werden.

Anspruchserfüllung und technischer Fortschritt

Ein Modell von Radner[405] untersucht die Frage, ob Anspruchserfüllung mit Fortschritt kompatibel ist. Es wird angenommen, Wirtschaftssubjekte suchen nach Möglichkeiten zur Verbesserung einer Leistungsvariablen. Sie suchen aber nur, wenn das Leistungsniveau unter ein bestimmtes Anspruchsniveau fällt. Das Anspruchsniveau wird determiniert aus Erfahrungen und insbes. dem Leistungsniveau der letzten Ruheperiode (in der also nicht nach Verbesserungen gesucht, sondern nur „geleistet" wurde). Diese Grundmodellierung ist kompatibel mit Seltens Ansicht über Veränderungen des Anspruchsniveaus: Erfolgreiches Verhalten prägt sich ein, wird beibehalten und entwickelt sich zum Routineverhalten.[406] Neue Regeln werden nur dann gesucht, wenn sich die Umwelt zum Negativen verändert. Wenn man nun die Ergebnisse der Suche als stochastischen Prozess abbildet, dann gelingt es in den Suchphasen immer wieder auch, Verbesserungen des Leistungsniveaus über das ursprüngliche Niveau hinaus zu erreichen, was gemäß Anspruchsanpassungstheorie in der nächsten Periode eine Erhöhung des Anspruchsniveaus nach sich zieht. In der langen Frist stellt sich dann eine positive Rate technischen Fortschritts ein – und dies, obwohl die Wirtschaftssubjekte nicht maximieren, sondern nur satisfizieren.

Routine und Lernverhalten

Modelle, bei denen Routine und Lernen am eigenen Erfolg im Zentrum stehen, haben Cross und Himmelweit vorgelegt. Routineverhalten kann interpretiert werden als eine festgelegte Reaktion auf ein Ereignis. In dem Modell von Cross und Himmelweit wird Routine auch in dieser Weise modelliert. Allerdings erweitern die Autoren den Modellrahmen und modellieren Routineverhalten als eine Wahrscheinlichkeitsverteilung von Reaktionen auf Ereignisse.[407] Diese Wahrscheinlichkeitsverteilung ist keine Zufallsverteilung, sondern Ergebnis von Lernprozessen. Lernen bedeutet die Änderung der Wahrscheinlichkeiten, dass Verhaltensweisen als Reaktion auf bestimmte Situationen auftreten.[408] Diese Änderung wird dadurch herbeigeführt, dass Umweltereignisse verstärkend oder abschwächend wirken. Das Wirtschaftssubjekt reagiert also eher passiv und ex post auf die Umweltänderungen. Das Wirtschaftssubjekt spart sich auf diese Weise komplizier-

---

[405] Vgl. Radner 1975. Radner, Rothchild 1975.
[406] Vgl. Klopstech, Selten 1984, S. 17f.
[407] Vgl. Cross 1973, Himmelweit 1976, S. 329ff.
[408] Vgl. Klopstech, Selten 1984, S. 23.

te Vorausberechnungen und passt sich trotzdem im Lauf der Zeit an Datenänderungen an. Dass auf diese Weise ein Optimum (in Bezug auf die Ziele des Wirtschaftssubjektes) erreicht werden kann, ist nicht garantiert. Entscheidend ist, wie Umweltreize zu einer Verstärkung und Schwächung der Wahrscheinlichkeitswerte führen. Das Wirtschaftssubjekt muss Handlungen auf ihren Erfolgsbeitrag hin beurteilen können. In den Modellen von Cross und Himmelweit reagieren die Wirtschaftssubjekte auf Gewinne und Verluste, teils im Sinne einer Funktion der Gewinnhöhe, teils diskret mit je einem festen Verstärkungswert für den Gewinn- und den Verlustfall. Bei hinreichender Marktstabilität kann mit diesen Schemata langfristig ein optimales Verhalten erreicht werden, und der Markt erreicht ein Gleichgewicht, das unter bestimmten Umständen (u.a. stetige Verstärkung) dem traditionellen Marktgleichgewicht gleicht.[409]

Imitation ist eine Variante des Lernens, bei der sich Marktteilnehmer an dem beobachteten Verhalten anderer Marktteilnehmer orientieren. Dies kann sehr kostensparend sein. Allerdings kann nicht unbedingt erwartet werden, dass sich ein Gleichgewicht einstellt, insbesondere ein solches, das einem Optimum im traditionellen Sinne entspricht.

Conlisk löst das Problem, indem er Imitatoren und Optimierer zulässt.[410] Optimieren ist mit höheren Kosten verbunden, während die Anpassungsregeln beim Imitieren dazu führen, dass nicht immer der höchstmögliche Gewinn erreicht wird. Insgesamt kann sich ein Gleichgewicht einstellen. Problematisch an dieser Lösung ist, dass in einer Welt begrenzter Rationalität die Annahme der Existenz von Optimierern widersprüchlich ist.

Klopstech entwickelt deshalb ein Modell, in dem es keine Optimierer mehr gibt.[411] In ihrem Modell sind alle beteiligten Unternehmen sowohl autonome Lerner als auch Imitatoren. Die Imitation ist eine (besonders pfiffige) Reaktion der Wirtschaftssubjekte auf die oligopolistische Situation, in der sie sich befinden. Passt der Konkurrent infolge eines Lernschrittes seine Preise an, dann wäre ein Nichtreagieren darauf, lebensbedrohend. Auch in diesem Modell stellen sich vernünftige Marktergebnisse und Marktstabilität ein.

Mainstream Ökonomen meiden Simon

Die Ansicht Simons, dass die Annahme vollkommener und kostenloser Information untragbar sei, war so überzeugend, dass sie von der allgemeinen Literatur aufgenommen wurde, obwohl auch weiterhin mit Modellen – darunter sehr erfolgreichen – auf Basis der Annahme fehlender Kosten gearbeitet wurde. Simon konnte aber mit seiner Annahme des Satisfizierens nur wenige Anhänger finden. Es kam deshalb dazu, dass viele, die wie Simon das Konzept des rationalen Individuums ablehnten, aber das Satisficing Prinzip nicht mochten, eigene Lösungen entwickelten, statt auf Simon aufzubauen. Von einigen dieser Lösungsversuche soll im Folgenden berichtet werden.

---

[409] Vgl. Klopstech, Selten 1984, S. 25.
[410] Vgl. Conlisk 1980, S. 275ff.
[411] Vgl. Klopstech 1980.

Es entwickelte sich im Gefolge von Simon eine umfangreiche Literatur zur Frage optimalen Suchverhaltens. Wer satisfiziert, sucht offenbar nicht richtig. Er ist schlimmstenfalls mit der nächstbesten Lösung zufrieden. Das muss Ökonomen ärgern. Als richtig an Simons Ideen wurde die Notwendigkeit der Einbeziehung von Entscheidungskosten erkannt. Aber ein einfaches Sichzufriedengeben mit der nächstbesten Alternative: das war unter der Würde der Ökonomik.

Baumol und Quandt (1964)[412] entwickelten die Regel, dass Informationen solange gesucht (und verarbeitet) werden, bis der erwartete Grenznutzen dieser Aktivitäten den Grenzkosten gleicht. Diese Lösung war ein genialer Kompromiss. Einerseits hatte man Simons Kritik berücksichtigt, dass Menschen wegen fehlender Kapazitäten nicht alle Informationen berücksichtigen können. Andererseits basierte Baumol und Quandts Lösung auf einem Optimierungsverhalten. Man hatte damit entwickelt, dass imperfekte Entscheidungen rational oder optimal seien oder anders formuliert: die Einbeziehung von Kostenaspekten machte den Übergang von Maximierungsregeln zu Satisfizierungsregeln nicht zwingend erforderlich. Dies wurde auch deutlich an den gewählten Titeln der Artikel wie z.B.: „Optimally Imperfect Decision".[413] Selbst wenn mehr Informationen vorhanden sind, ist es nicht optimal, sie zu suchen und zu verarbeiten, wenn die Kosten höher sind als der erwartete Nutzen. Damit war Herbert Simon auf elegante Weise an den Rand gedrängt.

Die Überlegungen von Baumol und Quandt erzwangen die Beschäftigung mit einem neuen Problem. Es musste jetzt geklärt werden, wie Menschen den erwarteten Nutzen von Informationen einschätzten. Die Abschätzung des erwarteten Nutzens von Informationen kann selbst wieder schwierige Abwägungsprobleme hervorrufen, bevor mit der eigentlichen Suche und deren Verarbeitung zu einer Entscheidung begonnen werden kann. Natürlich kann man vereinfachen und Daumenregeln verwenden. Aber jedes Vereinfachungsverfahren muss wieder durchdacht und begründet sein. Auch dieses Durchdenken und Begründen kann man vereinfachen, was aber wieder ... – es kommt zu einem infiniten Regress.

Reinhard Selten hat nach vielfachen Experimenten den Schluss gezogen, dass Menschen diese Regress-Probleme zwar lösen, aber nicht im Sinne klassischer Entscheidungstheorien, d.h. optimierend. Selten kam wieder zurück zu Simon und entwickelt bis in die Gegenwart hinein Konzepte für Satisfizierungsverhaltensweisen.

Einen Schlag gegen das Satisfizierungskonzept stellte indirekt die Rational Expectations-Theorie von Muth (1961)[414] dar. Sie besagt, dass die Erwartungen von rationalen Entscheidern um die Vorhersage der relevanten Theorie streuen. Wegen der unvollständigen Informationslage können Wirtschaftssubjekte nicht in jedem Fall die Zukunft sicher voraussagen, aber sie werden auch keine systematischen Fehler machen, also nicht ständig zu

---

[412] Baumol, Quandt 1964, S. 23ff.
[413] Baumol, Quandt 1964.
[414] Muth 1961, S. 315ff.

hoch oder zu tief schätzen. Rationale Entscheider werden im statistischen Durchschnitt richtige Entscheidungen treffen. Ein solcher Ansatz legte es Nahe, sich nicht mehr mit den „Niederungen" der Analyse tatsächlicher Verhaltensweisen zu befassen. Im Einzelfall mag es die unterschiedlichsten psychologisch begründeten Ursachen für das Verhalten geben. Aber im Mittel ist Verhalten durch bestimmte Optimierungskalküle erklärbar – nur damit muss man sich befassen. Dies erinnert fatal an Paretos oben beschriebenen Versuch, die Psychologie auszuschalten 60 Jahre vorher.

In vielfachen intelligenten Tests wurde erforscht, ob sich Menschen im Mittel rational verhielten. Dies wurde nicht immer, aber doch so häufig bestätigt, dass viele Forscher keine Notwendigkeit sahen, zu alternativen Verhaltenstheorien überzugehen. Die vorhandenen Theorien reichten zur Erklärung „im Mittel" aus.

Kritisiert wurde aber ganz generell, dass die Zahl der Datenänderungen zu hoch und die Bandbreite an möglichen Informationsständen der Wirtschaftssubjekte zu groß sei, um mit der Theorie von Muth überhaupt arbeiten zu können.[415] In einer realen sich schnell wandelnden Welt kann es überhaupt unmöglich sein, Muths Theorie zu testen. Es dürfte nicht verkehrt sein zu behaupten, dass die meisten der zur Begründung von theoretischen Ansätzen herangezogenen empirischen Phänomene auch mit ganz anderen Theorien kompatibel sind.

Die Argumente von Muth, Baumol und Quandt wirken bis heute nach, indem sie viele Forscher davon abhalten, sich im Detail mit Verhaltensweisen von Entscheidern in einer komplexen Welt zu befassen.

Analyse von Finanzmärkten

In der Finanzmarktforschung erhielten Simons Überlegungen erneut einen Dämpfer mit der Entwicklung des Capital-Asset-Pricing-Modells in den sechziger Jahren, das die vollständige Lösung aller Informationsprobleme einfach voraussetzt. Zunächst blieb diese Theorie unbeachtet. Wofür sollte man solch abstrakte Überlegungen auf Basis wenig realistischer Verhaltensannahmen gebrauchen können, wie sie Tobin (1958), Sharpe (1964), Lintner (1965), Mossin (1966) und Black u.a. (1972) niederlegten? Nach einem Artikel von Fama (1968), in dem dieser die bis dahin wenig beachteten Ansätze von Lintner und Sharpe miteinander verglich, verbreitete sich das CAPM aber schnell und wurde zum Ankerpunkt einer neuen Forschungsrichtung, der „Financial Economics". *„From the 1970s to the mid 1980s the CAPM ruled academic finance."*[416]

---

[415] Vgl. Tisdel 1996, S. 7ff.
[416] Frankfurter 1995, S. 105.

Die Praxis griff das CAPM auf, kam aber damit nur teilweise gut zurecht: „*The disenchantment of the practitioners started quite early.*"[417] Zu vielfältig waren die Ungereimtheiten des Modells, die sich in der täglichen Verwendung als störend erwiesen.[418] So richtig zu gebrauchen war das Modell also bei vielen Geschäftsvorfällen nicht.

1977 war ein besonderes Jahr. Richard Roll veröffentlichte einen Artikel, in dem er überzeugend darlegte, dass das CAPM nicht empirisch getestet werden könne. Seine Argumentation – und damit die Kritik am CAPM – hängt eng mit Bounded Rationality zusammen, obwohl dies nie so formuliert wurde. Roll argumentiert, dass es angesichts der Komplexität der Märkte unmöglich sei, das Marktportfolio des CAPM zu finden. Es wird keine Gruppe von Marktteilnehmern oder Wissenschaftlern geben, die sich auf ein Portfolio als das „wahre" Marktportfolio wird einigen können. Hat man das wirkliche Marktportfolio aber nicht gefunden und testet das CAPM auf Basis irgendeines Portfolios, das man an seiner Stelle nimmt, dann kann man sich nicht sicher sein, ob das CAPM gilt, denn ein bestimmter Rendite-Risiko-Zusammenhang zwischen irgendwelchen Wertpapieren und einem x-beliebigen Portfolio ist noch kein Beweis für oder gegen das CAPM. „*No two investigators who disagree on the market's composition can be made to agree on the theory's test result.*"[419]

Zusätzlich zu dieser theoretischen Kritik wurden ab Anfang der 80er Jahre Renditeverläufe gemessen, die mit dem CAPM nicht übereinstimmten. Man nannte derartige Renditen „Anomalien", womit ihr Bezug zum CAPM deutlich wird. Da man zunächst Schwierigkeiten hatte, diese Anomalien zu erklären, gab man ihnen die neutrale Bezeichnung „Effekt". Am Beginn steht der Small Firm Effekt, der erstmals 1981 in anerkannten wissenschaftlichen Zeitschriften beschrieben wurde.[420] Es folgten diverse weitere Effekte, die wegen ihres Bekanntheitsgrades hier ungenannt bleiben können.

Man hätte erwarten können, dass damit das CAPM ad acta gelegt worden wäre, denn es war ja gerade die empirische Verifizierung gewesen, die das Modell bis dahin überzeugend gemacht hatte. Dies war aber nicht der Fall. Das Modell erfreute sich weiter großer Beliebtheit nun gestützt auf empirische Untersuchungen, die zeigten, dass sich aus dem Modell – wenn auch vielleicht nicht in der ursprünglichen Absicht und nicht mit der ursprünglichen Deutlichkeit – aber doch gewisse wichtige Zusammenhänge erkennen ließen.[421] Als wichtige Zusammenhänge wurden immer wieder die lineare Rendite-Risiko-Beziehung und das Beta als relevantes Risiko genannt. So verliefen die 80er Jahre. 1992 veröffentlichten Fama und French dann aber einen Beitrag, in dem sie zeigten, dass man dem Beta keine, d.h. nicht einmal eine gewisse, prognostizierende Kraft zusprechen könne.

---

[417] Frankfurter 1995, S. 105.

[418] Vgl. Frankfurter 1995, S. 105.

[419] Roll 1977, S. 131.

[420] Vgl. Banz 1981. Siehe auch Frankfurter 1995, S. 109f.

[421] Hierzu Frankfurter 1995, S. 106.

Mit dieser Deutlichkeit und Überzeugungskraft war dies bis dahin noch nicht ausgesprochen worden, und damit war der wichtigste Faktor weggesprengt, der das CAPM als überzeugendes Modell noch am Leben erhalten hatte.[422] Erstaunlicherweise war das CAPM aber auch damit noch nicht tot: in der Praxis lebten Teile davon weiter. *„As an academic model [it] is dead, but ... beta is alive and well and enjoying many uses and interpretations"*.[423] Die Tatsache, dass ein Konzept insgesamt „tot" ist, aber ein Faktor aus diesem Konzept vielfältig verwendet wird, ist interessant.

Das zähe Leben des Capital-Asset-Pricing-Modells

Zwei Gründe wurden für das zähe Leben des CAPM verantwortlich gemacht:

Zwischenzeitlich hatte die Praxis herausgefunden, wie schwierig es ist, den richtigen Risikoaufschlag zu berechnen und hatte erkannt, dass das CAPM hierfür eine einfache Formel bietet.

In der Wissenschaft begann man, das Erreichte zu begutachten: *„What do we have to show for forty years of financial economics?"*[424] Man scheute sich, das Modell aus dem Kanon zu behandelnder Stoffe zu entfernen. Man betrachtete das CAPM jetzt als einen grundsätzlichen Denkansatz für die Ableitung von Finanzmarktpreisen aus Portfoliozusammenhängen heraus ohne den Anspruch, die Realität zu erklären.

Damit war aber die Frage offen, was bewegt die Finanzmärkte wirklich? Den wahren Verhaltensweisen der Marktteilnehmer war man nicht näher gekommen. Letztlich musste man konzedieren, dass in dieser Hinsicht der Zeitraum etwa zwischen 1965 und 1995 ein verlorenes drittel Jahrhundert gewesen war. Frankfurter führt den Siegeszug eines letztlich unhaltbaren theoretischen Konzeptes auf ein Amalgam des neoklassischen Grunddenkens vieler Ökonomen und Friedmans Positivismus zurück, der es erlaubt, Theorien schon bei sehr eingeschränkten Leistungen für erfolgreich und nützlich zu halten. Friedman schrieb 1953 in seinem Essay „The Methodology of Positive Economics" (1953, S.15): *„The relevant question to ask about the assumptions of theory is not whether they are descriptively 'realistic', for they never are, but whether they are sufficiently good 'approximations' for the purpose at hand."* Was zählte, war nicht die Realitätsnähe oder -ferne der Annahmen, sondern die Prognostizierbarkeit von Ergebnissen. Es ist verständlich, dass in einem solchen Umfeld die Ideen von Simon wenig Anhänger fanden, wenn man gleichzeitig auf gewohnter neoklassischer Basis Theorien fand, die – zumindest anfänglich – empirische Erfolge vorweisen konnten.

---

[422] Vgl. Frankfurter 1995, S. 105.

[423] Frankfurter 1995, S. 105. Frankfurter stützt sich hier auf Grinold 1993.

[424] Frankfurter 1995, S. 105, zitiert mit diesem Satz einen ungenannten „Doyen of the field" in einer ungenannt gebliebenen Podiumsdiskussion.

Dies alles erinnert in gewisser Weise an die Debatte um die richtige Himmelsmechanik, d.h. das Ptolemäische Weltbild. Noch Jahrhunderte nachdem sich die Indizien gegen das Weltbild unumkehrbar verdichtet hatten, blieb man diesem Bild verhaftet. Man benutzte das empirische Argument, die beobachteten Planetenbewegungen würden ausreichend genau erklärt. Aber ist es wirklich „schlimm", ein falsches Modell der Himmelsbewegungen zu benutzen? Welche konkrete Handlungsweise des realen Lebens wurde dadurch verfälscht? Vielleicht hatte das Festhalten an dem Modell ganz andere Funktionen, wie etwa die Stabilisierung sozialer Prozesse. Vermutlich hatte auch das Festhalten am CAPM seine Ursachen auf ganz anderen Gebieten als der Suche nach dem „wahren" Kapitalmarktmodell.[425]

Heuristikforschung

In den 90er Jahren trat mit der zunehmenden Kritik an den zentralen Modellen der Kapitalmarkttheorie eine gewisse Unsicherheit in der Finanzmarktforschung auf. Einige Forscher wandten sich der Behavioral Finance Richtung zu. Andere suchten neue Erkenntnisse in der Lehre von der Bounded Rationality. Die Frage wurde jetzt *ernsthaft* angegangen, wie Menschen, die begrenzte geistige Kapazitäten haben, überhaupt Entscheidungen treffen.[426]

Die Heuristikforschung wurde wieder belebt.[427] Sie wendet sich der offensichtlichen Nutzung vereinfachter Entscheidungsverfahren durch Menschen mit begrenzten kognitiven Fähigkeiten zu. Demzufolge verfügt der Mensch über *„a repertoire of simple decision strategies"*[428], die zwar viele Variable außer Acht lassen, aber trotzdem oft, nicht immer, zu hochwertigen Lösungen gelangen. Der Grund dafür wird darin gesehen, dass die Heuristiken an das jeweilige Entscheidungsumfeld gut angepasst sind. Heuristiken *„are adapted to the specific environments. ... The key to understanding people's performance is to understand how human decision-making strategies are well-matched to particular task environments."*[429] Meilensteine der Forschung stammen von Gigerenzer, Todd und Selten[430], in neuerer Zeit von Shefrin[431] u.a. Die Beschreibung und Deutung der *tatsächlichen* Entscheidungswege ist Ziel der Heuristikforschung.

---

[425] Siehe Frankfurter 1995, S. 117f. Zu Verwendungsgründen für das CAPM in jüngerer Zeit in der Praxis siehe Knoll, Wenger 2005, S. 241f.

[426] Gigerenzer, Todd 1999, S. 9; siehe auch Todd 2002, Todd, Marois 2004; Jeannerod 1997.

[427] In der älteren Literatur wurden Heuristiken oft „rules of thumb" genannt; vgl. Baumol, Quandt 1964, „Rules of Thumb and Optimally Imperfect Decisions".

[428] Eröffnungstext der Einladung zur Sommeruniversität über Bounded Rationality des Max Planck Institute for Human Development in Berlin; http://www.mpib-berlin.mpg.de/SummerInstitute/ (Zugriff 10.3.2009).

[429] Eröffnungstext der Einladung zur Sommeruniversität über Bounded Rationality des Max Planck Institute for Human Development in Berlin; http://www.mpib-berlin.mpg.de/SummerInstitute/ (Zugriff 10.3.2009).

[430] Gigerenzer, Todd 1999.

[431] Shefrin 2007.

Evolutionsforschung

Eine andere Forschungsrichtung, die stark an Bedeutung gewonnen hat, ist die Herleitung menschlicher Verhaltensweisen aus der Evolutionsgeschichte der Menschheit. Ausgangspunkt ist die Vermutung, dass Ausprägungen des menschlichen Denkens in der Evolutionsgeschichte ihre Ursache haben müssen. Es wird gehofft, auf Maximen menschlicher Verhaltensweisen durch Analyse historischer Kontexte zu gelangen. *„We expect natural selection to have resulted in specific physiological and psychological adaptations."*[432] Finanzmarktrelevant ist insbesondere die Frage, wie sich Menschen an Risiken der Umwelt anpassen. Die Fähigkeit, mit bestimmten Risiken gut und mit anderen weniger gut umgehen zu können, wird in der Evolutionsgeschichte des Menschen gesehen. *„We suggest that the human mind has been structured by natural selection to ... cope with the risks faced during our long history of living as hunter-gatherers."*[433] Es wird vermutet, dass in dieser Zeit durch Auslese das Instrumentarium an Fähigkeiten verankert wurde, über das der moderne Mensch heute verfügt: *„this can be substantially different from probability theory, propositional calculus (logic), or economic rationality (utility maximization)."*[434] Die Evolutionsforschung versucht zu erklären, warum das Gehirn so aufgebaut ist, warum Denkvorgänge so ablaufen und weshalb Menschen bestimmte Vorlieben und Aversionen (Gefühle) haben, so wie wir es heute vorfinden. Besonders untersucht werden das Risikoverhalten und die offensichtliche Bereitschaft zur (uneigennützigen) Kooperation. Ergebnisse der letzteren Forschungsrichtung werden im Folgenden kurz vorgestellt.

Kooperation und Fairness

Die empirische Forschung zeigt, dass Entscheider nicht ausschließlich sachzielbezogen agieren, sondern parallel auch auf andere Personen gerichtete Ziele verfolgen. Dies wurde anhand von Spielen gezeigt, bei denen eindeutige, optimale, sachzielbezogene Lösungen existieren, die ohne Kooperation erreicht werden könnten, wobei es trotzdem *„häufig zu Quasikooperationen fernab der spieltheoretischen Gleichgewichte"*[435] kommt. Die dabei zu beobachtenden Verhaltensmuster wurden mit Namen wie Fairnessprinzip, Äquitätsprinzip, Reziprozität, Gruppenrivalität, Solidarität, Intrinsik, Anspruchsausgleichsprinzip, Maß-für-Maß-Prinzip u.a. belegt.[436]

Die Neigung von Menschen zu Fairness wird heute meist evolutionstheoretisch erklärt. Im Folgenden wird kurz ein soziobiologischer Ansatz erwähnt. In diesem Ansatz wird davon ausgegangen, dass soziale Strukturen und Verhaltensweisen Ergebnisse der natürlichen Selektion genetischer Variation sind.[437] Überlebende Strukturen gelten als biologisch ange-

---

[432] Tucker, Ferson 2008, S. 111.

[433] Tucker, Ferson 2008, S. 111.

[434] Tucker, Ferson 2008, S. 111.

[435] Selten 2000, S. 143.

[436] Vgl. Selten 2000, S. 140.

[437] Vgl. Voland 2000, S. 23ff.

passt, wenn sie unter den gegebenen Bedingungen und im Vergleich zu allen realisierbaren Alternativen mit der höchst möglichen Fitness für den Akteur verbunden sind.[438] Unter Fitness wird die Fortpflanzungswahrscheinlichkeit der eigenen Gene verstanden. Nun hat sich das Leben des Menschen in seiner Evolutionsgeschichte zum größten Teil in kleinen sozialen Gruppen abgespielt, sodass das Agieren in der Gruppe als ein zentraler Teil menschlichen Verhaltens betrachtet werden kann.[439] Aus soziobiologischer Sicht schließen sich Individuen dann zu sozialen Gruppen zusammen, wenn aus der Gemeinschaft ein Vorteil für die eigene Fitness erwächst. Es gibt verschiedene Formen der Kooperation, die diesem Ziel dienen:

- *Mutualismus.* Gemeinsames Verhalten bei einer unmittelbaren Gewinnerwartung – z.B. auf der Jagd.

- *Nepotismus.* Altruistische Verwandtenförderung, deren Nutzen in der Fitnessförderung der eigenen Gene liegt – z.B. Unterstützung der Verwandten durch eine unverheiratete Frau.

- *Reziproker Altruismus.* Uneigennützige Förderung von Nichtverwandten in der Hoffnung auf reziproke Förderung später.

Insbesondere der reziproke Altruismus ist durch ausnützerisches, in unserer Terminologie „hässliches", Verhalten der anderen bedroht. Das Risiko dazu kann folgendermaßen gemindert werden:

Wiederholtes Interagieren und Strafe: Die Bestrafung dient dazu, nicht-kooperatives Verhalten zu sanktionieren. Dies setzt Wiedererkennbarkeit von Personen voraus (was wiederum entsprechende Hirnleistungen voraussetzt) sowie häufiges Aufeinandertreffen. Das wiederum hat ein Leben in stabilen, nicht zu großen Gruppen zur Voraussetzung.

Wiederholtes Interagieren und Reputation: Kooperation kann evolvieren, wenn Individuen vorzugsweise mit jenen Subjekten agieren, die in der Vergangenheit kooperative Verhaltensweisen gezeigt haben.[440] Dies ist besonders bei der Entwicklung indirekter Reziprozität von Bedeutung. Der Akteur wird dabei nicht vom Rezipienten direkt entlohnt, sondern von einer dritten Partei. Die dritte Partei entscheidet unter anderem anhand der individuellen Reputation. Individuen, die eine Geschichte des Gebens hinter sich haben, verfügen über hohe Reputation und werden vorzugsweise Empfänger der Kooperationsleistung.[441] Die Sanktionierung für unkooperatives Verhalten kann so groß sein, dass Kooperation unabhängig vom Verhalten des Interaktionspartners im spieltheoretischen Sinne „die beste" Entscheidung darstellt.[442]

---

[438] Ebenda, S. 18.

[439] Vgl. Barash 1980, S. 299.

[440] Vgl. Röhl, Röhl, Schuster 2007, S. 1ff.

[441] Vgl. Semmann, Krambeck, Milinski 2005, S. 611ff.

[442] Vgl. Axelrod 2005, S. 120.

Mit einem Experiment zeigen Selten, Mitzkewitz und Uhlich, wie Probanden versuchen, Mitspieler zur fairen Kooperation zu bewegen.[443] Zugrunde lag ein Spiel, bei dem die Spieler den Eindruck gewannen, dass hohe Gewinne nur durch Kooperation zu erreichen waren. Sie konnten nun allerdings nicht direkt (verbal) mit den Mitspielern in Kontakt treten, sondern mussten Strategien im Computer programmieren. Selten findet ein typisches Vorgehen: zunächst wird ein auf Fairnesskriterien basierender Idealpunkt (d.h. eine ideale kooperative Aufteilungsregel) definiert. Anschließend wird überlegt, wie man den Mitspieler dazu bringen kann, diese Regel zu akzeptieren. Dies geschah in den Spielen derart, dass die Spieler sich in einer Anfangsphase des Spiels mit ihren Geboten hin zu ihrem Idealpunkt bewegten und in einer anschließenden Phase den Gegner durch eine „entsprechend" starke Reaktion bestraften, wenn sich seine Gebote von diesem Idealpunkt wegbewegten oder ihn „entsprechend stark" belohnten, wenn sie sich hinbewegten.[444] In einer Endphase kurz vor Schluss des Spiels dominierten nichtkooperative Verhaltensweisen, um den individuellen Gewinn noch zu erhöhen. Selten bezeichnet Handlungsweisen nach diesem 3-Phasen-Schema als Maß-für-Maß-Verhalten.

Tucker und Ferson schließen, dass die natürliche Auslese den Menschen so geformt hat, dass er eine besondere Art des Eigeninteresses verfolgt, welches Fairness, Gleichheit und Gerechtigkeit, sowie die Angst vor Betrug beinhaltet.[445]

Zusammenfassend kann gesagt werden: Von immer mehr Seiten werden Erkenntnisse über menschliches Verhalten und seine Ursachen verfügbar. Ein spezieller Bezug zu Finanzmärkten ist (noch) nicht immer vorhanden. Die Zukunft wird zeigen, welche finanzwirtschaftlichen Fragestellungen sich mit den neuen Forschungsrichtungen klären lassen.

8.6 Marketing und Finanzmarktanalyse

Welche Rolle spielt die Marketingwissenschaft in der Finanzmarktökonomik? Die Antwort lautet: nur eine begrenzte. Zu einer Befruchtung der Finanzmarktanalyse durch Erkenntnisse des Marketing ist es mit Ausnahmen für wenige Spezialgebiete nicht gekommen.

Dabei ist diejenige Wissenschaft, bei der alle Informationen über das auf einen Markt gerichtete menschliche Entscheidungsverhalten zusammenfließen, das Marketing. Ziel des Konsumgütermarketing sind die *„Prozesse, die ablaufen, wenn Individuen oder Gruppen Produkte, Dienstleistungen, Ideen oder Erfahrungen auswählen, kaufen, benutzen oder wegwerfen, mit denen sie ihre Bedürfnisse und Wünsche befriedigen möchten."*[446] Einzelthemen sind die menschliche Wahrnehmung, der Wahrnehmungsprozess, das sensorische System, sensori-

---

[443] Vgl. Selten, Mitzkewitz, Uhlich 1997, S. 517ff.
[444] Vgl. Selten 2000, S. 150.
[445] Vgl. Tucker, Ferson 2008, S. 116.
[446] Vgl. Solomon, Bamossy und Askegaard 2001, S. 22.

sche Schwellen, die Zuweisung von Bedeutung im Gehirn oder Phänomene selektiver Wahrnehmung. Vorgänge des Lernens werden behandelt und das Gedächtnissystem untersucht. Breiter Raum ist der Motivation und der Entwicklung von Werten gewidmet. Die Steuerung der Aufmerksamkeit im Gehirn ist ein wichtiger Aspekt. Die biologische Genese von Überzeugungen und Einstellungen von Wirtschaftssubjekten wird untersucht sowie die Ursachen und Mechanismen von Gruppenentscheidungen.

Die Marketingwissenschaft scheut nicht davor zurück, sehr speziellen Fragen der Produktplatzierung, -ausgestaltung, -kombination, von Uhrzeiten, Örtlichkeiten, Farben, Formen, Anmutungen etc. nachzugehen.[447] Auf der Konsumgüterseite fragt sich der Hersteller von Coca Cola, wie er sein koffeinhaltiges Getränk an den Frühstückstisch bekommt, während die Marketingfachleute kaum Interesse an dem Gleichgewichtspreis für Cola oder Marmelade „im Allgemeinen" haben. Letztere Fragestellungen waren in der Finanzmarktforschung traditionell von Wichtigkeit.[448]

Porsche konnte einmal eine Anleihe zu extrem günstigen Konditionen verkaufen. Man wählte die Stückelung gerade so klein, dass die Fondsmanager noch alleine entscheiden durften und verband das Closing mit einem Event auf einer Rennstrecke mit Testfahrmöglichkeit. Ein früherer Kollege von mir beim Chemiekonzern Hoechst hatte in den 70er Jahren einmal den billigsten Kredit verhandeln können, den jemals ein Mitarbeiter zustande gebracht hat. Er ließ als Kreditnehmer eine Tochtergesellschaft des Konzerns in Guatemala auftreten und bot das Geschäft einer Bank an, die kaum Auslandsgeschäft hatte: Der gesamte Vorstand besah sich in Guatemala die zu finanzierende Fabrikation. Die Marktpreise „im Allgemeinen" haben derartige Events vielleicht wenig beeinflusst, aber ganz unbedeutend dürften die Gesetzmäßigkeiten, die hier zum Tragen kommen, auch nicht sein.

Klassische Produktionsorientierung

Was sind die Gründe dafür, dass Erkenntnisse des Marketing in wichtigen Teilbereichen der Finanzmarktforschung und -praxis weniger verwendet wurden?

---

[447] Hingewiesen sei auf den Überblicksartikel von Homberg und Koschate 2005, S. 383ff. Im Marketing fragt man sich z.B. in Bezug auf die Motive, ein Stück Fleisch zu erwerben, „soll das Steak oder das Brutzeln verkauft werden?" (Vgl. Solomon u.a. 2001, S. 206ff.).

[448] In der Finanzwirtschaft ist eine Dichotomie festzustellen: in vertriebsnahen Bereichen, werden vielfältige Eigenschaften von Bankleistungen behandelt. In produktionsnahen Bereichen ist es weit verbreitet, Bankleistungen auf nur eine Eigenschaft zu reduzieren – ihre Charakteristik als Zahlungsstrom. Einige Ausnahmen davon gibt es: Der Würzburger Professor Wenger thematisiert seit langem die diffizilen Hintergründe der Preisgestaltung bestimmter Optionen. Knoll und Wenger (2005, S. 241) untersuchen die Hintergründe der Wertfeststellung in Gutachten von Wirtschaftsprüfern. Marco Wilkens befasst sich mit der Preisbildung von Produkten einzelner Banken (Scholz, Baule, Wilkens 2005, S. 87ff.). Dazu gibt es eine große Literatur insbes. zu vertriebsorientierten Themen, die sehr spezifische Umstände des Finanzmarktgeschehens behandeln.

Auffällig ist die heimliche Produktionsorientierung der Finanzwirtschaftslehre. Betrachtet sei eine ältere Auflage des berühmten Buches ‚Der Bankbetrieb' von Hagenmüller und Diepen, welches Generationen von Bankauszubildenden ihr zukünftiges Aufgabengebiet nahegebracht hat. Dieses Buch kommt ohne eine einzige Erwähnung der Kundenwünsche aus. Bereits der zweite Absatz auf der ersten Seite des Buches führt in das Kreditwesengesetz als Grundlage aller Aktivitäten von Banken ein (anstatt dieses Gesetz als – wenn auch wichtige – Rahmenbedingung zu klassifizieren, welche die Reaktionsmöglichkeiten der Bank auf Wünsche der Kunden lenkt und einengt). Die Kapitel über die Bankprodukte gehen auf technische Details der Produktionsseite, aber nicht auf die Wünsche der Nutzer der Produkte ein. Kapitelüberschriften lauten z.B. *„Wesen und Technik des Depositengeschäftes"*[449], was die Dominanz der Produktionsseite augenfällig macht. Die Finanzinstrumente stehen fest, und von diesen kann sich der Konsument etwas aussuchen – ein unproblematischer Vorgang aus Sicht der Bank. Das heißt, die *„Prozesse, die ablaufen, wenn Individuen oder Gruppen Produkte, Dienstleistungen, Ideen oder Erfahrungen auswählen, kaufen, benutzen oder wegwerfen, mit denen sie ihre Bedürfnisse und Wünsche befriedigen möchten"*, spielen keine Rolle.

In dieses Bild passten nicht die Erfolge der Strukturvertriebe, die sich seit den 70er Jahren ausbreiteten. Daraufhin wurden sie gebrandmarkt und als unseriös abgetan – die Produktionsorientierung blieb erhalten. Heute schließen Banken ihre Filialen und verlagern Umsätze ganz bewusst auf Strukturvertriebe, die Jahr für Jahr Wachstumsraten verzeichnen.

Finanzprodukte waren keine Konsumgüter

Die Dominanz von Produktionsfragen über Vertriebsfragen könnte damit zu tun haben, dass die klassischen Marketingfragen traditionell weniger vordringlich waren. Wenn man einmal ganz plakativ und sehr stark stilisiert eine Gegenüberstellung von klassischen Finanzprodukten und Konsumgüterprodukten vornimmt, dann ergibt sich Folgendes:

- Klassisches Problem im Marketing ist die Vielzahl an Produkten, die es untersuchenswert macht, welche der Konsument wann und wie erwirbt. Klassisches Phänomen der Finanzwirtschaft ist dagegen die eher kleine Palette an Produkten.

- Konsumgüterprodukte sind heterogen mit vielfältigen Varianten. Die klassischen Bankprodukte waren bei jedem Anbieter gleich.

- Die Verkäufer im Konsumgüterbereich haben heterogenes Qualitätsniveau, während Banken – insbesondere auch aufgrund der gesetzlichen Regulierung – eher homogene Eigenschaften haben.

---

[449] Hagenmüller, Diepen 1977, S. 275. In das Passivgeschäft wird folgendermaßen eingeführt: *„Die Formen, in denen Fremdkapital den Kreditinstituten zur Verfügung gestellt werden kann, sind der folgenden Übersicht zu entnehmen"*. Hagenmüller, Diepen 1977, S. 275. Die Produkte werden als gegeben angenommen. Der Absatz und seine Probleme spielen keine Rolle.

- Im Konsumgüterbereich kommen spontane Ad-hoc-Entscheidungen vor – das Eis an der Ecke wird wenig überlegt konsumiert, und selbst der Pullover wird schnell „mitgenommen" –, währenddessen Finanzprodukte als gut überlegt ausgewählt galten.
- Die langjährige Konstanz der Produktpalette im Finanzbereich ermöglichte erfolgreiche Lernprozesse. Die Produkte und ihre Eigenschaften wurden verstanden und richtig eingesetzt. Im Konsumgüterbereich war viel mehr Bewegung zu finden.
- Im Finanzbereich dominier(t)en längerfristige Strukturentscheidungen, während für den Konsumgüterbereich wiederholtes Handeln typisch ist.
- Typische Konsumgüterprodukte geben einen einmaligen Nutzen oder einen Nutzenstrom ab, der eher deterministisch ist (eine Waschmaschine ändert die Struktur ihrer Leistungsabgabe nicht). Im Finanzbereich dominieren Produkte mit stochastischen Produkteigenschaften. Das Risikomanagement ist daher ein Problem im Finanzbereich mit großer Bedeutung, das bei typischen Konsumgütern keine Entsprechung hat.
- Typische Finanzmarktrisiken führen u.U. zur Instabilität des gesamten Finanzsystems, was wichtige Forschungsfragen induziert, wozu es im Konsumgüterbereich keine Entsprechung gibt.

Annäherung von Finanzprodukten an klassische Konsumgüter

Diese traditionelle Phänomenologie der Finanzprodukte stimmt seit einiger Zeit nicht mehr. Aus einer klaren Welt einiger weniger Produkte ist eine unübersichtliche Welt einer Vielzahl heterogener, schwer verständlicher Produktvarianten geworden. Eine Reihe von Innovationen in den 70er Jahren des 20. Jahrhunderts hat zu einer Aufweichung der klassischen „Einfachheit" der finanzwirtschaftlichen Produktpalette geführt. Das Financial Engineering zeigte, wie man Produktvarianten durch Kombination verschiedener Basiselemente erzeugen kann. Die Produktpalette erweiterte sich daraufhin bis heute in nie geahnte Größenordnungen. Das Verständnis der Produkte und Strategien ist zum Problem geworden. Die Innovationsflut macht Erfahrungen wertlos.

Als sich die Produktpalette ausweitete, stellte man fest, dass der Absatz von Finanzprodukten modischen Trends unterlag. Man stellte weiter fest, dass man modische Produkte zu ungewohnt hohen Preisen absetzen konnte.[450] Dies führt zur Kreierung immer neuer Produktvarianten, die nur kurze Zeit verkauft werden, weil sie durch „noch" bessere ersetzt werden. Auf der Kundenseite nehmen die Haltedauern ab. Gruppenphänomene werden sichtbar. Die Welt der Finanzprodukte hat sich der Welt der klassischen Konsumgüter angenähert.

Früher boten Banken Produkte als standardisierte „Typen" an: Spareinlagen, Dispo-Kredit etc. Heute werden individuelle Produkte erzeugt. Die West LB brachte vor einiger Zeit ein Produkt mit der verräterischen Bezeichnung *„Route 66"* auf den Markt. Für das erste Jahr

---

[450] Siehe Wilkens, Scholz, Baule 2005, S. 87ff.

wurde ein Kupon von 6% fix versprochen. In den Folgejahren hing die Ausschüttung von der Wertentwicklung mehrerer kombinierter verkaufter Optionen ab, die das Produkt insgesamt für den Kunden extrem teuer machten. Das Produkt zielte auf den Imagetransfer der bekannten kalifornischen Urlaubsstraße, auf die Übergewichtung von Nahbelohnungen in der unterbewussten Bewertung von Sachverhalten, auf die Rolle von Preisschwellen, auf den Spieltrieb und auf die Unfähigkeit zur exakten Kalkulation mit Wahrscheinlichkeiten.

Tabelle 8.1: Konsumgüter und Finanzprodukte: Stilisierte Gegenüberstellung

Konsumgüter	Finanzprodukte	Trend
Extrem viele Produkte zur Auswahl	Begrenzte Produktpalette	Größere Palette
Unbekannte, schwer einschätzbare Anbieter	Banken als berechenbare Anbieter	Banken zunehmend unberechenbar
Ad-hoc-Entscheidungen	Gut überlegt	Häufigkeit von Umschichtungen steigt
Laufend wiederholte Entscheidungen (Lebensmittel)	Längerfristige Struktur-Entscheidungen	Häufigkeit von Umschichtungen steigt
Multiple Motivationen, darunter schwer greifbare (Status, Gruppenzugehörigkeit)	Rationaler Umgang mit Geld	Zweifel an Rationalitätsthese gewachsen
Wertabschätzung schwierig, aber durch wiederholte Kaufakte und Ausprobieren erleichtert	Hohe Bedeutung der ex ante Bewertung wegen stochastischem Charakter und längerfristigen Horizonten	Wertabschätzung vieler neuer Produkte für Privatkunden zunehmend unmöglich
Vielfältige Produkteigenschaften	Produkte auf Zahlungsstromeigenschaft mit μ und σ reduzierbar	Akzeptanz der Reduzierung der Produkteigenschaften auf μ und σ nimmt ab
Konsumakte diskret	Vermögensanlage ganzheitlich (Portfolio)	Kaufakte zunehmend diskret (Reaktion auf Moden und Trends)
Gruppenentscheidungen, Gruppendruck, sozialer Druck	Rationales, individuelles Entscheiden	Zunehmend Gruppenphänomene sichtbar
Markttransparenz	(Scheinbare) Markttransparenz in Bezug auf die klar definierten Produkte	Zunehmende Markttransparenz

Eine andere Bank brachte ein Ausbildungsfinanzierungsprodukt auf den Markt, das aus einer kombinierten Geldanlage (durch Eltern und Großeltern) im Vorfeld der Ausbildung und aus einem Kredit der benötigten Restsumme während der Ausbildung bestand. Keines der Grundbestandteile dieses Produktes ist für sich neuartig. In der Verpackung liegt die Innovation.

Solche Produkte können nicht mehr mit der klassischen Frage nach der Marktrendite oder dem Risikoaufschlag „im Allgemeinen" wissenschaftlich erforscht werden. Der Vertriebserfolg solcher Produkte erfordert eine tiefere Analyse menschlicher Verhaltensweisen. Der Vertriebserfolg solcher Produkte kann Konsequenzen im Risikomanagement der Banken, in den Interbankenmärkten u.v.m. nach sich ziehen. Das heißt: klassische finanzwirtschaftliche Forschungsfelder sind mit Marketingfragen eng verknüpft und ohne diese zunehmend weniger sinnvoll.

Das Forschungsinteresse wandelt sich

2007 erschien das Lehrbuch von Hersh Shefrin „Beyond Greed and Fear"[451], das auf eine situationsbezogene Finanzmarktanalyse hin konzentriert ist. Das Buch zeigt, wie sich die Finanzmarktforschung in ihrem Bestreben, Verhaltensweisen von Entscheidern genauer zu betrachten, neuen Fragestellungen auch unterhalb der Marktebene zuwendet, die bisher eher nicht im Fokus standen.

Es ist zu vermuten, dass sich mit dem Versuch, immer realistischere Menschenbilder in die Finanzmarktforschung einfließen zu lassen, auch die typischen finanzwirtschaftlichen Fragestellungen ändern und sich denen annähern, welche im Marketing untersucht werden.

---

[451] Shefrin 2007.

9 Ausblick

Jean-Jacques Rousseaus Philosophie kreiste um die Frage: „Warum ist der Mensch *nicht* ‚gut'? Was kann und muss geschehen, auf dass er ‚gut', d.h. ‚recht', d.h. ‚tugendhaft' werde?"[452]

Wir leben in einer Zeit, in der die Hässlichkeit des Verhaltens von Spezialisten an den Finanzmärkten stärker als früher zur Kenntnis genommen wird. Nicht jedes für Dritte nachteilige Verhalten einer Person ist absichtsvoll hässlich. Aber hässliches Verhalten ist auch nicht die durch einige wenige *„bad apples"*[453] verursachte Ausnahme. Jean-Jacques Rousseau war einer der ersten, der hässliches Verhalten in arbeitsteiligen Gesellschaften als systematisch erkannte. Aber lange Jahre stand es nicht im Mittelpunkt.

Die versteckten Fallen im internationalen Finanzgeschäft der letzten Jahre haben furchtbare Folgen gehabt. Viele versuchen, auf klassische Weise mithilfe makroökonomischer Rahmendaten – niedriges Zinsniveau, laxe Regulierungen etc. – Erklärungen für das Geschehen zu finden. Aber nicht alles lässt sich damit begründen.

In vielen Branchen sind hässliche Maßnahmen verbreitet und systematischer Bestandteil von Geschäftsprozessen. Aufgedeckte hässliche Nischen werden durch neue an anderer Stelle ersetzt. In der Konsumgüterindustrie beobachtet man daher aufmerksam und besorgt die Auswirkungen des Internet mit seinen Nutzerforen. Es wird vermutet, dass sich Erfahrungen von Kunden mit Produkten und Strategien viel schneller als früher herumsprechen und für Reaktionen der Menschen sorgen.

Wird die Welt dadurch weniger hässlich werden? Das menschliche Gehirn wird nicht so schnell evolvieren, dass sich an grundlegenden Entscheidungsstrukturen bald etwas ändert. Arbeitsteilung wird anhaltend nützlich sein. Die Erfahrungsdifferenz zwischen Spezialisten und Nichtspezialisten ist damit wie ein naturgesetzliches unumstößliches Faktum anzusehen. Sie wird immer bleiben. Und mit ihr die *Möglichkeit* zu hässlichem Verhalten.

Die Welt muss deshalb nicht „schlecht" sein. Niemand ist gezwungen, Möglichkeiten, die sich ihm bieten, zu ergreifen. Für Pessimismus besteht gar kein Anlass. Es gibt Reaktionen. Ein System von Tugenden und Sanktionen wird hohe Bedeutung haben.[454] Vor allem aber

---

[452] Carlo Schmid 1976, S. 236.

[453] Andrew Tucker, Partner bei Brown Brothers Harriman, stellte auf einer Tagung, auf der Fehlverhaltensweisen in der Finanzindustrie zur Sprache kamen, fest: *„There has been a lot of self flagellation going in the industry. But what we are seeing is that most of the damage has been caused by a few mavericks – a few bad apples."*

[454] Wie kann eine „gute" Ethik aussehen und entstehen? Eine evolutorische Entwicklung wird weithin angenommen (Hayek 1983). Denn eine zu einem bestimmten Zeitpunkt erschaffene Ethik im Sinne eines Gesellschaftsvertrages kann und wird bei kognitiv beschränkten Individuen nur begrenzt nützlich sein, weil die Interessen der Gesellschaftsmitglieder nicht adäquat im Vertrag zum Ausdruck

sind es bestimmte Maßnahmen, die sich in typischen Gestaltungsformen des menschlichen Alltags zeigen, welche nützlich sind, die skizzierten Probleme einzudämmen. Der Schutz vor dem „Gefressen werden" besteht nicht nur in einer guten Ethik, in Liebe und Vertrauen, sondern auch in vielerlei Maßnahmen, die Menschen mit begrenzten kognitiven Fähigkeiten möglich sind und die unseren Alltag wesentlich bestimmen.

---

gebracht werden können. Carlo Schmidt argumentierte, dass nur ein zeitübergreifender Glaube die Lösung sein könne, weil er von den Interessen der lebenden Akteure unabhängig sei. Carlo Schmid schrieb (1976, S. 246): „Aber auch innerhalb des legitim geschlossenen Gesellschaftsvertrages entspricht nicht jeder Mehrheitsbeschluss der *volonté genéralé*, dem verbindlichen Gemeinwillen, der ja eine universalistische Norm ist, Abspiegelung der in der Natur liegenden, in das Gefühl der Gemeinschaft eingegangenen Vernunft. ... Die Erzeugung der *volonté genéralé* ist letztlich ein mystischer Vorgang .... ,Sie weiß sich selbst', und zu Zeiten kann sie in einer einzigen Person manifestiert werden."

Abbildungsverzeichnis

Abbildung 1.1:	Die Ökonomie des Hässlichen	44
Abbildung 2.1:	Vier Entscheidungsverfahren und Ablauf einer Entscheidung	48
Abbildung 2.2:	Schematischer Ablaufplan einer Entscheidung	52
Abbildung 2.3:	Hirnsysteme und Abläufe beim Entscheiden	56
Abbildung 2.4:	Stilisierter Ablauf eines Entscheidungsprozesses	63
Abbildung 2.5:	Ablauf eines Entscheidungsprozesses ohne Abschluss (Grübeln)	64
Abbildung 2.6:	Entscheidungsvorgänge i.w.S.	65
Abbildung 3.1:	Zeiteinteilung	83
Abbildung 4.1:	Stilisierte Darstellung der Wirkung von Lernprozessen	110
Abbildung 4.2:	Lernprozesse und Situationstypen	113
Abbildung 4.3:	Innovation	116
Abbildung 7.1:	Finanzmarktteilnehmer und Kapitalströme	167
Abbildung 7.2:	Finanzmarkt und Gruppen von Teilnehmern	168
Abbildung 7.3:	Finanzmarkt mit Marktteilnehmergruppen und Vermittlungswegen	169

Tabellenverzeichnis

Tabelle 1.1: Einordnung hässlicher Transaktionen 42

Tabelle 5.1: Strategien des „Nicht-Gefressenwerdens" 137

Tabelle 7.1: Klassifikation von Markt- und Preisermittlungsformen 181

Tabelle 8.1: Konsumgüter und Finanzprodukte:
Stilisierte Gegenüberstellung 253

Literaturverzeichnis

[1] Ahlert, Dieter, und Peter Kenning, 2006, Neuroökonomik, in: Zeitschrift für Management, Vol. 1, S. 24-47

[2] Allais, Maurice, 1979, The Foundations of a Positive Theory of Choice Involving Risk and a Criticism of the Postulates and Axioms of the American School, in: Maurice Allais und Ole Hagen (Hg.), Expected Utility and the Allais Paradox, Dordrecht und Bosten

[3] Axelrod, Robert, 2005, Die Evolution der Kooperation, 6. Aufl., Oldenburg

[4] Arrow, Kenneth, 1982, Risk Perception in Psychology and Economics, in: Economic Inquiry, Vol. 20, S. 1-9

[5] Baader, Uto, 2009, Die technische Revolution an den Börsen: neue Fragen, in: Zeitschrift für das gesamte Kreditwesen, Ausgabe Technik, Heft 2, S. 15-17

[6] Banz, Rolf, 1981, The Relationship Between Return and Market Value of Common Stock, in: Journal of Financial Economics, Vol. 9, S. 3-18

[7] Barash, David, 1980, Soziobiologie und Verhalten, Hamburg

[8] Baumol, William und Richard Quandt, 1964, Rules of Thumb and Optimally Imperfect Decisions", in: American Economic Review, Nr. 54, S. 23-46

[9] Becker, Gary, 1976, The economic approach to human behaviour, Chicago: University of Chicago Press

[10] Bensch, Svetlana, 2007, Ethno-Marketing – Erschließung russischsprachiger Kunden im deutschen Bankensektor am Beispiel der Berliner Volksbank, Diplomarbeit am Lehrstuhl von Prof. Dr. Richard Lackes, Universität Witten-Herdecke

[11] Bessler, Wolfgang, 2007, Bank: Theoretische Fundierung, in: Knapps Enzyklopädisches Lexikon des Geld-, Bank- und Börsenwesens, Auflage 2007, Frankfurt

[12] Bessler, Wolfgang und Andreas Kurth, 2007, Agency Problems and the Performance of IPOs in Germany: Venture Capital, Lock-up Periods and Bank Ownership, in: European Journal of Finance, Vol. 13, Nr. 1, S. 29-63

[13] Bessler, Wolfgang und Matthias Stanzel, 2007, Qualität und Effizienz der Gewinnprognosen von Analysten – Eine empirische Untersuchung für den deutschen Kapitalmarkt, in: Kredit und Kapital, Vol. 40, S. 89-129

[14] Bhattacharya, Sudipto und Anjan Thakor, 1993, Contemporary Banking Theory, in: Journal of Financial Intermediation, Nr. 3, S. 2-50

[15] Binsbergem, Jules, Michael Brandt und Ralph Koijen, 2008, Optimal Decentralized Investment Management, in: The Journal of Finance, Vol. 63, Nr. 4, S. 1849-1895

[16] BIZ, 1986, Recent Innovation in International Banking, Basel: Bank für Internationalen Zahlungsausgleich

[17] Black, Fischer, Michael Jensen und Myron Scholes, 1972, The Capital Asset Pricing Model: Some Empirical Tests, in: Michael Jensen (Hg.), Studies in the Theory of Capital Markets. New York: Praeger Publishers, S. 79-121

[18] Blankfein, Lloyd, 2008, Do not destroy the essential catalyst of risk, in: Financial Times vom 8.2.2008

[19] Bloy, H. und E. Pechold, 1956, Arbeitsteilung, in: Handwörterbuch der Betriebswirtschaft, Bd. I, Sp. 231-236, Stuttgart

[20] Bog, Ingomar, 1988, Kapitalismus, in: Handwörterbuch der Wirtschaftswissenschaften HdWW, Stuttgart u.a.

[21] Brealey, Richard, und Stewart Myers, 2003, Principles of Corporate Finance, New York

[22] Brokhoff, Klaus, 1988, Technischer Fortschritt II: im Betrieb, in: Handwörterbuch der Wirtschaftswissenschaften HdWW, Stuttgart u.a.

[23] Brown, Christopher, 2008, Inequality, Consumer Credit and the Savings Puzzle, Cheltenham: Edward Elgar

[24] Bruni, Luigino, und Robert Sugden, 2007, The road not taken: how psychology was removed from economics, and how it might be brought back, in: The Economic Journal, Nr. 117, S. 146-173

[25] Bunzel, A., 2002, Kapitalmarkteffizienz und das Standardisierungsproblem beim IPO, unveröffentlichte Diplomarbeit, Fakultät für Wirtschaftswissenschaften, TU Chemnitz
[26] Burghof, Hans Peter und Felix Prothmann, 2008, Bankenkrise: Ursachen und Maßnahmen, in: Wirtschaftsdienst, Heft 11, S. 703-707
[27] Burkhardt, Thomas, 1997, Portfolio Selection bei unsicherer Anlagedauer, Freiberger Arbeitspapiere 97/7, TU Bergakademie Freiberg
[28] Burkhardt, Thomas, 2000, Wachstumsoptimierte Portfolioselektion auf der Grundlage von Zielerreichungszeiten, in: OR-Spektrum, Vol. 22, S. 203-237
[29] Bussmann, M., 2001, Zukünftige Anforderungen an erfolgreiche IPOs – Ergebnis und Auswertung einer Expertenbefragung, in: Dr. Wieselhuber & Partner (Hg.), Börseneinführung mit Erfolg, Wiesbaden, S. 89-99
[30] Camerer, Colin, George Loewenstein und Drazen Prelec, 2005, Neuroeconomics: How Neuroscience Can Inform Economics, in: Journal of Economic Literature, Vol. 43, S. 9-64
[31] Carls, A., 1996, Das Going-public-Geschäft deutscher Banken: markt- und risikopolitische Implikationen, Wiesbaden
[32] Coenenberg, Adolf, 1997, Jahresabschluss und Jahresabschlussanalyse, 16. Aufl., Landsberg am Lech
[33] Conlisk, John, 1980, Costly Optimizers Versus Cheap Imitators, JEBO, Vol. 1, S. 275-293
[34] Cory, Gerald, 2004, The consilient brain: The bioneurological basis of economics, society, and politics, New York u.a.: Kluwer Academic
[35] Cross, John, 1973, A Stochastic Learning Model of Economic Behavior, in: Quarterly Journal of Economics, Vol. 87, S. 239-260
[36] Damasio, Antonio, 1999, Descartes´ Irrtum: Fühlen, Denken und das menschliche Gehirn, 4. Aufl., München
[37] Damasio, Antonio, 2000, Ich fühle, also bin ich, München: List
[38] DeBondt, Werner, und Richard Thaler, 1985, Does The Stock Market Overreact, in: Journal of Finance, Vol. 40, July, S. 793-805
[39] De Bondt, Werner, und Richard Thaler, 1987, Further Evidence of Investor Overreaction and Stock Market Seasonality, in: Journal of Finance, Vol. 42, July, S. 557-582
[40] Dijksterhuis, Ap, Maarten Bos, Loran Nordgren und Rick van Baaren, 2006, On Making the Right Choice: The Deliberation-Without-Attention Effect, in: Science, Nr. 311
[41] Dodd, Randall, und Paul Mills, 2008, Outbrake: U.S. Subprime Contagion, International Monetary Fund, in: http://www.imf.org/external/pubs/ft/fandd/2008/06/dodd.htm (Zugriff 15.2.2009)
[42] Dombret, Andreas, und Oliver Bender, 2001, Kapitalmarktorientierte Bewertung von Banken, in: Hummel, D., Breuer, R.-E. (Hrsg.), Handbuch Europäischer Kapitalmarkt, Wiesbaden: Gabler, S. 323-332
[43] Dowideit, Anette, 2008, Als das Zeitalter der Finanzjongleure begann, in: die Welt, 30.11.2008
[44] Dressler, Matthias, und Sindy Rosenbusch, 2009, Fast and Frugal Heuristics beim Impulskauf, in: WiSu, Heft 1, S. 86-88
[45] Drols, S. W. und Fiala, J., 2009, Das Märchen vom repräsentativen Rentenjahr, in: Versicherungsmagazin, Heft 2
[46] Economides, Steve, und Annette Economides, 2007, America's Cheapest Family gets you right on the money: Your Guide to Living Better, Spending Less, and Cashing in on Your Dreams, New York: Three Rivers Press
[47] Eckwert, Bernhard und Itzhak Zilcha, 2001, The Value of Information in Production Economies, Journal of Economic Theory, Vol. 100, S. 172-186
[48] Eckwert, Bernhard und Udo Broll, 2006, Transparency in the Interbank Market and the Volume of Bank Intermediated Loans, in: International Journal of Economic Theory, Vol. 2, S. 123-133
[49] Edgeworth, Francis, 1881, Mathematical Psychics – An Essay on the Application of Mathematics to the Moral Sciences, London: Kegan, Paul & Co.
[50] Eisele, Patrick, 2008, Alpha Jagd mit gemäßigtem Risiko, in: Portfolio Institutionell, Heft 7
[51] Eisenführ, Franz und Martin Weber, 2002, Rationales Entscheiden, 4. Auflage, Berlin

[52] Engels, Wolfram, 1970, Unsicherheit, Konsumverhalten und Investitionsverhalten – Die Abbildung des Risikos in intertemporalen Nutzenfunktionen und die Relativität der Risikobeurteilung von Prospekten; in: Herbert Hax (Hg.), Entscheidungen bei unsicheren Erwartungen, Köln und Opladen
[53] Engels, Wolfram, 1996, Der Kapitalismus und seine Krisen, Düsseldorf
[54] Esser, Hartmut, 1991, Alltagshandeln und Verstehen, Tübingen
[55] Esser, Hartmut, 1993, The Rationality of Everyday Behavior, A Rational Choice Reconstruction of the Theory of Action by Alfred Schütz, Rationality & Society, Nr. 5, S. 7-31
[56] Esser, Hartmut, 1996, Die Definition der Situation, Kölner Zeitschrift für Soziologie und Sozialpsychologie, Nr. 48, S. 1-34
[57] Falk, Armin, Ernst Fehr und Urs Fischbacher, 2003, On the Nature of Fair Behaviour, Economic Inquiry, Vol. 41, S. 20-26
[58] Fama, Eugene, 1968, Risk, Return and Equilibrium: Some Clarifying Comments, in: Journal of Finance, Vol. 23, No. 1, S. 29-40
[59] Fama, Eugene, 1970, Efficient Capital Markets: A Review of Theory and Empirical Work, in: Journal of Finance, Nr. 25, Mai, S. 383-420
[60] Fechner, Gustav Theodor, 1860, Elemente der Psychophysik, Leipzig
[61] Fehr, Ernst, 2008, On the Economics and Biology of Trust, IZA Discussion Paper Nr. 3895, Dezember
[62] Fehr, Ernst und Tania Singer, 2005, The Neuroeconomics of Mind Reading and Empathy, in: American Economic Review – Papers & Proceedings, Vol. 95, S. 340-345
[63] Fehr, Ernst, Urs Fischbacher und Michael Kosfeld, 2005, Neuroeconomic Foundation of Trust and Social Preference, in: American Economic Review, Vol. 95, S. 346-351
[64] Fehr, Ernst und Klaus Schmidt, 1999, A Theory of Fairness, Competition, and Cooperation, Quarterly Journal of Economics, Vol. 114, S. 817-868.
[65] Felser, Georg, 2001, Werbe- und Konsumentenpsychologie, Stuttgart
[66] Foscht, Thomas und Bernhard Swoboda, 2007, Käuferverhalten, 3.Aufl., Wiesbaden
[67] Franck, Egon, 1992, Körperliche Entscheidungen und ihre Konsequenzen für die Entscheidungsfindung, in: DBW, Jg. 52, Heft 5, S. 631-647
[68] Frankfurter, George M., 1995, The Rise and Fall of the CAPM Empire, in: Financial Markets, Institutions & Instruments, Vol. 4, S. 104-127
[69] Fudenberg, Drew, 2006, Advancing Beyond Advances in Behavioral Economics, in: Journal of Economic Literature, Vol. 44, S. 694-711
[70] Fuster, Joaquin, 1995, Memory in the Cerebral Cortex, Cambridge, Mass., London
[71] Gerke, Wolfgang u.a., 1992, Informationsbörse für Beteilungen an Mittelständischen Unternehmen, Stuttgart
[72] Gerke, Wolfgang u.a., 1995, Probleme deutscher mittelständischer Unternehmen beim Zugang zum Kapitalmarkt, Baden-Baden
[73] Gigerenzer, Gerd, 2004, Fast and Frugal Heuristics: The Tool of Bounded Rationality, in: Köhler, D. und Harvey, N. (Hg.), Blackwell Handbook of Judgement and Decision Making, Oxford UK: Blackwell, S. 62-88
[74] Gigerenzer, Gerd, und Daniel Goldstein, 1999, Betting on One Good Reason, in: Gerd Gigerenzer und Peter Todd (Hg.), Simple Heuristics that make us smart, Oxford
[75] Gigerenzer, Gerd, 2009, Einführende Bemerkungen zum Summer Institute on Bounded Rationality am Max Planck Institut in Berlin, http://www.mpib-berlin.mpg.de (Zugriff 18.3.2009)
[76] Gigerenzer, Gerd, und Reinhard Selten (Hg.), 2002, Bounded Rationality: The Adaptive Toolbox, Cambridge, MA, LondonGigerenzer, Gerd, o.J., Einfache Heuristiken für komplexe Entscheidungen, in: http://edoc.bbaw.de/oa/series/reNu9MKM4Lndw/PDF/93V8Wkn8aLnA_509.pdf (Zugriff 20.3.2009)
[77] Glimcher, Paul und Aldo Rustichini, 2004, Neuroeconomics: the consilience of brain and decision, in: Science, Nr. 306, S. 447-452
[78] Goldberg, Joachim, und Rüdiger von Nitzsch, 2004, Behavioural Finance, München

[79] Gomes, Francisco und Alexander Michaelides, 2005, Optimal Life-Cycle Asset Allocation: Understanding the Empirical Evidence, in: The Journal of Finance, Vol. 60, S. 869-904
[80] Grinold, Richard, 1993, Is Beta Dead Again?, in: Financial Analysts Journal, S. 28-34
[81] Güth, Werner und Hartmut Kliemt, 2000, From full to bounded rationality – the limits of unlimited rationality, Center for Interdisciplinary Research, Universität Bielefeld
[82] Hagenmüller, Karl Friedrich und Gerhard Diepen, 1977, Der Bankbetrieb, Wiesbaden
[83] Hartmann-Wendels, Thomas, 1999, Prinzipal-Agenten-Konflikt, in: Enzyklopädisches Lexikon des Geld-, Bank- und Börsenwesens, Frankfurt
[84] Hayek, Friedrich August von, 1956, Über den ‚Sinn' sozialer Institutionen, in: Schweizer Monatshefte, Vol. 36. Heft 7
[85] Hayek, Friedrich August von, 1981, Plädoyer für eine freie Gesellschaft, Interview mit Andreas K. Winterberger, in: http://www.fahayek.net/publish/interview2002/(Zugriff 5.2.2009)
[86] Hayen, Dagmar, Martina Sauer, Jan Evers, Michael Unterberg und Marco Habschick, 2005, Migranten und Finanzdienstleistungen, Studie im Auftrag des Bundesministerium für Ernährung, Landwirtschaft und Verbraucherschutz, Hamburg
[87] Hebeisen, Werner, 2000, Moderne Management-Methoden und die Lehre von F.W. Taylor, in: REFA-Nachrichten, Heft 4, S. 20-28
[88] Hecker, Horst und Monika Preithner, 2009, Auswirkungen der Finanzkrise auf die Immobilienbewertung, in: Immobilien und Finanzierung, Heft 5/6, S. 34-35
[89] Heckhausen, Heinz, 1989, Motivation und Handeln, 2. Aufl., Berlin u.a
[90] Heinrichs, A., 1999, DVFA-Standards für Researchberichte am Neuen Markt, in: Going Public: Das Neuemissionsmagazin – Sonderausgabe „Praxis", S. 132-154
[91] Heise, Arne, 2007, Ende der neoklassischen Orthodoxie? Wieso ein methodischer Pluralismus gut täte, in: Wirtschaftsdienst, Heft 7, S. 442-449
[92] Henke, Winfried und Hartmut Rothe, 1998, Stammesgeschichte des Menschen, Berlin u.a.
[93] Hertwig, Ralph, Ulrich Hoffrage und Laura Martignon, 1999, Quick Estimation – Letting the Environment Do the Work, in: Gerd Gigerenzer und Peter Todd (Hg.), Simple Heuristics that make us smart, 1999, Oxford
[94] Hicks, John, 1946, Value and Capital, 2. Aufl., Oxford
[95] Himmelweit, Susan, 1976, A Behavioral Model of Learning in Production, in: Review of Economic Studies, Vol. 43, S. 329-346
[96] Hockmann, Heinz, und Friedrich Thießen, 2007, Investment Banking, Stuttgart, 2. Aufl.
[97] Homberg, Christian und Nicole Koschate, 2005, Behavioral Pricing – Forschung im Überblick, in: ZfB, Vol. 75, S. 383-423
[98] Jeannerod, Marc, 1997, The Cognitive Neuroscience of Action. Oxford
[99] Jensen, Michael und William Meckling, 1976, Theory of the firm: Managerial behaviour, agency costs and ownership structure, in: Journal of Financial Economics, Vol. 3, S. 305-360
[100] Jevons, William Stanley, 1871, Theory of political economy, London
[101] Kahneman, Daniel, 2003, Maps of Bounded Rationality: Psychology for Behavioral Economics, in: American Economic Review, Vol. 95, Nr. 5, S. 1449-1475
[102] Kahneman, Daniel, 2004, Voice – 10 Questions with Daniel Kahneman on Humans and Decision Making, in: Journal of Financial Planning, August, S. 10-13
[103] Kahneman, Daniel und Amos Tversky, 1984, Choices, Values and Frames, in: American Psychologist, Vol. 39, April, S. 341-350
[104] Kahneman, Daniel und Amos Tversky, 1979, Prospect-Theory: An Analysis of Decision under Risk, in: Econometrica, Vol. 47, S. 263-291
[105] Kappeler, Peter, 2006, Verhaltensbiologie, Berlin
[106] Keiber, Karl, André Kronimus und Markus Rudolf, 2002, Bewertung von Wachstumsunternehmen am Neuen Markt, in: Zeitschrift für Betriebswirtschaft, Heft 7, S. 732-761
[107] Kellner, Wolfgang, 1977, Die Entwicklung der Arbeitsteilung und Arbeitszusammenfassung, in: Zeitschrift für Arbeitswissenschaft, Heft 3, S. 145-151
[108] Kenning, P. und Plassmann, H., 2005, NeuroEconomics: An overview from an economic perspective, in: Brain Research Bulletin, Vol. 67, S. 343-354

[109] Kirsch, Werner, 1970, Entscheidungsprozesse (1.Band), Wiesbaden
[110] Klopstech, Angela, 1980, A Model of a Market Process with Bounded Rationality: An adaptive Oligopoly Market with Markovian Interaction, Diskussionspapier, Universität Bielefeld, Fakultät für Wirtschaftswissenschaften, Nr. 83, Bielefeld
[111] Klopstech, Angela und Reinhard Selten, 1984, Formale Konzepte eingeschränkt rationalen Verhaltens, in: Todt, H. (Hg.) Normengeleitetes Verhalten in den Sozialwissenschaften, Stuttgart
[112] Knoll, Leonard und Ekkehard Wenger, 2005, Unternehmensbewertung: Ist noch weniger noch objektiver?, in: WiSt, Vol. 34, S. 241-257
[113] Kroneberg, Clemens, 2005, Die Definition der Situation und die variable Rationalität der Akteure. Ein allgemeines Modell des Handelns, Zeitschrift für Soziologie, Nr. 34, Heft 5
[114] Küpper, Hans-Ulrich, 2009, Entscheidungsfreiheit als Grundlage wirtschaftswissenschaftlicher Forschung – Bezüge zwischen Betriebswirtschaftslehre, Ethik und Neurobiologie, in: Zeitschrift für Betriebswirtschaft, Vol. 79. S.781-800
[115] Kunze, Walter und Hans Schippel, Otto Schoele, Josef Löffelholz (Hg), 1938, Die Deutsche Bankwirtschaft, 5 Bände, Berlin
[116] Landes, David, 1998, The Wealth and Poverty of Nations – Why Some Are So Rich and Some So Poor, New York und London
[117] LeDoux, Josef, 1998, Das Netz der Gefühle. Wie Emotionen entstehen. München und Wien
[118] Lehmann-Waffenschmidt, Marco, Gerhard Roth und Friedrich Thießen, 2008, Die (innere) Logik des Entscheidens in: Dresdner Discussion Paper in Economics Nr. 12/08, Fakultät für Wirtschaftswissenschaften, TU Dresden
[119] Lintner, John, 1965, The valuation of risk assets and the selection of risky investments in stock portfolios and capital budgets, in: Review of Economics and Statistics, Vol. 47, Nr. 1, S. 13-37
[120] Lindstädt, Hagen, 2001, The Shape of Information Processing Functions, in: Faculty of Economics of the University of Turin (Hg.), FUR X – 10th International Conference on the Foundation and Application of Utility, Risk, and Decision Theory, Turin, S. 131-134
[121] Lindstädt, Hagen, 2004, Entscheidungskalküle jenseits des subjektiven Erwartungsnutzens, in: zfbf, Nr. 56, S. 495
[122] Lindstädt, Hagen, 2006, Beschränkte Rationalität, München u.a
[123] Ljungqvist, Alexander, Christopher Malloy und Felicia Marston, 2009, Rewriting History, in: Journal of Finance, Nr. 64, S. 1935-1956
[124] Lodron, Erich, 1935, Die Veränderungen in der Art der Unternehmensfinanzierung, Dissertation der Hochschule für Welthandel in Wien, gekürzte und im Eigenverlag erstellte Ausgabe
[125] Loewenstein, George, 2001, The creative destruction of decision research, in: The Journal of Consumer Research, Vol. 28, Nr. 3, S. 499-505
[126] Logothetis, Nikos, Mark Jon Pauls, Torsten Augath und Axel Oeltermann, 2001, Neurophysiological investigation of the basis of the fMRI signal, in: Nature, Nr. 412, S. 150-157
[127] Lütgen, Kurt, 2003, Der große Kapitän, Nachdruck des gleichnamigen Werkes von 1950, Würzburg
[128] Luhmann, Niklas, 1968, Vertrauen ein Mechanismus der Reduktion sozialer Komplexität, Stuttgart
[129] Maasen, Sabine, Wolfgang Prinz und Gerhard Roth (Hg.), 2003, Voluntary Action. Brains, minds, and sociality, Oxford, New York
[130] Magistretti, Pierre, 1999, Brain energy metabolism, in: Michael Zigmond, Floyd Bloom, Story Landis, James Roberts und Larry Squire (Hg.), Fundamental Neuroscience, San Diego, S. 389-413
[131] Magistretti, Pierre, Luc Pellerin, Douglas Rothman und Robert Shulman, 1999, Energy on demand, in: Science, Nr. 283, S. 496-497
[132] Markowitz, Harry, 1952, Portfolio Selection, in: Journal of Finance, Nr. 7, S. 77-91
[133] Marshall, Alfred, 1881, Review of F.Y. Edgeworth's Mathematical Psychics, in: The Academy, June 18, S. 457
[134] Marshall, Alfred, 1890, Principles of Economics, 8. Aufl., London
[135] Meinhövel, Harald, 1999, Defizite der Principal-Agent-Theorie, Lohmar
[136] Meinhövel, Harald, 2004, Principal-Agent-Theorie, in: WiSt, Heft 8, S. 470-475

[137] Morgenstern, Oskar, 1979, Some Reflections on Utility, in: Maurice Allais und Ole Hagen (Hg.), Expected Utility and the Allais Paradox, Dordrecht und Bosten
[138] Mossin, Jan, 1966, Equilibrium in a Capital Asset Market, in: Econometrica, Vol. 34, Nr. 4, S. 768-783
[139] Muth, John, 1961, Rational Expectations and the Theory of Price Movements, in: Econometrica, Nr. 29, S. 315-335
[140] Neumann, John von und Oskar Morgenstern, 1944, Theory of Games and Economic Behavior, Princeton
[141] Neumann, Odmar, 1985, Die Hypothese begrenzter Kapazität und die Funktion der Aufmerksamkeit, in: Perspektiven der Kognitionspsychologie, Berlin u.a.
[142] Neus, Werner, 1989, Ökonomische Agency Theorie und Kapitalmarktgleichgewichte, Wiesbaden
[143] Nieuwenhuys, Rudolf, Jan Voogd und Christian van Huijzen, 1991, Das Zentralnervensystem des Menschen, Berlin, Heidelberg, New York
[144] North, Douglass, 1995, The Adam Smith Address: Economic Theory in a Dynamic Economic World, in: Business Economics, Vol. 30, S. 7-12
[145] Ockenfels, Axel, 1999, Fairness, Reziprozität und Eigennutz: Ökonomische Theorie und experimentelle Evidenz, Tübingen
[146] Oehler, Andreas, 2002, Behavioral Finance, verhaltenswissenschaftliche Finanzmarktforschung und Portfoliomanagement, in: Kleeber, Jochen und Heinz Rekugler, Handbuch Portfoliomanagement, Bad Soden
[147] Oehler, Andreas, 1995, Die Erklärung des Verhaltens privater Anleger – Theoretischer Ansatz und empirische Analysen, Stuttgart
[148] Oehler, Andreas, 2000, Behavioral Finance. Theoretische, empirische und experimentelle Befunde unter Marktrelevanz, in: BankArchiv, Nr. 48, S. 978-989
[149] Osterloh, Margit, 1999, Was kann das Unternehmen besser als der Markt, in: Zeitschrift für Betriebswirtschaft, Nr. 69, Heft 11, S. 1245-1262
[150] Pareto, Vilfredo, 1909, 1971, Manual of Political Economy, New York
[151] Pauen, Manfred und Gerhard Roth, 2001, Neurowissenschaften und Philosophie. Eine Einführung, Stuttgart
[152] Paul, Stephan, 2007, Finanzintermediation: Theoretische Fundierung, in: Enzyklopädisches Lexikon des Geld-, Bank- und Börsenwesens, Frankfurt
[153] Pawlas, Andreas, 2009, Diskussionsbeitrag zur betriebswirtschaftlichen Ethik, Adam Smith, Ethik und Marktwirtschaft, in: Zeitschrift für Betriebswirtschaft, Vol. 79, S. 663-680
[154] Pesendorfer, Wolfgang, 2006, Behavioral Economics Comes of Age: A Review Essay on Advances in Behavioral Economics, in: Journal of Economic Literatur, Vol. 44, S. 712-721
[155] Pichotta, Andreas, 1990, Die Prüfung der Beteiligungswürdigkeit von innovativen Unternehmungen durch Venture Capital-Gesellschaften, Bergisch Gladbach
[156] Picot, Arnold, 1990, Vorwort zu „Die ökonomischen Institutionen des Kapitalismus – Unternehmen, Märkte, Kooperationen" von Williamson, Oliver, 1990, Tübingen, S. XIII-XV
[157] Pietsch, Gotthard, 2008, Die psychischen Kosten des Opportunismus – Zur Unvollständigkeit streng eigennütziger Kalküle, in: NeuroPsychoEconomics, Vol. 3, S. 20-30
[158] Plesse, G., 1937, Die Finanzierung des Einzelhandels unter besonderer Berücksichtigung der Lieferantenkredite und des Problems ihrer Ablösung durch Bankkredite, Leipzig
[159] Pratt, John und Richard Zeckhauser, 1985, Principals and Agents: An Overview, in: dieselben (Hg.), Principals and Agents – The Structure of Business, Boston, S. 1-35
[160] Radner, Roy, 1975, A Behavioral Model of Cost Reduction, in: Bell Journal of Economics and Management Science, Vol. 6, Nr. 1
[161] Radner, Roy und Michael Rothchild, 1975, On the Allocation of Effort, in: Day, P., Groves, H. (Hg.), Adaptive Economic Models, New York
[162] Rawls, John, 1971, A theory of justice, Oxford
[163] Rieskamp, Jörg und Ulrich Hoffrage, 1999, When do people use simple heuristics and how can we tell?, in: Gerd Gigerenzer und Peter Todd (Hg.), Simple Heuristics that make us smart, 1999, Oxford

[164] Röhl, Torsten, Claudia Röhl und Heinz G. Schuster, 2007, Impact of fraud on the mean-field dynamics of cooperative social systems, in: Physical Review, Vol. 76, Nr. 3
[165] Röder, Klaus, Erner Carsten und Sascha Wilkens, 2000, Die Kursstellung bei Aktienanleihen und Diskontzertifikaten – eine These zum Einfluss des Produktlebenszyklus, in: Zeitschrift für Bankrecht und Bankwirtschaft, Vol. 16, S. 105-113
[166] Roll, Richard, 1977, A Critique of the Asset Pricing Theory's Tests, in: Journal of Financial Economics, Vol. 4, S. 129-176
[167] Roll, Richard, 1994, What Every CFO Should Know about Scientific Progress in Financial Economics: What is Known and What Remains to be resolved, in: Financial Management, Vol. 23, Nr. 2, S. 69-75
[168] Rommelfanger, Heinrich und Susanne Eickemeier, 2002, Entscheidungstheorie – Klassische Konzepte und Fuzzy-Erweiterungen, Berlin u.a.
[169] Ross, Stephan, 1973, The Economic Theory of Agency: The Principal's Problem, in: American Economic Review, Papers and Proceedings, in: American Economic Review, Vol. 63, Nr. 2, S. 134-139
[170] Rossbach, Peter 2001, Behavioral Finance – Eine Alternative zur vorherrschenden Kapitalmarkttheorie, in: Arbeitspapiere der Hochschule für Bankwirtschaft, Nr. 31, Hochschule für Bankwirtschaft, Frankfurt
[171] Roth, Gerhard, 1996, Das Gehirn und seine Wirklichkeit. Kognitive Neurobiologie und ihre philosophischen Konsequenzen, Frankfurt
[172] Roth, Gerhard, 2003, Fühlen, Denken, Handeln. Wie das Gehirn unser Verhalten steuert. Frankfurt
[173] Roth, Gerhard, 2003a, Aus Sicht des Gehirns, Frankfurt
[174] Roth, Gerhard, 2005, Wer entscheidet, wenn ich entscheide, Arbeitsmanuskript, Delmenhorst
[175] Roth, Gerhard, und Ursula Dicke, 2005, Funktionelle Neuroanatomie des limbischen Systems, in: Förstl, Hans, Martin Hautzinger und Gerhard Roth (Hg.), Neurobiologie psychischer Störungen, Berlin u.a, S. 1-74
[176] Rousseau, Jean-Jacques, 1755, 1990, Diskurs über den Ursprung und die Grundlagen der Ungleichheit unter den Menschen, Amsterdam: Marc Michel Rey; übersetzt und kommentiert von Heinrich Meier, 2. Auflage, Paderborn und andere
[177] Rubinstein, Ariel, 1998, Modelling Bounded Rationality, Cambridge Mass
[178] Rudolph, Bernd, 2007, Kapitalmarkt: Historische Entwicklung, in: Knapp's Enzyklopädisches Lexikon des Geld-, Bank- und Börsenwesens, Frankfurt
[179] Rudolph, Bernd, 2007, Börse: Weitere Entwicklung, in: Knapp's Enzyklopädisches Lexikon des Geld-, Bank- und Börsenwesens, Frankfurt
[180] Salow, Claudia, 2008, Konzepte des rationalen Verhaltens, unveröffentliche Arbeit am Lehrstuhl für Finanzwirtschaft der TU Chemnitz, Chemnitz
[181] Samuelson, Paul, 1965, Proof that properly anticipated prices fluctuate randomly, in: Industrial Management Review, Vol. 6, Heft 2, S. 41-49
[182] Samuelson, Paul, 1947, Foundations of Economic Analysis, Cambridge Mass.
[183] Sauermann, Heinz und Reinhard Selten, 1962, Anspruchsanpassungstheorie der Unternehmung, in: Zeitschrift für die gesamte Staatswissenschaft, Bd. 118, S. 577-597
[184] Savage, Leonard, 1954, The Foundation of Statistics, New York
[185] Schanze, Erich, 2005, International Standards: Functions and Links to Law, in: Peter Nobel (Hg.), International Standards ad the Law, Bern, S. 83-103
[186] Schilke, Oliver und Martin Reimann, 2007, Neuroökonomie: Grundverständnis, Methoden und betriebswirtschaftliche Anwendungsfelder, in: Journal für Betriebswirtschaft, Vol. 57, S. 247-262
[187] Schlicht, Ekkehard, 2003, Der homo oeconomicus unter experimentellem Beschuss, in: Held, M., Kubon-Gilke, G., Sturn, R. (Hg.) Jahrbuch Normative und institutionelle Grundfragen der Ökonomik, Band 2: Experimente in der Ökonomik, Marburg, S. 291-310
[188] Schmalenbach, Erich, 1951, Kapital, Kredit und Zins, 3. Auflage, Köln und Opladen
[189] Schmid, Carlo, 1976, Europa und die Macht des Geistes, München

[190] Schreyögg, Georg und Daniel Geiger, 2005, Zur Konvertierbarkeit von Wissen – Wege und Irrwege im Wissensmanagement, in: ZfbF, Vol. 75, S. 433-451
[191] Schüller, Herrmann, 1943, Forscher zwischen Traum und Tat: Die Geburt einer Wissenschaft, Berlin, Ulm: Verlagsgemeinschaft Ebner und Ebner
[192] Schwartz, Robert, Paul Davis und Michael Pagano, 2006, Life after the Big Board Goes Electronic, in: Financial Analysts Journal, Vol. 62, S. 14-20
[193] Selten, Reinhard, 1990, Bounded Rationality, in: Journal of Institutional and Theoretical Economics, Vol. 146, S. 649-658
[194] Selten, Reinhard, 1990a, Some Remarks on Bounded Rationality, in: Schriften des Sonderforschungsbereichs Nr. 303, Information und die Koordination wirtschaftlicher Aktivitäten, Universität Bonn, Bonn
[195] Selten, Reinhard, 2000, Thünen-Vorlesung: Eingeschränkte Rationalität und ökonomische Motivation, in: Schriften des Vereins für Sozialpolitik, Vol. 274, S. 129-157
[196] Selten, Reinhard, M. Mitzkewitz und G.R. Uhlich, 1997, Duopoly Strategies Programmed by Experienced Players, in: Econometrica, Vol. 65, S. 517-555
[197] Semmann, Dirk, Hans-Jürgen Krambeck und Manfred Milinski, 2005, Reputation is valuable within and outside one's own social group, in: Behavioral Ecology and Sociobiology, Vol. 57, S. 611-616
[198] Shakle, George Lennox, 1972, Epistemics and Economics: A Critique of Economic Doctrines, Cambridge
[199] Sharpe, William, 1964, Capital Asset Prices: A Theory of Market Equilibrium under Conditions of Risk, in: Journal of Finance, Nr. 19, S. 425-442
[200] Sharpe, William, 1981, Decentralized investment management, in: Journal of Finance, Vol. 36, S. 179ff.
[201] Shefrin, Hersh und Meir Statman, 1985, The disposition to sell winners too early and ride losers too long: theory and evidence, in: Journal of Finance, Vol. 40, S. 777-790
[202] Shefrin, Hersh, 2007, Beyond Greed and Fear – Understanding Behavioral Finance and the Psychology of Investing, Oxford u.a
[203] Shefrin, Hersh, 2008, Ending the Management Illusion, New York
[204] Shiller, Robert, 1981, Do Stock Prices Move Too Much to be Justified by Subsequent Changes in Dividends?, in: American Economic Review, Vol. 71, Nr. 3, S. 421-436
[205] Shiller, Robert, 2001, Irrational Exuberance, Princeton
[206] Shiller, Robert, 2004, The New Financial Order: Risk in the 21st Century, Princeton
[207] Siegel, Judith, 2006, Wenn Entscheidungen Sorgen bereiten, Dissertation, Universität Bamberg
[208] Silk, Joan, 2007, Social Components of Fitness in Primate Groups, in: Science, Nr. 317, S. 1347-1351
[209] Simon, Herbert, 1947, Administrative Behaviour. A Study of Decision-Making Processes in Administrative Organisations, New York
[210] Simon, Herbert, 1955, A Behavioral Model of Rational Choice, in: Quarterly Journal of Economics, Vol. 69, S. 99-118
[211] Simon, Herbert, 1956, Rational Choice and the Structure of the Environment, in: Psychological Review, Vol. 63, S. 129-138
[212] Simon, Herbert, 1957, Models of Man. New York
[213] Simon, Herbert, 1959, Theories of Decision-Making in Economics, in: American Economic Review, Vol. 54, S. 253-283
[214] Simon, Herbert, 1961, Administrative Behaviour, 2. Aufl, New York
[215] Simon, Herbert, 1997, Models of Bounded Rationality, Volume 3: Empirically Grounded Economic Reason, Cambridge Mass
[216] Singer, Wolf, 2002, Der Beobachter im Gehirn – Essays zur Hirnforschung, Frankfurt a.M.
[217] Sinn, Hans-Werner, 1980, Ökonomische Theorie bei Ungewissheit, Tübingen
[218] Smith, Adam, 1776, 1974, Der Wohlstand der Nationen – Eine Untersuchung seiner Natur und seiner Ursachen, übersetzt von Horst Claus Recktenwald nach der 5. Auflage London 1789 (letzte Hand), München

[219] Smith, Adam, 1776, 1978, Der Wohlstand der Nationen – Eine Untersuchung seiner Natur und seiner Ursachen, übersetzt von Horst Claus Recktenwald nach der 5. Auflage London 1789 (letzte Hand), unveränderter Nachdruck, München
[220] Smith, Adam, 1776, 1993, An inquiry into the nature and causes of the wealth of nations – a selected edition, Oxford, New York
[221] Söllner, Albrecht, 2000, Die Schmutzigen Hände – Individuelles Verhalten in Fällen von institutionellen Misfits, Tübingen
[222] Solomon, Michael, Gary Bamossy und Sören Askegaard, 2001, Konsumentenverhalten, München
[223] Spieß, Erika, 2004, Wirtschaftspsychologie, Oldenburg
[224] Summers, Lawrence, 1986, Does the Stock Market Rationally Reflect Fundamental Values? in: Journal of Finance, Vol. 41, S. 591-601
[225] Taylor, Overton, 1960, A History of Economic Thought, New York
[226] Thakor, Anjan, 1995, Financial Intermediation and the Market for Credit, in: Greenbaum, Stuart und Anjan Thakor (Hg.), Contemporary Financial Intermediation, Orlando
[227] Thaler, Richard, 1980, Toward a positive theory of consumer choice, in: Journal of Economic Behavior and Organization, Vol. 1, Nr. 1, S. 39-60
[228] Thaler, Richard, 1985, Mental Accounting and Consumer Choice, in: Marketing Science, Vol. 4, S. 199-214
[229] Thaler, Richard, 1993, Advances in Behavioral Finance, New York
[230] Thaler, Richard, 1999, The End of Behavioral Finance, in: The Analysts Journal, 55, S. 12-17
[231] Thießen, Friedrich, 2003, Unternehmensbewertung von KMU: das Problem der Standardisierung, in: Jörn-Axel Meyer (Hg.), Unternehmensbewertung und Basel II in kleinen und mittleren Unternehmen, Lohmar, Köln, S. 123-140
[232] Thießen, Friedrich und Ursula Walther, 2008, Zur Fehlbewertung einer Gruppe europäischer Hybridanleihen mit erheblichen Schäden für die Anleger, in: ZBB Zeitschrift für Bankrecht und Bankwirtschaft, Vol. 20, S. 346-355
[233] Thießen, Friedrich, Marco Lehmann-Waffenschmidt und Gerhard Roth, 2008, The (inner) logic of decision making: On the neurobiological foundation of economic decisions, NeuroPsychoEconomics Conference Proceedings, München
[234] Thießen, Friedrich, 1993, Das Paradoxon von Maurice Allais. Zeigt es die Notwendigkeit einer zu erneuernden Verhaltenstheorie? in: ZfbF Zeitschrift für betriebswirtschaftliche Forschung, S. 157-174
[235] Thießen, Friedrich, und Gerhard Roth, 2007, Von der Neurobiologie zum Marktpreis – Grundlagen der Wirtschaftswissenschaften neurobiologisch betrachtet, in: NeuroPsychoEconomics, 2. Jg. S. 44-59
[236] Tinbergen, Nikolaas, 1979, Instinktlehre: vergleichende Erforschung angeborenen Verhaltens, Berlin, Hamburg
[237] Tisdell, Clem, 1996, Bounded Rationality and Economic Evolution, Bodmin, Cornwall
[238] Tobin, James, 1958, Liquidity Preference as Behavior Towards Risk, in: Review of Economic Studies, Vol. 25, Nr. 1, S. 65-86
[239] Todd, Peter und Gerd Gigerenzer, 1999, What have we learned so far, in: Gerd Gigerenzer und Peter Todd (Hg.), Simple Heuristics that make us smart, 1999, Oxford: Oxford University Press
[240] Todd, Peter, 2002, Fast and Frugal Heuristics for Environmentally Bounded Minds, in: Gigerenzer, Gerd and Reinhard Selten (Hg.), Bounded Rationality – The Adaptive Toolbox, Cambridge
[241] Todd, Jay und René Marois, 2004, The Capacity Limit of Visual Short-Term Memory in Human Posterior Parietal Cortex, in: Nature, Nr. 428, S. 751-753
[242] Tucker, Troy und Scott Ferson, 2008, Evolved Altruism, Strong Reciprocity, and Perception of Risk, in: Annals of the New York Academy of Sciences, Vol. 1128, S. 111-120
[243] Tversky, Amos und Daniel Kahneman, 1974, Judgement under Uncertainty – Heuristics and Biases, Science, Nr. 185, S. 1124-1131
[244] Tversky, Amos und Daniel Kahneman, 1983, Extensional Versus Intuitive Reasoning, in: Psychological Review, Nr. 90, S. 293-315

[245] Tversky, Amos und Daniel Kahneman, 1986, Rational Choice and the Framing of Decisions, Journal of Business, Vol. 59, S. 251-278

[246] Vanberg, Viktor, 2002, Rational Choice vs. Program-based Behavior: Alternative Theoretical Approaches and their Relevance for the Study of Institutions, in: Rationality and Society, Vol. 14, S. 7-54

[247] Vanberg, Victor, o.J., Rationalitätsprinzip und Rationalitätshypothese: zum methodologischen Status der Theorie rationalen Handelns, unveröff. Arbeitspapier, Universität Tübingen, Tübingen

[248] Vater, Dirk, 2002, Die Qualität der Beteiligungswürdigkeitsprüfung deutscher Beteiligungskapitalgesellschaften – eine empirische Studie, Wiesbaden

[249] Voland, Eckart, 2000, Grundriss der Soziobiologie, 2. Aufl., Heidelberg, Berlin

[250] Voland, Eckart, 1984, Human sex ratio manipulation: Historical data from a german parish, in: Journal of Human Evolution, Nr. 13, S. 99-107

[251] Vroom, Victor, 1964, Work and Motivation, New York

[252] Walther, Ursula und Friedrich Thießen, 2008, Zur Fehlbewertung einer Gruppe europäischer Hybridanleihen mit erheblichen Schäden für die Anleger, in: ZBB Zeitschrift für Bankrecht und Bankwirtschaft, Vol. 20, S. 346-355

[253] Weber, Martin, 1991, Neue Verhaltensannahmen als Basis für Modelle der Investitions- und Finanzierungstheorie, in: Dieter Ordelheide, Bernd Rudolph und Elke Büsselmann (Hg), Betriebswirtschaftslehre und Ökonomische Theorie, Stuttgart

[254] Weber, Martin, 2007, Genial einfach investieren, Frankfurt

[255] Weichselbaumer, Jürgen, 1998, Kosten der Arbeitsteilung: ökonomisch-theoretische Fundierung organisatorischen Wandels, Wiesbaden

[256] Wentges, Paul, 2002, Corporate Governance und Stakeholder Ansatz, Wiesbaden

[257] Wilkens, Marco, Hendrik Scholz und Rainer Baule, 2005, Innovative Turbo-Zertifikate am deutschen Kapitalmarkt – Preisstellung, Bewertung, Hedging und Gewinnpotential, in: Kredit und Kapital, Vol. 38, S. 87-116

[258] Williamson, Oliver, 1990, Die ökonomischen Institutionen des Kapitalismus: Unternehmen, Märkte, Kooperationen, Tübingen

[259] Wundt, Wilhelm, 1874, Grundzüge der physiologischen Psychologie, Leipzig

Stichwortverzeichnis

Abwehrkonditionen 186
Accessibility 128 ff.
Adrenalin 48
Affekte 59
Affektiv-impulsives Entscheiden 48
Agency 221
Agency Cost 223
Agency-Beziehungen 223
Agent 11
Ähnlichkeit 131
Aktienrückkäufe 29
Altersvorsorge 30
Ambiguity 129
American Express 27
Amygdala 55 ff.
Analystenempfehlungen 16
Anlagevorschläge 92
Anomalien 227, 229, 235, 244
Anspruchsanpassungstheorie 239 f.
Anspruchserfüllung 240
Anspruchserfüllungsprinzip 238
Arbeitsgedächtnis 61
Arbeitsteilung 18, 3 f., 41, 43 ff., 75 ff., 79 ff., 86
Arbeitswertlehre 84
Asymmetrische Situation 112
Attribute 130
Auction Rate Securities 187
Aufmerksamkeit 70, 87, 129
Aufmerksamkeitssteuerung 78 f.
Aufsichtsbehörde 17
Ausbildungsfinanzierungsprodukt 254
Availability 124

Bad apples 255
Bankeinlagen 198, 206
Bankprodukte 251
Bausparkassen 21
Begriff des Hässlichen 14
Behavioral Economics 232

Behavioral Finance 224 f., 227 ff., 235 f., 246
Bekleidungshandel 189
Berater 30
Beratungsqualität 30
Bestrafung 248
Beteiligungscontrolling 101
Beteiligungsfinanzierung 155
Beteiligungsgesellschaft 156
Bewertungsmethoden 185
Bewusstsein 51, 68, 71
Biologen 211
Biologie 42
Börse 180, 182
Börsenkommissionsgeschäft 26
Bounded Rationality 222, 227, 230, 235 ff., 244, 246
Bretton-Woods-System 13
Brokerage 191
Broker-Dealer 187
Businessplan 156

Capital-Asset-Pricing-Modell (CAPM) 11, 86, 143, 212 f., 221, 243 ff., 245
Consultants 30
Core-Satellite-Prinzip 201
Cortex 58 ff., 63 f.
Cortisol 48

Dampfmaschine 79
Datenbank 24
Dawe's Rule 124
Debenhams 34 f.
Devisenhandel 173
Discounted-Cash-Flow-Methode 149
Diskontierung 149
Dispo-Kredit 252
Diversifikation 194 ff., 199 ff., 209, 213
Do what the majority do 123
Dr. Evil 18

EBITDA-Multiple 153
EBIT-Multiple 153
Effektivzins 32
Effizienzlinie 219
Eigennützigkeit 15
Eigenschaften 128
Einkommensteuer 26
Einlagen 207
Elimination by Aspect 125
Energieverbrauch 67
Entdecker-Situation 112, 114
Entscheidungsfehler 143
Entscheidungsparameter 178
Entscheidungsproblem 131, 133
Entscheidungsprozess 62
Entscheidungsregeln 119 f., 133
Entscheidungssituationen 48, 89, 98
Entscheidungstheorie 225, 228, 236
Entscheidungsverhalten 239
Erfahrung 25, 53, 57 f., 71 f., 94 ff., 132, 139
Erfahrungsgedächtnis 50, 66
Erfahrungskultur 138
Erfahrungswissen 87
Erfolgsmessung 73
Ersatzattribute 130
Evolution 54
Evolutionsgeschichte 247 f.
Exchange Traded Funds 32

Fairness 85, 177 f., 247, 249
Faustregeln 69 f., 78, 134 f., 143
Fehlentscheidungen 137
Fidelity 26
Financial Leverage 202
Finanzintermediäre 34, 98, 191, 193
Finanzintermediation 172
Finanzmarktanalyse 232
Finanzmärkte 13, 15, 145, 165
Finanzmarktmodelle 166
Finanzprodukte 252 f.
Fitness 107, 248
Fortpflanzungserfolg 107

Fortschritt 240
Framing 130
Franklin's Rule 124
Fristentransformation 166, 192, 194, 204, 208
Fristigkeiten 204
Frontrunning 17, 86

Gedächtnis 60
Gehirn 47, 52, 55, 66 ff., 73, 247, 250, 255
Geschlossener Fonds 203
Gewohnheiten 43, 45
Gigerenzer, Gerd 120, 127, 142, 162
Gleichgewichtstheorie 212
Grenznutzenlehre 215
Gütermärkte 207
Gütertauschphase 41

Handel 83
Handelssysteme 189
Handlungsgedächtnis 61
Handlungsplanung 52
Hässliche Nischen 15
Hässliche Verhaltensweisen 21
Hedgefonds 16
Heuristiken 39 f., 87, 92 f., 119 ff., 125 f., 133, 136, 142 f.
Heuristikforschung 246
Hidden Action 223
Hidden Characteristics 223
Hidden Information 223
High-Watermark-Klauseln 20
Hippocampus 50, 58

Immigranten 134
Informationen 242
Informationsmedien 14, 28
Informationsprobleme 11
Informationssysteme 181
Innere Märkte 188 ff.
Innovation 115 f., 145
Institutionen 142, 144

Stichwortverzeichnis

Interbankenhandel 102 f., 170 f., 173 f., 186 f.
Interbankenmakler 169
Interbankenmärkte 172, 185 ff., 190
Intermediäre 14, 34 f., 105, 165, 167, 169, 171 f., 193, 206
Interneteuphorie 106
Investmentgesetz 21
Investoren 159

Journalisten 28, 29

Kahneman, Daniel 120, 127, 142, 162
Kapitalismus 202
Kapitalmarkttheorie 246
Kapitalüberlassung 192
Kennzahlenverfahren 151
Kennziffern 160
Kick-Backs 27
Knappe Güter 67
Kommissionen 26
Kommunikation 163
Kommunismus 213
Kompetenz 96
Konkurrenz 175
Konsumentenpsychologie 231
Konsumentenverhalten 232
Konsumgüter 253
Konsumgütermarketing 249
Konsumgüterprodukte 252
Konzentration 171
Konzerne 101
Kooperation 247 ff.
Kosten 158
Kosteneffizienz 158, 190
Kostensenkung 163
Kreditgewährung 188
Kreditkarten 31
Kundenwünsche 251
Kurs/Gewinn-Verhältnis 153
Kursmanipulation 16
Kurzzeitgedächtnis 69

Lehman Brothers 146
Leistungsfähigkeit 75
Lender of Last Resort 208
Lernfortschritte 107 ff., 116
Level-playing-field 101, 176 f., 184, 188
Lex 125
Lex Additive Combination 125
Limbisches System 50, 55, 60 f.
Liquidität 141 f., 182 f., 192, 203 f., 206
Logisch rationales Entscheiden 49
Losgrößen 200 ff.
Losgrößentransformation 166, 192, 194, 198 f., 202 f.

Makler 26, 169, 179 f.
Maklerleistung 167
Managerdiversifikation 200 f.
Market Timing 86
Marketing 231 f., 249 ff.
Markowitz, Harry 199 f., 211 ff., 218 ff., 235
Marktbedingungen 183
Marktorganisation 176
Marktportfolio 244
Marktpreise 181
Marktpreiserklärung 234
Mathematik 172
Maximierungsprinzip 227
Mesolimbisches System 58, 60
Migranten 135
Minimalist 123
Misstrauen 135
Misstrauensheuristiken 93 f., 100, 106
Monetäre Finanzinstitute 169
Monoliner 187
Morgan Stanley 27
MTS-System 18 f.
Multiple-Methode 185
Multiplikatormethode 151 f., 154
Mutualismus 248

Neoklassik 212 ff., 218, 236
Neoklassische Situation 112 ff.
Nepotismus 248
New York Stock Exchange 16 f.
Nichtbanken 165
Nichtbankkunden 98
Nichtspezialisten 90 ff., 97 ff., 103, 105 ff., 112, 116, 119, 137, 139, 160, 165
Nischen 21
Noradrenalin 48

Ökonomisches Prinzip 81
Opportunitätskosten 207
Optimierer 241
Optionen 196
Optionspreistheorien 213
Organisation 97, 159

P/E-Ratio 153
Pareto, Vilfredo 113, 216 f.
Paretoeffizienz 222
Parketthandel 17
Peer-Group-Vergleichsverfahren 151
PEG-Ratio 153
Pfandleihgeschäft 188
Phänomenologie 252
Portfoliooptimierung 219
Portfoliotheorie 213, 218
Präferenzfunktion 237
Präferenzurteile 237
Preisanomalien 233
Preisbildung 84, 86, 229, 232
Preise 32 f.
Preisermittlung 181
Preisverhandlungen 85
Prinzipal 11
Prinzipal-Agenten-Problem 223
Prinzipal-Agenten-Theorie 11, 221
Private Equity 155
Private-Equity-Firmen 34
Private-Equity-Industrie 162
Privatpersonen 165

Produkteigenschaften 23
Produktion 83
Produktionsorientierung 251
Produktivität 76 f.
Produktpalette 252
Produktvarianten 186, 252
Produktvielfalt 184
Prospect Theory 229, 231
Psychologie 217, 243
Psychophysik 217

Quirin-Bank 30

Rating-Agenturen 85
Rationalverhalten 216
Realgüter 207
Realwirtschaft 162
Rechtssystem 142
Recognition Heuristik 123
Refco 35
Refinanzierungskosten 196
Regelmäßigkeit 138
Reize 50
Rentenlücke 30
Reputation 248
Ressourcenverbrauch 66
Reversibilität 205
Revision 205
Reziproker Altruismus 248
Risikomanagement 254
Risikosteuerungssysteme 13
Risikotransformation 166, 192, 194, 196 f., 209
Risikoübernahmeleistung 167
Risikoverhalten 247
Ross, Stephen 11
Roth, Gerhard 47
Routine 240
Routinisiertes Entscheiden 49

Stichwortverzeichnis

Sanktionen 43
Satisficing Prinzip 227, 236
Schmuckhändler 189
Schutzmaßnahmen 41
Schutzmechanismen 137
Securitization 145
Selten, Reinhard 115 f., 238, 242
Sicherheit 197 f.
Simon, Herbert 236, 238
Small Firm Effekt 244
Smith, Adam 25, 37, 76, 79
Sozialismus 213
Sozialprodukt 44
Spareinlagen 252
Spezialisierung 76 f., 79, 82 f., 85, 87
Spezialisten 94 ff., 100 ff., 104, 107, 112, 116 f., 134, 145 ff., 158, 161, 165, 173 ff.
Standardisierung 31 f.
State-Preference-Theorie 212, 237
Steuervorteile 30
Strafe 248
Strukturvertriebe 251
Subprimekrise 16, 105, 133, 146, 160, 201, 208

Take the Best 122
Take the Last 123
Tallying 122
Tausch 43
Tauschrelationen 84
Trade Through Rule 17
Transformation 191 f., 197
Tugenden 43, 45

Überlastung 132
Umverpacken 186
Unbewusst aufgeschobenes Entscheiden 50
Unfairness 178

Universalgenies 95
Universalheuristiken 93 f., 106, 193
Unternehmen 165
Unternehmensbewertung 152, 155, 162
Unternehmensbewertungen 160 f.
US-Kommunalanleihen 187

Valenzmodell 108
Vereinfachungen 150
Verhaltensanalyse 234
Verhaltensanomalien 120, 227
Verhaltenstheorie 224, 226, 228, 235
Verhaltensweisen 247
Verhandlungen 182, 194
Vermittlungsleistungen 191 ff.
Verschuldung 202
Versicherungsbranche 29
Versteigerungen 188
Vertrauen 135
Vorstandsgehälter 26
Vorteilsuche 100

Wachstumsunternehmen 153
Wahrnehmungsorgane 53
Wahrscheinlichkeit 131
Weighted Pros 124
Werbung 140
Wertpapiergleichung 213
Wirtschaftswissenschaften 211
Wissensdifferenzen 18

Zeit 107
Zeitablauf 107
Zeitbedarf 96
Zeitbudget 91, 92
Zeitdruck 132
Zerobonds 196
Zertifikate 33
Zieldivergenzen 111

Der Autor

Kontaktadresse:

TU Chemnitz

Fakultät für Wirtschaftswissenschaften

Prof. Dr. Friedrich Thießen

Sitz: Thüringer Weg 7, 09126 Chemnitz

Post: 09107 Chemnitz

Tel. 0371-531-26190

E-Mail: finance@wirtschaft.tu-chemnitz.de

If you have any concerns about our products,
you can contact us on
ProductSafety@springernature.com

In case Publisher is established outside the EU,
the EU authorized representative is:
Springer Nature Customer Service Center GmbH
Europaplatz 3, 69115 Heidelberg, Germany

Printed by Libri Plureos GmbH
in Hamburg, Germany